MINERVA
人文・社会科学叢書
169

議会制の歴史社会学

—英独両国制の比較史的考察—

島田幸典著

ミネルヴァ書房

序　国制の比較史的考察のための視座

国家と社会の関係をめぐる様々な理念と実践について、主としてイギリスとドイツの近代史に即して、比較論的見地から検討することが本書の課題である。

第一に、社会の組織化と統治機構への統合の様態が考察の対象となる。具体的に言えば、国家にたいして社会内諸利益を代表し、これを政治的領域へと媒介し、そうすることで社会的組織化と政治的統合における中核機関となる議会制をめぐる比較史的研究が、本書の基調を構成することになる。あわせてこの過程において中心的行為者となる政党、およびこれにたいして補完的（時には競合的）な関係に立つ公私各種団体の特徴と役割について論じる。さらに諸利益の布置状況と対抗関係に影響を及ぼす、各国に固有の社会構造とその歴史的変容についても言及されるであろう。分析にあたって一貫して関心の的となるのは、個人と全体のあいだにあって、両者を媒介する中間的カテゴリーである。政党、団体、その他身分や階級、職能や利益に基づく各種組織こそこれにあたるものであり、それらの位置づけや様態、機能や構造の違いが、各国における政治的・社会的統合様式の特色を理解するための鍵になると考えるからである。

これら諸集団が最終的に統合される舞台こそ国家である。さらにマイケル・マンによれば、(1)「国家とはただ単にそして本質的に競技場、場にすぎないが、これこそがまさにその自律性の源泉なのである」。国家とは中心と境界を備えた統合的領域空間であり、拘束力ある規則の制定をつうじて、全体としての社会と内部の諸集団がその活動のために必要とする規制や保護、便益を画一的・効率的な方法で提供することができる。この「インフラ権力」は、富と力を求める社会的諸集団の活動を勢いづけ、それによって国家にたいする圧力行使ないし挑戦の機会をいっそう増大させる。他方においてこれら諸機能の有用性のために、部分集団から国家への多様な権力資源の移譲と前者の活動範囲の領域性の強化（窮極的には国家領域との一致）の過程もまた同時に加速化することになる。畢竟、国家の自律的権力の淵源は、社会空間を組織化するその卓越した能力にある。それは社会的相互作用の〈触媒〉となることで、みずからのもとに社会内の諸アクターを引きよせるのである。本書は、このような視角から国家と社会の関係の深化・変容の過程と、そこに生起する発展と分化のダイナミズムを照射する試みである。

これに附随して、第二に政治権力とその諸機能の正当性をめぐる理念や言説について随時吟味する。理念は現実の単なる反映ではなく、政治的主体の現実解釈を助け、その行動を導くことで現実の形成にも寄与する。本書では、思想家や政治家の理念・言説がしばしば参照されるが、思想史研究そのものを目的とするものではない。その狙いは、国家や民主政治、自由をめぐる英独それぞれの伝統的な解釈枠組の特性について考察するとともに、全体的統治構造のなかで個別の政策や制度、組織が担う意味を明らかにすることにある。

さらに言えば、制度それじたいに文化が具現されている。(2) すなわち制度には当該社会に固有の歴史的・文化的価値観が埋めこまれており、この制度のもとで行動する個人ないし集団の行動様式を指示するのみならず、その行動にさいしてふり返るべき正当性の基準をも提供する。だからこそ、諸国の制度間に見出される〈差異〉はしばしば一見したところ「合理性」を裏切ってでも維持され、それが具現する規範的価値観をつうじて当該社会のメンバーの忠誠心と情動を喚起しつつ、外的な変容圧力にたいしてしぶとく抵抗する。その意味で制度は目的合理的な道具的手段以上のものである。あるいはその総体として現れる国家とは、本質的に「社会的・文化的現象」（ネトル）にほかならない。(3) 理念や〈制度内価値〉が、継承と再解釈をつうじて当該政治社会に固有の知的伝統へと結晶化されるとき、それは高度の安定性と〈惰力〉を構造体に附与する。このような文化的諸要素を検討対象に組みこむことは、個々の制度構造の微妙な差異をいっそう見えやすくするとともに、観念や価値観が各行為者の行動に及ぼす規範的作用、ひるがえって制度構造のなかで行動する主体の意図や関心をより的確に把握する助けとなるであろう。(4)

以上を要するに、国家とその歴史的展開の考察にあたって本書では、これを社会との接触面において観察するとともに、思想史的文脈との連関を重視する。このことは国家構造（constitution/Verfassung）の検討にさいして、その形式的側面とともに（あるいはそれ以上に）非形式的側面にも注目するということを意味する。'constitution' ないし 'Verfassung' はわが国では一般に「憲法」という訳語が充てられている。しかし形式的成文法典としての憲法それのみが国家の基本構造とその作用を律する唯一の要素ではない。英国の憲法史家ネヴィル・ジョンソンの所論によれば「共有された経験と習慣の産物」として、つまり非形式的で歴史的・政治的に構成される「慣習的国制 customary constitution」は、成文憲法に含まれない実質的憲法の諸要素とともに、「形式的国制」を補完する。(5) 本書ではこのような見解から示唆を得て、非形式的・周辺的でありながら、形式的側面に劣らず国家構造と統治のあり方を規定する諸条件をも包括的に考察すべく、国家構造を示す言葉として「国制」という語を用いる。(6)

また国制を静態的現象として記述するのではなく、その変容と発展のメカニズムを動態的に把握するために、近代化が伝統的国制にもたらしたインパクトについて多く論及する。社会はけっして一枚岩的な構成体ではない。機能分化に伴って——それを導く論理は時代によって区々であるが——社会は様々な部分集団や階層に分節化される。これら諸集団間の連携や対決、新興集団による挑戦や既存集団による応答が（とくに国内における）政治的なるものの内実を構成することになる。その過程を分析するさいに、とりわけ産業化と民主化が議会政治に与えた影響が、各章において繰りかえし検討される。前者は経済社会における近代化であり、社会編成に不可逆的な変化をもたらした。他方、後者は政治的近代化の最重要の指標であり、就中参政権の普遍的拡充は、前者が附随した階級関係の変化とも相俟って、伝統的国制を根本から揺りうごかすほどの衝撃を与えた。というのも新興階級の発言力増大は、既存の政治指導者にたいして政策と国家構想の両面において新機軸を打ちだすよう迫ったからである。もっともこの過程は、もっぱら社会からの自律的な働きかけによってのみ推しすすめられたわけではない。すなわち政治的入力面における変容圧力は、社会の側から国家にたいして一方向的に行使されたわけではない。というのも第一に国家、およびここに足掛かりを得た既存支配集団は、その権力と資源をつうじて、集団形成と組織化、連携と対決のパターンそのものに影響力を及ぼすことができるからである。第二に所与の伝統的国制は、自己利益の解釈や政治的組織化・行動にかんする諸様式をつうじて入力の方法や内容を前もって規定し、ひいてはその帰結にたいして一定の統御を加えることができるからである。この意味で国家の制度構造は、政治的入力の受動的な標的でもなければ、単なる手続規則の体系でもない。スコチポルが指摘するとおり、「国家が重要なのは、その組織構成がその全体的活動様式とともに、政治文化に影響を及ぼし、（ほかでもなく）特定の種類の集団形成や集合的な政治活動を促し、（ほかでもなく）特定の政治的争点の提起を可能にするからである」[7]。以上のような観点から本研究は、統治構造と社会編成の両者のあいだに働く相互作用にかんして多くの記述を割くことになるであろう。

国制の比較研究の素材として――ヨーロッパ諸国家の一般的比較研究のためには、まったく不十分であることは明白であるが、それにもかかわらず――イギリスとドイツのそれに限定したのは、それらが国家－社会関係に関連する諸側面、およびその歴史的展開において、しばしば対照的な様相を呈してきたからである。比較史的な検討は、個別対象のもつ構造的特性を、単独で考察するよりもいっそう明確に提示することを容易にする。これら両国は、近代以前にその起源を遡る議会制や産業化以降の時期における活潑な利益政治、それらにかんする様々な語彙や観念、組織形態を、他の多くのヨーロッパ諸国と同じように共有してきた。しかしながらまた同時に、国家や政治、議会制や民主主義をめぐる諸理念に内在する多義性のために、両国はそれぞれ独自の方向でこれらを解釈・実践してきたのであり、その結果として意外なほどの差異を、その制度と行動において生みだしてもきた。

後に見るとおり、両国の相違はケネス・ダイソン言うところの「国家をもつ社会《ステート・ソサエティ》」と「国家をもたぬ社会《ステートレス・ソサエティ》」の対比に集約されうる。あるいはネトルの術語を用いれば、[8]公的制度が他の社会的制度からはっきりと差異化されているという意味で、ドイツはじめ欧州大陸諸国が「国家性 stateness」の顕著な現れとして特徴づけられるのにたいして、英国はその不在によって、あるいはその「無国家性 statelessness」によって際だっている。しかしながら、たとえこのような対比が妥当性をもつとしても、英国における国家の不在はただちに統治の欠落をも意味するわけではないという点は、ここで強調しておくべきである。英国における統治の特徴は、それが国家を介してなされることが最小レヴェルに留まるということ、すなわち社会の組織化と政治的統合が主として非国家的・社会内在的な方法によってなされるということに求められる。国家概念が統治の実態にどのような影響を及ぼしたのか（あるいは及ぼさなかったのか）という問題は、英独両国を比較論的に考察するうえで、一つの重要な視点を提供するはずである。かくして両国の類似性と相違点を比較対照する作業は、たとえ考察対象がわずか二例に留まるとしても、また論述の多くを議会制をめぐる争点に局限するとしても、政治現象のもつ多様さと豊饒さに光を投げかけるものとなるだろう。

　国家が経済社会にたいしてどのような関係をとり結ぶべきか、あるいは多様な利益や見解はどのように表出され、またそれらのあいだにある差異をどのように克服し、高い正当性を備えた公的意思へと統合すべきかといった問題は重要性を損なうどころか、むしろポスト工業化に伴う社会構造の変容やグローバル資本主義の展開、情報技術の高度化といった今日的現象とともにいっそうその意義を高めさえしている。英独両国の歴史的経験とそれに基づく数多の言説はこの問題を真摯に考察するための格好の材料を提供するものであり、たとえここで示される知見の多くが既知の事項に属するものであるとしてもなお豊かな、そして新たな解釈の余地を秘めているように思われる。

もとより本書は英独両国の近代史を主たる考察対象とするものであり、戦後政治については部分的に言及するにすぎない。しかしながらいかなる歴史的考察も今日的な、またアクチュアルな問題意識を抜きにしてはなされないことを、本題に先だってとくに記しておきたい。

※なお訳書からの引用にさいして、用字を一部改めたものがある。また〔　〕は筆者による補足である。

註

（1） Michael Mann, "The Autonomous Power of the State : Its Origins, Mechanisms and Results", in John A. Hall (ed.), *States in History*, Oxford : Basil Blackwell, 1986.

（2） この問題については、拙論「民主的国制の歴史的規定要因――S・ロッカンの所説を基点として」玉田芳史・木村幹編『民主化とナショナリズムの現地点』ミネルヴァ書房、二〇〇六年で論じた。

（3） J. P. Nettl, "The State as a Conceptual Variable", *World Politics*, vol.20 no.4, July 1968, p.565f.

（4） したがって本書は国制の発展をめぐる一般理論の構築や特定の現象にかんする因果パターンの析出をめざすものでは毛頭なく、あくまで個別事例のもつ特性や意味をより明快なかたちで理解し、把握することを目的とするものである。この意味で本書のとるアプローチは、スコチポル言うところの歴史社会学の第二戦略、すなわち「有意味な歴史的解釈」のそれに近い。これについてはシーダ・スコチポル「歴史社会学における研究計画の新生と戦略の回帰」同編（小田中直樹訳）『歴史社会学の構想と戦略』木鐸社、一九九五年。

（5） Nevil Johnson, "The Constitution", in Ian Holliday et al. (eds.), *Fundamentals in British Politics*, London : Macmillan, 1999, pp.45-47.

（6） なお「国制」という訳語のもつ含意については、瀧井一博『ドイツ国家学と明治国制――シュタイン国家学の軌跡』ミネルヴァ書房、一九九九年、一頁；同『文明史のなかの明治憲法――この国のかたちと西洋体験』講談社選書メチエ、二〇〇三年、一一—一三頁。

（7） Theda Skocpol, "Bringing the State Back In : Strategies of Analysis in Current Research", in Peter B. Evans et al. (eds.), *Bringing the State Back In*, Cambridge University Press, 1985, p.21.

（8） Nettl *op.cit.*, pp.561f., 566f. and 573f.

議会制の歴史社会学——英独両国制の比較史的考察

目次

第一章　民意・代表・公益

――議会制をめぐる諸観念の比較史的考察――

はじめに

第二次世界大戦の破滅的帰結は、敗戦国の知識人らに〈過去〉にたいする態度決定を迫った。それは彼らが背負った思想的課題のなかでも、まず最初に応答しなければならない論点の一つだった。丸山眞男の言葉を借りれば「悔恨共同体」という意識こそは戦後日本における思想的原点であった。忌まわしい戦争に積極的抵抗をなしえなかったという悔恨は、外面的には近代化をなし遂げたにもかかわらず、明治体制が依然として内包していた前近代性を明るみに出し、熾烈な批判的分析を行うための契機となった。ひるがえって彼らの目に敗戦は、内面的自律性の回復と主体確立のためにまたとない機会を提供するものと映じたのである(1)。

過去にたいする裁断が、貨幣の表裏さながら現在およびそこから導かれる未来への希望を伴っているという点で、丸山の歴史意識は到って明快である。日本的近代化の特殊性は克服すべき対象として位置づけられる一方、より十全な近代化、すなわち〈進歩〉の可能性への楽観的展望が謳われているからである。ところが丸山と同じように戦時体制を厳しく批判しながらも、なお過去にたいして異なる態度をとることは可能であった。フリードリヒ・マイネッケがその一例である。丸山論文と同年に刊行された『ドイツの悲劇』において、マイネッケはナチズムの支配した時代を「内部における異物支配の時代」と呼んで、この忌まわしい時代を過去からの連続ではなく、そこからの逸脱として位置づけた。(2) このときマイネッケにとって(ナチス以前の)過去は諸悪の根源どころか、未来のために顧みられるべき礎として顧みられる。なぜならそれは多少なりともヨーロッパ共通の遺産、たとえばキリスト教やそれに基づく良心と個人主義、隣人愛に深く根を下ろすものであり、戦後ドイツ国民の喫緊の課題となった自由や民主主義の尊重もまた、何か新しいものを採用するというよりはむしろ、過去のなかの良質のものにたち返る側面をもつものと理解されているからである。

マイネッケもまた過去への信頼という点で、丸山とは別の意味において楽天的であった。両者の過去にたいする態度の相違は、国家破綻に導いた一九三〇年代以後の体制を一国の近代史の必然的所産とみなすか、それともそこからの脱線が招いた帰結と捉えるかにかかっていた。だからこそドイツにおいても、マイネッケが免罪したはずのナチス以前の支配体制とナチズムとをつなぐ一筋の〈特有の途〉について実証研究に基づく穿鑿がなされるにつれて、過去を語る口吻は憂鬱の陰をまとうことになった。今やナチズムの淵源はドイツ近代化の特殊性のうちに求められ、自由－民主主義の担い手となるべき市民層ないしブルジョワ階級が英仏の同類のように封建貴族層との対決を徹底的に遂行するどころかこれと妥協し、その権威主義的な価値観にすっかり染めあげられてしまった点が批判の的となった。(3) この新たな歴史解釈によれば、市民階級の臆病さのために挫折を余儀なくされた一八四八年の負債は、西欧流の自由－民主主義にたいする積極的支持と確固たる合意の欠如というかたちで二〇世紀ドイツ政治に継承され、最終的にナチズムにたいする屈伏とヴァイマル共和国における議会制民主主義の破局というかたちで清算された。だとすれば〈特有の途〉を克服しようとする者にとって戦後の思想的課題とは、三月革命以来ヴァイマルに到るまで希求されてきた諸理念を発展させ、開花結実させるよう促すことではなく、たぶんに特殊で歪みを伴っていたドイツ流の民主主義そのものの質を内在的に問いなおすことに求められるであろう。

このとき過去をめぐる批判的裁断は、ついにドイツに固有の民主主義発展史にまで及んでいる。脆弱な民主主義は、その社会を近代化と大国化に導いた〈特有の途〉の随伴現象にほかならなかったからである。だが本章が論考にあたって主たる拠り所とするE・フレンケルによるドイツ民主主義論は、ドイツ近代史の批判的分析をはるかに超える問題意識に立脚しており、その考察は欧州諸国家の国制の発展について比較論的見地から関心をもつ者にとってすこぶる示唆に富む。フレンケルの議論の特色は、一連の〈特有の途〉批判論者に劣らぬ峻厳さでその来歴を吟味しながらも、ヴァイマル民主政治の窮極的帰結をヨーロッパ全体の民主主義思想の発展と分化の歴史に関連づけて把握する包括性にある。そのドイツ民主主義批判は、大陸ヨーロッパ諸国の近代民主政治に決定的な影響を与えた革命期のフランスの民主主義との関連、さらに古典的民主主義理論にたいする対抗理論として位置づけられるイギリス型民主主義理論との対比をつうじて展開されているのである。

フレンケルが比較分析の焦点に定めたのは議会制度である。というのもその分析をつうじて「民主主義」体制という同じ衣の背後に隠された、統治構造の差異が露わにされるからである。デモクラシーは文字通りには「人民の支配」を意味する。だが、たとえ主権の所在が人民に帰せしめられたとしても統治から「人民にたいする支配」の側面がなくなるわけではない(4)。言いかえれば民主化は、人民にたいして行使される権力の解消を意味しない。したがって民主体制において権力をどのように構成すべきか、すなわちこの権力が濫用されないよう、どのようにして人民の監督下に置くべきかという立憲主義的課題は、民主化が始まったまさにその時点から重要性をもつようになるのであるが、この問いにたいする答えは「人民の支配」という最初の定義によっては残念ながら与えられない。この解を模索する試みは、個々の政治体において、時には大きな代償を伴う試行錯誤をつうじて、それぞれの置かれた諸々の条件のもとで〈歴史的に〉なされてきたのであり、その結果民主政治は同じ名によって呼ばれながらも、国ごとに多様な観念と制度を生みだしてきた。

なかでも議会は、それが民主体制において占める多義的で、部分的には民主主義そのものと矛盾する役割のために論争の的となることを免れず、その結果時代と場に応じて様々な形態をとることになった。一方でそれは主権者人民の代表としてその権威に依拠しつつ統治権力を構成する母胎となる。他方でそれは時には有権者から一定の自律性を確保しつつ、議員相互による討論と立法をつうじて権力監視・抑止の任を担う機関として立憲主義の要の位置を占める。両機能の適切な均衡をめぐってそのあいだに無数のヴァリエーションが存在するとともに、その権限と構成、他の機関、就中行政府との関係にかんして多様な制度設計が生じてきた。本章ではその様々な変種のなかでも最もよく知られているとともに、多くの点で好対照な性格を示す英独それぞれの近代議会制について、比較史的観点から考察を行う。そこでは自由－多元主義的民主主義を伝統的に体現してきたパーラメントと、政党の乱立と抗争のなかでナチスの擡頭を許したライヒスタークについて、それらが拠って立つ思想や観念、また全体的統治構造（国制）のなかでの位置づけにかんする対照性が随時強調されるだろう。英国法史学の泰斗Ｆ・Ｗ・メイトランドは「歴史は比較を含む」と述べたが、[5]その顰みに倣えばそれぞれの議会制の伝統的特性とその発展を通時的な比較対照をつうじて明らかにすることが、本章の第一の主題となる。

この課題にとり組むまえに、西欧政治社会における議会制の発展を、前近代を含め時間軸を遡って考察する作業が必要である。というのもヨーロッパの近代議会は、それに先行し、また欧州諸国の国家形成史において重要な役割を演じてきた身分制議会との伝統的繋がりと断絶のなかから生じてきた制度であり、この前史を抜きにしてそのイデオロギー的基盤と国制上の地位について把握することは困難に思われるからである。とりわけ議会制のように、公正で正当な意志形成手続にかんする共同体共通の諒解事項や政治的統合作用を発揮するための技術を、伝統と習慣の蓄積をつうじて培ってきたような現象について検討するさいには、単にその法的・形式的相違点の対比に留まることなく、政治が置かれる場である社会構造の発展史のなかで議会制の特質を捉えるとともに、これに国制上の意味を与える思想史的伝統について検討する作業が不可欠である。したがって近代議会制の誕生と発展を、社会的・知的近代化というより大きな構造的背景のなかで捉えなおすことを本章のもう一つの主題としたい。

第一節　政治的二元主義の形成と克服

第一項　身分制議会と政治的二元主義

議会制の起源

現在なおフランス語で「話す」ことを'parler'というように、元来'parliament'は「対話」ないしそれが行われる場を意味した。すなわち国王と「領内の選良と長老 meliores et majores terrae」[6]、言いかえれば実力と見識を備えた人々との対話である。聖俗を問わず域内で軍事・政治・経済・社会・知識等様々な側面で国王に貢献することができ、それゆえに国王にとって特別に重要で、その意見や利害を無視しがたい人々、逆に言えばその「助言と助力」を是非とも手に入れたい人々が、この「対話」の場に招かれたのである[7]。

これらの有力者は、一一世紀にキリスト教の司教らによって唱えられた社会理論に従って、典型的なかたちでは三身分として分類・構成された。この理論は、社会のために果たされる機能に基づいて人々を「身分」に分類した。すなわち社会は祈りを捧げる人、彼らを守るために戦う人、そしてこれらの人々を経済的に援助するために働く人から成るものと説かれたのである[8]。かかる理論は、発端においてキリスト教社会における聖職者の優越的地位を主張するためにうち出されたものにほかならないが、初期国家の政治的・社会的現実に符合する側面をもつかぎり、その自己イメージの形成をおおいに助けるものであった。聖職者は稀少な識字階層であり、萌芽的行政・司法の実施に必要な人材を供給した。封建制の確立とともに武装階級、すなわち貴族との良好な提携関係は、君主にとって領域支配権を維持し、他の君主との戦いを勝ちぬくために不可欠なものとなった。さらに経済活動の活性化は都市の担税能力の増大を促した。やがて軍事・行政機構の着実な整備と実効的な運営のために国王がその能力に期待するようになるにつれて、都市住民も社会的重要性を増し、独立した身分としての地位を認知されるに到った。貴族は元来農民を含めて領地全体を代表したものの、都市がその領域にかんする行政的・司法的自律性を主張し、またそれが承認されるとともに、領主の代表権は農村地帯に留まるものと理解されるようになった。(9)

三身分社会論は、政治体の凝集力をもっぱら君臣間の人格的忠誠関係それのみに基礎づけていた中世の封建制を質的に変容させるとともに、政治体の組織原理を刷新するために不可欠な、有意味な枠組を提供することとなった。(10)ポッギによれば、とりわけ都市の参入は封建制から身分制への「類型転換」において決定的な重要性をもつものであった。都市の目新しさはそれが「単独では無力な諸個人による連帯行動の中枢」を提供するものであり、その意味でその権利主張が「本性上団体的な」性格を帯びるという点にある。こうした特徴をもつ都市が議会をつうじて支配のシステムに参画したとき、政治社会における他の構成要素に影響を及ぼすことは避けられなかった。というのも聖職者や封建領主は、議会への参加をつうじて、あるいは参加権を確保するために都市に倣って「団体的自己意識を獲得」するよう促されたからである。(11)その意味で都市が全体的な統治構造のなかに迎えいれられたことは、社会全体を団体的に再編するための触媒としての役割を果たした。もはや領主代表とて、かつての封建諸侯集会のように君主との人格的紐帯によってのみ議会に足を運ぶわけではない。それらは都市代表同様、団体‐身分的特権の担い手として議会を構成するようになる。それとともに議会は、君主のもとにアド・ホックに集結する有力者集会という旧来の相貌を改め、君主にたいして諸身分の利益を代表する場としての性格を次第に担うようになったのである。

かくしてイングランドにおける二院制、またスウェーデンにおける（農民代表を含む）四部会制という例外はあるものの、概して大陸ヨーロッパ諸国では三部会制を典型とする身分制議会の確立に到った。ただしこの「身分」による区分ないし分断を、前近代の議会制の本質的属性として過度に強調しないよう注意する必要がある。というのもこれら前近代においても議会制の政治的意義は、単なる諸身分の利益代表とは異なるところに、すなわち住民全体の代表であるという点に求められていたからである。マロンジュによれば、三部会制であれ二院制であれ、議会は君主にとって給付能力、つまり統治のためになにがしかを提供する能力をもつ住民の総体を代表していた。[12]他方、議会もまた、たとえ部会別に分けられるものであるにせよ、君主の面前に「人民」全体を代表する機関であるという自己意識を育んでいた。議会のそのような意義は、たとえじっさいには議会の構成や召集が君主のイニシアティヴのもとで決定されていたときでさえ、軽視するにはあまりにも大きなものだった。というのも議会こそは「従来は単なる抽象的観念か言葉のあやにすぎなかった〈くに country〉〈国土 land〉〈祖国 patria〉〈人民 people〉〈王国 kingdom〉〈臣民共同体 the community of the subject〉といった用語に実体を与えた」からである。すなわち萌芽的国家における支配権力の総体が、今や議会やそこに集う議員たちの身体をつうじてはじめて可視化されることになった。一定の凝集性を備えた政治的共同体がげんに存在することが、議会の存在をつうじて認識されるようになったのである。

これは様々な意味で便利な発明だった。君主はこれにより社会内の知的にすぐれ、軍事的・経済的両面で際立った力をもつ臣民の助言と助力を安定的に要求するための道具を手に入れた。さらにそのような人々との協議と合意に基づいて政治的意志を形成する仕組みが生まれたために、その決定の正当性と精神的権威を高めることができた。

他方、諸身分ないし「人民」――とはいえ中世においてそれは原子的個人ではなく、各人が帰属する職能団体や身分の総和であったことに留意しなければならないが、これ――にとってみれば、国王政府の主張と要求を吟味し、その施策にとって必要な金銭の譲与と引き換えに不平解消と請願実現の機会が制度化されたという利点があった。そのみならず諸身分は、部会別に分けられていたものの、議会への出席をつうじて君主にたいする共通の利害が存在することを認識するようになった。さらにそれは共同行動の経験を積みかさねることで、共同体的な連帯感をようやく育みはじめていたのである。

繰りかえせば、議会という制度それじたいは国王が統治上の便宜をはかり、みずからの望む「助言と助力」を確保するための手段を探しもとめる過程のなかで半ば偶然的に発見された。しかしその有用性が君主と「人民」の双方にとって等しく認知されるやいなや、かならずしも常設化されたわけではないにせよ、その必要性が再三再四説かれるに足るほどの生命力を獲得した。とりわけ政治的危機の発生に直面した君主と諸身分が、たがいに協働しながらその解決策を「支配契約」のかたちで結晶化したとき、国内の政治権力は両者のあいだで二元的に構成されているという認識は、双方によっていっそう共有されることになったのである。

身分制議会と近代議会の相違点

しかし、身分制に基づく前近代の議会と近代のそれとのあいだには決定的な違いも存在した。第一の相違点は「代表」観念の含意のうちに見出される。今日において代表は、ちょうど現代政治学における「本人－代理人モデル」が示すとおり、本人に代わってその意志や利益を表現することを期待されている。ところがヒンツェによれば、中世の「代表」は、代表される者の意志表示を原則的に必要としない。[13]すなわちこの「代表」は、被代表者に代わってその利益を保護すると主張し、行為する資格をもつという意味で、私法における「後見」に類似する概念なのである。したがってその裁量の余地は現代の代表に比べると格段に大きく、その権限は未成年の子供にたいする親の立場に近しい。言いかえれば、身分制議会の議員らは誰か他人を代表するために議場に赴くわけではない。代表権とは単に身分制議会への出席資格を構成する特権であり、あまつさえ国王による召集に応えて遠隔地からの出席や租税の承認を要求されるという意味では義務としての性格さえ帯びていた。そしてこの特権ないし義務はそれを担うに相応しい人々にこそ認められたのであり、だからこそ王侯貴族、教会や都市、その他諸々の自治団体を含めて、何らかの自立的な部分的ないし下位支配権を保持する個人や団体が、議会への召集の対象と目されたのである。彼らは、領域の全体ではなくその部分に関わるものとはいえ、何らかの支配権力の担い手であるという意味で域内の共同支配者であった。それゆえ支配団体としてのラントシャフトとは、これらラントの共同支配者の総体にほかならず、彼らは議会に足を運ぶことによって、あるいはその身体と行為をつうじてラントを表象したのである。

さらにこの事実は、身分－議会制と近代議会制との第二の相違点を示唆する。すなわち政治的権利の家産的性格である。個々の代表が域内の共同支配者たりうるのは、彼らが君主と同じように、平時にはじしんの私的財産をつうじて各々の支配領域の統治にあたるからである。そこでは領主が自己じしんの利益のために行う私的な事業と、支配領域のために行う公的な統治とのあいだに、厳格な区別は存在しない。ひるがえって、そのための手段や資源もまた当事者によって私産として所有されている(14)。このとき君主が王国全土を単独で支配するのに十分な権力基盤をいまだ掌中に収めていないのならば、みずからにたいして服従と誠実の意志を示し、またじっさいにその利益に致命的な打撃を与えないかぎりにおいて、域内における諸々の自立的権力主体による部分的支配を容認せざるをえない。かくして前近代の政治秩序において平時における王国統治は君主の目からしても、また逆に諸身分の立場から見ても、部分的で私的、そして多元的な性格を帯びざるをえず、その紐帯は君臣の人格的結合関係によって緩やかに担保されているにすぎない。言わば王国の全体像は、一元的支配がいまだ確立していないという意味で、単一の焦点をもつ透視画法によって描かれるものではない。それはあたかもモザイク画のように多様な色彩と形態をもつ諸部分の寄せ集めとして浮かびあがるものなのである。

それにもかかわらずそこに王国の一体性、共同体としての絆が見出されるとすれば、それは君主と諸身分による協同作業のための国制上の機関として、まさに議会が置かれているからである。このことが人的結合関係が依然として重要であるにもかかわらず、身分制国家を封建制のそれから区別する〈制度的〉特徴なのである。(15) 平時には見えがたい一体性は、王国統治が君主の個人的家産だけでは支弁されえないような事態にたち到ったとき、ようやく顕在化する。たとえば王国を他国による攻撃から防衛するうえで必要な軍事費のごとき非経常的支出の負担は、君主が諸身分に期待する「助言と助力」の最たるものである。かくして平時とは異なり、緊急時には国王の家産だけでなく、これと諸身分の家産の両者によって王国統治は遂行されることになる。前者から後者への移行は、王国統治における公共性が可視化される瞬間となる。戦争遂行のための臨時課税の是非をめぐって議会で論じられるのは、もはや君主の個人的問題ではなく、王国の全住民に関わる問題である。そして争点は私的・部分的な利害を超えて、まさに王国共通の公共的次元に位置づけられるようになる。

政治的共同体の要としての前近代議会の行動原則を端的に表現したものこそ「すべての人に関係することは、すべての人によって是認されるべきである Quod omnes tangit, debet ab omnibus approbari」という法諺であった。(16) 王国の存続をめぐって議題とされているのは、まさしく公共的な問題、共同体 res publica 全体に関わる問題である。そしてこのような問題が出来した場合に、君主と協力して対処する権利と義務の両者を負うという意味で、諸身分も王国統治に不可欠の伴侶とみなされている。すなわち、身分制国家における政治権力は君主と諸身分によって二元的に構成されている。議会の権限がいかなるものか、またどれほど頻繁に召集されているかといった点で様々な違いがあるにもかかわらず、二元主義的統治構造は前近代のヨーロッパ諸国に通有のものである。スイスの歴史家ネフによれば、身分制国家の権力の本質は「君主と諸身分との協同作業によって初めて十分な、秩序だった国家活動が可能になる」という点にある。[17] ここで君主と諸身分は相互補完的に国家権力を構成しているのである。

ともかく国家形成と公的領域の創造の過程において身分制議会がなし遂げた功績を、エストライヒに従ってまとめれば以下のようになる。[18] 一四および一五世紀において諸身分は請願をつうじて国政に「世論」を反映させ、行政機構の発展に度々刺激を与え、また統治の具体的改善策を条令 Ordnung というかたちで立法化させた。度重なる軍事行動のために国家の財政規模が飛躍的に拡大した一六世紀には、議会は政府による課税要求にたいして同意を与えるだけでなく、みずから租税の徴収や管理に乗りだすことで国王政府に直接帰属するわけではない広範な財政分野を出現させ、政治秩序の維持に参画した。さらに司法・教会政策にも関与し、また君主の家門的危機、つまり王位継承に関わる御家騒動や幼君の戴冠など王朝の前途を左右する危機に直面した場合には、骨肉の争いや外国君主の即位によって王国の領域的統合が解体されないよう尽力した。[19] 継承問題の死活的重要性は統治の家産制的性格を端的に反映するものである。しかし逆説的なことに、それは議会が国家的結合に一役買い、またみずから後見人としてふるまうことを可能にさせる契機となることで、家産制的国家観に楔を打ちこむことにも繋がった。[20] この点に顕著に現れるとおり、統治における公私の分離、公共的政治権力の発生は、しばしばダイナミックな過程を経て、意図せざる結果としてもたらされた。まさにこの意味でアンシャン・レジーム末期はともかく、この段階ではなお身分制議会は、諸身分による私的特殊利益擁護のための機関などではなく、むしろ君主とともにそれじたい政治的主体として統治権力を構成していた。かくしてカーステンは、前近代のドイツ諸邦の身分制議会についても次のように結論づけた。「『議会のなかの国王』が国王単独よりも大きな力をもったように、『身分制議会』とともにある支配者は、それをもたぬ支配者よりも強力であった。というのもそれは彼に政府の機構を発展させる手段と緊要であった金銭を提供したからである」。[21] イングランドのみならず、ドイツにおいても身分制議会は国制上の枢要な機関であった。身分制議会なき統治権力は正当性と助力を欠くという意味で脆弱であり、国家的結合もまた覚束なかったのである。

二元主義的統治構造の危機

国王と身分制議会とのあいだで互恵的・協調的な関係が維持されているかぎりにおいて、統治権力の正当性は強化され、幅広い公共性に立脚することができる。だが、この関係が一転して対立的なものとなるとき、二元主義的に構成された統治権力は危機に瀕することを免れない。議会の全体、あるいは一部の身分が特殊利益の断固維持という観点から、君主や他の身分への協力を拒むとき、領域の一体性は動揺に曝され、統治権力の公共性を担保すべき議会の正当性は疑問視されることになるだろう。身分制議会が近代国家の形成過程において、それを促進するアクセルというよりはむしろ、それを押しとどめるブレーキとして作用したという見解は、諸身分の政治的役割への懐疑的印象に由来するものである。このような見方によれば、身分制議会による抵抗を排除することこそ統治の近代化にとって必須の前提とみなされる。そして身分制議会の否定的側面が強調される一方で、君主に直属する官僚機構や常備軍に近代国家誕生の母胎としての地位が帰せしめられる。というのもこれらの機関は、議会の無力化とそれをつうじた二元主義の克服、すなわち政治権力の宮廷への一元化にさいして決定的に重要なファクターとなったからである。ひるがえって、このような見解に立つ歴史家、たとえばハルトゥングに言わせてみれば「二元主義とは、何かはじめから領邦国家の本質に根ざしていたものではなく、逆に一種の退化現象」にほかならない。その見立てによれば等族 Stände とその議会は、領域統合と権力統一をめざす進歩的な君主に対抗して、自己の特権のためにその狙いを挫こうと腐心する時代錯誤的な集団以外の何ものでもない。かくして諸身分の抵抗を粉砕して集権的な軍事 ‐ 行政国家を確立することに成功したプロイセンとは対照的に、身分制議会が強力な地歩を築いていた領邦では小心翼々たる政治文化が育まれる一方、政治・行政の改革は遅々として進まない。それゆえに二元主義的統治構造は、ドイツの政治的・経済的成長のために必要な活力を奪いとり、それを長らく後進的な水準に留めた元凶とでも呼ぶべきものとして位置づけられることになる。(22)

このような見解において国家の近代性にかんする評価基準とされているのは、たとえばヴェーバーが定義したような、物理的暴力を唯一正当に一元管理するような国家であり、あるいはその権力を公的法規に従って合理的に行使するような官僚制国家である。しかし統治権力の二元的構成という点で根本的に異質な構成原理に拠ってたつ中世国家を、近代の「営造物国家」観を尺度として断罪することの正当性は、早晩批判的検討の的となることを免れなかった。(23)とりわけアンシャン・レジーム末期の三部会を典型とするような、反動的で退嬰的な議会像を、身分制議会史全般に遡及させる通説的見解にたいしては、戦後ブルンナーやエストライヒによって修正が試みられ、むしろこれらの議会制が近世における国家形成過程において果たした肯定的役割が再評価されるに到った。先に引用したマロンジュらによる比較史的研究も初期議会史にたいする関心の高まりの所産である。

たしかに近代への戸口が開かれて以降、各国の議会はそれぞれの歴史的文脈のなかで多様な運命を辿った。イングランドのように近代議会への脱皮に成功するものもあれば、フランスのように革命権力によって解体されたものもあった。しかしいずれにせよ少なくとも初期近世までは、身分制議会は君主とともに政治権力を二元的に構成し、たがいに協調することで共同体の公共的問題に対処した。とりわけその重要性は、領域的統合が君臣間の人格的・主観的結合関係に依存するところ大であり、それゆえに忠誠感情の動揺とともに解体の危機を回避することができなかった政治社会において、国家の一体性を制度的側面から補強する役割を果たした点にあった。すなわち身分制議会は、中世の王権をとりまく様々な限界に由来する政治権力の多元性と遠心性にたいして、一体性と求心性を維持ないし回復させるための拠り所として不可欠な根本的国制機関であった。この意味で政治的二元主義は、ハルトゥングが考えるようなあるべき国家からの逸脱ではなく、その統合原理そのものだったのである。

したがって前近代の国家について考察するさいには、「行政＝軍事＝経済国家（エストライヒ）」が確立されるかたわら、絶対権力からの特権身分の待避場に堕落し、さながら利益擁護のための要塞と化した観のある一七世紀以降の身分制議会像を絶対視しないように注意する必要がある。[24] かつてフォーテスキューは「イギリス統治論」（一四七六年）において大陸ヨーロッパの絶対君主国家と比較しながら、英国の制限王政を'dominium politicum et regale'、すなわち「政治権力と国王権力による支配」と呼んで特筆大書した。このことはすでに一五世紀において国制上議会の果たす役割の大きさにかんして、イングランドとそれ以外の諸国のあいだに顕著な違いがあると認識されていたことを示唆するものである。[25] じっさいのところイングランド諸王のなかでも最も「専制的」に見えたヘンリー八世でさえ「議会のなかの国王」でありつづけることを好んだのであり、議会制定法の至上性に則って統治することを拒まなかった。というのも彼じしんの言葉によれば、「朕は朕が国土において議会にあるときほど高貴であることはない。何となれば議会のなかで朕は首長として、汝らは議員として結び合い、一個の政治的身体のなかでともに縒りあわされているからである」。[26] テューダー朝のもとでの議会の権威の高さは、政治家としても活躍した学者トマス・スミスがエリザベス期に残した次の言葉からも明らかになる。「イングランド王国の至高絶対の権能は議会にある」。というのもそこでは身分位階の上下を問わず「あらゆるイングランド人が本人か、委任と代理によって、そこに出席するよう意図されているからである。かくして議会の承認はすべての人の承認とみなされる」[27]（一五六五年）。すなわち議会は政治的決定に高度の正当性を提供しえたからこそ、強力な統治のために必要不可欠の要素とみなされたのである。

しかしながら、ケーニヒスベルガーが指摘するとおり、その時代には統治権力の二元主義的構造はイングランドだけでなく、程度の差こそあれ、汎ヨーロッパ的に広く見出されるものであった。[28] そればかりかカーステンが指摘するとおり、[29]一六世紀の段階ではドイツのシュテンデが英国のパーラメントに劣らず、君主にたいして強力な地歩を築きさえしていたということに留意するならば、それではなぜ絶対主義王権とその武器である官僚制と常備軍の出現をまえにして英国と大陸のそれぞれの議会制がかくも命運を分けたのかが問われねばならないが、本章ではこれについて深く立ちいることはできない。ここではさしあたり中世的二元主義にたいする大陸と英国それぞれの克服過程における目標と方法の違いを、ブルンナーの「『神授王権』から君主政原理へ」を主に参照しつつ、とくに主権理論の展開を中心として概観するに留めよう。

第二項　主権概念の成立と二元主義の克服、その多様性

大陸諸国における主権の単一不可分性

前近代国家における二元主義的統治構造を克服するきっかけを与えたのが、一六ないし一七世紀における政治変動である。このとき対外的には諸家門の角逐を中心に展開され、窮極的に三十年戦争に到った国際的緊張関係、[30]対内的には宗教戦争と結びついた持続的分裂・騒乱状況を背景として、君主のもとでの集権的な行政・軍事装置の設立が希求されていた。さらにはヒンツェが論じるとおり、政治体の置かれた国際政治上の地位や地政学的位置、ならびにそこから帰結される外政上・軍事上の政治目標こそ内政の形態や統治構造を決定する最重要の因子であるとすれば、この変動がつきつけた政治的インパクトは、イングランド以上に大陸諸国においてより深甚であった。というのもヒンツェによれば、隣国からの圧迫を恒常的に体感している「大陸では軍国主義、絶対主義、官僚制の発展へと押しやる抗いがたい政治的必要性が存在した」のにたいして、自然の防壁と孤立した地勢のためにそのような圧力をある程度回避しえた「イングランドではそのような圧力はなく、国家の政治的目標にとって絶対主義はその附随現象ともども不必要であるやに思われた」からである。[31]

かくして大陸諸国では国家経営のいっそうの合理化・集約化を達成すべく、統治権力の一元化が図られたが、これは君主や国家の権力が他のいかなる部分的・私的な権力より優越すること、すなわち主権概念に立脚する国家の建設を意味していた。周知のとおり、宗教戦争が猖獗を極めたフランスにおいてボダンは、超国家的・普遍的権威による上からの容喙、およびこれと陰に陽に結びついた域内の自律的権力による下からの不服従の両者を打破すべく、唯一・絶対・永続・不可分な主権を確立し、もって対外的・対内的な平和を実現することを構想した。(32) 無論、この定式が現実政治において寸分違わず実現することはなかったとはいえ(あるいは、だからこそ)、それは実現されるべき理念として掲げられ、これ以後の国家発展のために長きに亘って指導原理とダイナミズムを提供することになった。

さらにこの動きとたがいに関連しながら、より長い時間をかけて進行した国家の世俗化の過程が宗教改革によって一応の決着を見たことも、国家権力の根本的再編に決定的な影響を及ぼした。というのも人民の安寧と正義、秩序の維持にかんして、ほかの誰でもなく君主が直接的かつ全般的に責任を負うべきことが、以前にも増して強く表明されることとなったからである。ブルンナーの言葉を借りれば、元来は君主と諸身分双方にまさしく「二元主義」的に課せられてきた「平和と法の保護」という統治上の職責は、今や前者のもとに一元化されようとしていた。(33) それは同時に、諸々の社会的諸勢力から〈公的〉領域が截然と分化し、自律する契機を与えた。

確立された行財政 - 軍事機構をつうじて「公共の福祉」を実現することが君主の独占的任務となったことは、国制の組織原理の大転換を意味した。すなわち、全般的統治構造において君主と「人民」とが対等の関係に立つような中世的二元主義は、君主による「最高にして(略)諸々の法律に拘束されることなき権力(ボダン)」の掌握、すなわち主権の確立をめざす様々な試みをつうじて徐々に克服され、絶対王政に道を譲ることになったからである。無論、その試みは諸王やその宰相、イデオローグたちの奮闘をもってすら、アンシャン・レジームのもとではけっして貫徹されることはなかった。しかしながら、集権的行財政－軍事国家を確立するための努力は、古色蒼然たる封建的遺制の一掃とは言わないまでも弱体化・矮小化を必然的に伴ったのであり、単一の君主主権の確立へと明確に方向づけられていた。(34)

このような君主による統治独占の要求は、前近代の二元主義的国制の枠組に照らしあわせるならまさしく革新的要求にほかならなかったが、ただちに二元主義の他方の極からの反撃を惹起した。すなわち元来議会が代表するとされた「人民」の側からの主権要求である。人民主権論の起源それじたいは、君主主権論と同じく叙任権闘争期にまで遡るものの、今やその基礎は世俗化された自然法に基づく社会契約論に負っていた。(35) かくしてフランス革命において議会は身分に基づく三部会制から、今や市民それだけを単独の権力基盤とする「国民議会」へと装いを改め、その代表権は各種中間団体、たとえば身分や職能団体、自治都市の特権ではなく、諸個人の権利、つまり普遍的で平等かつ個別的な権利を拠り所としていた。言いかえれば主権は、均質な個人から成るただ一つの人民団体としての「国民」に帰属するものと主張されたのである。

他方、君主主権論は、フランスに代わってプロイセンでいっそうの洗練と伸長を経験した。すなわち国家第一の官吏であり将校であると自称する君主が、世俗的国家権力の絶対化ならびに君主－官僚－軍事機構による主権の独占に成功する一方、その支配の正当性にかんする理論的根拠を刷新しつつあった。すなわち従来の絶対君主とは異なり、その統治は啓蒙された理性に基礎づけられるとともに、支配もまた人民の幸福、公共善の実現に寄与すべきものとされたのである。けだしブルンナーが述べるとおり「これは、もはや『神授王権』とはいえない」のであった。

プロイセンにおけるこの動きは、人民主権を貫徹し、ひいてはナポレオンのごとき人民投票的指導者による独裁を達成したフランスと比較したとき、一見著しい対照をなすものである。しかしながら大陸国家の発展を嚮導してきた単一の主権の確立という命題に即してこの両国制を眺めれば、いずれも政治権力の一元化への志向と内外聖俗の諸制約をいっさい否認するという絶対的性格において共通の特徴をもっていることが明らかになる。すなわち両者は主権の単一不可分性を統治の近代化の前提とした点で一致しており、主権の担い手が君主か、それとも人民かという違いは、この前提のもとでなされた二者択一の結果にすぎない。これこそは大陸国家の特質であり、ひるがえって近代国家の理念型的な定義もまた、主としてそれらの歴史的経験から抽出されることになったのである。だが、このような意味での主権概念を見出すことができない別の重要な大国が存在する。イギリスである。

イギリスにおける「議会主権」の特質

たしかにイギリスは名誉革命（一六八八／九年）という名の「革命」を経験した。だが、それは過去の国制からの訣別どころか、イギリス古来の伝統的国制への復古をめざすものであった。[36]というのもこの事件によって、一七世紀初頭以来大陸の君主に匹敵する専制体制の確立をめざしたステュアート朝諸君主の野心のみならず、ピューリタン革命以後の内乱期においてクロムウェル一党によって強烈に主張された共和国の理念もまた、ともに永久に葬りさられたからである。英国本来の国制への回帰とは、フォーテスキューがかつて礼讃した議会権力と国王権力の両者による二元的共同統治への復帰を意味していた。この結果、英国では大陸とは異なり中世以来の政治的二元主義の公理、「議会のなかの国王 King in Parliament」による統治の原理が、近代以後も無瑕のまま保持されることになったのである。[37]

主権が「議会のなかの国王」に帰属するということは、主権が独占的・排他的に帰属するような機関の不在を意味している。すなわち「議会のなかの国王」とは、消極的には君主による単独支配の拒絶（制限君主制）を意味し、積極的には主権が貴族・庶民両院と裁可権をもつ国王の三者から成る複合的機関によって共有されていることを示唆している。それは君主ないし人民いずれか一方による単独主権を認めない一方、政治体における重要な諸要素による統治への参画を広く可能にするという意味で、ブルンナーの言葉では「あれもこれも」式の主権観念に基づく国制である。[38]主権の独占的担い手を想定する「あれかこれか」式の主権概念を否定しているという点で、この〈議会主権〉という英国独自の用語法は、大陸流の主権観念との根本的相違を念頭に置いて理解されなければならない。

主権観念の発展と多様化にかんする以上の概観をつうじて、身分制議会から近代議会への位相の転移にかんして、英国ではより連続性に、大陸ではより断絶性に着目して検討されるべきことが明らかになった。近代イギリス政治は、伝統的な二元主義的国制への回帰を出発点としたために、その統治は著しく古風な体裁をまとうことになった。しかしながら、それは近代的な制度や理念、語彙をいっさい受けいれなかったということを意味しない。バジョットの卓抜な比喩を借りれば、イギリスの国制は、野中の曲がりくねった細道に沿って家々が軒を連ねることで形成された街路さながら、実質において文明化を享受しながらもなおその外見において古い時代の痕跡を留めているのである。[39]

これにたいしてフランスでは革命を機として人民主権論が新たな国制原理として採用されたため、旧来の国制の正当性基盤は根刮ぎにされた。かくして新体制において構築されるべき議会制度もまたこの理論によって基礎づけられ、主権の担い手として位置づけられた〈国民〉との関係が憲法上明らかにされなければならなかった。一七九一年九月三日憲法は、革命が選択した主権のあり方について厳粛に宣言した。「主権は単一にして不可分、譲渡できず、かつ時効にかからない。主権は国民la Nationに帰属する」[40]（第三篇第一条）。そこにはこの革命とともに始まった大陸型民主主義の発展と伝播のプロセスを貫く根本的理念が開陳されていた。E・フレンケルはそれを「単一の民意einheitlicher Volkswille」による支配と呼ぶ。[41]ここでは主権の単一不可分性に呼応するかたちで、〈国民〉もまた国内に居を定める諸個人の単なる総和ではなく、それじたい一個の全体であると解釈された。かくして件の条文は次のように続く。「人民のいかなる部分も、いかなる個人も主権の行使を僭取できない」。すなわち一個の〈法人（デュヴェルジエ）〉としての国民が擁する単一の意志に基づいて、主権が行使されるべきことをこの憲法は要求しているのである。(42) もはやいかなる統治機関も〈国民〉が授権した権力を行使するだけであり、その行為の正当性ももっぱら単一の民意という擬制に依拠することになる。

しかし、問題はこの後にあった。革命は統治権の適用を民意にのみ基礎づけるという民主政治の中心的理念を鮮明に標榜したが、この理念は制度化をつうじて具体化されなければならなかった。このことが、政治理論上の新たな問題を惹起するきっかけとなる。すなわち「民意とは何か」「民意はいかに確定されるべきか」、さらには「議会は民意をいかにして代表するか」という問題である。そしてまさしくこれら諸問題について英国と大陸欧州それぞれの政治理論と政治制度は、各々の国制の特質に照応するかたちでたがいに異なる回答を提出するのである。

次章では、〈民意〉をめぐる差異にかんして、フレンケルの論文集を手掛かりに考察することにしよう。

第二節　近代議会制の理論的基盤

第一項　経験的民意と仮説的民意

フレンケルにおける二つの「民意」

民主政治の核心、すなわち民意による統治の基礎づけという問題を考察すべく、フレンケルは「民意」を二つの相に分類する。(43) 一つは投票をつうじて直接表現される国民の意志、厳密には有権者住民の多数派を占める主観的意志である。今一つは国民による投票とは無関係に、客観的に確定可能な民意であり、これは全体の利益に基礎づけられている。言いかえれば、共同体全体の利益は国民じしんによる明示的な意志表明を俟つことなくあらかじめ存在しており、これは政治家が理性をつうじて先験的に認知することが可能であると考えられている。フレンケルは前者を経験的民意 Empirischer Volkswille、後者を仮説的民意 Hypothetischer Volkswille と呼び区別する。

二つの民意概念のうち後者がとくに重視されるのが代表制統治システム repräsentatives Regierungssystem である。このシステムは理念型としては次のように描かれる。「代表とは憲法の定めにより指定された、国民の名において行動するがその拘束的指令を負うことのない国家ないしその他の公権力の担い手の機関による、合法的委任に基づく支配権能の行使であり、それら〔当該諸機関〕は直接・間接を問わずその権威を国民から引きだすとともに、国民の真の意志を具現すべくその全体利益のために仕えるとの主張によって〔この権威を〕正統化する」。このとき「国民の真の意志」は全体の利益の増進に適うものでなければならない。それゆえ多数派の意志といえどもそれが重視されるのは公益を損なわぬかぎりという条件のもとにおいてであり、逆に言えば、ただ単にじっさいに多くの人々が望んでいるという理由それだけでは政治的決定を正当化するにはなお不十分である。この意味で代表者によって認知・確定される仮説的民意には、経験的民意にたいする優越が与えられている。裏を返せば、少数意見や個別利益であっても、それが全体の利益の増進に寄与する可能性をもつかぎり堂々と開陳されるべきであり、傾聴と考慮の対象となりうる。そして多様な意見の表出を可能となすべく、代表制統治システムにおいては、国家と個人のあいだに存在し、様々な利益と見解を掲げる団体に「最大限の法的安定性と影響力が保証」される。この点で社会内の利益や見解が多様であることを承認することが、代表制の前提となる。フレンケルによれば「そのイデオロギー的基盤は、国民の分化への洞察である。社会学的にそれは、多元性を自覚している社会の政治的上部構造なのである」。

このように「代表制は自然法に基礎づけられ〔集合的意志からも個別的なそれからも導きだせず、それゆえに〕原初的な originär 全体利益という公理に由来する」ものである。これにたいして「人民投票制統治システム plebiszitäres Regierungssystem は人権としての個別的選挙権および共同決定権と、原理上無制約で不可侵の集合的権限との二重の公理に由来する」。そこでは前者から国家意志の確定方法として人民による直接投票が、後者から投票により確定された意志の絶対性、不可分一体性が導かれる。そしてこの民意は「全体利益と同一であるとア・プリオリに想定されている」。言いかえれば、いかなる任意の利益も、それが人民による自由投票によって多数者の支持を受けるかぎり、全体利益とみなされうる。すなわちそこでは代表制とは対照的に、公共の福祉は随時投票によって確定される、事後発生的なものと理解されている。他方、人民の意志に絶対の価値をもたせようとするならば、議会による独自の意志表示は否認されなければならない。というのも、それは民意の歪曲や疎外を招きかねないからである。[44] さらに全体利益の基礎となるべき、民意の単一不可分性を保全しようとするならば、利益の多元性を表象する中間的諸団体もまた、できるかぎりその政治過程から排除されなければならない。というのも、それらは「単一の民意の構築を妨げかねない」からである。かくして少数派および特殊利益は「無視、あるいは非政治的な枠組への放逐をつうじて無毒化されてしかるべきである」。その意味でこの統治体制においては仮説的民意など一顧だにされない。ただ経験的民意だけが、意志の力だけが有効なのである。

両統治システムは、それぞれ民意を正当性の根拠としながら、その定義とそれを表出する方法の違いのために、異なる政治制度を構想することになる。代表制統治システムにおいて民意は全体の利益によって基礎づけられる(仮説的民意の優位)が、これにたいして人民投票制では全体の利益こそ民意によって規定される(経験的民意の優位)ものと想定されている。別言すれば、両者は全体の利益は投票に諮ることなく確定することができるか、それともその後ではじめて発見されるのかという点においてたがいに相異なる前提に立脚しているのである。しかしながら見方を変えれば、矢印の向きこそ違え、民意と全体の利益を結合させている点では、両者のあいだにさほどの逕庭はない。だが民意と全体の利益は、はたして常に一致するものであろうか。

「純粋な」代表制ないし人民投票制統治システムの危険性

「全体意志と一般意志のあいだには、時にはかなり相違があるものである」[45]と述べたとき、ルソーを困惑させたのは明らかにこのディレンマであった。諸個人の私的・個別的利益に基づく特殊意志の総和にすぎない全体意志を、政治体とその構成員を導くべき共同体共通の意志、すなわち「一般意志 volonté générale」と留保なく同一視することは困難である。ルソーはこの問題を、全員投票の結果過半数を占めた意志を一般意志とみなすことで乗り越えようとするものの[46]、特殊利益と共通利益の相剋がそれによって解消されたとは言いがたい。だからこそルソーは「人民は放っておいても常に幸福を欲する。しかし放っておいても人民が常に幸福を理解するとは限らない」、それゆえ理想的な立法には「神々が必要であろう」となお嘆かざるをえなかった[47]。それにもかかわらず、この地上において代表制・人民投票制のいずれかを、理念型そのままの形態において具現化せねばならないとすればどうなるだろうか。一八世紀英国議会における寡頭支配やアメリカ植民地の独立闘争は、純粋代表制が民意を疎外し、政治階級の利益にすぎないものが全体の利益として偽装されかねないことの証左ではないだろうか。他方で一般意志をみずから理解できない人民のためにはその意志を理性に一致させるよう強制する導き手――さながらロベスピエールやナポレオンのごとき強力な指導者――が不可欠なのだろうか。民意に基づく統治が、窮極的に特権的少数者ないし単独者による政治支配を招きよせるとすれば、それが民主主義の皮肉で、矛盾に満ちた帰結でなくて何であろう。かくしてフレンケルは次のように結論づける。「代表制も人民投票制も、その純然たる形態においては自殺の芽を内包している」。

それどころかタルモンによれば、ルソーのこのディレンマは、解決方法を誤れば全体主義へとつづく扉を開きかねないものである[48]。放っておいてもみずから幸福を理解することのできる人民、すなわち客観的に全体の利益に適うものを自発的に意志する人民を前提としなければ、直接民主主義は一般意志、共同体共通の利益の実現を保証する教説にはなりえない。このような人民が存在可能であるには、ややもすると党派心や部分的利益の温床となりかねない中間的諸団体が一掃され、代わりに「純粋に政治的な原子」としての個人それのみから成る社会が創出されねばならない。なぜならこのような社会においてのみ自然界と同じように、個々の要素の最大限の自由活動と全体の客観的秩序との調和がうち立てられるからである。自然界においてその構成諸要素は、個別的にはいかに勝手気ままにふるまっているように見えようとも、自然法則の支配を免れえず、そこにおのずから秩序を成立させている。同様にもし政治社会を構成する者が、いっさいの部分利益という束縛から解きはなたれたなら、各人が自由意志に従いながらも一般意志を、すなわち客観的に全体の利益に合致する真の民意を満場一致で確定することが可能になる。換言すれば物質的・精神的あらゆる側面において均質的な、それゆえに多様性が最小限度に留まるような諸個人から成りたつという意味で単一の国民が存在するとき、はじめて単一の民意が実現する条件が整うのである。さりながらこのような国民が「唯一の真理」と信じ、また自発的に選択したものと思いこんでいる意志が、じつは煽動家や急進的エリート、アヴァンギャルドによるプロパガンダや示威行動をつうじて吹きこまれたものにすぎないとすれば、この条件は直接民主主義どころか、むしろ全体主義を準備し、結局は民主体制そのものを根底から壊滅させる条件とならないだろうか。

したがって実際の国制においては、代表制にせよ人民投票制にせよ理論的一貫性は多少なりとも損われることが望ましい。フレンケルの言葉を引用すれば、「どちらの原理も、人民投票制・代表制混淆型の民主主義的統治システムの構成要素に仕立てることが大前提となる」。それでは英国および大陸諸国においてそれぞれの要素は、その統治構造をどのように規定しているだろうか。

第二項　フランスにおける議会制と民主主義との相剋——古典的民主主義理論のディレンマ

「純粋代表制」と社会的多元性——一七九一年憲法体制

一七八九年七月一四日のバスティーユ牢獄襲撃によって急展開を示した革命の成果が憲法典という形式で結晶化されたのは、一七九一年九月三日のことである。この憲法は立憲君主制を採用し、逃亡事件を起こしたルイ一六世を依然として国家の元首に戴いていたもののその権力はあくまで二義的なものに留まり、[49]「主権は国民に帰属する」（第三篇第一条）ことを明言していた。さらに重要なことに「フランスの国制は代表制である」（同二条）と述べるとともに「立法権は（略）国民議会に委任される」（同三条）と示すことで、立法の責務と権限を独占的に議会に帰せしめることを明らかにし、「純粋代表制」と称される代表制機関をもたらした。[50]

国民主権論は、前近代の政治体を基礎づけていた多元的で割拠主義的な政治的・社会的構造を止揚し、平等と画一性によって特徴づけられる国民を国制の基盤に据えることを意味した。[51]しかしながら代議士が、選挙区ごとに分断され、それゆえにつねに部分的たらざるをえない有権者の代表にすぎないとするならば、国民の単一不可分性を代表するという議会の使命は画餅となることを免れない。この命題が虚構に堕することを防ぐべく、国民議会は被代表者からの完全な独立を宣言し、命令的委任を拒否しなければならなかった。すなわち議会は部分的な有権者団といかなる法的繋がりをももたず、またその指令によって拘束されることなく、全体として単一の国民を代表するものと規定されたのである。

この点で一七九一年の国民議会は一見したところ、代表制統治システムの理念型に合致している。それにもかかわらず、この議会制は英国のそれとは似て非なるものであり、特殊大陸的民主主義観念を色濃く反映しているように思われる。ここで代表制統治システムの理念型にたち返り、とくに国家と社会との係わりあいに注目してその前提を繰りかえすならば、真の代表制においては自律的な社会内部分社会の存在が積極的に支持されねばならない。すなわち個別の特殊利益を擁護する様々な団体の存在が認められるべきであるし、それらが合意形成のプロセスに参加したり、影響力を及ぼしたりすることは何ら恥じることではない。だからこそG・A・リッターの見るところ、英国の議会に代表されていたのは「それまでつねに支配的であった英国流の解釈によれば——ルソーやジャコバン派のように——ただ単にその余のあらゆる拘束から自由な諸個人から成りたっているのではなく、固有の領域では十分自律的な、多数の地方的・社会的・政治的そして宗教的集団によって構成されていた」国民だった。それは産業化による経済的・社会的利益の分化だけでなく、地方的・宗派的相違によっていっそう多様さを増しながらも、ソフトな国民意識によって緩やかに統合されていたのであり、まさにこの点にリッターは、イングランド国家が立脚する独自の国民観念と社会の存在様式を見出したのである(52)。

ところがフランスではかかる社会的多元性の顕在化は、単一不可分の国民という命題に違背するように思われた(53)。それだけではない。およそ議会があらゆる代表権能を独占的に吸収しようとするかぎり、その基盤が地域性に拠るものであれ、あるいは経済的・社会的機能に拠るものであれ、議会外のいかなる団体にも特定利益の代弁者としての地位さえ認めるわけにはいかなかった(54)。さらにそれは法の基盤となるべき「一般意志」の円滑な表出を妨げる虞さえ秘めていた(55)。というのも、団体というかたちで人が徒党を組むのを認めてしまえば、その団体は数の力を利用して徒党に加わらない諸個人に圧力をかけ、その意志を歪曲させかねないからである。だからこそルソーは全員投票の結果が一般意志に適うための要件として「一般意志が十分に表明されるためには、国家のうちに部分的社会が存在せず、各々の市民が自分自身の意見だけをいうことが重要である」(第二編第三章)と指摘したのである(56)。以上のような論理は、すでに憲法制定に先だって、同年六月に発布されたル・シャプリエ法にも投影されている。「同一の身分および職業の市民のすべての種類の同業組合の廃止はフランス憲法の本源的基礎の一つである(57)」。この法律の歴史的・政治的意義は、中世以来身分制議会の基本単位であった中間団体を一掃することで、来るべき議会の構成原理とその正当性基盤にコペルニクス的転回を施した点にある。すなわち部分利益を代表する要素を断固拒絶したという意味では、一七九一年の議会は身分制議会というよりはむしろ、三部会を召集することなく統治することをめざしたかつての絶対主義の後継者なのである。ただしそれは君主の意志ではなく「一般意志の絶対主義（レーヴェンタール）」であったが。[58]

単一不可分の民意と独裁――一七九三年憲法体制

たしかに経験的民意にたいする仮説的民意の優位を極限的に追求したという意味では、一七九一年議会は代表制統治システムの特質を純粋に実現したかのように見える。他方において、フレンケルが代表制の前提条件として社会内の多元性の承認を挙げ、「代表制は身分制に由来するその歴史的起源をけっして完全には否定できない」と述べたことを想起するならば、[59]この議会には代表制にとって本質的な重要性をもつ伝統からの決定的な逸脱ないし断絶の契機が埋めこまれていた。この断絶――それは時間軸上の断絶であるとともに、英国の制度・観念との断絶でもある――に注意するならば、しばしば対蹠的なものとして考察される一七九三年六月二四日憲法の統治構造との差異を過度に強調する必要はない。なるほど九三年憲法は主権者を抽象観念としての「国民」ではなく、具体的であるとともに複数性を含意するはずの「人民 peuple」とした。しかしそれは政治的意志形成過程に社会的多元性を回復させるものでもなかった。九一年同様、この憲法もまた第一条において「フランス共和国は、単一にして不可分である」と言明することを忘れなかった。[60]たしかにそれは「本性上、かつ法律の前に平等で」（人権宣言第三条）「完全な自由をもってその意志を表明する権利を享有できる」（同二六条）個人ないしそれから成る主権者集会を人民の構成要素としていたが、依然としてそこには団体の占めるべき場所は存在していなかった。そもそも人民主権への呼び声を高めたのも、先の憲法のイデオロギーそれじたいへの批判というよりはむしろ、「国民」なる抽象概念を隠れ蓑にして市民の具体的要求を黙殺した〈純粋代表〉の詐術にたいする不満であった[61]。純粋代表こそが有権者団からの独立を口実に代表者と被代表者との分断を公然化することで、民意の単一不可分性という最重要のテーゼを危険に曝している張本人にほかならないと考えられたのである。かくして人民投票制など「半直接制」の導入をつうじて議会から民意の独占的代表、あるいは公益の唯一の解釈者としての地位を奪い、議会を民意に縛りつけることは、革命理念のいっそうの完全化に適うものでこそあれ、それを歪曲するものとは思われなかった。単一不可分の民意に基づく統治という最重要命題にかんするかぎり、九三年は九一年の否定というよりは、その延長線上に生じた現象であった。

他方、代表者と被代表者の分断を癒合するために必要とされたのは、人民の意志に直接立脚し、その単一不可分性をまのあたりに体現する政府であった。パリ・コミューンや国民衛兵、そしてフランス全土に広がるジャコバン・クラブや人民協会は、革命政府の使命遂行のために民衆を直接巻きこんだが[62]、ロベスピエールの独裁権力がこれら諸革命組織からの支持に基づいていたとき、「頂点において権威的であるが、底辺において民主的（デュヴェルジェ）」な体制が生まれた[63]。政治体制の正統性が、民衆の参加と喝采によって直接的に調達できる見込みがあるかぎり、議会のような媒介的装置は無用の存在となる。九三年憲法そのものは、革命戦争の勝利によって「平和が到来するまで」その施行が停止されたが、公安委員会による独裁体制は民主集中制という聖油によりその正当性を洗いきよめることができた。

民主集中制というこの言葉には、社会的多元性や見解・利害の相違にたいする冷淡さが露骨に表現されている。そこでは差異は互譲の精神をつうじて解消されるものではなく、随時粛清されるべきものとなる。王党派からエベール派まで種々雑多な政治的諸潮流がせめぎあうなか、最終的に独裁的権限の掌握に成功したのは、民衆の盲目的エネルギーを政敵の殲滅のために利用することのできたロベスピエールとその一派であった。独裁体制確立の過程には、異論を譲歩によって同化吸収する行程は含まれない。そこに見出されるのは革命の帰趨をめぐる民衆の恐怖心を煽動し、その暴発を効果的に動員することで自派の正当性を証明できる一派が、そうできぬ他派をギロチン台に追いやる過程であった。民意に合致せぬ要素は統治者と被治者との同一化を阻む夾雑物であり、淘汰されて然るべきである。異分子の排除をつうじて、民衆的支持と政治的指導との関係はいっそう純化され、もって後者の権力と権威はいっそう強化される。(64) けだし「人民の意志は政治的賭け金であると同時に権力の道具でもある（ゲニフェー／アレヴィ）」。かくして民主的な独裁体制の確立は、民意に背く諸要素（人民の敵）の排斥と、民意の欲するところを知りこれへと民衆を導くエリート（人民の友）の聖別によって達成された。多元性にたいするかくも徹底的な不寛容さは、民意の単一性、人民が行使する主権の単一不可分性というテーゼから導き出された必然的帰結であった。

フレンケルにとってこのような九三年体制は、爾来大陸ヨーロッパの議会制と民主主義を苛《さいな》むこととなる様々な困難と恐怖の源流に位置するものである。なぜならフレンケルの見るところ、議会に固有の課題とは社会内の多様な諸力が議論をつうじて妥協点を見出し、諸見解・諸関心の相違を克服し、コンセンサスを形成することにあるのにたいして、ジャコバン主義はそこからの離反を意味したからである。(65) すでに見たとおり、代表制の前提は社会の多元性であり、民意の多様性である。そしてそれらは公開討論と互譲による合意への努力をつうじて克服されるべきものなのであり、黙殺ましてや排除の対象となってはならないものである。そこで重視されるのは所与の民意にたいする同意ではなく、合意形成の手順や行動準則にかんする承認である。その意味で「共通利益は社会的実在ではなく、規範的理念なのである」。ルナンの有名な言葉をもじってフレンケルが言うには、社会の多元性を前提とする統治システムにおいて「民主主義とは日々の妥協」にほかならず、「熟慮されたコンセンサス reflektierter consensus」を導く努力は不可欠である。逆に九三年憲法がそのモデルを提供し、ひいては全体主義へとつづいた単一不可分の共通意志と社会に基づく統治システムにとって、社会的多元性は極力排除されなければならなかった。そのためにそれは「不合理な先入見への間断なき情動的働きかけをつうじて思慮なきコンセンサス unreflektierter consensus の実現」を図りさえした。この働きかけが特定のイデオロギーを奉じるアヴァンギャルドにより恣意的かつ無際限に行われるとともに、人民による直接的支持によって正当化されるならば、先にも見たとおり単一不可分の一般意志の実現を求める努力は、皮肉にも全体主義や独裁に帰結することになるであろう。

それゆえデュヴェルジェが指摘するような革命以降のフランス憲法史に見られる制限君主制―共和制―独裁の二度にわたって繰りかえされた「周期」的継起は、[66] 角度を変えて見れば代表制をつうじた多元的民主主義の試みが断念され、直接民主主義への性急な要求が人民投票制を介して独裁者を招きよせるという過程であった。カエサル主義なる現象が現れるときには、かならずと言ってよいほど議会に固有の役割が軽視され、一方に個人の総体としての主権者と、他方にこの総体を単独で代表する者とが無媒介に結合された。独裁者が人民投票によってじしんの地位は国民の総意に基づくと主張できるとき、両者を媒介する機関としての議会の存在意義は最小化することを免れない。というのも民主主義とは窮極的に統治者と被治者との同一化をめざす思想にほかならないとまことしやかに述べたてられるとき、見解の多様さや利害の錯綜を白日のもとにさらす議会は厄介視されることを免れないからである。

このような観点からルソー以来シュミットに到るまで、意図に違いこそあれ民主主義と議会制とのアンチノミーは繰りかえし強調されてきた。[67] しかしながら、他方でフレンケルが言うとおり、「民主主義的議会という言い回しは、ここ二百年の歳月を経て撞着語法 Paradoxon から冗語法 Pleonasmus へと変化した」。[68] すなわち議会制に立脚する統治システムは、古典的民主主義における統治者と被治者との同一性や人民の画一的均質性といった諸命題とは別個の論理に従いつつ、独自の方法で「民主主義の対抗理論」を形成してきた。この点に留意しながらイングランド国制における伝統と革新、それに伴う英国流の民主主義の生成について検討することにしよう。

第三項　英国型議会制民主主義

議会寡頭政とバークの国民代表論

イギリスの国制、とりわけその議会政治を特徴づけるのは、政治家による指導の契機の強調である。裏を返せば、フレンケルが言うとおり「古典的民主主義理論から見れば、英国の統治システムを特徴づける指標のすべてが民主主義の構造的欠陥と呼ばれるにちがいない」(69)。というのも指導の契機を重視するかぎり、代表制は国民の政治からのある種の「疎外」、すなわち直接的関与の否定を意味するからである(70)。この意味で、イングランドで培われてきた議会主義が、大陸流の古典的民主主義にたいするオルタナティヴとして、すなわち対抗的民主主義理論として成熟する過程において最重要の課題となったのは、このアリストクラティックでエリート主義的な本性を、民主化の要請とどのように調和させるかという問題であった。

この課題にたいする応答について触れるまえに、英国の議会統治体制にかんする「古典的定義」の構成要素としてフレンケルが挙げる二つの特質に注目しなければならない。すなわち第一に命令的委任の否定であり、第二に党首の強力なリーダーシップと結合された院内政党の役割の大きさである(71)。

フレンケルによれば、両要素が英国議会制に定着する過程において理論面から貢献した人物こそエドマンド・バークであった。命令的委任は「議会主権」という英国国制の根本原理を侵すものであるがゆえに、断固として拒絶されなければならなかった。このとき彼は国王にたいしてはもとより、国民ないし人民にたいしても主権の譲渡を否認することを決意した。すなわちバークは、名誉革命体制の維持を唱える立場から君主主権論と人民主権論の双方にたいする反駁を同時に遂行する必要に迫られたのである。

米仏で革命が発生した一八世紀後半は、英国のアンシャン・レジームにとっても危機の時代である。就中鋭い批判の的となったのは、血と金によって塗りかためられたその寡頭政的な性格であった。(72) ネイミアが「イングランド史、とりわけイングランドの議会史は、諸個人というよりはむしろ諸家族によって作られている」と述べたとおり、(73) 大貴族はその「影響力」をつうじて庶民院議員の選出を意のままにすることができ、さらに相対的な社会的均質性が両院のいっそう緊密な結合を可能にした。(74) 恩顧と庇護の体系が、議会の凝集性と排他性の源泉であった。この時代には大陸欧州同様英国でも、公権と私権とのあいだに厳格な区別がいまだなされておらず、政府契約や年金受給権、栄誉その他直接的な利権はもとより、官職（閑職）や議席、その他政治的諸権利もまた一般に私財 property とみなされていた。(75) 縦横に張りめぐらされたパトロネジ・システムは、これら諸便宜を配分するための導管として機能し、宮廷と有力貴族、さらに地方名望家の絆を堅固にした。所謂腐敗選挙区は勿論のこと、寡頭支配に陥った都市選挙区もまた、(76) その閉鎖的な選挙資格や有権者の少なさのために影響力行使の格好の対象となった。なかでも国王は最大のパトロネジの保有者であり、宮廷と政府は地方の貴族や名望家の従属を克ちとるべく、公私問わず様々な利益配分をつうじてこれを庇護した。かくして宮廷は選挙区では候補者、議会では当選議員への働きかけをつうじてこれを馴致するとともに、庶民院における国王政府与党の形成とその掌握を図ったのである。

他方で北米植民地問題を発端として、英国における真の「ブルジョワ革命」の胎動が始まったのもこの時期である。産業革命の進展とともにマンチェスターやバーミンガム、リーズ、シェフィールドといったイングランド北西部の新興諸都市では急速な人口増加を経験したにもかかわらず、議席の再配分に着手されることはなかった。さらに議会の世論からの独立を維持すべく、議会討論にかんする守秘義務が刑罰によって守られていた。(77) 代表の平等性や秘密主義、総じて非民主的性格についての不満はフランス革命の報とともにいっそう強まり、（後にバークの革命批判を誘うことになる）プライス博士による説教壇での咆哮を皮切りに、(78)急進的改革の要求は燎原の火さながらに広まった。また世論の活性化に、新しいメディアが及ぼした影響は絶大であった。辛口の政治風刺で人気を博した『ジェントルマンズ・マガジン』などの雑誌はコーヒー・ハウスに集まる紳士らをいっそう饒舌にし、コベット編集による週刊紙『ポリティカル・レジスター』は、都市下層民の政治意識を高めるうえでペインのパンフレットに劣らぬ役割を果たした。(79)それらは諸個人による世論の主体的形成への道を切りひらいた点で、国家とは別の公的空間の成立を促すことにもなった。(80)

この上下双方からの主権要求の動きから議会の主権を守り、かつ議会が支配階級による政治権力独占の道具として言わば「擬制（ケルゼン）」に堕落しないための諸条件を提示すること、これこそがバークの課題であったとフレンケルは指摘する。個別議員への影響力行使をつうじた政府与党構築のための工作にたいして、議会がそのような切り崩しを断固撥ねつけるためには、みずから院内多数派を形成し、これに拠ってたつ内閣の成立を可能にしなければならない。さらに全体利益を議会主導で実現するためには、議員のあいだで妥協と協力を行う用意がなければならない。しかし代議士がその選挙民の指令によって厳しく拘束されているあいだは、譲歩の余地が狭まるためになならない。逆に言えば命令的委任からの自由は、議員による自律的な行動と団結のために欠くことのできない条件である。それどころかそれは仮説的民意、すなわち全体の利益を見出すうえで拠り所となるべき「客観的な価値秩序が、主観的で主意主義的な要素の影響によって覆いつくされ、それゆえ崩壊することのないよう防止する」助けとなるものにほかならない。(81)すなわち議員が選挙民の指令から自由であり、かつおのれの良心のテストに耐え、それゆえに他の代議士とも共有可能な認識に到りうるときはじめて、団結力ある多数派の形成や議会主導のもとでの公益の実現が可能になる。だからこそバークはブリストルの選挙民にかく語りかけた。「彼ら〔有権者〕の願望は彼〔代議士〕にとって大きな重みをもって、また彼らの意見は大いなる尊重の、彼らの関心事は変わらぬ注意の的となって然るべきである。（略）しかし彼の囚われのない意見、念入りな判断、啓蒙された良心を諸君のために、この世のいかなる人、いかなる人間集団のためにも犠牲にしてはならない。（略）諸君の代表は諸君にたいして彼の精勤のみならず、彼の判断力をも捧げる義務を負う」[82]。

さらに言えばもし議員が選挙民の要望におもねってみずからの良心を犠牲にすることを選ぶなら、それは結果的に彼らを裏切ることにも繋がりかねない。なぜなら「もし我々が議員らに事物にかんする非常に広い見地に立って行動することを許さないなら、我らが国民的代議制を各地の代理人の混乱した闘争の巷へとついには堕落させてしまうにちがいない」[83]からである。拘束的指令の問題は、議会の決定能力の著しい低下にのみ求められるわけではない。討論のさいに選挙民の特殊利益に背きはしまいかと臆病風に吹かれるとき、代議士は堂々と所見を明らかにするよりも、宮廷での阿諛追従に励み、みずからその影響力の恩恵に浴すことを選ぶであろう。宮廷筋での評判が政治家の力量を計る唯一の物差しとなり、このために宮廷の権力独占がもたらされるだけでなく、議員の判断力もまた荒廃することを免れない。無知は無力を必然的に伴う。かくして代表者を頼ることのできなくなった民衆は、今や権力と判断力の唯一の源泉となった国王とその政府のまえに頭を垂れざるをえない。

逆に言えばみずから理性的判断を下すことができるがゆえに無知ではなく、また力強い議会であるためには「多様で敵対的な利害から派遣される使節の会議congress」に堕落してはならない。議会は国民全体の利益を代表するのであり、そのさい指針となるべきは選挙民の特殊利益ではなく、普遍的理性が導く普遍的利益である。それゆえ「諸君はたしかに議員を選ぶ。しかし諸君が彼を選出したそのときに、彼はブリストルの成員ではなく、議会parliamentの成員となる」[84]。

議会改革の争点――多元的民主主義の成立

このようにバークの国民代表論では、命令的委任の否定と議員相互の自律的連携（党派形成）の両者が、議会主権を確立させるために必要不可欠な前提として想定されている。その議論はたしかに宮廷からの影響力行使にたいする強力な理論的防壁を構築するうえで大いに貢献したものの、[85]ひるがえって代表の平等性を求める急進主義者の耳には依然として既得権擁護のための詭弁と聞こえたかもしれない。じっさいバークの政治的叡知には、論理的ディレンマが拭いがたくまとわりついていた。彼は北米植民地における課税問題にさいしては代表されない国民に課税することはできないと指摘し、現地住民の抵抗にたいして理解を示しながらも、他方において国内的には「実質的代表 virtual representation」という観念に囚われ、選挙権の水平的拡大を伴う議会改革を依然として不要と考えていたのである。[86]じっさいのところ「実質的代表」論は、バークの「国民代表」論と不可分一体の関係にあった。というのも青木康が指摘するとおり、この理論は出身選挙区だけでなく他の選挙区の有権者の利益にも奉仕するよう議員に求めることで、狭隘な地域代表観からの脱却を促し、ひいては特定地域の個別利益ではなく、国民全体の利益を代表するよう彼らを鼓舞する側面をもっていたからである。[87]その意味でバークの実質的代表論ならびに国民代表論は、選挙の意義を形骸化し、議席の再配分のための改革を不要にする点で旧来の議会および選挙制度を擁護する作用を伴いはしたものの、同時に議員観念の更新にも繋がったという意味で両義的な性格を帯びていた。すなわち議会民主化の過程における過渡的現象と目されるべきものである。

議員の自律的行動と協力の可能性を維持しながら、これらの要素を民主化の要求と調和させること、これこそがバークの所論ではなお回答を与えられなかった課題であり、一九世紀における漸進的な国制改革の主旋律にほかならない。改革を求める人々がその主張を正当化するべく用意した論拠を、フレンケルは次のように表現する。「議会において代表される住民諸集団の範囲がより広く拡張されればされるほど、じっさいには独占的代表権を附与された少数の特権的諸集団の特殊利益であるものを議会が全体利益と宣言する誤謬、あるいは誘惑の犠牲となる蓋然性はいっそう小さくなる」[88]。功利主義者によって提唱され、一八三二年からの一連の選挙法改正により漸次実現を見たこのテーゼは、全体の利益の意味内容に重大な修正を加えた。それは「事物の本性から生じ、普遍妥当性をもち、客観的に確定可能な」ものというよりはむしろ、議会に代表される諸力の均衡関係に鑑みて、譲歩と妥協によって克ちとられる特殊利益の合成物と考えられるようになった。これとともに議会の役割も不動の公益の独占的解釈者から、「具体的諸条件から導きだされる可変的公益の生みの親」へと変化した。言いかえれば英国議会制はもはや純粋な意味での代表制統治システムではない。その務めは有権者の具体的個別的要求から乖離した、普遍的真理としての仮説的民意を発見することではない。刷新された見解によれば、その責務は選挙権の拡大とともに必然的に多様化した経験的民意を代表し、議場でそれらを媒介・融合しつつ仮説的民意を形成することに求められたのである。

これは英国議会にとって自己否定にも似た試練の局面にほかならなかった。ルソーがイギリスの人民が自由なのは、議員を選挙するあいだだけのことだと痛罵を浴びせかけたとき[89]、また痩せたフランス人の自由と太ったイギリス人の隷従が皮肉たっぷりの風刺画に描かれたとき、英国の代議士が客観的理性的利益と偽って、じつは彼らじしんの主観的階級的利害にすぎないものを国民に押しつけているとすれば、それらは正鵠を射た批判であった。じっさいバークの所謂普遍的理性が下した判断が、彼の政敵のそれと異なることもあったろうし、しかもいずれが真の理性なのか知る術もなかった。

さりながら他方でバークの形而上学にとって代わった功利主義が算出する〈最大意志〉は、ルソーの一般意志と同じ論法で正当化されたわけではない。ルソーは躊躇いながらも、特殊意志の総和から「相殺しあう過不足」を除くと一般意志が残ると明言する。それは一般意志の客観的普遍妥当性を証明するための苦心の末の言説であった。

しかしJ・S・ミルら功利主義者にとってみれば、意見の多数性以上に、意見の多様性こそ重視されなくてはならない。というのもただ単に特定の意見が社会に広く受けいれられ、それゆえに量的に多数を占めているとしても、その事実をもってその意見の真実性の保証とみなすことはけっしてできないからである[90]。このときミルの念頭にあるのは、真理にかんする可謬性である。いかなる者も誤謬を免れないとすれば、それにすみやかに気づき、訂正し、もって真理に近づくためには、異論にたいして常にみずからを開いておかなければならない[91]。またその見解が真理であるとしても、討論の的となることは依然として望ましい。なぜならそれは反駁を受けて立つことで意見の根拠の確実性をあらためて検証し高めるのみならず、その意味と力を生き生きと深く感じとる機会ともなるからである[92]。さもなくば「それは生ける真理ではなく、死せる独断として抱懐されるだろう（ミル）」。しかしそれ以上に一般的に見出されるのは、諸見解がたがいに矛盾しながらも、それぞれに部分的な真理が備わっている場合である。諸見解が相対的な意味においてしか真理たりえないとするならば、一の意見の不完全性を補完するために、それとは異なる意見が現れることが是非とも必要になる。そしてまたどの見解も一長一短があり、部分的にしか真理を含みえないとすれば、その一部が優遇され、また一部が抑圧されることのないよう、どの意見も公平に尊重されなければならない[93]。すなわちミルは、真理にかんして相対主義的な立場をとるからこそ、誰しもが抑圧を怖れることなく異論を提起し、意見の多様性が確保されるよう、言論の自由を求めてやまないのである。

この点について議会主義の敵手がむしろその精神的基礎について鋭い洞察を示したのは、皮肉なことではあるが興味深い。シュミットの言葉を借りれば、一九世紀の自由主義的議会主義者の思想の出発点に置かれていたのは、「真理に関して決定的な帰結に到達することの断念」であった。なぜなら彼らが到達すべき真理とは、絶対的・最終的・一元的なそれをめぐるものではさらさらなく、「市場秩序と予定調和」の教説さながらに意見の自由な闘争の単なる函数として立ちあらわれるものなのであり、派生的かつ相対的なものと理解されているからである[94]。言いかえれば、彼らはじしんが真理と信ずるものにたいしてさえ懐疑的な立場を崩さない。私の知らぬ真理をほかの誰かが知っているかもしれないし、また自分とは異なる意見に矯正されて第三の真理に到達することもあるだろう。かくして功利主義者はルソーとは逆に多様な異見が開陳されることを喜び、言論・出版・集会・討論の自由こそ議会主義の防壁であると主張する。(95) すなわち説得し、また説得されもする、それぞれの立場で真理であると信ずる見解のやりとり、つまり討論の結果、ようやく諸見解の均衡状態として全体の利益が確定されると彼らは考えるのである。公衆の自己啓蒙能力にたいする信頼ゆえに見解の多様性は真理への到達——彼らにとってそれは諸見解の均衡であり、あくまで可変的なものにすぎないのだが——にとって躓きの石ではない。ここでは意見と利益の多元性が全体の利益の妥当性を保証するからである。

これこそはフレンケルが古典的民主主義の対抗理論と呼ぶ多元的民主主義にほかならない。その所論によれば「多元的民主主義への支持は、あらゆる自由な民主主義が差異化 Differenzierung とともに合意形成 Übereinstimmung をも（略）意味するということへの承認に基づいている」(96)。このとき前者を後者に導くうえで代議士が果たすべき役割は依然として大きい。その意味で議会議員が単なる選挙区民の代理人以上のものでなければならないというバークの見解は、この新種の民主主義理論においてもなお否定されることなく、漸進的民主化の傾向と共存できるように再解釈され、新たな意味を帯びつつ継承されてさえいるのである。多元的民主制における議員もまたしばしば有権者の偏見からみずからを解きはなち、討論と合意形成にさいしていっそう高度な見識と判断力とを発揮することを要請されるものである。なぜなら何にも増して彼らに背負わされている責務とは、ただそれだけでは分裂した無力な部分利益・部分真理にすぎぬものを、議論と互譲をつうじて一つの合意へと統合組織し、政治的に有意味・有力な意志へと練りあげることにあるからである。「代表」と「代理」とのニュアンスの違いはここにこそ見出されるのであり、多元的民主主義のもとでも、議員の自律的な判断と行動は依然として不可欠のものと位置づけられているのである。

英国議会制における政党の役割

それにもかかわらず、とシュミットは戦間期の議会制民主主義の混迷を目の当たりにしながら、この議会主義の精神的基礎の崩壊について語らざるをえない。[97]討論が正しく為されないとき、すなわち諸利益間の単なる商議に陥ってしまうとき、この公益の正当性はたちどころに冷笑の眼差しで見つめられないだろうか。そうなると議会制は上辺のコンセンサスをとり繕う欺瞞的集会として敵視されないだろうか。とりわけ諸政党が見解の説得力ではなく、背後でパトロンさながらに影響力を及ぼす利益集団の数と力を恃み、たがいに鋭く対立し、商売仇のように損得勘定次第では一時的に手を結びもするが、しかし肚の底ではいつか相手を出しぬいてやろうと、議場での討論に真剣にとり組むよりも、街頭でのプロパガンダや示威行動に精を出す現代においては、議会制の形骸化は免れがたいのではないか。畢竟、後はただ「議会以外の方法でもやって行ける」ということが明らかになるのを我々は待つばかりなのであり、「その場合、議会はすでに役割を終えているのである」。

だとすれば活潑な討論がなされ、意志形成の場として議会の正当性が承認され、現代議会制国家における自由主義と多元主義とが確固たる支持を与えられるためには、コンセンサスの内容ができるだけ多くの人にとって普遍妥当なものと感じられるよう諸政党にたいしできるだけ多くの見解と利益に配慮し、その融合を責任をもって行い、公開討論をつうじてその決定の正当性を公衆にたいして説得的に論証するよう義務づけなければならない。この原則は議場の内外を問わず、政治過程のあらゆる局面において妥当するほど、言うなれば成熟した政治文化として受けいれられなければならない。そのような文化が定着してはじめて、多元性は利益集団・政党・議会・政府のあらゆる次元で一致へと促されるにちがいないからである。この結果克ちとられる「熟慮されたコンセンサス」こそ多元的民主主義国家が実現すべき「公共の利益」にほかならない。

すでに論じたとおり、フレンケルの枠組によれば代表制における全体利益は、最終的な合意形成への努力を方向づけるための規範的な概念として存在している。それとは対照的に見せかけの多元主義国家では「公共の利益」の内容は所与のものとして考えられ、実力や策謀の類を用いてでも達成されなければならない実体的概念とされている。そこでは多元的諸利益の融合のための努力が放棄された結果、多元性が不信と憎悪のうちに四分五裂する一方で、裏取引や煽動、さらには剝き出しの暴力によって見せかけの一致（「思慮なきコンセンサス」）を偽装する試みがなされることになる。他方で真の多元的民主主義国家では討論と妥協をつうじて対立を克服することに国民・政治家ともに習熟し、交渉力強化のために瑣末な違いを乗りこえ、自発的に手を結ぶ用意こそ求められることになる。

英国政治が議会制民主主義の全般的危機の時代と称された戦間期の難局をなぜ凌ぐことができたのか。フレンケルやリッターら戦後ドイツの政治学者の目にその真の原因と映じたものこそ右のような行動原則と政治文化にほかならない。しかし文化的・規範的要素を強化し賦活するのは、制度的背景である。この点で注目されるのが、一九世紀における一連の選挙法改正がもたらした、議院内閣制の成立と相対的単純多数決制の採用（一八八五年・議席再配分法）である。(98)

議院内閣制と小選挙区制のもと、議席の多数を占め、政権を握ることこそ政党の至上命令であるとすれば、与党ならば数的優位の維持を、野党ならば反対派糾合をめざして、諸分派間の提携と団結のための努力を惜しみなく注がなければならない。したがって多元的民主主義国家では見解や利害の差異は尊重されねばならないが、同時にそれはいっさいの譲歩や妥協を拒むほど硬直したものであってはならない。そしてそのような政治制度を擁する国家で政治家に求められる資質とは、特定利害への執着や世界観への未練ではなく現実的な政治感覚、つまりリアリズムに裏打ちされた融通性やプラグマティズムとなるだろう。その結果政党の原理原則の一貫性は尊重されるべきものとはいえ、必要次第では稀釈も免れず、統治方針も選挙の度に右顧左眄することを余儀なくされるだろう。しかしそのような政党だけがより多様な見解に配慮し、より広汎な世論の支持を期待することができるのである。まさしく権力獲得の衝動が譲歩と連合を政党に命じるからこそ、逆説的にも英国の多元的民主主義は多数政党制ではなく少数政党制を、窮極的には与野党だけから成る二大政党制をもたらしたのである。裏を返せば多元性はあくまで合意への終わりなき努力の過程においてのみ現れ、議場においては基本的対立軸を表現する二大政党間の亀裂を除いては克服されていなければならない[99]。そしてこのような体制の正当性を維持するのに第一級の課題となるのは、この合意と連合の形成という重大な作業を議会議員、およびその指導者たる与野党党首に責任をもってなさしめることとなるにちがいない。

党首の指導力と議員団統制

ところで政治家に責任を負わせるのに最も効果的な方法とはいかなるものであろうか。一般的に人がじしんの行動の結果に最も責任を感じるのは、その行為が彼のまったくの自由意志によりなされるときである。換言すれば、彼を束縛するものがなくなればなくなるほど、彼はその行為と結果との直接的な因果関係に敏感にならざるをえなくなる。他の主体に責任転嫁することが困難になるほど、イニシアティヴと自律性が十分確保されるとき、政治家は公益にたいする責任を身をもって引きうけるよう迫られる。だとすれば政治家、とりわけ党首には、彼女ないし彼女の判断や行動を制約する派閥や圧力団体などの桎梏をとり払うことが必要になる。本項冒頭で触れたとおり、フレンケルの見るところ、政党の団結と党首の指導力は英国の議会統治体制において不可欠の要素であるが、両者の結合を可能にするものこそ議員団統制 Fraktionsdisziplin にほかならない。この規律は「英国の古典的政党が院内会派の補助機関から——すなわちその侍女として——生じ、今日に到るまで——保守党ではいっそう、労働党では程度は劣るが——その決定にさいして院内与野党党首の指示に依存している」という点に由来する。(100) 党首が院内議員団を統率し、さらには議員団が院外政党組織を統制するということは、次のことを意味する。民意の形成には政党による媒介が必要であり、その内容は院内会派の機関決定によって表現されるということ、しかもこの決定はあくまで議場のなりゆきと与野党両党首それぞれの自律的判断とに左右されるということ、これである。政党指導者が議員および院外の政党支持者を統率できると確信するかぎり、党首は「議会と世論によって監督はされても、指図は受けることな」く、したがって与党指導者＝首相ならば、政策実現のために十分なイニシアティヴと自律性を発揮することができる。

と同時に我々は、党首に授けられた、この広汎な裁量権が〔特殊利益の融合の結果としての〕「公益の促進にたいして第一義的に責任を負う」という義務と不可分の関係にあるという点に留意しなければならない。(101) フレンケルによれば、「彼らは国民の真の代表なのである」。この義務を果たしうるのは「確実に公益を実現させるためには、いかなる最低条件が考慮され、いかなる前提が充足されなければならないかについて、〔与野党〕いずれの党首もみずからの責任において決定することができるときだけ」であり、だからこそ党首の強力な指導権は公益の促進にとって、必要条件となるのである。

さらにその指導力が公益実現へと実質的に方向づけされるためには、議会多数派に政権を獲得させる議院内閣制と、議員選挙の競争的性格が不可欠である。というのも党首が首相の地位を射とめることができるかどうかは、世論の支持いかんにかかっているからである。この地位が民意の動向を無視しては保全されないがゆえに、与野党党首ともにその判断が全体の利益に適っているかどうか常におのれに問いただされねばならず、その行為がもたらす結果について、それが自由意志に基づくものであるがゆえに責任を回避することはできなくなる。このように英国議会制においては、議会選挙を介して全体利益への配慮と権力衝動とが分かちがたく結合されているのであるが、かかるメカニズムが円滑に機能するためには、もう一つ欠くことのできない要素がある。すなわち現与党に十分対抗可能で、代替的な選択肢となりうる野党の存在であり、潜在的な首相候補者となりうる強力な野党党首の存在である。それこそは議席獲得のために諸政党にいっそうの努力と深慮を求め、選挙の緊張感と競争性を高めるうえで鍵となる要素なのである。

内閣が議会多数派の支持を梃子に統治を行う「ウェストミンスター・モデル」の確立とともに議会権能は相対的に減少しその性格を大いに変えた。たしかに法律的には議会の役割は、依然として「首相の決定を発効させること」にある。だが、政治的には「首相にたいして〔議会〕独自の解決策を強要することではなく、代案の可能性を示す」機会を、野党党首に与えることへと変わった。このような変化は英国国制における議会の相対的地位低下を意味したものの、野党党首が首相にも匹敵する国制上の重要な機能を担うことで存分に補われた。[102] 庶民院議場で与党政府と向かいあって居ならぶ「影の内閣の首相」、あるいは「陛下の反対党」の党首は、政府案にたいし代案を示す権能を今や独占的に掌握している。院内多数派の支持によって政府が構成されている以上、野党案が成立する可能性はたしかに乏しい。しかし、それにもかかわらずこの機能が国制上重要なのは、その代案が与党党首のそれとは異なるもう一つの「公共の利益」についての青写真を表現しており、直近の選挙によって選択されるべきオルタナティヴとして位置づけられるからである。[103] 民主化の進展によってイギリス政治においても「世論」は重みを増した。このことが政党間競争の激化とともに、とりわけ野党党首の政治力の飛躍的強化をもたらしたのは、野党が「議会を演壇として用いること」を可能にするからである。[104] フレンケルによれば「政府がひたすら回避しようと努める」のは、「次なる選挙で倒閣の準備が整うほど、有効な批判によって世論を味方につける機会を野党が手に入れること」にほかならない。ここに生起する不安と野心が、統治と世論を結合させる契機となる。

両党首は各自の提案の妥当性を主張しつつ首相質疑等の機会をつうじて打々発止の舌戦を繰りひろげるだけでな

く、じっさいに世論が納得するようその提案が表現する「公共の利益」の内容を練りあげねばならない。このとき野党党首もじしんの統治能力を公衆に印象づけるために、議会の場で首相に劣らぬ雄弁と見識の広さを披露するよう強いられる。議場での討論は与野党党首の能力の優劣をすこぶる鮮やかに国民のまえに曝けだすからである。かくして国王の執行権の相続人である首相は、〈民意の対抗的代表者〉である野党党首との議場での対決に臨まなければならない。現代イギリス政治における与野党党首の対抗関係は、「議会のなかの国王」という中世的二元主義のかたちを変えた継続にほかならないのである。

一九世紀における一連の「民主化」の試みをつうじて、国民の政治的意志は重要性を高め、とりわけ選挙民中の多数派の集合的意志を議員や政党が無視することはますます困難になった。くわえて議員選挙は政権担当者を決定する国民投票としての性格を色濃く帯びるようになった。その意味で近代英国の統治構造にも人民投票的要素は疑いなく浸潤しているのであるが、それにもかかわらずこの統治構造がなお代表制統治システムに分類されるとすれば、この「公益」の性格とその確定にさいして党首が果たす役割の大きさのためである。[105] 与野党党首の提案は「公共の利益」の言わば二者択一を国民に求めるものである。[106] この「公益」の実現には経験的民意による裏づけが必要であり、選挙において有権者多数派の支持を得てはじめて実際の統治に反映される機会を得る。しかしその内容や争点は世論の動向に盲従するかたちで決定されるものではない。むしろそれは、一方の党首が議場で対峙する他方の党首の提案への対抗上、議会討論のなりゆきを見据えながら、議員団統制が可能にするその指導力により、彼ないし彼女が自党にとって有利と思われる材料を勘案しながら定立するものである。この過程における諸利益の融合には高度な政治的技量を要求されるばかりでなく、党首の自律的な判断と行動によって媒介される必要がある。このような手順を経て構築される英国流の全体利益は、単なる諸利益の機械的合成とは異なる。すなわち政治家の媒介機能と指導力が依然としてその意義を喪失していないという意味で、仮説的民意としての性格はなお顕著に認められるのである。

ひるがえって国民は、与野党の対案にたいしてただ同意ないしは不同意を示すだけであり、みずから統治方針を決定することはできない。「公益」の内容は政治家によってあらかじめ形成されており、「民意」の顕在化は下院選挙における二者択一の実行というかたちで事後的になされるのみである。しかし彼らは与野党それぞれの政見と能力を評価し「誰が統治するか」を決定することができる。それゆえ英国の民主主義は「同意による民主主義」と呼ばれるのである。(107)

第四項　「信託」と議会主権

ロックの信託的権力論と法的信託

以上が議会が国民にその権威を負いながら、依然独立しておりあるいは主権的でさえあるための諸条件である。しかしなお補足されるべき問題がある。かかる統治体制は所詮国民の政治的疎外と寡頭支配体制を正当化し、民主主義を単なる擬制に貶めるだけではないかという疑念をいかにして払拭することができるかというものである。これにたいして英国の政治理論家は、お馴染みの政治的信託という言葉によって答えるのを常としてきた。

フレンケルが指摘するとおり、「信託」が「英米の国家思想を理解するための鍵である」とすれば、(108)ロックこそこの概念に、近代英国の統治体制の理論的礎石としての地位を与えた張本人にほかならない。周知のとおり彼は『統治二論』において「立法部はある特定の目的のために行動すべき受託者の権力にすぎず、もし立法部がそれに委ねられた信託 trust に反して行動していると人民が考えるときには、立法部を排除したり、あるいは変更したりする至高の権力は、人民のうちになお留まっている」（第一四九節）と述べた。(109)文字どおりに読めば、右の一文は統治権力とは本来主権者である国民が受託者たる立法部を信頼しこれに委ねた権力であるが、この委託は特定の目的——

とりわけ所有権の保護——によって条件づけられており（第一三四および一三八節）、ひとたびこの条件に違背するやいなや権力委託は人民みずからによって解除されうる、ということを意味している。

しかし、この'trust'という語は一般的な語義としての「信頼」それのみを意味しているわけではない。メイトランドによれば、それは歴史的含意を充塡された語彙であり、言うなれば隠喩的に用いられている。この含蓄をより的確に掬いとるために、本節では「信託」概念の来歴を尋ねることとしたい。なぜならそれはしばしば衡平法上の「信託」を想起させるものとして使用されているからである。[110]

この法的信託をメイトランドは、次のように定式化する。「土地所有者（A）がその不動産権を友人の誰か（B）に、その友人（B）がそのコモン・ロー上の所有者になりはするが、にもかかわらずAがその所有からのすべての利益を有するという諒解のもとで、譲渡する」。信託受託者Bの側から見れば、彼は受益者であるAのために信頼に基づき（upon the trust for A）土地を所有することになる。[111] 信託設定者が受益者として自分以外の者を指定した場合にも、Bはこの第三者に利益が帰するよう、やはり信頼に基づいてこの財産を保有する。信託は長子相続制に依拠するコモン・ロー不動産法体系がもたらす様々の不都合——遺言相続の禁止や封建的附随条件——の回避さえ可能とするために盛んに用いられるようになった。[112] 君主にとってみればこれは詐欺行為にも等しく、とくにテューダー朝のもとで追求された財政的封建制 fiscal feudalism を空洞化しかねない虞を秘めていた。[113] それにもかかわらず、衡平法 equity を司る大法官府裁判所 Chancery はその便宜上の利点とコモン・ロー裁判所にたいする自己主張の必要性からこれを手厚く保護した。[114] この信託の合法化の過程をつうじて、受託者が高度の誠実義務のみならず注意義務をも負わねばならなくなった一方で、受益者の権利は「単なる約束の利益よりもはるかに優れた権利」として理解されるようになったのである。[115]

それゆえロックが立法部の設立を国民による信託設定として基礎づけたとすれば、そのとき立法部の国民にたいする一方的な従属関係とともに、受託者として国民にたいして片務的に負うべき責任が強調されているのである。ここでは国民は衡平法上の信託設定者兼受益者なのであり、立法部にたいして信託がなされた後も、なお根源的な権利の担い手たることを放棄してはいない。同時に立法部はその条件付きの最高権力（第一五〇節）を国民がそこから利益を享受できるように行使しなければならない。だからこそ「信託に反して行動」する立法部は解体を免れえない。ロックはそのような行動の第一に所有権の侵害を挙げている（第二二一および二二二節）。このときたとえば大法官府裁判所が「推定悪意 constructive notice」の法理によって受託者が信託設定財産を第三者に譲渡することで受益者の権利が消滅するのを防いだり、[116]さらに「信託基金 trust fund」の概念を用いて不実な受託者による財産の横領から受益者に帰するべき利益を守ったりしたことを想起した英国人なら、[117]受託者はたしかに最高権を保持しているが、しかしその権力は国民の利益になるように行使されなければならず、特定の目的——所有の維持や公共の福祉——によって明確に制限されているのだという彼の論理をたちどころに諒解することができたであろう。もし彼が「継承的不動産設定 settlements」や「公益信託 charity」をつうじて頻繁に信託を利用する機会が多かったであろう地主や資本家といった有産者であったなら[118]——そしてまさしく彼らこそは名誉革命以後のイギリスの政治指導を担ったのであるが——、なおさら重大な義務感が喚起されたかもしれない。いずれにせよ信託は契約よりも馴染み深く、さらに言えばより難点の少ない隠喩であった。というのも、バーカーらの指摘によれば、契約という論理構成を採用した場合、統治契約の当事者として政府側にも固有の権利と自立した地位を認めなければならないが、これはロックの望むところではなかったからである。「信託」は、「契約」という言葉を使うことなく、人民と政府の関係を叙述するうえできわめて好都合な語彙であった。けだし「信託は、契約ではない」という点は、ロックの政治理論を——さらにこの語に触発された議会制民主主義にかんする言説を理解するうえで鍵となる重要性をもっているのである。[119]

議会統治体制と信託

しかしまた同時に信託民主主義論は、人民主権論からも注意深く区別されなければならない。たしかにロックは王権神授説に代わる政治社会の基礎づけを試み、これを個人の自由と権利のうえに立脚せしめた。[120] しかし彼は人民の抵抗権を正当化（第二二〇節）したときですら、確立した政治秩序がみすみす人民の気紛れに翻弄されるような事態を望んでいたわけではない。成立した統治権力の安定性を確保しつつ立憲的統制をいかにして図るかという問題は、政治権力の基礎づけに劣らず、『統治二論』における重要な主題を構成している。かくしてそれは社会契約の導入により王権神授を否定するかたわら、確立された体制の安定的運用に資するであろう様々な工夫――黙示的同意（第一一九節）や多数決原理（第九五～九九節）、大権の留保（第一五九～一六一節）――を説く。人民の根源的主権を認めながら、しかしその持続的な動員を求めるわけではなく、権力が抑制的かつ適正に行使されるよう配慮する点に、ロックのもう一つの真意は見出される。そしてここに現れる両義的な立場は、信託という陰影に富んだ隠喩にもまた認められるものである。

受託者は受益者の利益に奉仕しなければならないとしても、議員は委任代理さながらにその行動の細部に到るまで信託設定者によって指示・拘束されているわけではない。信託は手続上・名目上とはいえコモン・ロー上の不動産所有権の譲渡を前提としているが、これは自分じしんよりも他人による所有のほうが利益が大きいであろうとの期待、すなわち他人への「信頼」に基づいているからである。受益者により大きな利益を与えるかぎりにおいて、「信託基金」という概念が受託者による自由な財産運用の余地を創りだしたように、他者による自律的媒介は利益の享受と増進のために欠かせぬ条件である。このことを想起する者にとって、信託という隠喩は政府の人民への従属それ以上のことを意味するであろう。すなわちそれは、直接的政治参加や議員への命令的委任によってではなく、議員やそのリーダーによる自律的指導に信を置くほうが、国民にとって利益がより大きいとする政治理論にとってうってつけの隠喩なのである。フレンケルによれば、信託は国民の統治からの「疎外」にほかならず、「人民投票民主主義の支持者にとっては禁忌 tabu だが、代表制民主主義の支持者にとっては護符 Talisman である」[121]。統治は国民のためになされなければならないという点については英国の政治家も同意を示すだろうが、「統治は信託であるという観念は、統治者と被治者のあいだに同一性が存在するという想定を排除して」おり[122]、この点で英国流の民主主義は大陸ヨーロッパの古典的民主主義となお一線を画している。すなわち議会統治体制においては与野党党首が全体の利益の増進に責任を負うが、その方法や事項の細目についてまで受益者たる国民の指図を受けるわけではない。他方で信託は国民代表に判断と行動の自由を与えながらも、同時にその結果が国民の幸福に資するものでなければならぬと厳しく釘を刺す、強力な道徳的規範でもある。今一度まとめれば「国民はこの信託の設定者にして受益者であり、政府が受託者の機能を果たす」[123]。このように「信託」に基づく議会統治体制は日々の政治実務と監督の分離を前提としており、国民は後者をつうじて間接的に支配を行うことが可能となる[124]。だからこそ代表制が正統性と支持を得ようとするなら、代議士は国民とのあいだに確固たる信頼関係が不断に保たれるよう心掛けなければならない。その意味で「信託」の維持は、議会制民主主義存続のための要諦にほかならないのである[125]。

第三節　近代ドイツにおける二つの民意

第一項　無力な議会の系譜学——帝政ドイツにおける議会制

ヘーゲル国家理論における議会制の位相

三月革命以降ヴァイマル共和政瓦解に到るまで、ドイツないしその構成諸邦に設けられた議会は民主主義の担い手となることを期待されながら、しばしば政治的に無力な存在に留まった。その原因を探求することが本節の課題であるが、結論から言えば、それは議会が国民の代理あるいは使節にはなりえても、国民の代表にはけっしてなりえなかったからである。つまり多様な利益や見解の代弁人として民意の布置情況を正確にありのままに反映することはできたものの、それを議場において集約し最終的に国民の総意に練りあげる能力をついにもちえなかったからである。

ここには民主主義につきものの根本的ディレンマが存在する。政治的代表者の構成比、すなわち議席の配分状況が民意の分布状況に正比例することをもって真の民主主義、主権在民の理念の現実化とみなす見解を、我々は自明の理であるかのように受けとめる。だからこそ我々は代議士の自由裁量の余地を極小化し、あたかも世論調査を忠実になぞるかのように議員が判断し行動することをしばしば要求する。かくして民意が疎外されることのないよう制度的に保障するための手段として、命令的委任や比例代表制、国民投票制などが考案されてきた。しかし歴史はかかる理念の具体化が当の国民にとって幸福な統治をもたらすとはかならずしも証明していない。フランスにおける独裁の民主的正統化の事例については上述したが、ヴァイマル共和国における議会制民主主義の機能不全もまたこの民主主義のディレンマを示すものであり、フレンケルやリッターによるドイツ民主主義への内省的考察の契機となった。しかし彼らにとっていっそう重要であったのは、ヴァイマルの危機が戦間期に特有の事情によって醸成されたのは事実であるにせよ、同時にこの危機の淵源がそれ以前のドイツの国家思想および議会観念の系譜のうちに潜んでいたという点であった。したがって戦間期の危機について検討するまえに、〈民意の正確な反映〉のみを目的とする議会は、統治する議会にはなりえぬことを近代ドイツの議会制の背後にある思想的文脈をふり返りながら確認しよう。

この点でヘーゲルがヴュルテンベルク時代以来構想してきた議会ならびに国家像は、好個のサンプルを提供しているように思われる。馬上のナポレオンに世界精神の顕現を見てとったヘーゲルは革命と喧噪の時代の申し子にほかならず、静謐な封建的国制に憧憬の眼差しを向ける保守的ロマン主義の徒ではけっしてない。彼の理想的国家像の根底には自由への讃仰と個人の主体性への確信がある。その国家構想において国民は統治の単なる客体ではなく、主体ともなりうる。すなわち各人の十全な自由に立脚しつつ、同時に自他の共生が可能になるよう有機的に組織された国家、それが所謂理性国家なのである。この点に留意することは、〈それにもかかわらず〉ヘーゲル的国家観がむしろ官憲国家の正当化のために利用されたという皮肉な帰結を理解するうえで重要である。

この国家像のなかに据えられた議会は、フランスのジロンド・ジャコバン両議会のいずれとも異なり、社会の多元性の承認に基礎を置く。ここにはフランス革命への批判的見解が投影されていた。というのも彼は群衆の無定形な政治行動が惹起しかねない混乱と専制の危険を防ぐとともに、選挙の私事化 Privatization を避け、各人の公民精神を育む基台として諸々の職業に基づく中間団体 Korporation が果たすべき役割を高く評価していたからである。[126]そのさいヘーゲルが留意したのは、選挙人がみずからを「微々たる者 Nichts」とみなして卑下することなく、高い公共意識と自負心に鼓舞された人物として政治参加するよう促すことであった。「ひとかどの者 Etwas」であるという承認は社会生活における能力と技量の発揮に基づくものであり、同業の仲間による評判にかかっている。そのような評価をつうじてはじめて人は名誉感情を刺激され、一身の利益を超えて仲間の存在に思いを致し、それらのために一肌脱ぐべく公民精神を奮いたたせるようになる。だからこそヘーゲルの目に中間団体は公的空間の基盤となりうる要素として映じたのであり、選挙制度も抽象的な原子的社会論ではなく、現実の社会構造を反映するかのように、このような団体による選出と指名に基礎づけられねばならなかった。かくしてホッチェヴァールが指摘するとおり、ヘーゲルの国家構想において「職業身分制的編制が国家権力にたいする参加の基準」となったのである。[127]

ヘーゲルがこう考えたのも隣国の政治理論家とは異なり、近代議会制の正統性基盤を歴史との断絶ではなく、連続のなかに見出したからである。[128] 社会的身分を示す'Stände'が同時に政治制度としての（等族）議会を表現する語彙でもあることを強調することで、ヘーゲルは革命フランスで生じた国家の抽象化、市民社会からの遊離を克服しようとした。このとき彼にとって社会とは、均質な原子的個人の集積体といった抽象的なものではなく、諸身分・諸団体によって分節化され、それらが相互に機能的に補完しあうような有機的関係の全体的体系として理解されていた。だからこそ議会の使命が一方に政府、他方に市民社会のあいだにあって両者を媒介することにある（第三〇二節）とするならば、議員の選出は諸個人の抽象的・形式的要件ではなく、社会内の多様な職業や利益に基づいて形成される諸集団に基礎づけられなければならなかったのである。[129]

しかし同時に政治機関を社会的利益団体の使節会議に還元してしまうことそれじたいが、議会の退嬰と弱体化を導く危険性を秘めていたことに注意しなければならない。ヘーゲルが議員選挙権を諸個人ではなく団体に認めたのは、代議士を第一義的に社会内部分社会の代理人として位置づけたからである。このことは議員の院内での発言に二つの意義を与えた。第一にこれにより世論が政治過程に導入されること、第二に議会は市民社会に内在する、たがいに相異なる多様な利害関心や見解の直接的な代弁者でなければならないということである。[130] すなわちヘーゲルの議会は社会内の各種特殊利益をそのまま国家に直結させる導管の集合体なのである。逆に言えばこの議会は、英国のそれとは異なり、諸利益をみずからの手で融合し、諸見解を集約し、もって国家が実現すべき意志として綜合するという機能まで担ってはいない。ヘーゲルみずから述べるとおり特殊利益の代理人らが各自の関心だけを議会で主張するならば、虚実入り乱れる諸見解のなかから尊重に値するものを掬いとる作業は困難を極めるだろう。ヘーゲルによれば議会の使命は公的意識を明るみに出すことにある（第三〇一節）が、「即自的かつ対自的に普遍的なもの、実体的かつ真なるものが、その〔世論の〕なかでは、その反対のものと、すなわち多数者の意見というそれじたいでは独自でかつ特殊的なものと結びついている」（第三一六節）。「それゆえに世論は、軽視と同程度に尊重にも値する」（第三一八節）。このなかから自他ともに普遍的な利益に適うと承認されるような意見を代議士が首尾よく発見できるかと言えば、そもそも当の国民によってその私的利益を代弁すべく選出されているために「普遍的利益を犠牲にしてこれら〔特殊的利益〕のためにその力を利用する傾向がある」議会議員らには到底困難ではないかという疑念が湧くのは抑えがたい（第三〇一節）。さりながら英国の多元的民主主義がそうであったように代議士の務めが普遍的真理の発見・確定にあるのではなく、見解の相違を討論と妥協をつうじて克服することにあるかぎり、議員が私的利益を背負っているということそれじたいがただちに議会の限界と無力さの証とみなされることはなかったはずである。ところがヘーゲルの所論においては、公共の利益が何かしら形而上学的な観念として実際の私的諸利益から切りはなされ、より高い次元に置かれているために、特殊利益の代弁者にすぎない議会とその成員は、世論の表出を最期に政治的意志形成過程から退場させられてしまうのである。[131]その結果「普遍的利益」を確定する作業は、社会的特殊利益とは無縁の人々に委ねられることになる。すなわち市民社会の一身分でありながら「主観的目的の独りよがりで気ままな充足を犠牲にするよう要求」（第二九四節）されており、規定上「社会状態の普遍的利益をみずからの仕事とする」（第二〇五節）官僚である。官吏が普遍的身分たる所以は、それがあれこれの私的な利害から遮断され独立しており、それゆえ多様な特殊利益に基づく党派間抗争の舞台から隔てられているという点にある。つまり官僚身分は市民社会の利害関係にたいして中立的な立場にあるからこそ、普遍的利益に最も忠実に奉仕できる者とみなされるのである。このことはヘーゲルが議会の公共善確定能力に疑問を呈するくだりにはっきりと表現されている。特殊利益を普遍的利益と偽る傾向を免れない代議士に比べて「国家権力のその他の諸契機は、すでにそれじたい国家の見地に立脚し、普遍的目的に献身している」（第三〇一節）。結局のところ普遍性の根拠は、官僚身分が経済社会の彼岸にあることに求められているのであり、それゆえ議会ではなく官僚政府こそ公共善確定の責任を託すに相応しいと結論づけられる。まったく皮肉なことにヘーゲルの理性国家は個人の主体性を政治体の組織化の基点に定め、また議会が社会内の多様な利益に拠ってたつべきことを説きながらも、主観的意志の抑制によって超然性を獲得した官吏に最終決定権を委ねたことによって、後世の権威主義的官僚支配体制の擁護者に高邁なイデオロギーを心ならずも提供してしまったのである。

ところでヘーゲルが理性国家の構想に心を砕いた三月前期には、依然として身分や団体によって分節化された前近代社会の記憶がいまだ息づく一方で、今や資本主義市場経済の浸透とともに目前の社会は富裕と窮乏とのあいだで引き裂かれ、諸利益による抗争の巷と化しつつあった。近代化された身分制議会を伴う啓蒙官僚主導の国家像は、ドイツ社会の将来にたいする危機意識の尖鋭化とともに、新旧両要素が入り乱れる社会情況を背景として模索された。その後三月革命や急速な産業化をつうじて旧社会秩序の解体は劇的に進み、経済的・社会的自由化の波はいよいよ本格的にドイツを襲ったが、そのような情況のもとで社会的緊張はいっそう深刻の度合を高め、そこに新たに階級闘争という亀裂が加わることとなった。このような時代背景に背を押されるかのように、一九世紀最終四半世紀に到ってあらためて、社会的分裂の克服と癒合に適合的な国制のあり方について激しい論争が闘わされるようになる。とりわけ一八七三年に設立された社会政策学会でなされたそれは興味深く思われる。数十年の経過にもかかわらず、そこには依然として理性国家の歪んだ面影が揺曳している。同時にそのような国家構想の検証をつうじて、帝政期のドイツ議会が逢着した根本的限界が明るみに出されることになるだろう。

シュモラーと超然的官僚支配——議会主義化への懸念

周知のとおり「講壇社会主義」が脚光を浴びたのは、従来プロイセンないしドイツ帝国が堅持してきた自由放任原則に一定の限界を設け、資本主義に伴う諸々の弊害を国家的社会政策の実施と「倫理的国民経済」の確立をつうじて解消せんとするその提案が、階級対立の宥和策、あるいは革命の回避策として大きな訴求力をもちえたからである。[132]

しかし社会政策家の第一人者、グスタフ・シュモラーの提言たるや、けっして目新しいものではなかった。シュモラーもまた諸階級諸党派の利害関心に超然として構え、全体の利益それだけを固有の関心として国政を指導してきた官僚政府に全幅の信頼を置くからである。彼がプロイセン君主に「社会的王制」の美称を捧げ、「上からの革命」をその永遠の使命として讃美したことを想起するとき、[133]シュモラーの超然政府観には、彼と同じくヴュルテンベルクに生を享けながらも、プロイセン国家を内面化することでその国家構想を練りあげたヘーゲルの所論を彷彿とさせるものがある。[134]すなわち情報と知識は氏素姓に備わった偏見から官吏を解放し、臨機応変な対応を可能にする。また官吏生活をつうじて様々な畑を渡りあるくので、経験豊富な官吏ほど諸般の事情を比較衡量する術を体得している。[135]くわえて経済的保障と社会的出自を問わぬ採用方法がその「中立性」をなおさら高めるであろう。[136]リンデンラウプが指摘するとおり、超然的官僚政府の正統化にさいしてシュモラーが観念論に陥ることを避け、歴史研究に基づく観察にこれを基礎づけたにせよ、そこから引きだされた国制像はヘーゲルのそれと紛れもなく同質のものを含んでいた。[137]

他方でシュモラーは彼なりの情勢認識に立って、イギリスに範をとった国制の議会主義化によっては社会的融和は達成されえないと説く。裏を返せば、英国のように二大政党による政権交代システムが可能であるのは、それを妥当ならしめる社会的前提条件が整っているからであり、これらを欠くまま議会統治体制を模倣するのは災いのもとにもなりかねない。[138]シュモラーによれば、トーリー・ホイッグによる議会統治体制が可能なのは、いずれの政党も多少のアクセントの違いこそあれ、たがいによく似かよった利益を代表しており、議会のみならず地方自治においても有力な社会階層に立脚しているからなのである。それは社会内における利害対立がさほど深刻ではなく、均質性が保たれていることの証である。そこでは二大政党の社会的基盤がほとんど重なりあっているので、政党間での角逐がマスコミの煽動によりいかに華やかにまた激しいものに見えようとも、政権交代の社会的影響は比較的抑制的で穏和なものとなるにちがいない。

ひるがえってドイツの現状は議会主義化に耐えるものではない。後発国として急速な産業化を経験したために都市・農村双方で新旧諸階層間の貧富差が拡大・尖鋭化しただけではない。これに伴う社会的流動性の増大の結果、社会的・経済的対立のみならず地域的・宗派的対立の種も到るところに蒔かれ、複雑化していた。普通選挙制に立脚する帝国議会の政党政治はかかる混迷を如実に反映しており、それがためにもたらされた政党の多数化と利害関心の細分化が議会による自律的な利害調整をいっそう困難なものとした。シュモラーによれば――そして彼の語るところでは、ビスマルクもまたこの点に同意を示したのであるが――英国のような議会統治体制の長所は内閣が内的に均質的で、高度の凝集力を維持している点にあるが、このような利点を享受できるのは政党数が二つに限られている場合それのみである。だが、このような条件はドイツのような大国ではありえず、そこでは様々な対立によって十近い政党が乱立しており、「そうなるといかなる確固たる内閣ももたらさず、いかなる堅固な目的意識をもった政治を数年間にわたって許容することはない」[139]。なるほど民主派の要求を容れて宰相の指名を君主の一存ではなく、院内多数派に基礎づけたなら、政権掌握のための合従連衡を促すことで党派間対立の若干の緩和がもたらされるだろう。しかし依然として〈領主＝産業家連合〉と〈民主＝社会主義者連合〉間での窮極の対立が解消される見込みは乏しいと言わねばならない。両者間の政権のやりとりは安定性を欠き、かえって甚しい「階級支配」をもたらすにちがいない。かかる悲観的展望からシュモラーは議会主義化を拒絶し、官僚政府を社会的統合の要に指名するのである[140]。この結果議会とそれが体現するデモクラシーには「便宜的制動機」以上の役割は期待されない[141]。それは社会的不満の安全弁としてむしろ国家の安定に寄与せねばならない。あるいは政府の施策にたいする国家の構成諸要素の反応を忠実に代弁することで統治の改善に間接的に貢献すべきである。

このような見解においても世論の反映や批判をつうじた行政権の監督という議会の一権能は認められているが、政治的意志形成過程における議会の役割はあくまで補助的・消極的なものでしかない。一党一派のためではなく臣民全体のために何が善であるかを見分けるのは、中立的かつ超然的な官僚政府であり、これこそが「公共の利益」と呼ばれる真の民意を代表する。これにたいして多様な利益・見解をありのまま表出する議会は、政府がその統治の不偏性、公平性を確かめるための鏡のようなものであり、むしろその権威を高めることに奉仕すべきである。(142)

かくしてフレンケルの見るところ、民意概念から見た近代ドイツ国制の特質は、二つの民意が二つの国家機関にたがいに分裂した状態で割りふられる点にこそ認められる。(143)というのも「君主と官僚が公益の独占的保護者兼解釈者たらんとするかぎり、国民の仮説的民意を『代表する』との議会の要求を拒絶しなければならなかった」からである。代わりに、君主‐官僚政府は議会には「(政治的には相対的に重みを欠くものとみなされている) 経験的民意の代弁者として」の地位のみ認める一方、「所謂『諸党派に超然と立つ政府』」としてじしんこそ「国民の真の代表」であると主張したのである。

ここでは有権者の投票をつうじて表出される経験的民意は、フランスのように人民投票によって指導権を克ちとる指導者によってではなく議会において、さらに見解と利益の布置状況の正確な反映として政党の多数化現象のなかに表象される。フレンケルの言葉では、それは (バーク流の「国民代表」Volksrepräsentation ではなく)「国民使節 Volksbote」あるいは「国民代理 Volksvertretung」の地位に留まることを甘んじて受けいれるのであり、国家意志の形成には参画しない。他方、君主‐官僚政府は全体利益として構想され、国家意志として実現されるべき仮説的民意を代表するとともに、経験的民意の代弁者である議会にたいして優越した地位を占める。ヘーゲルの議会、そして現実の帝国議会がともに社会的多元性に立脚しながら、英国のそれとは異なり無力な存在に留まるのは、利益や見解の多様性を克服し集約する過程を議会外の権威主義的な機関に譲りわたしてしまうからである。このことは真の多元的民主制国家において議会が果たすべき役割と著しく対照的である。それは多元性の反映とともに集約の過程にも従事する。そして、譲歩と妥協をつうじてコンセンサスを形成する過程にこそ議会制民主主義の真骨頂を見出す。議会統治体制のもとにある政党がかくも民意の集約に力を尽くすのは、さもなくば政権掌握の機会が自分のもとに巡ってくることは永遠にないと知っているからである。換言すれば議会主義というルールそのものが社会的統合に不可欠の刺激材料を提供しているのであり、それによって喚起される「権力への意志」こそが差異を合意へと導くコンセンサス形成過程の起動因となる。まさしくこの意味で〈民意の正確な反映〉にのみ議会の課題が限定されてしまうことは、議会の無力さの原因であるとともにその結果でもあると言えるのである。

第二項 〈民意の二元主義〉の再来

ヴェーバーと議会主義——民主化・ナショナリズム・カリスマ

この点を鋭く見抜き〈統治する議会〉を要求する一方で、官僚統治はけっして公平無私たりえないと主張した人物こそマックス・ヴェーバーである。ビーサムの指摘によれば、彼が一連の学問的著作において官僚制の合理性を強調したときでさえ、官憲国家の支配を正当化するつもりなど毛頭なかった。(144) 彼はあくまで目的合理性における手段としての卓越性を、あるいは権力の適用における形式的画一性という意味での「普遍性」を強調したのであって、シュモラーら「旧世代」の社会政策家のようにそこに倫理的な、何やら浮世離れした高等な精神のあり方を認めていたわけではない。かくしてヴェーバー兄弟ら社会政策学会の「若き世代」(145) は、超然支配の拠り所である官僚身分の道徳的卓越性といった「情緒的覆い（A・ヴェーバー）」を剝ぎとるべく、じっさいにはそれが私的利害を免れないことを明らかにし、旧世代がそれに寄せた甘い信頼感に冷や水を浴びせかけた。(146) こうした認識に到ってはじめて

M・ヴェーバーは、第一次大戦中に公表した「新秩序ドイツの議会と政府」において官僚支配体制の限界を剔抉するとともに、国制の議会主義化を敢然と要求することができたのである。

そのさい彼が議会制民主主義に期待したのは、掌中の権力を責任をもって行使しうる政治家による国家指導であった。ヴェーバーによれば、官僚の本質は職務への忠実と規則の遵守にあり、その名誉は「この最高の意味における道徳的規律と自己否定」によって担保される。(147)このように官僚が没主観的に職務にとり組むことを期待されているのにたいして、政治家はまったく異なる責任の原則に従うよう求められる。すなわち「これにたいして政治指導者、それゆえ国政指導者の名誉とは、じぶんの行動にたいする固有の責任を一身に背負うことにほかならず、これを拒否したり転嫁したりすることはできず、またしてもいけない」。この責任はとりもなおさずみずから権力を掌握しているという事実に由来しているのであり、自由意志が働く余地があるからこそ、その行為（と不作為）について完全な倫理的責任を負わねばならないのである。

さらに政治家は、何か得体の知れぬ、超越的な公益を口実として行動するわけではない。(148)政治家はその地位を手に入れるために大衆の信頼を獲得しなければならないが、世論の支持に依存するかぎり、その行為がもたらす結果責任に敏感になるよう強いられるものである。それゆえ政治家が実現すべき公益とは、大衆が理解し要求することのできる、どこまでも地上的で具体性をもった利益でなければならない。だからこそ政治家にとってその情熱を責任感に結びつける判断力はなくてはならぬものであり、その資質として「精神一到し、落ち着きはらって現実の作用を甘んじて受けとめる能力、すなわち事物と人間にたいする距離感」が第一級の価値をもつのである。(149)

このときヴェーバーの念頭には、単に民主主義の手段であるだけでなく、政治的指導者の養成・選抜の場としても機能していたイギリスの議会があった。英国議会が第一次世界大戦以前のドイツ議会と根本的に異なったのは、それが権力を握る、つまり政権首班の母胎という意味で統治する議会だったからである。(150)リッターが描いたように英国の政党の政治的伝統は、議会のこのような特質によって育まれた。リッター曰く「選挙はイギリスにおいては複数の政党からの選挙民による決定というよりは、むしろまずもって政府の選択」として位置づけられているが[151]、その競争性は小選挙区制の作用によっていっそう強化される。そのために政党は議会政治上生き残ろうとすれば、単に特定のイデオロギーや利益を代表することに満足してはならず、統治権力の奪取というより大きな目的のために他のすべての要素を従属させ、統治方針すらその観点から決定せざるをえなくなる。すでに述べたとおり、これによって現実的な政治感覚に富む政治家こそが指導者として嘱望されるようになるとともに、与野党ともにできるだけ広範な支持を克ちとるべく互譲をつうじて見解の相違の克服と利害関心の融合同化に努力するよう促された。

たとえば第一次世界大戦前後における参政権・労働者運動の激化にさいして、有産階級に立脚する自由・保守両党は幾多の譲歩を重ねて社会的緊張の緩和に努めた[152]。自由党は、戦前のアスキス内閣や戦中のロイド＝ジョージ挙国一致内閣において元来党是としてきた自由放任の原理を稀釈し、矢継ぎ早に社会・労働政策をうち出した[153]。就中再配分政策と累進税制の強化を特色とする「人民予算」(一九〇九年)の提出へとロイド＝ジョージを導いたのは[154]、保守党への対抗戦略であった。だからこそこの予算案が保守党の牛耳る貴族院で否決されるや否や、ロイド＝ジョージは保守党＝貴族対自由党＝人民という対立図式を意識的に作りだして翌年下院総選挙に踏み切り、民衆の支持を集めて首尾よく自由党に勝利をもたらしたのである[155]。

保守党も政策的融通性と包容力においてけっして引けをとらなかった。ロイド＝ジョージの外交政策にたいする党内の不満が臨界点に達するまえに、指導者交代を図り連立解消に踏みきったことは、党分裂の危機を回避するだけでなく、党の右側にさらに過激な帝国主義的勢力が現れるのを防いだ。保守党の統合力と決断力は、党の基盤の左側にたいしても発揮された。大量失業に伴うゼネストの脅威に直面したボールドウィン内閣は飴と鞭、すなわち強硬策と各種社会政策を巧みに使いわけることで政治的安定の確保に努めた。保守党もまた、必要ならば伝統的支持層の要望に反してでも社会的緊張緩和のための努力を厭わず、自律的決断をつうじて民衆的基盤の拡大を図ったのである。保守党にとっても、持続的かつ広範な国民的支持を得ることは、大衆民主主義が浸透するなか政党として生き残るために無視できない不文の鉄則であった[156]。

他方——保守党に票を投じた一部を除く——労働者階級の政治的統合の独占的担い手となったのは労働党である。英国における政治的労働運動は結党当初から教条的社会主義者だけではなく、労働者の要求にたいして同情的な勢力との連帯を視野に置いていたのであり[157]、議会政治のルールに従う用意とともに、国民政党化に不可欠な融通性を具えていた。しかし、ここでより重要なのは労働党が、保守党同様、じしんよりも急進的な勢力が政治的に独立するのを防ぐことに成功した点にある。このとき極左勢力の共産党への結集の阻止、言わば政治的封じ込めにさいして小選挙区制が果たした役割は絶大であった。というのもリッターによれば、それは「労働者階級の票を得ようと競いあう二つの政党が存在する余地をいっさい与えなかった」からである。

このように議会多数派を占めた政党が統治するという議会主義的国制が、政党の社会的統合機能を育むとともに、公益の性格とその確定方法をも規定した。ヴェーバーもまた帝国の議会主義化・民主化が社会的緊張の緩和に資すると期待したが、他方においてその公益観には独特な、ある種のドイツ的特殊性が見出される。彼にとって統治者決定過程に大衆を参加させることの社会的効果とは、それをつうじて彼らが国家への帰属意識を高め、国益をあれこれの特殊利益に優先させ、その実現と自己の利益の成就とを同一視するようになるという点にあった。国制の民主化は国民意識の覚醒を導き、特定の階級や職業に基づく私的関心への埋没から大衆を掬いだす契機となるであろう[158]。このとき彼の考察において公益とは私益の単なる合成物ではなく、ナショナリズムに媒介されて経済的市民から政治的市民へと変貌し、そうすることではじめて大衆が理解し欲するようになる利益として思いえがかれている。この「公益」たるやヘーゲルが論じたように観念的なものではなく、あくまで帝国主義時代における国家の世界的地位拡大という現実的利益、すなわち国家的観点から正当化される国益と関係づけられているものの、あくまでそれらは個別の特殊利益を乗りこえて到達されるべきものなのである。

逆に言えば彼にとって政治とは経済的次元を超越すべき領域なのであり、この意味で彼もまた「旧世代」とともに〈超然性〉にたいする信仰を共有していた。このことは大衆の「帰依」を手に入れるカリスマ的指導者像にも投影されている。彼は国民国家ドイツの利益を代表するかぎり、その身にじしんを重ね、国家の栄光をみずからの栄誉として喜ぶ大衆の支持をあてにすることができる。この強力な支持によってはじめて彼は政党や利益団体の桎梏、あるいは現代社会のあらゆる側面で進行し、いかなる創意と自発性の余地をも消しさりかねない官僚制化の傾向から解放され、「政治のために生きる人々」[159]、すなわち政治活動をじしんの私的経済的利害の、あるいは所属する階級利害の延長線上に置かぬ人として行動することが可能になる。[160] かくしてカリスマ的指導者は錯綜する利害関係や偏狭な党派的信条からの〈超然性〉を獲得する。この点でヴェーバーにおいても公益の超越的性格は強調されているのであるが、ただ官憲国家とは異なり、大衆社会との遮断によってではなく、民主化による政治の大衆化をつうじてこそ、この超然性は確保されると論じるのである。

帝国国制の議会主義化を求める声は第一次世界大戦中にも止むことはなく、それればかりかこの要求は戦争遂行への民衆の協力を克ちとる必要性、さらに開戦にさいして城内平和を打ちだした社会民主党の態度変化によって受けいれられる可能性も増していた。しかし議会主義化に最後の弾みをもたらしたのは、敗戦間際の十月改革まで優柔不断であった帝国政府というよりはむしろ[161]、ヴィルヘルムスハーフェンにおける水兵反乱に端を発する革命的事態の急進化であった。さりながら軍部と社会主義者の取引の末に誕生したヴァイマル共和政の実態は、「新秩序」論文におけるヴェーバーの期待の多くを裏切るものであった。なるほど憲法は第五四条においてライヒ首相以下の政府が議会の信任に基づくべきことを定め、ドイツ史上初めて議会制民主主義を国制の根幹に据えることを明言していた。しかしその議会議員の選出が比例代表制に基づくものであること、[162]つまり指導力ある政治家や政党の選抜よりも民意の正確な反映に選挙の主眼を置いたことで、ヴェーバーに希望よりは失望を多く与えたのである。

なぜならそれによって議場は「政治のために生きる人々」どころか「政治によって生きる人々」によって占拠されることになったからである。すなわち比例代表制のための候補者リストに名を連ねたのは政治的才幹に恵まれた人物というよりはむしろ、各種利益団体の役員連中であった。政党が諸利益の要望に応え、その見解を統治方針に摂取することそれじたいは政党政治の発展にとって望ましくさえあることは、英国の事例が示すとおりである。しかしヴァイマル共和国が帝国から継承した政党政治の伝統が、比例代表制それのみによって選出される議会制に接ぎ木されるとき、思わぬ副作用を生みだすことになった。[163]というのも、この制度のもとで議席確保のために必要なこととは、できるだけ多様な利害に配慮し、広範な支持基盤へと統合するよう努めることとは逆に、その代表する利益を限定し、他党との差別化に努めることにほかならないからである。[164]この結果各政党が安定的支持を確保すべく特定の利益団体に狙いを定め、その歓心を買うことに腐心するようになる。ヘーゲル流の団体選挙制とは異なり、候補者選定それじたいは政党の責任のもとで行われるものの、有力諸利益団体は組織票と資金に基づく動員力によって名簿に記載された推薦候補の当選を図ることができる。のみならずたとえ少数でも議席を得る見込みがあるかぎり、グロテスクなまでに政治的要求を局限する特殊利益追求型政党さえ選挙戦に名乗りを上げるようになる。その一方で世界観政党は他党との違いを際立たせるために自党の教義に磨きをかけ、その排他性を高めようとする。[165]かくして教条主義がはびこり、責任倫理 Verantwortungsethik より信念倫理 Gesinnungsethik こそ政治家の美徳と信じて疑わぬ輩が議場の左右両翼を埋めるようになる。その結果諸利害関心は融合されるどころかむしろ細分化され、硬直化し、提携と同化のための努力は放棄されるにちがいない。そのうえ政党レヴェルで諸利益の統合作用が発揮されない以上、私的利益の実現をめぐる取引は議場にまで持ちこまれてしまうようになる。各党はそれぞれの思惑からいっさいの公的関心事さえ闇取引の材料に格下げし、公益を私益のために葬りさることすら厭わない。結局ヴァイマル議会とその政党は、到底ヴェーバーの渇仰に応えるものではなかったのである。

大統領と議会——ヴァイマル民主政治の破局

しかしながらヴェーバーはヴァイマル国制のうちに、言うなれば内在的矛盾を挿入するよう求めることにより、議会の頽廃にたいする防壁を設けようと試みた。憲法草案の審議中に新聞紙上に発表された評論「大統領」は、その冒頭に「これからの大統領は、無条件に国民によって直接選ばれなければならない」と記していた。[166] すでに「指導者なき民主主義、つまり天職を欠き、まさに指導者の条件たる内的・カリスマ的資質を欠く『職業政治家』の支配」に幻滅した彼の結論はこうであった。「議会ではなく人民投票によって選ばれるときには、大統領は、指導者を求める要請のための唯一の安全弁になるだろう」[167]。この提案が諮問委員会を主宰する憲法学者プロイスによって採用されたことは、淡くはあるが一条の希望の光をヴェーバーに投げていた。第五三条は国民投票により選出される（第四一条）ライヒ大統領を宰相と諸大臣の任免権者に指定していた。政府の地位をいずれも国民が選んだ大統領・議会双方の信任に基礎づけることで、牽制と均衡による専制の防止が図られたのである。[168] しかし大統領制にたいする彼の一縷の望みが果たされたとすれば彼の没後のことであり、しかも共和政そのものを瓦解せしめるほど過剰なかたちにおいてであった。なぜなら憲法起草者らによって権力分立論の模範的実践と考えられた統治権力の二元主義は、現実には彼らの意図に反して独裁への迂回路を用意するものとなったからである。ヴェーバーが「指導者なき民主制」の停滞をうち破るべくカリスマ的大統領の出現を待望したのにたいして、[169] 憲法起草者らの関心はむしろ議会絶対主義を抑止することにあった。[170] 国民が直選し、無制限の議会解散権（第二五条）や緊急権（第四八条）を附与され、「代理皇帝」さながらに強化された大統領制のみならず、国民発案や国民表決（第七三条）など人民投票制的モメントを充実させたのも、代表制的なそれにたいする効果的な抑制手段になると信じたからである。

ここでいよいよフレンケルがヴァイマル民主制に下した診断をふり返れば、その欠陥はプロイスをはじめとするヴァイマル憲法の起草者たちが、もっぱら法学的観点から国制を考察するあまりに、その政治的実態を検討する作業を疎かにした点に求められることになる。なかでも強力な議会が成立し、その機能を十全に果たすようになるためには、政党の組織形態にかんする洞察が欠かせなかったが、ヴァイマル憲法の父たちに不足していたのはまさにこの点にほかならなかった。(171)この議会はその政党政治の負の伝統とそこから生じる特殊性ゆえに、これほどの抑止力が必要になるほど強力なものにはなりえなかった。フレンケルの見るところヴァイマル議会に期待され、求められたのは、帝国時代同様に経験的民意の忠実な反映であり、それゆえにこの議会においても「国民代表」というよりはむしろ「国民代理」としての性格が前面に押しだされた。比例代表制の採用はその端的な現れであるが、それは政党の乱立を招いただけでなく、政党から政権獲得に動機づけられた政治的・社会的統合作用を奪いとり、合意形成を軽視する精神的態度を助長することともなったために、確固不動の政権基盤に支えられた議会政府の成立を期待することはほとんどできなくなった。

かくしてリッターがヴァイマル議会政治に見出したのは、議会の権威失墜とその政府による責任回避のおびただしい事例である。(172)すなわち、多数政党制のもと議会政府が連立政権となることは必至であるが、そのように不安定な基盤をもつ政府においてさえ政権の持続に不可欠な連帯責任を引き受ける意志はその閣僚に欠けていた。というのも諸大臣は各党の「代理人」にすぎないのであり、彼が自党の利益と理念を尊重するあまり政府の瓦解を導いたとしても、政府構成員としての無責任さを非難する声は、政党人としての志操堅固を賞賛する声にともすれば掻き消されてしまうからである。しかも議会政府が脆弱で短命に終わろうとも、閣僚を送りこむ諸政党は何ら疚しさを感じる必要はない。なぜなら大統領が首相以下大臣の任命権を保持するかぎり、政党は政府の持続に責任を負う必要を免れるからである。かくして、いかに院内多数派の支持を欠くとしても、形式上は民選大統領を介して国民の支持に裏打ちされていると僭称できる政府が急場凌ぎに製造されることになる。

かかる「統治権力の双頭化」は、帝政期における〈民意の二元主義〉の再来とみなすことができよう。すなわちフレンケルの明快な整理によれば、「議会が経験的民意を反映する」のにたいして、「行政の長は仮説的民意を代表する」[173]。この国制においては多数政党制というかたちで多元的社会の多様な利害・見解をありのまま表現することを第一の使命とする議会に、公益の判定者として（もはや皇帝ではないが）民選大統領が対置される。前者はヘーゲルの団体投票制を想起させる比例代表制により、多様な利益と見解の布置状況に一致するように議席が配分される。その結果、議会が民意の集約と社会的統合のために十分なイニシアティヴを発揮できないとしても、公益を民主的にかつ中立公正な立場から確定する方途はなお大統領に留保されている。今や多党化によって分裂した議会に大陸流の人民投票型民主主義が希求した民意の単一性を期待すべくもなく、またかつて超然性を具現した皇帝は国制上の地位を喪ったが、ライヒ大統領であればその両者を二つながらに具現することができる。[174] フレンケルならびにリッターの見立てによれば、かかる二元主義が体制の転換にもかかわらず、再現されることになった理由は、帝政が共和政に残した課題、すなわち民意を制度上いかに定義すべきか、具体的には経験的民意と仮説的民意の統合という責務をいかなる担い手に委ね、それをいかなる過程をつうじて実現すべきか、とりわけ民意の反映と集約にさいして不可欠な媒介機能を政党が良好に果たすためにはいかなる条件が必要かという未解決の、しかしきわめて実際的な問題に十分な注意が払われなかったからである。かくして「官憲国家において議会にあてがわれた従属的地位[175]（フレンケル）」は解消されることなく、「帝国と共和国の連続性という問題（リッター）」というかたちで戦間期にも受けつがれたのであり、二つの機関に機械的に割りふられた二つの民意の調和は楽観的展望のもとに託されることになったのである。

たしかに共和国初期のエーベルト時代のように、議会政府と大統領双方が同一の政治的・社会的勢力に支持されているあいだは、この見通しは裏切られなかった。しかしヴァイマル連合崩壊後そうなったように、民意の四分五裂が議会政府の支持基盤を毀損し、その指導力の障碍になると、議会と大統領とのバランス・シートは後者におおきく傾いた。あたかも諸政党が各自の利害関心に拘泥し、公益を足蹴にしていると感じられたとき、超党派性を標榜する大統領の威信は否応なしに高まった。そして議会が単独で政府を構成することが困難になったとき、大統領が「憲法の番人」として政権首班にたいする無制約の決定権を掌握した。シュミットの教説が魔性を発揮しえたのも、それが社会的統合作用を失った議会への不信を反映し、民意の単一性・公益の超然性への熱烈な願望に応えるものとしての国家元首の役割を〈再発見〉したからにほかならない(176)。

かくして大統領の意向と権限に基づきブリューニング政府が発足に到ったものの、所謂没価値的で超然的な官僚・専門家統治は諸利益の調和と政治的統合をもたらすことはなく、それどころか共和政の終焉にとって露払いの役回りを演じることとなった。その破綻の過程をリッターの説明を敷衍するかたちでまとめれば、次のようになる(177)。大統領と官僚がじっさいには有力特定利益集団との繋がりを断ちきることができず、その直接的影響力に曝されつづける以上、議会に代表される諸党派の意向を公平に尊重することは不可能である。院内でなお比較多数を占めた社民党はじめ、諸政党がその意志を恣意的に、かつ不当に黙殺されていると感じるとき、議会が代表する経験的民意と、大統領が具現する仮説的民意とのあいだに癒しがたい緊張がもたらされた。議会・政党の無能感のために議場での討論の権威は回復不可能なまでに傷つけられ、ひるがえって急進派は活動の舞台をそこから街頭に移した。やがて議会の不在に国民多数が馴れたとき、そこに生じた「政治的真空（リッター）」を埋めるかたちで国家社会主義者が表舞台に進出し権力を奪取することに成功したのである。

おわりに

民意概念から見た各国国制の特色

以上、主としてE・フレンケルの所論に依拠して、近代ヨーロッパ諸国の国制において〈民意〉概念がいかなる位相を占めてきたか眺めてきた。大陸では君主、あるいは大統領が具現する「単一の民意」による支配が貫徹された。フランスでそれは、第二帝政の崩壊に到るまで民主主義と独裁との分かちがたい循環をもたらした。多数者が表明する民意が国家元首、あるいは指導的機関に絶大な権威を与えたとき、それらが民意の名のもとで揮う権力を制約するものは何ひとつ存在していなかったからである。注意すべきは、ここでは権力の源泉であったはずの経験的民意が政治指導者を決定するやいなや彼固有の意志に転換され、かくして彼がその地位を放逐されないかぎり、じっさいには仮説的民意の専制をもたらしたという点にある。しかしこの仮説的民意たるや代表制の理念型のそれとは異なり、規範的概念として民意の多様さに配慮するよう彼の行為を律するものではない。それはむしろ単一不可分の民意として彼の人格に一体化された実体的な概念であり、諸利益・諸見解にたいして排他的に機能する可能性を秘めている。「全体の利益」なるものが、指導者決定の時点で唯一度表明されただけの経験的民意により半永久的に基礎づけられているため、これに背反する見解には不寛容たらざるをえないからである。人民投票制統治体制の極限形態をここに見出すことができるだろう。

ドイツでは、仮説的民意と経験的民意それぞれを代表する機関の二元主義が存続した。この〈民意の二元主義〉こそ体制の相違にもかかわらず、帝政―共和政両期に一貫して認められるドイツ国制の伝統的特徴にほかならない。しかし、行政の長（仮説的民意）の優位と議会（経験的民意）の無力は、フレンケルがその所論のはじめに提示した理念型と照らしあわせると、著しく倒錯的な印象を与えるものである。というのもそこでは、(英国がその典型であるように)議会こそ仮説的民意を代表し、逆に(フランスの事例から示唆されるとおり)直選大統領は経験的民意からその権威を引きだすからである。したがってこの矛盾を理解するためには、彼が語らなかったことを明確にしなければならない。

我々は市民革命を経てはじめて民意の支配が実現したと考える。この命題は、フレンケルの術語にしたがえば「経験的民意」にかんしてとくに妥当性をもつ。民主化とは、大衆による明示的意志表示の機会の制度化の過程にほかならないからである。しかし民意概念を拡張して「仮説的民意」をも含むように定義するならば、いつの時代でも政治権力行使の民意による正当化の試みは、たとえそれが明快さを欠き、しばしば傍流としての地位を占めるにすぎなかったにせよ、絶無ではなかった。身分制議会が統治の一方の担い手たりえたのも、それなくしては王国支配はかえって不安定かつ脆弱なものとならざるをえなかったからである。絶対王政すら例外ではなく、だからこそ君主らは一様に「公共善」を唱え、その営為を人民の幸福の名において正当化しようと努めた。啓蒙専制の嫡流であるドイツ官憲国家が議会に対抗して民意の真の代表者であると主張したのも、執行権が具現する仮説的民意に基づく支配と議会制が表現する経験的民意の二重構造という基本的枠組が、かたちを変えながらも相続されたからである。その意味では市民革命以前においてすら、国民規模での投票による明示的・具体的意志表示のための制度を欠くとはいえ、また実質と程度に差はあれ、そしてそれが依然としてデモクラシーとは異なる体制であることは明らかであるにせよ、ともかくも民意は政治的権威の源泉の一つであった。

逆に言えば、近代民主制の新しさと意義は、経験的民意の表現手段が制度的・義務的に保障された点にある。このことは統治がそこから乖離することを防止し、それとの同調を確保するにはどうしたらよいかという論点が、重要な国制問題として浮上するきっかけを与えた。もはや経験的民意を抜きにして仮説的民意を定立することは不可逆的に困難になった。仮説は実証に耐えねばならず、あるいは実際の民意を無視しては仮説さえ立てることはできない。かくして両者を有機的に結びつける方法が模索されることとなった。(178) 近代国民国家は広大な領域と多数の人口を抱えこんでいるために直接民主制を実践することはきわめて困難である。それゆえに、いかなる主権的国民も媒介と代表を必要とし、そのかぎりでいずれの国制も結局は仮説的民意に基づく支配を受けいれざるをえない。しかし少なくとも民主体制のもとでは、この仮説的民意たるや経験的民意に関係づけられねばならないのであり、まさにこの方法の違いがそれぞれの国制に個性を刻みつけることになる。したがって民主性を計る尺度は、それが直接的か間接的かという点にあるわけではない。(179) さもなくば近代以後も高度の民主主義を実現した国家は、ほとんど存在しないということになる。それゆえ民主主義の成否を占う試金石は、仮説的民意と経験的民意との循環がどれだけ円滑になされているか、そしてそれを媒介すべき議会が良好に機能しているかという点に求められなければならない。

この尺度によって近代ドイツ国制を振りかえるとき、そこに現れた〈民意の二元主義〉は両者の循環ではなく、絶縁に基づいていた。議会は帝政期には制度的に、共和政期には政治権力の担い手となるべき政党の機能不全によってこの媒介作用を存分に発揮できなかった。とりわけ後者においては国民全体の意志が大統領という単独者の意志に転換されることで、議会の媒介作用そのものが年を経るごとに不要のものと思われ、日蔭に追いやられた。議会が民意の集約という機能を十分に果たせぬまま社会的多元性に引き裂かれてしまった結果、政治的に意味ある民意は大統領によってしか代表されえなくなったのである。

ところで社会的多元性の顕在化そのものを拒んだフランスと、多元性の存在を認めつつもその調停者を社会の外部に求めたドイツに共通するのは、真の民意と想定されるものの単一性と抽象性である。このことは近代大陸諸国の国制が主権概念や公共善概念によって基礎づけられたことと無縁ではない。主権の不可分性、公共善の抽象的・

絶対的性格は、三十年戦争以降の間断なき国際的緊張状況のなかで大陸国家が近代国民国家として改編されるさいに、新しい国制の組織原理として不可欠であったからである。近代フランスでは、この単一性は人民主権論と人民投票型指導者による統治というかたちで、他方ドイツでは多元的民意を代表する議会にたいする執行権の優越というかたちで継承されることになる。

これとは対照的に英国国制の頂点で示されたのは、言うなれば「一対の仮説的民意」であった。それらは対抗する与野党の党首が国民に二者択一を求めて提示する民意である。ここで経験的民意は仮説的民意に同化・吸収されている。なぜなら小選挙区制のもと勝利をめざす党首は、その仮説的民意の提示に先だって、できるだけ多くの見解が集約されるよう差異の克服に努め、妥協を結びながら、みずからが掲げる「全体の利益」像を練りあげなければならないからである。さらにドイツと異なるのは、この仮説的民意の確定はもっぱら議会において、政党によって一元的になされるという点にある。与野党党首は相手の出方を見据えながらみずからの構想を策定し、世論にその正当性を訴える。他方で国民が示しうるのは、この一対の選択肢にたいする同意か不同意でしかない。しかしながら政治指導者にとってそれは重みのある意志である。その権力掌握は、敵対する指導者に与えられる同意よりも多くの同意を調達できるかどうかにかかっているからである。かくして選挙によって執行されるべき仮説的民意が一つに絞りこまれた後は、与党は有権者の「信託」に応えるべくその民意の実現に邁進し、他方敗れた党首は経験的民意の新たな動向に応じつつ、次回の選挙で「信託」を獲得できるようより魅力的な仮説的民意の形成にとり組むのである。

見方を変えれば、このような二つの仮説的民意の対立構造は、イギリスの主権概念の特異性、すなわちその非・単一性を反映している。前述のとおり英国では、大陸諸国のように主権を一元化させることはなく、議会と国王の両者からなる複合的機関、すなわち「議会のなかの国王」に主権を帰属させた。議会において国王の統治大権を預かる与党党首、すなわちプライム・ミニスターはもう一つの真の民意の代弁者であると主張する野党党首の挑戦を受けなければならない。このように政治におけるダイナミズムと正統性の源泉が与野党党首の討論の場として機能する議会にあるという点で「議会のなかの国王」という往古の政治的二元主義は、近代英国国制にも依然としてその血脈を保っているのである。

かくして第一節で検討した近代以前の政治的二元主義と、近代以後の英独仏三国の国制との継続ないし断絶は、次のようにまとめることができるだろう。すなわち前近代における二元的国制からの断絶を最も劇的なかたちで示すのがフランスであり、革命後の国制は民意と指導の単一性によって特徴づけられる。もっともアンシャン・レジームにおいて二元的国制のもう一つの担い手である議会（三部会）の力が相当喪われていたことに注目すれば、指導の一元化の兆候は革命以前の絶対王政においてすでに現れていたものとみなすこともできる。その意味ではトクヴィルが「私も、中央集権がすばらしい成果であってほしいと思うし、ヨーロッパがわれわれの中央集権を羨んでいることには同意するけれども、それは大革命の成果ではない、ということを力説したい。反対に、行政的中央集権は旧体制の産物であり、付け加えるなら、革命後に残った旧体制の政治制度の唯一の部分である」[180]と述べたとおり旧体制と革命体制のあいだにはむしろ連続性が存在する。他方、英独両国は前近代の政治的二元主義をともに相続する一方で、二元主義という言葉から想像可能な振幅の両極端を示している。すなわちドイツでは君主－行政権優位の二元主義が近代以後もプロイセンをはじめとする邦国、帝国、ヴァイマル共和国に引き継がれた。ここでは執行権の長が仮説的民意を代表し、政治指導を行うのにたいして、議会の役割は経験的民意の正確な反映をつうじた政府批判という消極的機能に限定されている。これとは対照的に英国は形式的には統治権力の複合的性格を「議会のなかの国王」を主権者とすることで維持するものの、じっさいには国王の統治大権は議会で多数派を占める政党の党首によって行使される。すなわち、ウェストミンスター・モデルにおいて行政府と立法府の対立構造は止揚され議会のもとで一元化されている。しかし野党党首が議会による政府批判・監督機能を独占的に担い、さらに現在の政府にたいする将来の代替的選択肢として一定の政治的重要性を保持する点に、前近代の政治的二元主義の痕跡を認めることができるのである。

第二次世界大戦後の英独の議会制

以上、議会制存立のための社会的および理論的諸条件を英国・大陸それぞれについて戦間期に到るまで検討してきたが、これらをとりまく環境は第二次世界大戦を境に幾分の変化を見せた。まずドイツであるが、先に触れた帝政と共和政との連続性、すなわち無力な議会の伝統は、ヴァイマルにおいては法律上というよりは、政党の乱立によって事実上もたらされたものであり、その社会構造の多元的性格が、帝政崩壊後も抜本的に克服されることなく共和国に受け継がれたことで生じたものであった。地域や宗派、社会階層や文化によって限りなく分節化され、多数の部分社会が存在したことが君主－官僚政府の中立的権力の増幅器であったことはすでに述べたとおりだが、この構造はドイツ革命の「中断」によりヴァイマルにもなお引き継がれた。権威主義的体制とは社会の多元性がその内部で自律的に克服されぬとき現れるものである。ヴァイマル議会と諸政党はその任をみずから果たすことに失敗したために、中立的な王朝主義者による調停に甘んじなければならなかった。その意味でダーレンドルフによれば、(181)あくまで「意図せざる結果」とはいえ、ナチスが全体主義支配を実現するために口先では伝統を讃美しながら、じっさいには既存の州の構成や社会秩序にとらわれず「強制的画一化 Gleichschaltung」を断行したことは、ドイツ政治の変化にとって大きな意味をもつことになった。というのもそのようないわば「社会革命」は部分社会の自律性を奪いとり、それをつうじて社会的亀裂を上から強権的に克服することを意味したために、国民によるナチス支配承認の根拠となり、さらには権威主義体制を支えた社会構造を洗いながし、結果的にその相対的均質化をもたらすきっかけとなったからである。

かかる社会的均質性は、敗戦による領土分割をつうじて東部領域、就中旧プロイセンの多くが切りすてられたためにいっそう高められ、戦後西ドイツ民主主義の安定的基盤の形成に図らずも寄与することとなった。というのも高度の社会的均質性は、利害の対立が絶望的なまでに深刻化することを防ぎ、それぞれの利益を代表する政党の政策距離を縮める一方、特殊利益に拘泥する政党の出現を不要にしたからである。戦後西ドイツ議会政治の安定性の要件としてもう一点触れておくべきものがある。民主主義的な憲法秩序にかんする政党間でのコンセンサスの確立である。[182] これじたいはナチ体制下での蛮行にたいする心理的ダメージの深さとともに、冷戦によって西欧との政治的価値観の共有が避けがたい要請であったことの結果であろう。しかしそれはドイツ政治史上けっして獲得されることのなかった類の合意なのである。これによって左右政党間のイデオロギー的振幅が著しく狭まり、中産階級・労働者階級の相当部分が二大政党に吸収されたことは、政治の安定のために肯定的な作用を及ぼした。さらに政党の少数化に伴う政治的選択肢の減少それじたいがそれぞれの政策内容の著しい接近をもたらした。政権交代の現実的可能性の高まりが両党に翼を広げるよう促しただけでなく、議会第三党の自由民主党がキリスト教民主社会同盟・社会民主党双方に違和感を覚える有権者の受け皿であったため、それを連立相手とするかぎり二大政党は自己の理念に忠実すぎぬよう配慮しなければならなかったからである。この点で戦後も選挙制度の基軸となった比例代表制が、戦前とは逆に、政治の安定・継続性を保障する制度として機能するようになったことは、注意を要する事実である。振り子の揺れが小さく、小規模の連立が必至となるからである。かかる「二大集団制 Zweigruppensystem（ゾントハイマー）」のもとで戦後ドイツの諸政党は負の伝統を克服し全体利益の形成実現に不可欠な融通性と責任負担能力を獲得したと評価できよう。[183]

他方戦後英国の政党政治をはるかヴィクトリア時代の高みから俯瞰してみると、六〇年代以後二大政党間での政権交代がいっそう頻繁化したことに気づかされる。(184) 英国病の深刻化が政府にたいする国民の苛立ちを強めるとともに、ひるがえって小選挙区制が有権者の失望と期待を選挙結果に敏感に反映させたからである。かくしてウィルソン以降サッチャーの登場に到るまで、英国政治を特徴づけた敵対政治は政策の流動性と不安定性を著しく高めたが、そこには喪われた方向感覚を敵の位置を見てとり戻そうとする指導者の混乱が認められる。しかし一九七九年以来十八年の長きに及んだ保守党支配が労働党の中道へのシフトを招いたことで、政策の振幅は以前に比べると縮小し、有権者の信託を求めて競いあう二大国民政党の対峙によって特徴づけられる古典的様式への回帰がなされたかに見える。ようやく一九九七年に政権の奪還に成功した労働党党首トニー・ブレアの勝利宣言には昔と変わらぬ英国民主政治特有の言葉遣いが垣間見える。「あなた方イギリス国民は、あなた方に奉仕する機会を私たちに与えて下さった、あなた方の信託を委ねて下さった。ですから私たちは皆さんのためその信託をけっして喪うことはないと申し上げます。皆さんのため統治いたしましょう」(185)。

註

（1）丸山眞男「近代日本の知識人」『丸山眞男集・第十巻』岩波書店、一九九六年、二五四頁。同「超国家主義の論理と心理」『〔増補版〕現代政治の思想と行動』未來社、一九六四年、二八頁。

（2）フリードリヒ・マイネッケ（矢田俊隆訳）「ドイツの悲劇」林健太郎責任編集『世界の名著65・マイネッケ』中央公論社、一九八〇年。

（3）デーヴィド・ブラックボーン／ジェフ・イリー（望田幸男訳）『現代歴史叙述の神話――ドイツとイギリス』晃洋書房、一九八三年。

（4）拙論、前掲、二六―二八頁。

（5）Frederic William Maitland, "Why the History of English Law is not written", in *The Collected Papers of Frederic*

William Maitland, ed. by H. A. L. Fisher, vol. I, Cambridge : University Press, 1911, p.488f.

（6） この言葉は一二三一年五月一日の「帝国等族の権利に関する帝国議会決議」に現れる。ハインリッヒ・ミッタイス／ハインツ・リーベリッヒ（世良晃志郎訳）『ドイツ法制史概説〔改訂版〕』創文社、一九七一年、三八三―三八四および三八七頁。この決議についてはオットー・ヒンツェ（成瀬治訳）「西欧の身分制議会の類型学」『身分制議会の起源と発展』創文社、一九七五年、四頁、さらに訳註〔七三〕、一五四―一五六頁も参照せよ。

（7） 国王は単独で解決できず、したがって重要な人々の助力を必要とするような問題を処理するさいには、事前に彼らとの相談を行うのが伝統的慣習であり、またそうするよう期待されていた。相談の対象となる事案の種類は国王の統治事項一般に亘るためすこぶる雑多であり、政治・外交・軍事・家門・行政・財務・訴訟・請願何であれ萌芽期の国家においてはいまだ明確にその機能によって区別されてはいなかった。フランスでは、一三世紀までこのような国王の評議会は concilium, parlamentum, curia regis など様々な呼び方をされ、またそれぞれが諮問と助言の場であることを示唆していた。しかし機能分化とともに名称も分化し、次の世紀には諸身分の議会がみずからを三部会 trois estas ないし trois états と称するようになった一方で、parlement ないし parlamentum はもっぱら訴訟関係を扱う評議の場、すなわち高等法院としての意味に特化した。Antonio Marongiu, *Medieval Parliaments : A Comparative Study* (English trans.by S. J. Woolf), London : Eyre & Spottiswoode, 1968, pp.96 and 105. : Fr・オリヴィエ－マルタン（塙浩訳）『フランス法制史概説』創文社、一九八六年、三三四―三三五および三四二―三四三頁。イギリスの初期議会もまた司法機能を担っていた。F・W・メイトランド（小山貞夫訳）『イギリスの初期議会』創文社、一九六九年、七九―九九頁。したがって英仏それぞれの parlamentum がそれぞれ別の機能を果たす別の機関を指すようになったのは歴史的偶然の悪戯によるものであり、あくまでその本質は国王を中心として評議がもたれる点にあった。

（8） Thomas Ertman, *Birth of the Leviathan : Building States and Regimes in Medieval and Early Modern Europe*, Cambridge University Press, 1997, p.53f.

（9） A・R・マイヤーズ（宮島直機訳）『中世ヨーロッパの身分制議会――新しいヨーロッパ像の試みⅡ』刀水書房、一九九六年、五六―五八頁。ポッギが指摘するとおり、都市の自律性は、農村的後背地との分業システムに基づいている。後者は前者に人と食料、天然資源を供給する一方、前者の生産物を吸収する。この意味では都市の自律性は、封建制というより大きな枠組のなかに依然として埋めこまれている。Gianfranco Poggi, *The Development of the Modern State : A Sociological Introduction*, Stanford University Press, 1978, p.40f.　ただしドイツではヴュルテンベルクや宮中伯領のように、都市代表が都市だけでなく、周辺地域をも含めて代表する事例もある。F. L. Carsten, *Princes and Parliaments in Germany : from the Fifteenth to the Eighteenth Century*, Oxford : Clarendon Press, 1959, p.425.

（10）　Poggi, *op. cit.*, pp.36-48. なお原文のイタリック体には傍点を附した。

（11）　とりわけ単独では議会出席資格をもたない中小・零細貴族層を多数抱えこむ場合、彼らのあいだで、このような〈団体的〉身分意識はいっそう強く育まれるであろう。カーステンによれば、プロイセン公国やヘッセン＝カッセル方伯領では貴族はまず予備議会に集まり、全国議会への代表を選出した。Carsten, *op. cit.*, p.423.　ポッギの議論は、身分意識の生成において都市の果たした役割を強調するものであるが、これにたいして聖職者の役割を重視するのがマイヤーズである。彼によればグレゴリウス改革以降、世俗権力が教会事項に口出しすべきではないという考えが広まったことが、「自分が何者であるか」という意識の普及を促した背景的事情である。マイヤーズ、前掲、五六頁。

（12）　Marongiu, *op. cit.*, pp.48-57.

（13）　以下、ヒンツェ、前掲、四―八頁に従って論述する。

（14）　それゆえ「そこでは公法が未だ明確に私法――家父長制的もしくは封建制的な諸源泉からくる――と区別されておらず、近代国家を特徴づけるその支配的な地位に未だ到達していなかった」。同上、七頁。あるいは「とりわけ、家産制的な官職には、『私的な』領域と『官職的な』領域との、官僚制に特徴的な区別がない」。マックス・ウェーバー（世良晃志郎訳）『支配の社会学Ｉ』創文社、一九六〇年、一九五―一九六頁。

（15）　「要するに、身分制国家はその活動においてより制度化されており、明示的に領域性に準拠しており、そして二元主義的であるという点で、本質的に封建制とは違っていた」。Poggi. *op. cit.*, p.48.

（16）　Marongiu, *op. cit.*, pp.33-37. なおここでマロンジュが指摘するとおり、"Quod omnes tangit."で始まる格言には、ヴァリエーションが多数存在する。ここでは柴田光蔵・林信夫・佐々木健編『ラテン語法格言辞典』慈学社、二〇一〇年に所収の形式に倣った。

（17）　成瀬治「„Landständische Verfassung" 考―身分制の歴史理論的把握のために」『絶対主義国家と身分制社会』山川出

版社、一九八八年、一八二頁。

(18) ゲルハルト・エストライヒ「ドイツにおける身分制と国家形成」阪口修平・千葉徳夫・山内進編訳『近代国家の覚醒—新ストア主義・身分制・ポリツァイ』創文社、一九九三年、一〇四—一〇九頁。

(19) 西欧諸国の身分制議会のなかでも安定的かつ強力な地歩を築くことができなかった事例と考えられるフランスの全国三部会でさえ、王家の継承問題にさいしては重要な役割を演じた。ベルセによれば、一五八八年のブロワ三部会は君主はカトリックたるべしという宣言を克ちとることに成功し、一五九三年のパリ三部会はサリカ法を根拠としてスペイン王女によるフランス王即位を妨げた。すなわち三部会は王朝の正統性を決定する権威を主張しえた。イヴ＝マリー・ベルセ(阿河雄二郎訳)「王国統治における全国三部会の役割」二宮宏之・阿河雄二郎編『アンシアン・レジームの国家と社会—権力の社会史へ』山川出版社、二〇〇三年、五四—五五および五八—五九頁。

(20) ドイツ諸邦においても、身分制議会は御家騒動の調停者として行動するよう求められ、またそれに伴う内紛の継続や領土の分割にたいして強力に、かつ結束して反対した。「かくしてそれは領邦の強化のために間接的に尽力し、領主はその領土をあたかもそれが私産であるかのようにとり扱い、好きなように売却することができるという考えに反対した」。Carsten, *op. cit.*, p.427.

(21) *Ibid.*, p.428f.

(22) フリッツ・ハルトゥング(成瀬治・坂井栄八郎訳)『ドイツ国制史』岩波書店、一九八〇年、一二五—一二八頁。「二元構造」をめぐる議論については、成瀬、前掲、一八一—一八九頁。ミッタイスもまた「しばしば等族が、純然たる王朝的政策にたいしてラントの利益を代表した」と認めながらも、一元的な国家権力の獲得をめざす過程において「力を増す諸侯が等族をその目的意識的な政策の障碍 Hemmschuh とますます感じはじめ、これを払いのけようとしたのも無理からぬことである」と評する。Heinrich Mitteis, *Deutsche Rechtsgeschichte : Ein Studienbuch*. 2., erw. Aufl., München und Berlin: C.H. Beck, 1952, S. 134. [H・ミッタイス(世良晃志郎訳)『ドイツ法制史概説』創文社、一九五四年、二九五—二九六頁] さらにミッタイス没後リーベリッヒの加筆を得た改訂版には「コルポラツィオーン的閉鎖化」に陥った結果「特権獲得のための闘争が、没落期におけるラント等族の主要関心事になった」との記述も見える。ミッタイス/リーベリッヒ、前掲、三八五―三八六頁。

(23)　ハルトゥングの見解にたいする批判はたとえばCarsten, *op. cit.*, p.433fを、ミッタイスにたいするブルンナーの批判はオットー・ブルンナー（石井紫郎他訳）「『神授王権』から君主政原理へ――中世中期以降のヨーロッパ君主制のあゆみ」『ヨーロッパ――その歴史と精神』岩波書店、一九七四年、二七七―二七九頁を参照せよ。

(24)　さらに言えば、君主政府と身分制議会の対立、および諸身分間での反目嫉視の程度も「君主の政策と野心次第で（カーステン）」国ごとにまちまちである。身分制議会の「分断統治」をつうじて大選帝侯は君主権力を強化することに成功したが、カーステンによれば、この過程においてとくに重要な帰結をもたらした政策こそ、都市にたいする消費税《アクツィーゼ》の導入であった。それは恒久税であるがゆえに頻繁な議会召集を不要にしたが、さらに都市・農村部で異なる税体系が採用されることとなったために、貴族と市民とのあいだで利害を一致させることが決定的に困難になった。「一六八三年のプロイセン公国の貴族が宣言したように、悪人どもが三身分から成る一つの〈身体〉を解体し、そこからトルソーを切りだし、都市を地方から、自由農民を貴族から分断した」。Carsten, *op. cit.*, p.439 : Carsten, "The Cause of the Decline of the German Estates", in *Album Helen Maud Cam : Studies presented to the International Commission for the History of Representative and Parliamentary Institutions*, vol. II, Universitaires de Louvain, 1961, p.292f.

(25)　F・W・メイトランド（小山貞夫訳）『イングランド憲法史』創文社、一九八一年、二六四―二六五頁より、該当箇所を引く。「二種類の王国があり、そのうちの一つはラテン語でdominium regale〔＝王権による支配〕と呼ばれる支配であり、他方はdominium politicum et regale〔＝政治権力と王権による支配〕と呼ばれる。そして両者の違いは、第一の国王がその人民をじしんが制定する法律によって支配し、それゆえ国王じしんが欲する税金や賦課金を人民の同意なしで人民に課すことが許される点にある。第二の国王はその人民を人民が同意する法以外の法では支配することが許されない。それゆえこの第二の国王はいかなる賦課金も人民じしんの同意なしでは人民に課すことは許されない」。このようにフォーテスキューの目にイングランドの政治制度、すなわち議会をつうじた人民の合意に基づく統治が、君主の単独意志それのみに基づく統治体制と比較して対照的に映ったのは、その余の国々の議会、とりわけフランスの全国三部会がイングランド議会ほど華々しく君主に敵対することも、力を誇示することもなかったことに起因するのかもしれない。しかし、ベルセによれば皮肉なことに「イングランド統治論」が執筆された一五世紀末は「全国三部会の制度が統治の真の手段という性格をもった」時期にあたる。ベルセの見解では、三部会の衰退は一七世紀における「諸事件の悪循環」によるものであり、たぶんに偶然的な帰結として理解される。ベルセ、前掲、三五および六〇頁。これにたいしてマイヤーズは、全国三部会について定期的召集の習慣は確立されず、ルイ一一世やシャルル八世による召集も政治的考慮に基づくアドホックな判断であったと指摘する。マイヤーズ、前掲、七四—七六頁。エアトマンもまた「一五世紀後半までには、フランス王には全国三部会、あるいはその他のいかなる代表機関とも、主権を共有する心づもりはなかった」と指摘し、一四四〇年以後全国三部会は衰退期に入ったと述べる。Ertman, *op. cit.*, pp.91-93. さらにスプルートもフランスでは一四世紀までに租税収入源が十分に確立していたことが「代議制がイングランドほど重要にならなかった理由の一つ」であり、国王に抵抗しない代わりに課税免除特権を得た「フランスの貴族は三部会の会合にほとんど関心をもたなかった」と論じている。Hendrik Spruyt, *The Sovereign State and Its Competitors : An Analysis of Systems Change*, Princeton University Press, 1994, p.95. 論者の見解は、三部会に代わって召集された「名士会議」の意義や召集の相対的不定期性の評価次第で相違するであろう。

(26) A. R. Myers, "The English Parliament and the French Estates-General in the Middle Ages", *Album Helen Maud Cam*, p.152.

(27) G. R. Elton, *The Tudor Constitution : Documents and Commentary*, Cambridge University Press, 1960, p. 234f.

(28) Helmut G. Koenigsberger, "Dominium regale or dominium politicum et regale? : Monarchies and Parliaments in Early Modern Europe", in Karl Bosl(hrsg.), *Der moderne Parlamentarismus und seine Grundlagen in der ständischen Repräsentation*, Berlin : Duncker und Humblot, 1976, S.45f.

(29) Carsten, *Princes and Parliaments in Germany*, p.441.　ただし一七世紀以降になるとドイツの状況は一変する。これについては註(37)を参照せよ。

(30) この意味で主権国家の確立は、主権国家体系の形成と並行して、あるいは相互に刺激しあいながら進行した。他国にたいする自国の地位の維持・改善のために、当該国家は域内支配権の権力中枢への集中を推しすすめることになるが、国家間の権力バランスが不安定であり、また本来的に客観的に規定されるものではない以上、この過程を抑止する内在的制約はほとんど存在しない。他方において一国における集権化の進捗は、他国にとって脅威にほかならない。この脅威はその国における主権確立のための努力に弾みを与えるが、ひるがえって国家間の競争をいっそう煽りたて、諸国家体系のさらなる形成を促すことになるであろう。Poggi, *op. cit.*, p.60f.

(31) Otto Hintze, “Machtpolitik und Regierungsverfassung”, in Ders., *Staat und Verfassung : Gesammelte Abhandlungen zur allgemeinen Verfassungsgeschichte*, hrsg. von Gerhard Oestreich, Bd.I, Göttingen : Vandenhoeck & Ruprecht, 3.Aufl, 1970, S.428. 国家形成について外因を重視するヒンツェの所論については、拙論、前掲、二四—二六頁。

(32) ブルンナー、前掲、二四七—二四九頁。皇帝および教皇という二つの超国家的権威からの自立は、これらの権威がしばしば域内下位支配権の担い手を利するかたちで、王権に脅威を与えたがためになおさら重要であった。Hintze, “Staatenbildung und Verfassungsentwicklung : Eine historisch-politische Studie”, *Staat und Verfassung*, S.42f.

(33) ブルンナー、前掲、二五一および二五七頁。

(34) 支配権力の多元性は一夜にして消滅したわけではない。絶対王政のもとでは、下位支配権を力ずくで粉砕するより、各種便宜供与をつうじた懐柔や社会的特権の保全を見返りとした同盟関係の形成が頻繁に試みられた。Charles Tilly, “Reflections on the History of European State-Making”, in id.(ed.), *The Formation of National States in Western Europe*, Princeton University Press, 1975, p.76f. とくにフランスの場合、その絶対主義は大規模な行政機構を発展させたものの、それは売官制に明らかなようにおおむね「家産制」的に構成されており、ヴェーバーが思いえがいたような官僚制の理念型からは依然として程遠かった。Ertman, *op. cit.*, p.12f and chap.3. したがって我々が絶対王政のなかに見出すのは、その両義的あるいは逆説的な性格である。それは一方において封建領主・新興ブルジョワジーともども、体制に従属的なかたちで適応するよう促す。他方においてそれは、領主特権の維持を可能にするだけでなく、統治の合理化にとって障碍となるものをみずからのうちに抱えこむことになる。Perry Anderson, *Lineages of the Absolutist State*, London : NLB, 1974, p.33f. ; Tilly, *op. cit.*, p.64.

(35) 以下、ブルンナー、前掲、二六八—二七二頁に従って論述する。

(36) 名誉革命体制の正当化の論拠が、記憶を超えた過去から維持されてきた「古来の国制」への復帰とする歴史解釈に求められたことについては、J. G. A. Pocock, *The Ancient Constitution and the Feudal Law : A Study of English Historical Thought in the Seventeenth Century*, Cambridge University Press, 1987, esp. chap.IX. トレヴァー－ローパーもまたス

テュアート諸王の宮廷にたいして野党的立場を占めた地方派の郷紳ら――クロムウェルもその一員だったのであるが――について、彼らの「情熱は急進的思想あるいは体系的教養ではなく、悲憤慷慨に由来していた」と指摘する。すなわち宮廷の腐敗と浪費が彼らの憤懣を掻きたてる一方、彼らの「社会観は十分に保守的であり」、その理想は「前にではなく後ろに」、つまりテューダー朝、わけてもエリザベス女王の黄金時代にあった。というのもこの時期に「宮廷は地方と、王は議会と調和し」、女王は倹約家であるにもかかわらずイングランドの国際的名声を高めたからである。このように彼らが準拠した然るべき国制像は過去にあったのであり、そのような観点からステュアート朝の絶対主義を批判し、分権的な政治社会を理想化した。「彼らはその大願成就をユートピアやオセアナにではなく、もう一度エリザベス時代の復活に求めた」。H. R. Trevor-Roper, "Oliver Cromwell and his Parliaments", in id., *Religion, the Reformation and Social Change, and Other Essays*, London : Macmillan, 1967, pp.346-350.

(37) ブルンナー、前掲、二六六頁。前述のとおり、英国では主権者は「単身の国王」ではなく、「議会のなかの国王」とされた。それゆえ大陸・英国両絶対主義の差異の一つとして、後者は自然法のみならず、議会制定法にも服さなければならなかったという点が挙げられる。J. P. Cooper, "Differences between English and Continental Governments in the Early Seventeenth Century", in J. S. Bromley and E. H. Kossmann (eds.), *Britain and the Netherlands : Papers delivered to the Oxford-Netherlands Historical Conference*, London : Chatto & Windus, 1960, pp. 65-71. 専制への傾向を示しながら、それにもかかわらずなぜテューダー諸王はその議会の息の根を止めなかったのだろうか。この時期にあっても、依然として議会の特権がたゆまず発展してきたことに注目して、タナーは次のように述べた。「テューダー諸王が議会を恐れていなかったので、議会を用いて支配することがテューダー朝の方策であった。彼らはあまりにも強力だったので、その議会によって脅かされなかった（略）。かくして彼らは議会の実力を高めるためにできることはする用意があり、このために彼らは議会特権の増大を好意的に眺めた」。J. R. Tanner, *Tudor Constitutional Documents : A.D. 1485-1603*, 2nd ed., Cambridge University Press, 1930, p.550. これを受けてカーステンはドイツの身分制議会が一七世紀に衰退した理由を、ドイツ諸侯が「テューダー朝よりも内外両面ではるかに弱体」であるがゆえに議会を「恐れており、それゆえその権限を削りとろうとした」点に求めている。Carsten, *Princes and Parliaments in Germany*, p.442f. したがってこの点からしても、議会に有力な地位があてがわれていることは、かならずしも（ポーランドやハンガリーのように）王権の脆弱さと符合する現象ではなく、時には後者の力と権威、政治体の統合度の高さを反映するものであることが確認できるであろう。だとすれば、両者を媒介する論理と制度的配列状況を見極めることこそ、この問題を理解するうえで鍵となる。

(38) ブルンナー、前掲、二四九頁。

(39) Walter Bagehot, *The English Constitution*, new ed. London : Henry S. King, 1872, p.290f.［ウォルター・バジョット（小松春雄訳）「イギリス憲政論」辻清明責任編集『世界の名著72・バジョット／ラスキ／マッキーヴァー』中央公論社、一九八〇年、二九九頁。］

(40) 一七九一年および一七九三年のフランス憲法の訳出にさいしては、山本浩三「1791年の憲法」（全二回）『同志社法学』第一一巻第四および五号、一九六〇年、「1793年の憲法」同六号、一九六〇年を参照した。

(41) Ernst Fraenkel, "Die repräsentative und die plebiszitäre Komponente im demokratischen Verfassungsstaat"［以下RPと略記］, in Ders., *Deutschland und die westlichen Demokratien*, Stuttgart : W. Kohlhammer, 1964, S.72.

(42) モーリス・デュヴェルジェ（時本義昭訳）『フランス憲法史』みすず書房、一九九五年、五五頁。

(43) 以下、RP, S.71-75に従って論述する。

(44) 周知のとおり、このようなロジックを限界的に突きつめたものこそルソーの「社会契約論」である。「主権者とは集合的存在にほかならないから、それはこの集合的存在そのものによってしか代表されえない」（第二編第一章）あるいは「人民は代表者をもつやいなや、もはや自由でなくなる」（第三編第一五章）というルソーの言葉は、議会による民意の疎外への強烈な批判意識を反映する。ルソー（桑原武夫・前川貞次郎訳）『社会契約論』岩波文庫、一九五四年、四二および一三六頁。

(45) 同上、四七頁。

(46) 従来様々な解釈がなされてきた「しかし、これらの特殊意志から、相殺しあう過不足を除くと、相違の総和として、一般意志がのこることになる」（第二編第三章）の一文をはじめ、「個別意志が一般意志と一致しているということは、個別意志を人民の自由な投票にゆだねた後に、はじめて確かめうる」（第二編第七章）、「大多数の人の意見は、つねに他のすべての人々を拘束する」（第四編第二章）、「投票の数を計算すれば、一般意志が表明される」（同）のように文字どおり読めば、質的な相違は鋭く認識されながらも、結局のところルソーにおいて多数意見が一般意志に転換されているとの印象は拭えない。同上、六四および一四九—一五〇頁。恒藤武二も「一般意志が多数決以外の方法で形成されることをのべた箇所は、一つとしてない」（原文全傍点）ことから、一般意志の確定にあたって全会一致は必要ではなく、多数決で十分であるとルソーが考えていたと結論づけている。「ルソーの社会契約説と『一般意志』の理論」桑原武夫編『ルソー研究』第二版、岩波書店、一九六八年、一五二頁。

（47）ルソー、前掲、六〇—六二頁。じっさいにルソーが示すような直接民主主義が機能するとすれば古代ギリシャの都市共和国やみずから滞在したスイスのジュネーヴなど、産業化に伴う社会的分化が低水準に留まり、くわえて地域内的差異も乏しいような、相対的に小規模な自治共同体を措いてほかにない。というのもそのような相対的に均質的な小共同体でしか、利益や意見の一致を期待することができないからである。かくしてルソーは次のように断言する「都市国家がきわめて小さくないかぎり、主権者が、その権利の行使を保存することは、われわれの国では今後は不可能である」、一三六頁。ギリシャの都市共和政に民主政治の理想像を見出す「語源学的民主主義理論」が、現代の大領域国家と大衆社会では通用しがたいことはサルトーリによって強調された問題である。Giovanni Sartori, *Democratic Theory*, New York : Frederick A. Praeger, 1965, pp.20–22.

（48）J. L. Talmon, *The Origins of Totalitarian Democracy*, New York : W. W. Norton, 1970, pp.43–49.

（49）第二章第一節第三条「フランスでは法律の権威に優越する権威はなにひとつ存在しない。国王は法律によってしか統治できず、法律の名においてしか服従を強要できない」。

（50）デュヴェルジェ、前掲、五五頁。

（51）J・E・S・ヘイワード（川崎信文他訳）『フランス政治百科・上』勁草書房、一九八六年、一一頁。

（52）Gerhard A. Ritter, "Nation und Gesellschaft in England", in Ders., *Parlament und Demokratie in Grossbritannien : Studien zur Entwicklung und Struktur des politischen Systems*, Göttingen : Vandenhoeck & Ruprecht, 1972, S.63.

（53）Fraenkel, "Strukturdefekte der Demokratie und deren Überwindung"［以下、SD と略記］, *Deutschland und die westlichen Demokratien*, S.60.

（54）RP, S.91.

（55）憲法冒頭に置かれた「人および市民の権利の宣言」は「法律は一般意志の表明である」（第六条）と言明していた。

（56）ルソー、前掲、四七―四八頁。

（57）これを受けて九一年憲法前文でも「もはやいかなる宣誓組合 jurandes も職業と技芸にかんする同業組合 corporations も存在しない」と言明する。樋口陽一によれば、このような営業自由の背景には「中間団体否認の思想」がある。それは国家と諸個人だけを承認する一方、団体は自由な個人の活動を阻害するものであるがゆえに禁止される。かくして経済団体だけでなく、宗教団体や弁護士会、大学さえ廃止の対象となった。『現代法律学全集36・比較憲法』青林書院新社、一九七七年、六五―六六頁。

（58）Richard Löwenthal, "Kontinuität und Diskontinuität : Zur Grundproblematik des Symposions", *Der Moderne Parlamentarismus und seine Grundlagen in der ständischen Repräsentation*, S.344.

（59）RP, S.71.

（60）「人および市民の権利の宣言」の第二五条においても「主権は人民に存する。主権は単一にして不可分、時効にかからず、かつ譲渡できない」と言明されていた。

（61）RP, S.91f.

（62）「政治文化の変容の場として、革命結社はたちまちのうちに、直接民主政の言葉や実践や表象が試される巨大な実験室になった」。クラブや協会の政治化は、一見したところ政治過程への〈団体〉の再導入とみなされうるものの、もとより見解や利害の多様性の顕在化に道を開くものではなかったことに留意しなければならない。それでもなお諸組織の政治的活性化は、ル・シャプリエをして懸念を抱かせるに十分であり、じっさい立憲議会は法令によってこれを妨げようとしたが、ロベスピエールの指導のもと勢力を増したクラブの行動を制限することは不可能だった。パトリス・ゲニフェー／ラン・アレヴィ（牟田和恵訳）「クラブと民衆協会」フランソワ・フュレ／モナ・オズーフ編（河野健二・阪上孝・富永茂樹監訳）『フランス革命事典4・制度』みすず書房、一九九九年、九七および一一四―一一五頁。

（63）デュヴェルジェ、前掲、六六頁。

（64）ゲニフェー／アレヴィ、前掲、九九頁。

（65）以下、SD, S.59f und 62-65.; Fraenkel, "Deutschland und die westlichen Demokratien"〔以下、DW と略記〕, *Deutschland und die westlichen Demokratien*, S.41-43に従って論述する。

(66) デュヴェルジェ、前掲、五一頁。

(67) これは現代民主主義をめぐる論争においても同様である。たとえばパパドプロスは、代議制が「封建制に起源をもち、当初は民主主義とも選挙とも関係がない」点や「代議制民主主義に固有の寡頭政的な特徴」、さらに選挙に基づく民主制が「彼らが我々とは異なる」ことを前提としている点を挙げて、ここに現代民主主義に不満と緊張をもたらす原因を見出すとともに、民主主義に直接性を回復させることを訴えるポピュリストの主張に正当性があることを認める。Yannis Papadopoulos, "Populism, the Democratic Question, and Contemporary Governance", Yves Mény and Yves Surel (eds.), *Democracies and the Populist Challenge*, Basingstoke : Palgrave, 2002, pp.45-50.

(68) RP, S.72.

(69) SD, S.58.

(70) Ebd., S.62.

(71) 以下、RP, S.75-80に従って論述する。

(72) 中村英勝『イギリス議会史』有斐閣、一九五九年、一三六—一四三頁。

(73) L. B. Namier, *England in the Age of the American Revolution*, London : Macmillan, 1930, p.22. 一六八八年から一七六一年までのあいだにデヴォンシャーで選出された一五名の代議士のうち一〇名までが、三つの家族の出身者によって占められ（*Ibid.*, p.5.）、あるいは一七九三年の報告では下院議員五一三名中三〇三名までが、わずか一六二人によって選出されていた。デレック・ヒーター（田中俊郎監訳）『統一ヨーロッパへの道——シャルルマーニュからEC統合へ』岩波書店、一九九四年、一四一頁。

(74) G. A. Ritter, "Das britische Parlament im 18. Jahrhundert", in Dietrich Gerhard (hrsg.), *Ständische Vertretungen in Europa im 17. und 18. Jahrhundert*, Göttingen : Vandenhoeck & Ruprecht, 1969, S.409f.

(75) Ebd., S.415-422 ; 青木康『議員が選挙区を選ぶ——18世紀イギリスの議会政治』山川出版社、一九九七年、六八—七二および九二—九五頁。

(76) 同上、一二三頁。

(77) Fraenkel, "Parlament und öffentliche Meinung" [以下、PÖと略記], *Deutschland und die westlichen Demokratien*,

S.111.

（78）H・N・ブレイルズフォード（岡地嶺訳）『フランス革命と英国の思想・文学』中央大学出版部、一九八二年、一―九頁。

（79）大久保桂子「読者とメディア――ジャーナリズム発展小史」井野瀬久美恵編『イギリス文化史入門』昭和堂、一九九四年、六七―七〇および七二―七三頁。

（80）Poggi, *op. cit.*, pp.81-85.

（81）RP. S.76.

（82）"Mr. Burke's Speech at the Conclusion of the Poll, on his being declared duly elected, 1774", in *The Works of the Right Honourable Edmund Burke*, vol.2, Dublin : William Porter, 1793, p.14f. 訳出にあたっては、エドマンド・バーク（中野好之訳）「ブリストルの選挙人に対しての演説」『エドマンド・バーク著作集・2』みすず書房、一九七三年、九一頁を参照した。以下も同じ。該当頁を［　］内に記す。

（83）"Speech at Bristol, previous to the Election, 1780", *The Works of the Right Honourable Edmund Burke*, vol.2, p.275.［バーク「自己の議会内の行動の若干の事柄に関して」同上、二三一―二三三頁］

（84）"Speech at the Conclusion of the Poll", p.15f.［同上、九二頁］なお原文のイタリック体には傍点を附した。

（85）バークがパトロネジ・システムによって特徴づけられる一八世紀イングランドの政治構造を根底から覆そうとしたわけではないことは指摘しておかなければならない。そのような急進主義が、その保守主義と両立するはずもない。げんにバークは一七六五年の補欠選挙における初当選以来、数度に亘って有力者の懐中選挙区から出馬し、難なく議席を獲得していた。七四年のブリストルでの立候補によって激烈な競争的選挙を経験したものの、このときでさえ派閥の領袖ロッキンガム侯の懐中選挙区モールトンで首尾よく選出されたあとの重複当選であった。バークの主張は伝統的国制から悪弊を取り除き、その健全性を回復させることに重点が置かれているのであり、政治制度それじたいの原理的改編をめざすものではない。中野好之『評伝バーク――アメリカ独立戦争の時代』みすず書房、一九七七年、一五九―一六一頁および第一三章「ブリストル選挙区と経済改革」; 青木、前掲、一五四―一六七頁。

（86）"Speech on Moving his Resolutions for Conciliation with the Colonies, 1775", *The Works of the Right Honourable*

Edmund Burke, vol.2, p.69.［バーク「植民地との和解決議の提案に関する演説」同上、一四三—一四四頁。］なお訳書の中野による訳註によれば、「実質的代表」とは「代表なくして課税なし」という植民地側による地域代表制の要求にたいして本国政府が持ちだした観念で、特定の階級の代表あるいは利益を同じうする議員がすでに議会に選出されていれば、それをもって同一階級あるいは利益集団の全てが実質的に代表されているとみなすものである。この演説でバークはアメリカにこの観念があてはまらないと指摘する一方で、その理由はといえばアメリカが余りに遠く「実質的代表という電気力 electric force」が伝わらないからであるとして、観念そのものを否定しているわけではない。三二一頁。

(87) 青木によれば「実質的代表」は、地域共同体の利益代表という従来型の下院議員観が、共同体内部の利益の多様化という現実とのあいだに齟齬を来すなかで現れた理論である。ある有権者にとってじしんが票を投じなかったにもかかわらず当選した当該選挙区の議員よりも、別の選挙区で当選した議員のほうが彼の利益をよりよく代表するように思われたとしても不思議ではない。前掲、二三〇—二三六頁。かくしてバークは書簡のなかでこう語る。「実質的代表とは、いかなる言い方であれ人民の名において行動する者と、じっさいに彼らによって選出されているのではないにせよ受託者がその名において行動する人民とのあいだに利害関心の共有、感情と願望における共鳴がそこに存在するということです。これこそが実質的代表です。私の考えではそのような代表は、多くの場合実際の actual 代表よりも良いものでさえあります。」"Letter to Sir Hercules Langrishe, 1792", *The Works of the Right Honourable Edmund Burke*, vol.3, 1792, p.586.

(88) RP, S.78.

(89) ルソー、前掲、一三三頁。

(90) John Stuart Mill, "On Liberty", in *Collected Works of John Stuart Mill*, ed. by John M. Robson, vol.XVIII, *Essays on Politics and Society*, University of Toronto Press, 1977, chap.II.［J・S・ミル（塩尻公明・木村健康訳）『自由論』岩波文庫、一九七一年］トクヴィル同様「多数者の暴虐」を懸念するために、たとえ国民の一致した声に基づくものであるとしても、政府ないし国民じしんがこれに異を唱える少数者にたいして強制権を行使することはできないとミルは論じる。多数者の少数者にたいする沈黙の強制は、少数者の多数者にたいするそれと異なるところがないからである。p.229f.［三五—三七頁］さらに社会的暴虐については、p.219f.［一四—一六頁］; Sartori, *op. cit.* pp.98-102.

(91) 自由討議の「矢来が開かれたままなら、よりよい真理が存在していれば、人間精神にそれを受けとる能力があるとき

には、それは発見されるだろうと期待できる」。Mill, *op. cit.*, p.232.［四七頁］

(92) *Ibid.*, p.243.［七三頁］だからこそすでに真理として広く受けいれられている意見でさえ、これに異論を唱える人々が存在するなら「そのことを感謝し、心を開いて彼らの言葉に耳傾けよう」とミルは述べる。*Ibid.*, p.252.［九三頁］

(93) そればかりか少数意見は往々にして多数者による攻撃にたいして脆弱で、萎縮を余儀なくされるものである。かくして、たとえ意見表明が世の人々を不愉快にさせるようなやり方でなされるとしても、少数意見にたいしてはとくに寛大に取り扱われるようミルは配慮を求める。*Ibid.*, p.258f.［一〇八―一一二頁］

(94) カール・シュミット（稲葉素之訳）『現代議会主義の精神史的地位』みすず書房、一九七二年、四七―四九頁。

(95) そしてここから公開性と権力分立という自由主義を特徴づける二つの政治的要求が導き出される。前者は恣意的統治の防止のみならず、公衆の自己啓蒙とそれをつうじた世論の成熟にとって不可欠である。権力分立は権力集中を排除するだけでなく、多元性の創出をつうじて、均衡の条件を政治体の隅々に到るまで実現する。同上、四九―五六頁。

(96) SD, S.64f.

(97) シュミット、前掲、一〇―一四頁。

(98) 以下、G. A. Ritter, "Deutscher und britischer Parlamentarismus. Ein verfassungsgeschichtlicher Vergleich", in Ders., *Arbeiterbewegung, Parteien und Parlamentarismus : Aufsätze zur deutschen Sozial- und Verfassungsgeschichte des 19. und 20. Jahrhunderts*, 1976, Göttingen : Vandenhoeck & Ruprecht, S.193-197に従って論述する。なお中村によれば、一八世紀には庶民院による不信任のために倒れた政府の例はわずかに三例を数えるにすぎないものの、第一次選挙法改正以後の一八三七年から六六年までの間に成立した九次の内閣のうち、首相死去によるもの一例を除いてすべてが庶民院による支持を失ったために瓦解した。これは選挙法改革が国王ないし政府の影響力行使の手段を奪いとったからであるが、その結果内閣が議会にたいして責任を負い、それをつうじて選挙民に間接的に責任を負う責任内閣制の確立に到った。前掲、一五九頁。

(99) 英国議会制における「合意形成」のモメントを強調するフレンケルらの議論は、多数決型民主主義とコンセンサス型民主主義の相違点を強調するレイプハルトの所説を知る者には、幾分奇異に映るかもしれない。しかし、イギリスがその典型とされる多数決型民主主義においても、少数派への配慮や合意形成の側面はけっして無視されているのではない。フレンケルらが強調するのは、これらの契機が他の諸契機（意見集約・政権獲得）といかに分かちがたく結合されているかという点なのである。たとえばレイプハルトは単独過半数内閣においてぎりぎり過半数を代表するにすぎない与党が政治権力を総取りする点を挙げて、多数決型民主主義の質的側面における欠点とみなしている。他方でフレンケルやリッターは、過半数獲得への努力の過程において単に自党の潜在的支持集団だけでなく、元来敵方の支持層と目される集団からも票を獲得するべく尽力し、政策の柔軟な調整をも厭わない政党の特性をこそ重視する。すなわちフレンケルによれば「戦利品として国家権力が与えられる政党は、境界上の選挙人の最後の一人 der letzte Grenzwähler まで得ようと努めるのであり、教条的な政党綱領の発表をつうじてではなく、その目標を世論に順応させることで彼を獲得できると信じている」。PÖ, S.120. さらにレイプハルトじしんが留意するとおり、相対的に均質な社会では、政権の形成にあたって多数決原理に従うとしても、少数派の疎外をもたらすことにはかならずしもならないかもしれない。アレンド・レイプハルト（粕谷祐子訳）『民主主義対民主主義——多数決型とコンセンサス型の36ヶ国比較研究』勁草書房、二〇〇五年。この点で民主主義諸類型間の相対的優劣をめぐる評価にさいしては、単に形式的・制度的側面にのみ着目するのではなく、政治体を支える社会的「下部構造」の特質にも注意を払う必要があるだろう。

(100) RP, S.79.

(101) 以下、SD, S.56f. に従って論述する。

(102) 野党党首 Leader of the Opposition は一九三七年の「国務大臣法 the Ministers of Crown Act」以来法律上公式にその地位が認められており、大臣に準ずる俸給が支払われている。

(103) かくしてエイメリは野党の責任について次のように論じる。「かつて全体としての議会の決定的機能であったものにたいする主要な責任は野党のもとに置かれているが、同時にそれは政権にたいするみずからの適性を世論に納得させるという見込みをもって批判を展開する」。L. S. Amery, *Thoughts on the Constitution*, Oxford University Press, 1947, p.31.

(104) PÖ, S.125f.

(105) RP, S.75f.

(106) リッターもまた、イギリス議会の選挙が過去の業績と将来の提案を評価するとともに、政権の担い手を決定する意義を担っている点を指摘して「イギリスの現代の議会統治体制は非常に強力な人民投票的要素を内包している」と論じる。

しかし、この場合も「世論の機能は、政府の個別政策をつねに決定することではなく、四、五年ごとに行われる選択肢の決定のさいに、選挙をつうじて業務計画とともに、この計画の遂行者を確定することにある」。Ritter, "Deutscher und britischer Parlamentarismus", S.210.

(107) Fraenkel, "Historische Vorbelastungen des deutschen Parlamentarismus"〔以下、HVと略記〕, *Deutschland und die westlichen Demokratien*, S.20.「同意による民主主義」とはエイメリによって描かれたイギリス議会政治像である。彼はこのような種類の民主主義について、リンカーンの周知の命題に修正を加えるかたちで「人民の、人民のための、だが人民によってではなく、人民とともになされる統治」と敷衍した。Amery, *op. cit.*, p.20f.

(108) PÖ, S.128.

(109) John Locke, *Two Treatises of Government*, edited with an introduction and notes by Peter Laslett, Cambridge University Press, 1988, p.367. ラズレット版は、『統治二論』第三版（一六九八年）に基づく。論述にあたって参照した節については、本文中に該当する番号（第二編）を記す。訳出にさいしてジョン・ロック（加藤節訳）『統治二論』岩波書店、二〇〇七年：同（鵜飼信成訳）『市民政府論』岩波文庫、一九六八年を参照し、原文のイタリック体には傍点を附した。なお「受託者の権力」で用いられている Fiduciary は、ラテン語で trust に相当する fiducia に由来する形容詞である。

(110) Maitland, "Trust and Corporation", *Collected Papers*, vol.III, p.403f.〔メイトランド（森泉章監訳）『信託と法人』日本評論社、一九八八年、一一五—一一六頁〕　なお次も参照せよ。J. W. Gough, *John Locke's Political Philosophy : Eight Studies*, 2nd. ed., Oxford : Clarendon Press, 1973, pp.154-156〔J・W・ガフ（宮下輝雄訳）『ジョン・ロックの政治哲学』人間の科学社、一九七六年、一六四—一六五頁〕; Ernest Barker, "translator's notes", in Otto Gierke, *Natural Law and the Theory of Society 1500 to 1800*, transl. with an introduction by Barker, Cambridge : University Press, 1950, pp.299 and 248f. : 井上茂「ホッブズからロックへ」日本法哲学会編『法思想の潮流』朝倉書店、一九五一年、一八二—一八三および一八六頁。

(111) メイトランド『イングランド憲法史』二九六—二九七頁。土地から上がる利益を確保するために、みずから土地を保有するのではなく他人に保有させるほうが便宜に適うと痛切に感じられるようになった契機は、薔薇戦争にある。このとき貴族は、みずからが擁する王位継承候補者が敗れ、敵方の即位によって叛逆罪に問われた場合、所領を没収される虞にである。

というのもコモン・ロー上の不動産権はすでに他人に移転されているので、奪うべき所領はすでに彼のもとにはないから直面していた。かりにそうなったとしても、家族のために備えを残しておくために信託を用いることは好都合であった。

(112) 不動産の遺贈は認められないのが封建制の大原則である。不動産は国王から保有されるからであり、無遺言長子相続によってのみ土地は保有者を変える。それゆえ子をなさず受封者が死亡したときには、土地は国王のもとに復帰する。その意味で任意の者に不動産を移転させる遺贈は、この不動産復帰 escheat への侵害行為なのである。くわえて封建制においては土地の保有に伴って領主にたいする様々な奉仕が求められる。この保有に伴う封建的附随条件 incidents には上納金・相続料・後見権・婚姻権などが含まれるが、それらの履行に伴う負担はきわめて大きかった。信託およびその前身たるユースは、無遺言相続とともに様々の負担を回避することを可能にしたのである。J・ベイカー（小山貞夫訳）『イングランド法制史概説』創文社、一九七五年、二一六―二二七頁。

(113) 薔薇戦争によって疲弊しきった王室財政を立てなおすために、ヘンリー七世・八世父子がとった政策の一つに、国王特権の掘り起こしがある。すなわち軍事的制度としては本来的機能を失っていた封建制を収入源として再利用しようとしたのである。前註のような諸特権の回収に加えて、ヘンリー八世による一連の反ユース法もこれに含まれる。ユースはコモン・ロー上の不動産権とは異なる権利を創出しかねず、無遺言相続の回避をつうじて附随条件という貴重な財源を君主から奪いとることを意味するので、ヘンリーは敵視したのである。同上、二二七―二三五頁。さらに井上彰「イギリス封建制度の崩壊とユースの発展（二）」『法学新報』第八五巻第一〇・一一・一二合併号、一九七九年、一九〇―二〇六頁および同「ユース法の成立過程」同第八七巻第九・一〇合併号、一九八〇年を参照せよ。

(114) Maitland, "Trust and Corporation", pp.334f., 369-371 and 396.［二五―二六、七三―七六および一〇八頁］さらにメイトランドは、ヘンリー八世による反信託立法に触れて「おそらく法曹学院の成員は、国王の意図のあまり公平な解説者ではなかったのだ」と述べる。法曹学院 the Inns of Court もまた信託財産によって法人格を取得せずとも、団体としての経済活動をなしえた。法律家じしんが信託の受益者だったので、ヘンリーの真意を理解したとしても（あるいはそうであればなおさら）、公正にこれを解釈しなかっただろうとメイトランドは考えるのである。また大法官府裁判所は大権裁判所であり、衡平と良心の名においてコモン・ロー裁判所では救済しえない民事上の問題に介入し、これを補正した。したがってコモン・ローの至上性を説く者にとっては法の秩序を乱すもの以外の何ものでもないが、メイトランドによれば、それがもたらす多大な便益と通常の裁判所には欠ける柔軟性のため国民はそれなしでは済ませることができなかった。『イングランド憲法史』二九七―三〇〇頁。

(115) Maitland, "Trust and Corporation", p.352f.［四七―四八頁］

(116) *Ibid.*, pp.344-347.［三八―四二頁］コモン・ロー上は真の所有権者である受託者が信託に背きその土地を第三者に譲渡した場合、この譲受人に信託義務が継承されるかどうかが問題になる。コモン・ロー上この第三者が真の所有権者であることは疑いない。大法官府裁判所の関心は、この第三者の良心を吟味し、その有責性を問うことにある。彼がもし慎重な買主であったならば当然に、売主の権原について精細に調査しただろう。そうすればその土地にたいして受益者が有する権利について知りえただろう。それゆえ彼がその土地に信託が設定されていることを発見できなかったのは彼が注意を怠った結果であり、この過失は悪意に相当する。かかる推定により譲受人もまた受益者にたいする責任を問われることになる。

(117) *Ibid.*, p.351f.［四六―四七頁］受託者はその信託設定財産を運用上最も有利なかたちに、たとえば土地を公債や株式に変えることができる。このとき財産の外形は変わるものの、「信託基金」としてなお同一性を保っているものと考えられる。この同一性は、財産が受益者のための投資以外の目的によってかたちを変えた場合にも適用されうる。たとえば借金を抱えた受託者が財産の対価を横領するために土地を売却し、銀行券に変えたとする。しかしこの銀行券もいまだ信託基金として受益者に帰属するものと考えられ、かくしてこの銀行券は受託者の債権者による請求から守られるのである。

(118) *Ibid.*, pp.353f. and 357-366.［五一―五三および五六―六六頁］無遺言（長子）不動産相続が封建制の建前だが、その背後で思うままの移転を許容する不動産法体系が一三世紀以来発展してきた。だが移転の自由が無制限になされれば、貴族の家産が永久に無瑕のまま継承されることは困難になる。法定相続人が放蕩児であれば先祖伝来の地を売りはらうことになんら痛痒を感じないだろうし、またじしん以上に親の寵愛を克ちえた弟たちから相続人の権利が守られる保障もない。これを防ぐべく貴族はその家産の一部ないし全体を信託を利用して継承財産に設定、ついで再設定 resettlement によって更新し、継承者の恣意的な処分を阻むことで土地が世代を超えて恒産として継承されるようにしたのである。ベイカー、前掲、二四七―二五二および二六一―二八〇頁も参照せよ。また「公益信託」では、特定の受益者ではなく、不特定多数の者のために特定の目的に沿って財産が運用されるよう信託が設定されるのである。この種の信託が、近代イギリスの慈善活動において果たした役割については、金澤周作「近代英国におけるフィランスロピー」『史林』第八三巻第一号、二〇〇〇年、とくに四三―四五頁を参照せよ。

(119) Barker, *op. cit.*, p.299f.; 井上、前掲、一八二―一八三頁; Laslett, "Introduction", in *Two Treatises of Government*, pp.114-117.

(120) ただしそのことはロックの思想がいかなる意味でも宗教とは無縁であったということを意味するわけではない。ダンによればロックの所論において「人間にその労働の産物への権利を与えるのは、人間の約束ごとではなく、神であった。そして、逆に人間の約束ごとだけが、国王に、彼が臣民の上に保持しているような権威を与えたのである」。すなわちロックがフィルマーの王権神授説を否定したからと言って、権利の神学的解釈そのものを拒否したというわけではない。ジョン・ダン(加藤節訳)『ジョン・ロック――信仰・哲学・政治』岩波書店、一九八七年、七一頁。

(121) SD, S.62.

(122) RP, S.80.

(123) PÖ, S.128.

(124) この点で民主主義を「人民の支配」と解する「語源学的」定義の不十分さを指摘したうえで、民主主義を政治制度として捉え、その機能面に着目してこれを「選挙による多頭支配 elective polyarchy」と呼んだサルトーリの「垂直的」定義は、英国の議会制民主主義にこそ適合的であるように思われる。選挙による多頭支配とは「多数者の影響力が、これを委託された entrusted、選挙により選ばれた競争力ある少数者によって保証される」政治制度である。Sartori, *op. cit.*, pp.124-127.

(125) なおわが国の憲法前文には信託理論の簡潔な表現が見出される。「そもそも国政は、国民の厳粛な信託によるものであつて、その権威は国民に由来し、その権力は国民の代表者がこれを行使し、その福利は国民がこれを享受する」。

(126) Georg Wilhelm Friedrich Hegel, "Verhandlungen in der Versammlung der Landstände des Königreichs Württemberg im Jahre 1815 und 1816", in *Schriften zur Politik und Rechtsphilosophie*, hrsg. von Georg Lasson, Philosophische Bibliothek, Bd. 144, 2., durchgesehene Aufl. Leipzig: Felix Meiner, 1923, S.175-179[ヘーゲル(上妻精

訳）「一八一五年および一八一六年におけるヴュルテンベルグ王国地方民会の討論。一八一五年―一八一六年の議事録、三三節」『政治論文集（下）』岩波文庫、一九六七年、三二一―三七頁〕; Hegel, *Grundlinien der Philosophie des Rechts oder Naturrecht und Staatswissenschaft im Grundrisse*, Werke in zwanzig Bänden Bd.7, Frankfurt am Main : Suhrkamp, 1970, §253 und 311.〔ヘーゲル（藤野渉・赤沢正敏訳）「法の哲学」岩崎武雄責任編集『世界の名著44・ヘーゲル』中央公論社、一九七八年；同（上妻精・佐藤康邦・山田忠彰訳）『法の哲学――自然法と国家学の要綱（上・下）』岩波書店、二〇〇〇・二〇〇一年。以下、GPRと略記し、節番号によって指示する。ただし『法哲学要綱』における本文と注解の区別はとくに示さない。〕さらにシュロモ・アヴィネリ（高柳良治訳）『ヘーゲルの近代国家論』未來社、一九七八年、一二六―一二八頁も参照せよ。繰りかえしになるが、革命以後のフランスの政治制度は、均質で平等な原子論的個人から成る市民社会を前提としており、そこでは選挙資格が年齢や財産のような、抽象的な形式的要件だけに基づいて決定されていた。ヘーゲルがこの点を批判するのは、ただ単に成年である、あるいは幾ばくかの財産をもっているという条件だけで選挙権が決定されるならば、有権者は何年に一遍あるかないかの選挙にさいして、多数の選挙人のなかではたしてじぶんの一票が何ほどの価値があるのか実感できず、結局のところ時々の感情や経済的利害に従って投票を行い、その後についてはいっさい関心をもつことがなくなってしまうように思われるからである。

(127) ロルフ・K・ホッチェヴァール（寿福真美訳）『ヘーゲルとプロイセン国家』法政大学出版局、一九八二年、一二〇頁。

(128) 「所謂理論の考えでは、総じて市民社会の諸身分Ständeと政治的意味における議会Ständeとは遠く隔てられているが、それでもこの用語は、かつてもともと存在していた両者の合一をなお維持しているのである」。GPR, §303. 原文のイタリック体には傍点を附した。

(129) Ebd., §308. したがってこのような議会は近代化された身分制議会という性格をもつ。ヘーゲルは社会的流動性や個人主義的諸原則を否定しないが、「営業身分der Stand des Gewerbesは、特殊的なものへと本質的に向かっている」ので、なおさら諸個人を原子化から救いだし、みずからの利益追求が共通利益に資するものであることを自覚させ、もって社会的統合に寄与する機能を職業団体に期待している。§250-252. 団体によって組織化された反省的身分（＝商工業に従事する営業身分）は、もう一つの私的身分（実体的身分＝農業）とともに、議会をつうじて国家に包摂される。§303. それゆえに個人主義の時代にあってなお〈身分―議会制〉の果たすべき役割は否定されえない。

(130)「代議士が代表とみなされるとき、このことは彼らが諸個人、多数者の代表ではなく、社会の本質的な諸領域の代表、すなわちその領域の大きな利益の代表であるということであってはじめて有機的に理性的な意味をもつ。」Ebd., §311.

(131) かくしてホッチェヴァールの見るところ、ヘーゲルの議会は立法にかんする実質的「協働」をなしうるものではなく、したがって「『法哲学』の政治的諸身分を国民国家的国制の構成要素とみなすことはできない」。前掲、五一―五四頁。

(132) 以下、Dieter Lindenlaub, *Richtungskämpfe im Verein fur Sozialpolitik : Wissenschaft und Sozialpolitik im Kaiserreich vornehmlich vom Beginn des „neuen Kurses" bis zum Ausbruch des Ersten Weltkrieges (1890-1914)*, Wiesbaden : Franz Steiner, 1967, Teil I, S.1-5 und Teil II, S.238-271に従って論述する。社会政策学会は自由放任主義とも社会主義とも異なる第三の道を模索するものであった。さらに田村信一によれば、社会政策学会は経済制度の抜本的改革を唱える国家社会主義的「社会保守派」から、自由主義を基調としつつ一定の修正を図る社会改良主義的「社会自由派」まで様々な党派を含んでいた。ここで瞥見するシュモラーは自由市場経済を原則的に肯定しながらも、その弊害を厳しく批判する点で中間派に属し、両派のあいだでイニシアティヴを握った。『グスタフ・シュモラー研究』御茶の水書房、一九九三年、一八―二〇頁。

(133) 大河内一男によれば、シュモラーの君主‐官僚政府にたいする信頼は、その行政史研究をつうじて強められたものであり「斯くして有機体としての国家乃至は倫理国家、『社会的王制』の元首としてのプロイセン国王、階級的対立より超越せる有能にして公平なる官僚の三者は、シュモラーにとりて、社会改良実行の不可分離の主体であつた」ということになる。ここで大河内が引用するシュモラーの『ドイツ小営業史』によれば、プロイセン国家の偉大さは一方でそれが精神的進歩・政治的自由を嚮導してきたということ、他方で「あらゆる政府の最も麗はしき義務、即ち下層階級の福祉の為めの努力を惜しまざることに存する」。すなわち有産階級に自制と倫理的義務を喚起するかたわら、貧者の保護と善導のためにその権力を振う「プロイセンの王は常に貧者の王であつた！」『独逸社会政策思想史』日本評論社、一九三六年、二九八―三〇〇頁。なお漢字は、新字体に改めた。

(134) ただしリンデンラウプによれば、シュモラーが社会的紛争の調停人として君主‐官僚政府を指名した理由はよりプラグマティックな観点に基づくものであり、観念論的にというよりはむしろ、そのプロイセン国制と行政にかんする歴史研究から導きだされたものであった。Lindenlaub, a.a.O., S.240. シュモラーは「一四一五年から今日までの全プロイセン内国史は、その最重要の内容を君主と彼によって創りだされた官僚制のユンカーとの戦いのなかにもっている」と述べる。このとき注意すべきは、シュモラーが官僚政府の利点を、その中心的な人材供給源であったユンカーの美点と一面的に同一視することによってではなく、むしろそれとの対決の歴史のなかに見出しているという点にある。その意味でシュモラーにおいて超然統治とは、自由派や民主派、さらには社会民主派だけでなく、保守派にたいしても確保されなければならないものであり、だからこそ官僚統治の持続はドイツ史の進歩にとって本質的重要性をもつものと観念されているのである。Gustav Schmoller, "Die preußische Wahlrechtsreform von 1910 auf dem Hintergrunde des Kampfes zwischen Königtum und Feudalität", in Ders., *Zwanzig Jahre Deutscher Politik (1897-1917)*, München und Leipzig : Duncker und Humblot, 1920, S.67. この点では田村が指摘するとおり、シュモラーが重視しているのは「プロイセン官僚制のリベラルな伝統」なのであり、王政讃美の力点も保守的信条の告白というよりは、社会改革推進への期待表明に置かれているということになる。田村、前掲、二四―二五および一四九頁。

(135) Schmoller, a.a.O., S.70. ここでシュモラーは、あるプロイセン高級官吏の言葉を引用する。「我々は官途に就いたときには、ほとんどまったく保守派であったが、二年後には事実の論理が我々を自由派にした」。すなわち官途は国家学の修得や多様な利益にかんする知識に触れるきっかけとなることで、官吏をその出身階級の社会的属性から解きはなつのである。同時に、この言葉が官途をつうじたプロイセン貴族の陶冶の可能性を強調する意図をもって書かれたことに注意する必要がある。シュモラーは、前註に記したとおり一方において官僚制と封建貴族の対立の歴史を重視するが、他方においてプロイセン・ユンカーが東部ドイツにおいて官僚機構の人材供給源として多大な貢献を果たしてきたことを指摘する。すなわちその「多大な身体能力、強壮な精力、土地に根ざした健全さ、微動だにしない愛郷心は、このユンカーのほかにも増して偉大な部分のなかに埋めこまれている」。それはプロイセンの不可欠の要素である」と述べてユンカー階層の長所を迷わず称揚するとともに、国制改革（具体的には三級選挙法改正）のために必要なことは、この階層を政治的に排除することではなく、「王権と陶冶された官僚機構がそれらにたいする支配権を維持することである」と釘を刺すのである。この意味でシュモラーは、剝きだしの封建的利益を追求するユンカーによる支配は峻拒するものの、官途をつうじて啓蒙され勤務貴族化したそれによる支配は妥当とみなしている。Ebd., S.71.

(136) Lindenlaub, a.a.O., S.251.

（137）デーヴィド・ビーサム（住谷一彦・小林純訳）『マックス・ヴェーバーと近代政治理論』未來社、一九八八年、七八頁。じっさいシュモラーの挙げる官吏の超然性を保証する知的諸要素は、すでに『法哲学』で論じられていた。たとえば第二九一節には「これ〔＝統治の業務〕に指名するための客観的契機は、個人の能力の識別と証明である。――この証明が、国家のためにその必要とするものを、また同時に唯一の条件として全市民のために普遍的身分に奉職する可能性を保証するのである」という言葉が見出される。国家勤務が倫理的陶冶に結びつく可能性については第二九六節なども参照せよ。このようなヘーゲルの理解はプロイセン行政の制度的現実の発展と軌を一にしたものでもあった。立憲化以前のプロイセンにおいて、憲法の代わりに法的諸関係諸権利を規定したのは「一七九四年のプロイセン国家一般ラント法」であったが、その第二部第一〇章第七〇節は官吏任命の資格要件にかんして次のように規定している。「そのための十分な資格がなく、しかもその技能検定試験を済ませていない何人にたいしても官職を委任してはならない」。つまりヘーゲルの論理は、プロイセン国家による官吏登用の能力主義的基礎づけの試みを反映するかたちで、うち立てられていた。ホッチェヴァール、前掲、五七頁。他方において、まさにそのために統治の最重要事項について議会が参与する可能性が最初から制約されることにもなったのである。

（138）Schmoller, “Wäre der Parlamentarismus für Deutschland oder Preußen richtig?”, *Zwanzig Jahre Deutscher Politik*, S.183–185.

（139）Ebd., S.186–189.

（140）Lindenlaub, a.a.O., S.243. シュモラーによれば、「あらゆる政党指導部は国家の大目標のために尽力し、同時に政党を団結させるべきであるが、これをたいていはただ党員の近視眼的な願望や階級利益への従順な態度によってのみ確保することができるだけであ」り、「我々のドイツの全政党が依然として若すぎ、政治的教育が不足しすぎているので、そのような弱点を避けられない」。ドイツ政党の現状が、議会統治を行うには未熟であるにもかかわらず、議会主義化が試みられたとすれば「まずユンカーの統治が、ついでこれが消尽した暁には、社会民主党の実験が我々の眼前に立ちあらわれる」。それゆえにドイツ政治に通じた者であれば「超党派的な国王官僚統治が我々にとってはさしあたり、そして長らくのあいだ妥当なものなのだと信じている」。Schmoller, “Die preußische Wahlrechtsreform von 1910 auf dem Hintergrunde des Kampfes zwischen Königtum und Feudalität”, S.64f. 一九一四年執筆の論説においてヒンツェは、立憲君主政を民主主義体制に移行するまでの過渡的段階にすぎないとする見解に反対し、両者を別個の歴史的条件によって規定された体制カテゴリーとして提示したうえで、国民の均質性と統一性が著しく欠落しており、政党が単に分裂しているだけでなく、たがいに激しく反目・対立しているドイツでは、議会主義化は途方もない危機的動揺へと導くだけであるとシュモラーと同じ結論に到達している。Hintze, "Das Verfassungsleben der heutigen Kulturstaaten", *Staat und Verfassung*, S.399f. und 422f. また政党の乱立状況のために議会主義化は困難であり、強力で独立性の高い官僚統治を至当とするハンス・デルブリュックもまた、議会主義化が進捗すれば比較的安定した勢力を維持している中央党や社会民主党が政権の基軸政党となることで、政治闘争の場がいつしか世界観を巡る対立へと転化するかもしれないと、ヒンツェと同様の危機感を示す。Annelise Thimme, *Hans Delbrück als Kritiker der Wilhelminischen Epoche*, Düsseldorf: Droste, 1955, S.22f. und 40f. 以上のような懸念は、帝国政府の当事者もまた認識していた。社民党が大躍進を果たした一九一二年の選挙の後で宰相ベートマン＝ホルヴェークは次のように述べた。「われわれの政治が反動と社会民主主義との二極に分極化していくならば、それは危険に満ちたことになるであろう」。飯田芳弘『指導者なきドイツ帝国——ヴィルヘルム期ライヒ政治の変容と隘路』東京大学出版会、一九九九年、一八六—一八七頁。

(141) Lindenlaub, a.a.O., S.264.; 大河内、前掲、三〇七—三〇八頁。

(142) 一九一一年の時点でシュモラーは、官僚統治体制の維持と議会主義への移行という二つの大きな潮流があることを認めながら、歴史的教養と経験のある人々の判断として前者の望ましさを依然として強調する。というのも各種団体ならびに階級に拠ってたつ政党は、結局のところ特殊利益を脱却できないからである。すなわち「政党支配の拒絶」(Lindenlaub, a.a.O., S.239.) が、議会主義化への懐疑論の根底にある。これにたいして君主－官僚主導による集権的統治の必要性は、四方を強国に囲まれたドイツの地政学的特質に加えて、「我々の政党は別の種類の統治には未熟であり、我々の社会的階級闘争は諸階級・諸政党にたいしてそのように超党派的な官僚統治が存在するかぎりにおいてはじめて危険でなくなるという現状」に求められている。Schmoller, "Der deutsche Reichskanzler (Die innere Lage des Reiches.)", *Zwanzig Jahre Deutscher Politik*, S.81f. 他方、反動勢力への防壁として自由派のみならず社会民主主義者の勢力をも強化すべく三級選挙制改革に賛同し ("Die preußische Wahlrechtsreform von 1910 auf dem Hintergrunde des Kampfes zwischen Königtum und Feudalität", S.70.)、あるいはエルザス＝ロートリンゲン憲法案の成立にさいして社民党の支持を得ることを躊躇わなかった宰相ベートマン＝ホルヴェークを評価する（“Der deutsche Reichskanzler”, S.86-88.）点に明らかなように、シュモラーは頑迷な保守派とは一線を画しており、リンデンラウプによれば「民主派的」ですらある（Lindenlaub, a.a.O., S.241.）。だが、ここでもその論理の重心が、政党に政治指導を委ねることではなく、特定政党（とくに保守党）の過大な政治的影響力を抑止するとともに、諸利益の角逐情況を踏まえて政府が超然的指導を行うことへの期待のうちに置かれていることに注意すべきである。なお、エルザス＝ロートリンゲン国制改革については、飯田、前掲、一五七―一六二頁を参照せよ。

(143) RP, S.97f.

(144) ビーサム、前掲、七八―七九頁。

(145) Lindenlaub, a.a.O., S.397.

(146) ヴェーバーによるシュモラー批判については、たとえば一九〇五年の社会政策学会マンハイム大会にてなされた討論「カルテルと国家の関係によせて」（中村貞二訳）を参照せよ。M・ヴェーバー（中村貞二他訳）『政治論集１』みすず書房、一九八二年、所収。

(147) Max Weber, *Politik als Beruf* (Geistige Arbeit als Beruf : Vier Vorträge vor dem Freistudentischen Bund, Zweiter vortrag), München und Leipzig : Duncker & Humblot, 1919, S.25.［ヴェーバー（脇圭平訳）『職業としての政治』岩波文庫；同（清水幾太郎・清水禮子訳）「職業としての政治」『世界の大思想23・ウェーバー政治・社会論集』河出書房新社、一九六五年］以下、訳書の該当頁はそれぞれ［　］内に示す。［四一頁；四〇二頁］

(148) ヴェーバー（中村貞二・山田高生訳）「新秩序ドイツの議会と政府――官僚と政党への政治的批判」『政治論集２』みすず書房、一九八二年、三六七頁。

(149) Weber, a.a.O., S.49f.［七七―七九頁；四一八―四一九頁］

(150) Ebd., S.39f.［六一―六二頁；四一一―四一二頁］；「新秩序ドイツの議会と政府」三七一―三八三および四三九―四四〇頁。

(151) Ritter, “Deutscher und britischer Parlamentarismus”, S.195.

(152) 以下、Ebd., S.193f. に従って論述する。

(153) アスキス自由党政権において蔵相を務めたロイド＝ジョージは、老齢年金制度（一九〇八年）や失業保険を伴う国民保険制度の整備（一九一一年）といった諸政策を、当時保守党から自由党に移籍していた商相（後に内相）ウィンストン・チャーチルとともに実現した。モーリス・ブルース（秋田成就訳）『福祉国家への歩み――イギリスの辿った道』法政大学出版局、一九八四年、二九六―三一〇頁。ペリングによれば、両人の労働者にたいする譲歩は、院内における労組出身議員の支援および次期総選挙での労組からの支持票への期待に基づいていた。Henry Pelling. *A History of British Trade Unionism*, 3rd ed. 1976, p.127.［ヘンリー・ペリング（大前朔朗・大前真訳）『新版・イギリス労働組合運動史』東洋経済新報社、一九八二年、一四九頁］

(154) ブルース、前掲、三二七―三三一頁。

(155) 美馬孝人『イギリス社会政策の展開』日本経済評論社、二〇〇〇年、一六二―一六三頁。さらに大戦中は、労働者の戦時政策への協力と支持を克ちとるために労組指導者ホッジを大臣として登用し労働省を設置（一九一七年）し、職場における労働組合の地位向上を促進した。新しい政治的・社会的要求に応えるべく社会・労働政策の実施は戦後も継続され、ロイド＝ジョージは有産階級にとって危険な政党、つまり社会主義政党の勢力拡大を暫時防ぐことに成功した。同上、一六五―一六七および一七四―一七五頁。またテイラーは失業保険のおかげで、かりに不満を抱く労働者が何らかの要求を行うにしても、革命による政治経済体制の転覆ではなく、保険給付額の増大を求めるようになったことを指摘し、「イギリスの街々にバリケードが構築されなかったのは、ロイド・ジョージのおかげであった」と述べる。A・J・P・テイラー（都築忠七訳）『イギリス現代史――1914-1945』みすず書房、一九八七年、一三四頁。かくしてブルースは、ロイド＝ジョージに次のような讃辞を寄せる。「ロイド・ジョージが一九一六年以来首相として成功したのは、伝統的な規則や制約にとらわれることなく、持ち前の決断力に裏づけられた鋭い直感力によって、状況を把握し、見事な即決の連続によって国を導いたという単純な事実によるものである」。前掲、三五六頁。

(156) 拠出制年金制度（一九二五年）や地方行政法（一九二九年）、失業法（一九三五年）など、この時期の保守党による社会政策については、ブルース、前掲、三八八―四五七頁；美馬、前掲、一七五―一八一頁を参照せよ。

(157) 関嘉彦『イギリス労働党史』社会思想社、一九六九年、六二頁。

(158) ビーサム、前掲、一八二―一八七、二七八および三〇二―三一〇頁。ヴェーバーにとって民主化はナショナリズムと不可分の関係にある。それは「立派な官吏、役に立つ事務職員、正直な商人、有能な学者と技術者、さらに忠実な召使い」しか生み出さない「成り上がりの国民」、つまりみずからが担う職業については勤勉で優秀だが、往々にして特定の階級や職業に基づく私的関心に埋没しがちで、統治にかんしてはもっぱら官僚支配に甘んじることに馴れきっているドイツ国民の視野を拡げ、世界的規模で国家の命運に思いを馳せることができるよう「王者の民族《ヘレンフォルク》」に鍛えなおす試みなのである。「新秩序ドイツの議会と政府」四七八—四八〇頁。モムゼンは端的に「マックス・ヴェーバーはヴィルヘルム帝国の議会化を、なによりもナショナルな理由から要求した」と述べる。ヴォルフガング・J・モムゼン（中村貞二・米沢和彦・嘉目克彦訳）「限界状況にある自由主義者」『マックス・ヴェーバー——社会・政治・歴史』未來社、一九七七年、四五頁。

(159) モムゼンはこのような観点からヴェーバーを「ヨーロッパ自由主義の凋落の秋《とき》にあたって、これを代弁した最も重要な人物」と規定する。同上、二四頁。

(160) モムゼン「『人民投票的指導者民主制』の概念について」『マックス・ヴェーバー』六六—六七頁。このようなカリスマの例としてグラッドストンが挙げられるとおり、イギリスの議会政治（の一側面）がヴェーバーに霊感を吹きこんでいる。Weber, a.a.O., S.37f.［五八—六〇頁；四一〇—四一一頁］この点でヴェーバーの議会主義・民主主義論においては、指導者の選抜・育成が他のいかなる要請にも増して中心的な地位を占めることになる。モムゼン「『人民投票的指導者民主制』の概念について」六一頁。

(161) ただしローゼンベルクが論じるとおり、実質的な意味での議会主義化は、十月三日に院内多数派の支持を得てバーデン大公マックスが宰相の地位に就いたときから始まっていた。アルトゥール・ローゼンベルク（足利末男訳）『ヴァイマル共和国成立史——１８７１‐１９１８』みすず書房、一九六九年、二四三および二四六頁。もっともそれとて遅きに失したという印象は否めない。

(162) 一九二〇年成立の選挙法により、政党の候補者リストに従って六万票ごとに一議席が振りわけられる旨定められた。飯田収治・中村幹雄・野田宣雄・望田幸男『ドイツ現代政治史——名望家政治から大衆民主主義へ』ミネルヴァ書房、一九九六年、二三九頁。

(163) リッターは、父ゲルハルトの言葉を引用しながら次のように述べる。「ドイツ諸邦の『閉鎖的な官僚的‐軍事的組織への議会主義的国制形態の』事後的『挿入』の附随現象として、ドイツの政党は作りだされた」。すなわち、増税や法案への賛否や政府批判にその務めを限定する一方、みずから政権の担い手となることには関心のないドイツ政党の態度は「議会主義的統治体制に適合的ではなかった」と論じる。Ritter, "Deutscher und britischer Parlamentarismus", S.212.

(164) Ebd., S.213. かくして「ドイツ中間層全国党」や「ドイツ農民党」、「キリスト教全国農民・農村住民党」が議席を獲得する一方、「手工業全国党」「インフレ被害者国民ブロック」「家屋・土地所有者党」「借家人保護同盟」といった泡沫政党も登録された。

(165) HV, S.25. フレンケルは世界観政党についてこう述べる。「一般意志たる真の意志は何か、これを教義に従って確定することが重要であるとき、最も同質的な集団でさえその教義が稀釈されるのを避けるために分裂する」。さらにリッターは、諸政党による原理原則への拘泥のために、ナチ党や共産党による共和国への攻撃にたいする抵抗力が弱まったと指摘する。Ritter, "Deutscher und britischer Parlamentarismus", S.212.

(166) ヴェーバー（山田高生訳）「大統領」『政治論集2』五五〇頁。さらにヴェーバーはみずから憲法諮問委員会に赴いて、強力な大統領制の導入を主張した。ビーサム、前掲、二九一—二九二頁。

(167) Weber, a.a.O., S.47f.［七四—七五頁；四一七頁］同様の表現は「大統領」にも見出される。「大統領」五五一頁。

(168) RP, S.103f.

(169) モムゼン「『人民投票的指導者民主制』の概念について」六七—七一頁。

(170) とくに憲法制定国民議会で社会民主党が第一党に躍進していた事実は、中道および右派政党が議会に独占的権限を与えることを躊躇するきっかけを与えた。エーベルハルト・コルプ（柴田敬二訳）『ワイマル共和国史——研究の現状』刀水書房、一九八七年、二八—三二頁。

(171) RP, S.102-107. このときフレンケルがヴァイマル共和国国制と対蹠的なものとして挙げているのが、合衆国国制である。形式的観点から見れば、いずれも国民によって直接選挙される大統領制と議会がそれぞれ独立して対峙する点で、たがいに類似している。しかし合衆国議会は、行政府にたいする各種の統制権限に加えて、院内諸会派が大統領の選好から自律的に行動し、議会の意志を形成することが可能であるために、高度の独立性と政治的影響力をもつことができる。このような議員および政党の政治行動の実態に目を向けなかったことが、無力な議会をもたらした遠因として理解されているのである。リッターもまた、ヴァイマル憲法の起草者が、外国の様々な憲法に範を求める一方で、個別の制度や規則がたがいにどのように結びついているのか、ドイツのような異なる環境で機能しうるのか十分に検討しなかった点を問題視する。Ritter, "Deutscher und britischer Parlamentarismus", S.206f.

(172) Ritter, "Deutscher und britischer Parlamentarismus", S.209-211 und 214-217.

(173) RP, S.105.

(174) RP, S.106f.

(175) RP, S.97f.

(176) C・シュミット（田中浩・原田武雄訳）「憲法の番人」『大統領の独裁』未來社、一九七四年、一九八―二〇五頁。

(177) Ritter, "Deutscher und britischer Parlamentarismus", S.219-221.

(178) フレンケルは、この問題を「客観的国民利益の増進にたいする完全な責任を国民代表に託し、同時に国民代表を主観的民意の動向に完全に左右されないようにするのはどうすれば可能か」というかたちで定式化する。政治権力をめぐって競いあう政党への信託というかたちでこの問題に対応したのが英国の議会主権論であり、被治者と統治者の同一性という命題に依拠して人民投票によって選ばれた指導者による統治というかたちで回答したのがフランスの人民主権論である。RP, S.97.

(179) 現代民主主義において、直接制か間接制かという二者択一が成立しえない理由については、Sartori, *op. cit.*, pp. 255-257を参照せよ。

(180) アレクシス・ド・トクヴィル（小川勉訳）『旧体制と大革命』ちくま学芸文庫、一九九八年、一四七頁。

(181) ラルフ・ダーレンドルフ（古田雅雄訳）「ナチス・ドイツと社会革命」『〔増補版〕政治・社会論集――重要論文選』（加藤秀治郎・檜山雅人編監訳）晃洋書房、二〇〇六年。

(182) Kurt Sontheimer, *Grundzüge des politischen Systems der Bundesrepublik Deutschland*, 5.Aufl., München : Piper, 1976, S.80f. und 106-110.

(183) 勿論、戦後ドイツ政治の安定性は、様々な制度的工夫（五パーセント以上の得票ないし三選挙区以上での勝利を議席配分の条件とすることや憲法秩序の破壊をめざす政党の禁止、内閣不信任投票への制約等）によっていっそう強化された。

(184) Anthony Sampson, *The Changing Anatomy of Britain*, London : Hodder and Stoughton, 1982, pp.29–33.

(185) "'Vote tonight has been a vote for the future', says victor", *The Japan Times*, May 3, 1997.

第二章　国家形成史における「団体」の位相

――利益代表・媒介制度の比較史的考察――

はじめに

今日「市場の世界化」と「脱国家化」へと向かう動きは、幾許かの紆余曲折を伴うものであれ、抗いがたい普遍史的宿命としてますますその勢いを強めているかのように感じられている。この趨勢の予兆はすでに一九七〇年代の二つの危機によって示されていた。ドル本位制崩壊と石油危機はケインズ主義的アプローチの有効性を大きく傷つけるとともに、開放的で競争的な世界市場への適応を各国経済に強いることで、福祉国家の存立条件をすでに著しく損ねていたからである。集産主義的な経済手法への信頼が喪われるなかで英米を先頭に西側諸国がいっせいにネオ・リベラリズムに舵を切り、資源配分を市場に委ねるべく自由放任主義と国家介入の最小化が一躍時の流れを特徴づける合言葉となったことは、記憶に新しい。

ところが、この時期に先行する二〇世紀第三・四半世紀は、国家と市場の関係にかんしてまったく逆のロジックによって突きうごかされていた。すなわち第二次世界大戦がもたらした荒廃からの復興に始まる欧州の「戦後」期においては、むしろ福祉政策を拡充し労使関係の協調と安定を確保するうえで国家が際立った役割を演じていたのである。経済活動にたいする積極国家への期待は、市場の自動調整能力にたいする懐疑とともに、需給の均衡は市場外的な操作によってはじめて可能であるという論理によって裏打ちされた。(1) かくして「揺り籠から墓場まで」というキャッチフレーズとともに、戦後英国が帝国の威光に代えて福祉国家の模範という新たな名誉を獲得する一方、大陸欧州諸国に起源を有するネオ・コーポラティズムは階級闘争への懸念を払拭することで西側陣営諸国のマルクス主義にたいする抵抗力のみならず、道徳的自信さえも高めた。逆に言えば放任するかぎり破壊的な作用をもたらしかねない資本主義経済に轡《くつわ》を嚙ませ、秩序と社会正義を確保するものとしての国家の機能が最大限に承認されるとともに、また期待されもしたのである。

この点で知識人に憂慮の念を抱かせるものがあるとすれば、それは国家の衰退というよりもその全能であった。彼らが恐れたのは全般的かつ徹底的な管理化の浸透による社会的活力の沮喪にほかならなかった。(2) 国家と社会の両領域の「漸進的共同浸透（ポッギ）」(3) が進み、双方の峻別を前提とする古典的自由主義体制の前提が掘りくずされるなか、ある者は自律的な市民的公共圏が痩せほそってしまうことを憂え、(4) またある者は自発的で創意に富んだ個人や企業の息の根が止められてしまうことを恐れたのである。(5)

このように二〇世紀後半における西欧主要国の政治的・経済的動向は対極的と言ってよいほどの二つの潮流から成りたっている。一方に福祉政策や組織的利害集団の制度的統合をつうじて「社会の国家化」と「国家の社会化」をともに押しすすめる傾向があり、他方で国家の能力に疑問を投げかけ、その社会的・経済的関与の最小化と市場原理の最大化を求める動きがあった。このまったく対照的で、しかも不連続な二つの潮流が踵を接するのをまのあたりにして我々は当惑を禁じえない。さらに分裂的にさえ見えるこれらの動向を統一的に俯瞰するための客観的視点を獲得するためには、様々な困難が横たわっている。第一に相反する潮流のあいだで作用する主要モチーフを突きとめるためには十分な時間的距離が必要だが、これらの変化は依然として歴史になりきっていない。さらに国家横断的に収斂へと向かう傾向をもっぱら重視し、一般化を性急に追いもとめるとき、国家間に現れる差異とともに、個別国家内部では相対的に連続性が存在することはともすれば見逃されがちである。(6)「国家の時代」にあっても国家化の程度が一様ではなかったのと同じように、「市場の時代」においても一部の諸国では市場の完全自由化とグローバル化には根強く、侮りがたい抵抗が存在した。たとえばネオ・コーポラティズムが欧州諸国を席捲したそのときでさえ、英仏両国ではそれほど深く浸透しなかった反面、(7)新自由－保守主義が西側陣営に新たな息吹を満たした八〇年代以降でさえ、規制緩和や市場開放の速度は英米に比べ、ドイツや日本では緩やかなものであった。(8)通時的な変容の激しさに目を奪われるとき、国家や地域のあいだで生じる偏差の意義はしばしば過小に評価される。逆に諸国家間の相違に注目するとき、国家から市場への一方的かつ不可逆的な趨勢の代わりに、国家による市場管理に適合的あるいは従順な社会に接するタイプの国家と、それとは対照的に管理を嫌い放任を指向する社会に直面しているタイプの国家を見出すだけでなく、それぞれの政治社会に存在する相対的連続性を見つけることも、より容易になるはずである。

第一章では、議会制民主主義をめぐる英独両国の相違について検討したが、経済社会にたいする政治の関わりという点においてもそれらは顕著な対照性を示している。両国は、後に論じるとおりネオ・コーポラティズムのみならず、現在の市場の拡大や規制の緩和ないし撤廃の動向にたいしても、たがいに相異なる姿勢を明らかにしてきた。秩序をドイツの、自由を英国の品質証明《ホール・マーク》とみなす言説は枚挙にいとまがないが、他方でこの相違を強調するあまりに、言うなれば宿命として、つまり静態的・決定論的に両者の特質を理解することの不適切さについても多言を要さない。戦後（西）ドイツの経済政策の原点がナチズム流の国家統制の排除とアングロ・サクソン的自由－市場原理の導入にあったこと、これにたいして戦後英国では国民的コンセンサスに基づいて福祉国家の成立と維持が図られたこと、今日においてはグローバル市場や欧州統合への適応という共通の課題に両国がともに直面していることを想起すれば、いずれも相互接近の圧力に絶えず曝されていたことは明らかである。くわえて二〇世紀前半の経験、すなわち民主化の進展や技術革新、資本主義の世界的展開と二度に及ぶ総力戦の経験が、欧州の戦後社会に拭いさることのできない刻印を、つまりそれ以前の時代との断絶の契機をもたらしたことも否定しがたい事実である。しかしそれにもかかわらず、これらの経験は欧州諸国の歴史的多様性を白紙に還元し、戦後史を歴史的〈零時〉からの出発として、いっさいの制度的・文化的伝統を無意味なものに貶めることはできなかった。[9] ナチズムと戦後改革の抜本的性格にもかかわらずドイツ連邦共和国から、秩序という価値への際立った指向は消えさることはなく、所与の条件のなかで行為者の行動を導く参照点として機能した。ひるがえって、英国でもまた集産主義へと向かう傾向はたしかに認められはしたものの、しばしば政府外のアクターの自発性と自由行動の余地を求める声に適応するよう余儀なくされたのであり、そのために大陸に匹敵するほどの「管理された資本主義」へと到ることはなかった。巨大で劇的な通時的変化が見紛いようのない影を落としているにせよ、そのなかでなお喪失されることのなかった戦後英独両国家の管理と放任にたいするあからさまな反応の相違と、そこに示される所与の政治社会の歴史的連続性について考察することが本章の第一の課題である。

この課題にとり組むために本章ではまずネオ・コーポラティズム論をふり返りながら、戦後の英独両政府が政治経済社会においていかなる地位を占め、その点で両国のあいだにいかなる違いが見出されるかについて検討する。すでに資本主義レジームの多様性について広範な政策領域にかんして、いっそう洗練された議論がなされるとともに、労働政治が従来ほどの政治的重要性を喪失したかに見える今日、ネオ・コーポラティズム論に光を当てることはいささか迂遠な作業に思われるかもしれない。それにもかかわらず、その再論をもって考察を開始するのは、政治経済学的関心というよりもむしろ、比較国制論的な観点から重要な示唆を引きだすことができるように思われるからである。ネオ・コーポラティズム論の意義は、それが社会と国家を繋ぐ結節点として「団体」のもつ媒介的機能の重要性に焦点を定めるとともに、まさにこの中間的諸制度の果たす役割と性質の相違が各国間の政治経済構造の多様性をもたらしていることに注目させた点にある。[10]「団体」が重要なのは、「社会の組織化」にとって不可欠な要素だからであり、[11]対政府交渉の当事者となることで、資源分配や政策の実効性にかんして国家の社会にたいする影響力と社会の国家にたいする影響力の双方を左右する地位を占めているからである。その意味で「国制constitution/Verfassung」の比較研究にさいして、形式的・静態的分析から一歩踏み出して、その実質的・動態的側面を明らかにしようとする試みにとって「団体」は格好の参照点を与えるものである。

さらに「団体」は戦後期に留まらず、前近代以来ヨーロッパ諸国における政治社会秩序の構築にさいしてつねに本質的重要性をもつ構成要素でありつづけた。近代社会誕生の母胎となった一八・一九世紀の産業化はもとより、絶対主義時代の「社団国家」、さらに一般的に前近代における身分制国家において「団体」は統合・規律・代表・媒介等様々な局面において不可欠の存在だったのであり、その強化拡充ないし改編廃止はその時々の政治的アジェンダにおいて第一級の価値をもつイシューであった。その意味で「団体」に注目して英独両国の国制を比較検討する試みは、必然的にその歴史的発展過程にかんする分析を伴うものとなるであろう。これが本章第二節ならびに第三節の課題である。

最後に「団体」は、政治体の統合と社会的諸利益の代表・媒介の過程において重要な役割を演じるという意味で、前節で検討した議会制ならびに政党制と密接な関わりをもつものである。それは時として議会政治を補完し、また時としてこれと対抗・競合しながら、場合によってはこれを代替する可能性を秘めもっている。だとすれば、英独両国における団体政治の対照性は、前節で検討した両国の議会政治および政党政治の特質と不可分に関連するとともに、これらにかんする相違を反映するものとなるであろう。団体政治の比較史的考察をつうじて、英独両国の国制の根本的特徴をより包括的に把握することを本章の第三の課題とする。

第一節　現代利益代表・媒介システムの制度的・文化的条件

第一項　コーポラティズムと多元主義

団体秩序と公益にかんするイメージの相違

ネオ・コーポラティズム論の代表的論者であるＰ・Ｃ・シュミッターによれば、大陸ヨーロッパ諸国にしばしば見出されるコーポラティズムも、アングロ・サクソン世界を特徴づける多元主義《プルラリズム》も、政治的・経済的状況についての同時代的認識から生じた、相異なる対応の試みである。(12) いずれも資本主義の高度化がもたらした経済的・社会的構造分化の後に現れた、団体と国家の関係をめぐる経験と考察の所産であった。すなわち利益の多様化と組織化という現実にかんして認識を共有しながらも、「他方で両者は、こうした現代の利益代表システムがこれからとるところの制度形態のイメージや政治的救済策について対立しているのである」。

多元主義のイメージにおいて、集団形成は自発的なものである。各団体はたがいに競合する一方、数的増加と水平的拡大の過程を経て、社会全体を個性的で自立心旺盛な集合的生命体で横溢させる。これらの諸団体間において活潑な交渉と競争が行われるにもかかわらず、対立がけっして社会の解体を導くほど深刻かつ危機的なものとなりえないと考えられるのは、牽制作用とともに動態的過程を経てつねに最適の自然的均衡が生じるという仮説に全幅の信頼が置かれているからである。

他方コーポラティズムにおいて国家の後援・監督は、集団の形成にとって不可欠の要素である。これをつうじて団体は数的に制限されるとともに垂直的な階統制的秩序のなかで然るべき位置を与えられることになる。利己的な行動をとることが不可能とは言えないまでも、不適切に思われるほど、諸団体が相互に深い依存関係のもとに置かれることで、集団利益間の対立は緩和され、抑制される。そしてまた国家は、このような依存関係が良好に保持されるよう、有機的全体性に配慮して機能的調整に努めるのである。以上を政治システム全体との関わりにおいて再構成すれば、ジェソップが指摘するとおり、コーポラティズムの政治的上部構造は、職能に基づいて組織され、国家の承認を受けた公的団体から成る利益代表・協議・調整機関と、これらの団体に責任を負う所轄行政機関による介入との融合によって特徴づけられる(13)。これにたいして多元主義は、多様な政治的諸勢力が自己利益の実現を図り、そのための権力を獲得するために自発的かつ自由に鎬を削るという意味で、政党政治と議会主義にその典型的な政治的表現を見出す。

留意すべきはコーポラティズムおよび多元主義にかんする以上のような理念型の相違の前提には、社会的・経済的諸利害の調和はいかにして達成されるべきか、という問題についてのたがいに相異なる見解があるということである。前章第二節第三項で瞥見したとおり、多元主義者の見るところそのような調和は、経済における自由市場さながらに諸利害関係者の自律的で利己的な、飽くなき特殊利益追求の努力の結果、窮極的には諸利益間の「均衡」として生じる。あるいはそれは利害当事者間の諸力の総和であり、特定の時期におけるそれらの力関係の忠実な反映にほかならない。逆に言えば力学上の変化に伴って、かつての「均衡」が破毀され、新たな調和を求めて激しい競争が再開されることもまた避けがたい。この意味で多元主義における利害の均衡状態は、「暫定的な休戦協定」に譬えられるであろう。

これにたいしてコーポラティストにとって破壊的な利害闘争は未然に回避可能で、かつそうすべきものである。なぜなら彼らは個々の主体が追求する短期的直接的利害関心に先行して存在する、公共的利益の優越性に同意を与えるからである。公益は実質的な概念であり、特殊利益の単なる総和とは異なり、共同体全体のために実現されるべき「公共善」として想定されている。対立する利益団体が私益を代表し、その実現を要求しながら、同時にその完全かつ容赦のない貫徹を手控えるのも、彼らが利害競争にさいして参照し、また（少なくとも私益と同程度に）尊重しなければならない公益という評価基準を念頭に置いているからである。多元主義者が市場の競争原理に忠実であるのにたいして、コーポラティストは市場外的な要請にも配慮を怠ってはならないと考える。

コーポラティズムのこのような公益観を端的にかつ典型的なかたちで表現するのが、「賃金決定」にかんするシステムである。C・S・メイヤーによれば、コーポラティズムにおける政労使三者間での「合意による」賃金決定は、労使代表者間の集団的利害交渉による、交換的条件に基づく妥協以上のものを意味する。(14) というのもそれはただ単に労働量と賃金のあいだでの均衡解を求める交渉なのではなく、「経済的厚生」という幅広い社会的目標を組みこむことをめざすようなタイプの「賃金規制」だからである。妥結に到るべき課題が賃金の決定に限定されるならば、労働者は賃上げを、使用者は抑制を求めて、場合によってはストライキやロック・アウトという示威的・高圧的手段に訴えてでも、みずからに有利な結果を得ようと努めるかもしれない。しかし「三者協議制」に集う政労使三者の念頭には、賃金に劣らず重要な他の課題が置かれているものである。重点的に考慮が払われるべき投資先、到達すべき成長目標、完全雇傭の確保、インフレ回避、そして環境保護への配慮——これら諸要素は企業や組合にとって第一義的な目標とは直接には関わりのない課題だが、公益を左右するとともに、長期的・間接的には労使双方の利益にも影響を及ぼす重要課題である。諸要素のうちいずれが優先的に配慮され、また最終的に設定される公益が諸要素のいかなる組合せに基づくべきかについて議論の余地はあるにせよ、労働市場外的課題への関心が彼らの脳裏にあるからこそ、各々の当事者は特殊利益の闇雲な追求に手加減を加えるのである。賃金を決定する場に、政ないし官の代表が席を占めるのも、協議の対象が不可避的に国家目標とその実現方法との関連性をもつからである。

言いかえれば、団体が資本主義システムにおいて占める経済的・社会的重要性を十分に認識しながら、コーポラティズムと多元主義が対応を異にするのは、前者が客観的かつア・プリオリに存在する公益を仮定するのにたいして、後者はそのような公益がそもそも存在するという点からして懐疑的であり、諸利害の調和は競争と妥協をつうじてしか獲得されえないと考えるからである(15)。

国家の役割の相違

さらに重要なのは、この公益概念にたいする態度の相違が、同時に国家の役割と重要性についての見解の相違に直結しているという点である。先にも見たとおり、三者協議制は労使の賃金交渉における国家の積極的関与を期待するものである(16)。典型的には、政府は三者協議制において当事者に求められる譲歩にたいして、各種政策をつうじた代償を得させることで、協議と協定に妥当性を与え、もって交渉と協調の維持に寄与することができる。このような「政治的交換」は、たとえば賃金抑制への合意にたいして財政出動や社会・労働政策の拡張というかたちでなされうる(17)。協議のための枠組の存続と協調の正当性確保のために政府に期待される役割は大きい。

のみならず国家、より正確には関連団体に形式的に責任を負う所轄行政庁はこれらの団体の結成と維持、代表者の承認に関してさえも、許認可等をつうじて恒常的な監督を行使する。かかる国家による関与の正当性についての問題は後に譲るとして、ここでは「公益」が市場モデルに基づく利害関係者間の自由な競争と商議によって事後的に獲得されるものではなく、市場外的な利益としてあらかじめ仮定されているために、利害紛争にたいして客観中立的な立場から、市場の外部で、かつそれにたいして超然的に公益を代表し、その実現と維持に責任を負うべき国家の積極的な活動が肯定されているということを確認すれば十分である。

ただしこのような国家を、団体活動を監督するだけでなく統制指導をも行い、もっぱら国家目標の実現という観点から諸団体を「客体」として操作の対象としか考えないようなファシズム的ないし権威主義的国家と混同することは避けねばならない。ネオ・コーポラティズムがかつての国家コーポラティズムから区別される所以は、それが強制的加入制度ではなく「結社の自由」の全面的承認に基づくものであり、したがって組織化と行動のための自由および自律性にかんするいっさいの制約が除去されてのちに現れた制度形態であるという点にある。この意味でそれは高度な立憲民主主義体制が確立されてはじめて出現する「ポスト・リベラル」な現象である。利益団体が国家との協議に参加し、その監督と拘束を承認するかどうかは、個々の団体の自由意志に委ねられるのであり[18]、団体結成と協議制度への参画は「義務」ではなく「権利」にかんするタームによって語られるべきものである。原理的にはかかる関係から、咎めだてされずに離脱する自由さえ、団体は留保しているものと考えられる。

そのうえ団体と国家との関係は双務的・相互的な権限の承認に基づく[19]。団体は国家の監督・指令下に一方的に置かれるのではなく、包括性と集権性を兼ねそなえた組織力を誇示することで集合的利益の独占的代表権を国家に承認せしめる力をもちうる。頂上団体の組織化が進めばそのぶん、監督官庁にたいして当該集団の要求について排他的発言権を確保するとともに、その施策にかんして建議や請願、情報提供やスタッフ補充をつうじて決定的影響力をもつことさえ可能になる。のみならず行政庁にたいするかかる特権的地位に加えて、団体内での規律制定権、能力証明や職業訓練にかんする排他的管理統制権といった「準公的」権限さえ承認される場合もあるだろう。以上のように団体に承認された広範かつ高等な機能の存在は、それじたいコーポラティズムにおける団体の重要かつ公共的な性格を証明するものであり、この点で多元主義における単なる私的・特殊利益代表としての団体とは決定的に異なる。かくしてネオ・コーポラティズムにおける団体は、国家行政機構の「客体」ではなく、行政庁とともに、特殊利益に優越する公益の発見と実現に能動的に参与する「主体」となる。公益確定のプロセスにおいて団体は、官僚機構に不可欠のパートナーなのであり、それゆえに三者協議制は単なる賃金決定に留まらず、広範な政治課題についての意見交換と取り決めの機会を提供する点で、その名が示す以上に総合的な政策決定過程に関与しているのである。このようにコーポラティズムが前提とする公益観念は、国家に与えられる役割の重要性ばかりか、各種利益団体に公共善の担い手としての地位をも与える。

これにたいして多元主義では経済的利害の調整についても、また政治的見解の代表についても、それぞれ主戦場が分断されているのがふつうである。頂上団体も賃金交渉を独占的になしうるほどの集権性と包括性を獲得しているわけではなく、協議と対決の場はしばしば職域や企業、せいぜい業界の労使代表間でなされる一方、その議題が賃金の決定以外の事項に及ぶことは稀である。また政治的問題は労使協議の場においてではなく、議会において、しかも経営団体や労働組合ではなく、それらが支援とともに委任を与えた政党の代表者をつうじて討議されるものである。利害の性格によってその代弁者が区別され、舞台が決定されるだけでなく、合意に到った諸事項の執行の場もまた分離されている。賃金にかんする合意の実現については使用者が責任を負うのにたいして、政治的決定は議会による立法をつうじて、また経済的諸関係への介入は所轄行政庁によりなされる。行政機関は労使の働きかけに原則的には拘束されぬ一方、その介入は、例外的事例を除いては実質的なものというよりは形式的な性格をもつ[20]。つまり公平かつ依法的な措置をつうじて団体交渉の手続や枠組など一般的・外的な条件にかんして規制を行うに留まるのである。

以上のように多元主義においては政治と経済、公的活動と私的活動の厳格な区分とともに、執行権力への厳しい制限とその形式的性格の強調が見出される[21]。国家と社会の区別に基づき、後者における「私的」団体の最大限の行動の自由が保証されるという意味で、古典的自由主義という政治的定理は多元主義と表裏一体の関係にある[22]。このような枠組のなかで行動する諸団体にたいして、立法その他の形式的規則を除けば、その活動に実質的な制約を加えるものはいっさい存在しない。「公共性」という言葉がもつ規範的・道徳的な含蓄が、私益の追求に手加減を加えるよう、諸団体に命じることもない。その意味で多元主義における諸規則の体系は、経済的・社会的利益の実現をめぐるゲームのためのルールにすぎず、所与の公益観念や規範的価値観への配慮を求めるものではない。しかし見方を変えれば、それは「自由」という価値概念を具現するとともに、それを維持するための根本的枠組にほかならないのである。(23)

第二項　ドイツ型協調政治の存立条件

戦後政党政治とコーポラティズム

際立って協調的な労使関係を長期に亘って持続させるとともに、市場の紛争にたいする公的権威の一定の関与が受けいれられてきたという意味で、ドイツ連邦共和国はコーポラティズムの一類型を構成していると考えてよいだろう。(24)大陸欧州の小国に比較したさいに、労働組合の組織構造にかんしてコーポラティズムの理念型が求める諸条件をかならずしも十全に具備しているわけではないにもかかわらず、ドイツ連邦共和国において相対的に円滑な協調政治が実現されてきたという事実は、組織労働の形態学的特質以外のところにも、協調のための諸要因が存在することを示唆するものである。ましてや分権的で、多元的な初期条件のもとにおいてすら諸機能の統合と調和が可能であるということから、かえってドイツの政治的・社会的構造においてよりいっそう強力な求心的作用が働いているものと推測することができる。非形式的・非制度的な諸要因を含めドイツ型コーポラティズムを多角的に検討することで、たがいに相俟って複合的に特定の効果（ここでは協調）を導きだすような諸要素の組合せ、およびそのような結合関係を導いた特有の歴史的文脈が明らかにされるであろう。

これらについて検討するまえに、コーポラティズムの背景的環境として戦後ドイツにおける政党政治の特徴について瞥見しておきたい。次節に見るとおり、ドイツにおけるコーポラティズムは前近代以来の長い歴史的伝統のうえに成立したものであるが、戦後におけるそれは議会政治と矛盾することなく成立しているという意味で、従来の「国家」ないし「権威主義的」コーポラティズムとは一線を画している。このとき政党は階級ならびに団体の政治的代表としてその利益を議会政治において擁護・促進する。さらに選挙戦勝利をつうじて執行権を直接掌握する可能性があることに加えて、ドイツのように官界への政党の「浸透」もまた顕著である場合[25]、高級官僚の補充をつうじて行政庁にたいしても諸利益を効果的に媒介することができる。このように議会・協議制・行政機関といった国家の各種下位システムを結節する要として、ネオ・コーポラティズム国家における政党の果たす役割はきわめて大きいと言わねばならない。そしてこのことは自由主義的政治制度のもとでも、市場外的方法をつうじて経済的・社会的利害を公益に適うかたちで調整することは可能であるし、また議会制度とも両立できることを示すものでもある。

この点で前章の末尾で概観したとおり、戦後ドイツにおいて社会民主主義勢力が政権の主要かつ通常の担い手としての地位を確立したことは、労働者階級の地位と発言力の向上に寄与したことは疑いえない。だが他方で、それのみをもってコーポラティズム確立の最重要の要因とみなすことは困難である。というのも社会民主党が政権を掌握していないときでさえ、労働組合は協議のテーブルに着くことを経営者サイドによって拒絶されなかったし、またみずから退席することもしなかったからである。逆にイギリスでは、労働党政権期にコーポラティズム「輸入」の試みがなされたにせよ、持続的かつ安定的に定着することはなかった[26]。したがって権力資源動員論が想定するように、社民勢力の強力さが立憲化と議会主義化を経た国家において福祉政策の充実、労働者階級の待遇改善、参加・発言の機会拡大を導くことがあるにせよ[27]、それだけでは一時的な政策とは異なる、安定的制度としてのコーポラティズムの確立を説明することはできまい[28]。

ましてや二大政党のカウンターパートが伝統的に階級協調を重視するキリスト教民主主義政党であったという事実は、非社会民主主義的な政党でさえ、ドイツにおけるコーポラティズムの受容において、少なくともその妨げとはならなかったということを示唆するものである。というのも水島治郎が指摘するとおり、キリスト教民主主義を支える理論的柱の一つである「補完性原理」は社会内下位集団の自律的な問題解決能力を重視するものであり、団体自治と団体間協調を尊重することから、コーポラティズムときわめて高度な親和性をもっているからである(29)。したがってドイツの政党政治の場合、左右両陣営を代表する主要政党のいずれもニュアンスと力点に違いこそあれ、コーポラティズムと相容れないイデオロギーを擁しているわけではない。ひるがえってこのことは政権交代によっても大幅な「揺り戻し」が生じにくいということに加えて(30)、少なくともドイツではどの政党がげんに政権を握っているのかという問題が、協調型政治の存続にとって、決定的な因子ではなかったことを示唆するものである(31)。この意味で戦後西ドイツにおける「合意志向型」の賃金決定システムやネオ・コーポラティズムの成立条件を考察するためには、単に階級間ないし政党間の権力バランスから視野を拡げて、歴史的文脈や制度的・文化的諸要因を多角的に検討する必要がある。逆に言えば、ドイツ型コーポラティズムの確立は、けっして単一の原因へと還元されえない、諸要素の「幸運な」組合せの結果として描くことができる。

公益概念の明瞭さ

第一に、戦後西ドイツには比較的明瞭な「公益」概念が存在した。なかでも戦後復興は敗戦にうち拉がれたドイツ国民にとって広く受けいれられる優先的課題であり、その実現こそは社会全体にとっての共通善にほかならないという点で労使間に異存がないばかりか、賃上げの前提として必要不可欠な政治的・経済的目標でもあった。とりわけドイツ経済はGNPの半分以上を貿易に依存していたために、産業の国際的競争力を維持できるかどうかはその命運を左右するほどの重要性をもった。[32] このことについて労使双方の指導者が認識を共有するかぎり、賃上げ闘争に精力を浪費することなど許されようはずがなかったのである。と同時に「公益」として広く認知された復興が現実のものとなるならば、たとえ短期的に賃金抑制を甘受しなければならないにせよ、その失地は長期的には十二分に回復できると期待してよいであろう。メイヤーの言葉を借りれば、「ドイツの労働者は、賃金の分け前を犠牲にしてでも成長と復興に賭けたのであり、そしておそらく（イギリスとの比較でいうならば）その賭に勝ったのである」。[33] 国民的目標というかたちで全体利益についての概念が比較的明瞭であり、それゆえにその理解可能性がすこぶる高いということは、社会的協調を促進するうえで追い風となる。それは国家と諸団体間の協定が経済的合理性だけでなく、道義的妥当性をもつという印象を強めるからである。

しかし、参加当事者たる団体が連帯して行動できるというコーポラティズムの条件それじたいは両刃の剣である。というのも組織加入者の団結は協調の促進のみならず、敵対的行動の完遂のためにも用いることができるからである。それゆえシニカルな懐疑的多元主義者なら、コーポラティストの議論にたいして次のような疑問を浴びせかけるかもしれない。「なるほど気長で、楽観的な政治理論家なら賃金抑制が労働者の長期的利益に貢献するから、組合も協力を厭わないと考えるだろう。しかしながら今日の生活にも事欠き、将来に不安を抱く組合員ならば、むしろストライキ等の強硬策に訴えかけてでも賃上げ要求を貫徹するほうが、当面の必要を満たすという点で合理的であるばかりか、正当でもあると判断して当然ではないだろうか」。

団結力ある労組なら、ゼネストによって経済に致命的打撃を与えることも可能だし、その恫喝によって使用者にたいする交渉力をいっそう高めることもできるであろう。しかしドイツには、攻撃的な対応を労使双方に手控えさせる心理的背景もまた存在していた。戦間期における労組の戦闘的性格とこれに相応する経営者の権威主義的性格がもたらした忌まわしい過去の記憶が、強硬手段の採用を当事者に躊躇させる役割を果したのである。[34] 戦闘的な利益追求がかならずしも望ましい帰結をもたらすわけではないという反省とそこから生じる労使「双方の臆病さ（メイヤー）」といった心理的要因は、攻撃的で過剰な利益追求行動を慎ませ、要求を穏健化させる効果をもたらした。

以上の要素は労使協調を促した戦後ドイツに固有の歴史的文脈であるが、このような協調への意志が現実に実を結ぶためには、両者の協力と意志疎通を促進し、場合によっては強制するような制度的工夫も必要になる。

協調の制度的条件

理念型的なコーポラティズムにおいては、労働組合が集権的な頂上団体を擁することは、協議制が支障なく機能するための前提条件である[35]。そのような団体なら特定の集団の「正統」な利益代表であると主張できるだろうし、成立した協約を団体成員に守らせる実力をもつであろう。さもなくば協約は、末端組合員による山猫ストにより簡単に反故にされかねない[36]。コーポラティズム国家において団体が、国家とともに「準公的」な権限の担い手であろうとすれば、決定事項を効果的に実現するための対内的統制力を有することは不可欠の条件である。

ところがドイツの労働側の頂上団体であるＤＧＢ（ドイツ労働総同盟 Deutscher Gewerkschaftsbund）は、北欧やオーストリアに比較するとかならずしも十分な集権性を獲得しているわけではなく、労働者の組織率もけっして高くはない[37]。賃金交渉と協約締結の担い手は総労働ではなく各産業別組合なのであり[38]、典型的コーポラティズムのメルクマールが欠けている。しかしながらセーレンによれば、このような労働側の分権的性格にもかかわらず、その構造的「欠陥」を機能的に補完する諸要素が存在している。わけても重要なのは、産別労組のなかでも抜きんでた実力と存在感を誇るＩＧメタルのリーダーシップである[39]。総同盟はその傘下に多数の産別労組を抱えているが、この金属加工業界を代表する産別労組だけで全加入者の実に三分の一余を占めてきた。総同盟とは対照的に産別労組は高度に集権化されており、ブロック投票をつうじてＤＧＢや他の労組が少なくともＩＧメタルの意に反して行動することがないようこれを威圧することができる。さらに金属加工業界は、かつての鉄鋼・造船業から現代の自動車・工作機械産業に到るまで一貫してドイツ最強の輸出部門を抱えており、国益上重要な基幹産業にたいして多大な影響力を握っている。これらに由来する重要性のために、産業領域ごとの個別賃金交渉はまずもってＩＧメタルによる妥結を待ってからなされるのが普通であり、ひるがえってそれが他の交渉にとって追従すべき「基準点《ベンチマーク》」として参照されることで賃金の相場を定め、交渉全体に調和をもたらす機能を果たすことになる。(40)(41)

労組をドイツ型協調体制にとって不可欠なパートナーとする枠組は頂上レベルのみならず、末端においても見出される。それどころか典型的コーポラティズムを特徴づける三者協議制が、一九六〇年代の「協調行動」の帰趨に明らかなように、ドイツではかならずしも十全な成果をもたらさなかったという事実を鑑みれば、(42)職場や企業レベルで労働者代表の協議への参加を認めた制度こそ労使協調を実質的に保障した制度的条件であった。すでにヴァイマル共和国時代にドイツの労働者は、戦後の制度の原型となる協議機関をつうじて使用者にたいする法的代表権を獲得していた。(43)このような枠組が大戦間期には意図したかたちで機能したとは言いがたいにしても、一九世紀以来幾たびも構想されてきた労働者代表制を具現化することでその職場内地位の向上を法的にも確認しただけでなく、紛争の自律的・平和的解決のための手段を制度上明確にした点でも、大きな意義をもつものであった。シュトレークは以上のような「労使関係の包括的な法的調整」を「ドイツ的伝統」と呼んだが、(44)かかる伝統は経営評議会や共同決定制の拡充をつうじて、戦後ドイツにおいてさらなる発展を見せることになる。共同決定制は監査役会での従業員代表権や経営方針にかんする発言権を附与することで、労働者もまた使用者と対等の立場で経済秩序を担う主体であるということを公認し、これを制度化する一方、(45)経営評議会は職場や企業における労働条件の維持・改善等のために従業員の参加を求めた。(46)

これら一連の共同決定制の特徴は、それが制定法に基づくものであるがゆえに、企業が規定された条件を満たすかぎり、対話と交渉はただ単に望ましい目標というのではなく、半ば要請されているという点にある。かくして共同決定制は一部企業だけでなく、ドイツ全土の企業で広く採用されることになったが[47]、このことは組織率の相対的低さにもかかわらず、労組がほとんどすべての企業において影響力を獲得し、それによって実際の組織力以上の重みを担うことを可能にした[48]。共同決定制と経営評議会の両者がたがいに噛みあうことで、企業内部の経営評議会を基盤として指名される従業員代表と企業外部から代表を送りこむ労組中央組織が監査役会を媒介項として密接に結合され、労組の指導力と統制力はいっそう強化された。かくしてセーレンが指摘するとおり、ドイツの労組は「〈すべての人を〉組織していない」という意味では典型的なコーポラティズム国家における労組に劣るものの、経営評議会の設置をつうじて「〈あらゆるところで〉組織している」という点ではその存在感は見かけ以上に「増幅」されている。

このようにドイツにおける労使協調の制度的枠組は、中央における集合的交渉と企業・職場レベルでの労働者代表のための制度との二本立てで成りたっている。この「デュアル・システム（セーレン）」のために[49]、中央の交渉の不首尾がかならずしも労使協調の破綻を導くことがないよう、これを補完する機能が全体システムのなかに埋めこまれている。すなわち賃金協約にかんしては産別労組が、企業内の労働環境の改善や人事計画にかんしては共同決定制と経営評議会があたることで、両者のあいだには機能的分業関係が成立しているのであり[50]、これらが全体としてドイツにおける労使関係を協調へと方向づけたのである。

シュトレークは共同決定制や経営評議会にかんする一連の法改正を労働組合にたいする「国家による決定的な組織的支援」と呼んだ[51]。たしかにそれは社民党の政権掌握とも相俟って、ドイツ型協調体制における労働組合の存在感と発言権を高めるだけでなく、労働者にたいする組合の指導力・統制力をも強めた[52]。しかし他方でこのことは本来自発的な組織たるべき団体を既存の法制度に順応・依存させることで、その自律性、あるいは国家に弓引く自由さえ大幅に奪うことも意味した。組合はいわば協調への参加を余儀なくされもするのであり、このような国家と諸団体との相互依存関係の著しい強化がコーポラティズム体制の浸透と安定に寄与したのである。(53)

公的権威にかんする観念

これに関連して最後に触れておくべきは、ドイツ型労使協調体制において国家が果たした役割である。(54) 典型的なコーポラティズム国家において政府は、譲歩を受けいれる交渉当事者にたいして、主として財政的・政策的リソースに基づく代償を支払うことで、労使間交渉の円滑な展開と適切な妥結のために支援を行うことが期待されている。ところがセーレンの指摘によれば、ドイツの場合、このような意味での「政治的交換」を国家はかならずしもよくなしえず、そのことがドイツをコーポラティズム論において周辺的・非典型的な立場に追いやってきた。(55)

しかしながら、国家は労使協調にとってただ単に象徴的な関与しか行いえなかったと結論づけることはできない。というのも、経済社会の全体的な秩序づけと規律のために国家は「立法」をつうじて参画することができるからである。立法は、社会・福祉政策のように多額の財政的負担を伴わないものの、固有の権限に基づいて特定の便益をもたらすことができるという点で、国家にとって最重要のリソースを構成している。労組による賃金抑制への協力や選挙戦での支援にたいして、経営組織法（七二年）や共同決定法（七六年）の改正によって報いたのがその好例である。(56) つまり国家は、元手を掛けることなく法を提供する能力をもつ。先にも述べたとおり、経営評議会その他の共同決定にかんする諸制度が統一的かつ全国的に法定されているために、当事者がそれを回避することが困難になる一方、協議が経済全体にわたって行われるよう促すという意味で、法による秩序づけは労使協調の確保にとって欠くべからざる要素なのである。(57)

さらに言えば、政治過程において国家が果たす役割は、当該政治社会において受容されている公的権威にかんする規範的概念の投影として理解することができる。国家は、この概念からその行動のための指針を導きだす。ドイツの政治経済構造を特徴づけるのは、多元的な下位システムの自律性と機能的統合性の両立に寄せられた関心の高さである。[58] 団体・政党・官僚機構、さらに連邦と州とのあいだで各々の自律性が相互に承認されるとともに、これらは全体として補完的な分業関係を構成している。相異なる諸原理間での調和は、管理や調整、場合によっては介入さえも容認するような公権力の正統性と、これとは対照的な経済的自由主義のあいだにも、あるいは私的利益団体が担う公的な責務と権能というかたちでも現れる。これらが明らかにする価値観念とは「多様性のなかの統一性〈ダイソン〉」にほかならない。多様な要素を包みこむとともに、そこに調和をうち立てるような〈綜合性〉への顕著な志向性は、政治制度が高度な〈公共性〉を反映すべきことを要求する。言いかえれば制度には、特定の私的利害関心に奉仕することを慎み、公平で普遍的な「正義」の実現を助けるよう機能すべきであるという価値観が埋めこまれている。このような価値観は、多元主義的な枠組と同じように多彩で分権的、場合によってはたがいに矛盾しさえする利害関係が存在することを承認するとともに、それらの対立を調整し、全体としての利益の実現を図るような権威として、公的制度が存在・機能することを正当化する役割を果たす。

この点で後述するとおり、「法治国」観念が幾多の試練に曝されながらも、けっして法を権利の形式的保障の体系に還元することがなかったという事実は示唆的である。つまり法や秩序は、諸価値にかんして中立的なゲームのルールに留まることなく、実質的観念としての「正義」との歴史的関連性を、完全には喪失しなかった。[59] ダイソンの所論を敷衍すれば、戦後の「社会的市場経済」や「秩序政策 Ordnungspolitik」もまた、国家官僚制の経済領域への関与を一般的・外的秩序の設定と維持に限定させるものではなかった。[60]「市場」や「秩序」が経済外的な倫理、すなわち然るべき「社会」や「人間」にかんするヴィジョンと結びつけられるかぎり、[61] 経済関係を規制する諸法規は単に政治的裁量権の恣意的行使の抑止という形式的な機能に留まらず、「社会的協調」や「社会平和」、「経済の自己管理」といった諸観念と高い親和性を保ちつづける。かくして一見したところ機械的に市場関係を律するかのごとき法秩序もまた、成文上定式化された長期的目標を正当化し、その実現を積極的に援護する役割を担うのである(62)。このかぎりで法は公益にかんする実質的観念を反映しているのであり、社会的諸価値の実現のために国家の積極的行動を求める要素を内在させていた。このとき国家による規制は、経済過程において自由と競争が維持されるのみならず、その過程が道徳感情に背馳せぬようなものとして進行するためにも、必要不可欠な前提とみなされる。それゆえ部分利益の放埒な利己的行動を掣肘しうるほどの自律性をもった国家が存在しなければ、「社会的市場経済」は円滑に機能することはできない。そしてそのような経済秩序の枠組は、特殊利益の代表者らに私益の追求が公益の実現にとって妨げとならぬよう方向づけるという意味で、私益と公益との〈綜合性〉に基づいている。その意味でドイツにおいて秩序《オルトヌンク》は「市場の失敗」に備えて用意され、事後的にのみ規制効果を発揮するような単なる外的・形式的枠組ではない。むしろ「公益」の積極的実現を促す準拠枠として事前に設定され、市場における関係と行動を構造化しているのである。

第三項　議会主義とコーポラティズム——イギリスにおける試みと挫折

産業政策における合意の欠如

前項では労使協調政治を実現してきた旧西ドイツにおいて、かかる制度様式を可能ならしめた諸条件を、三つの観点から検討してきた。第一に「公益」概念のような正当性原理に、第二に制度的・組織的条件に、最後に文化的条件、とりわけ国家ないし政治秩序にかんする固有の歴史的・伝統的観念に着目してである。いずれも戦後ドイツにおけるコーポラティズム的な政策の実施に好都合に作用しうるものであったが、イギリスではこれらの諸条件のいずれも、まったくとは言えないまでも相対的に弱い程度でしか存在しないか、あるいは異なる条件によって規定されていた。一九六一年にマクミラン政権のもとで経営者・労働組合・学識経験者から成る国民経済振興協議会が設置されたのを皮切りに[63]、歴代保守・労働両政権により六〇年代、次いで再び七〇年代にコーポラティズム的試みが度々企てられたにもかかわらず、である。

まず戦後英国では、対立する諸利害に超越するような「公益」の存在にかんする合意が形成されることはなかった。とはいえ「敵対政治 Adversary Politics」の名で呼ばれる英国の議会主義に特有の政党政治の様式をもって、合意形成の最大の阻害要因とみなすことは困難である。むしろ保守・労働両党の政治的見解の相違は、そのような言葉遣いが表面的に示唆するほど強烈なものではなかった。それどころか「バッケリズム」以来、二大政党のあいだには政権交代にもかかわらず政策上の継続性と収斂が見出されるのであり、すなわち「戦後のコンセンサス」のもとでケインズ主義的需要管理政策が採用され、福祉国家建設のための努力が重ねられてきた[64]。したがってドイツ同様、英国においてもまた見かけほど政党間の政策距離が大きかったわけではない。だとすれば本項における真の問題は、マクロ経済政策と社会政策において政党間に一定の収斂が見られるにもかかわらず、なぜ戦後英国政府は協調的な労使関係の構築と、それに依拠した効果的な経済・産業政策の展開に欠くことのできない権限と権威をもつことができなかったのかという点に求められなければなるまい。そして政党間の政策的方向性にさほどの違いがなかったとすれば、英国における労使協調の確立と維持につきまとう困難さは、政党の政策綱領やイデオロギー以外のところに求められる必要がある。

第一に、右に示したような戦後合意は、ドイツとは異なり、経済的・社会的領域における政府の実効的で能率的な関与と行動、ならびに諸セクター間の協調を正当化し、政策に安定性と持続性を保証するような公益概念として機能するに十分なほどの基盤を与えられてはいなかった。そうなったのも経済諸部門間での利害の分裂と対立の激しさが、政府によって提示された国家目標――「国民計画」と呼ばれる包括的経済政策プランで示されたような――の説得力を絶えず減殺し、あるいはあまりにも抽象的で魅力に乏しいものと感じさせたからである。金融・産業界の対立は、帝国と自由主義の時代に確立した、世界資本主義経済構造における英国の特殊な役割によってもたらされたものであるが[65]、前世紀の遺産は帝国を喪失したあともなお桎梏となってのしかかり――戦勝国の自負と責任のために海外において持続された軍事的負担とともに[66]――その経済に甚大な負荷とディレンマを突きつけることになった。開放的な国際取引とシティの地位から恩恵を浴した金融・サーヴィス業と、それゆえに不利益を被り衰退を余儀なくされた製造業との利害対立は、ポンド危機の発生のたびに顕在化した。シティの金融・海運・保険業の利益を守るにはポンドの価値を安定的に維持する必要があったが、国際収支均衡のために金利引き上げや増税をつうじて消費者の需要を冷却させることは、国内産業資本の利益を犠牲にすることを意味したからである[67]。

かくしていよいよじり貧になるイギリス産業に変革と合理化をつうじて昔日の栄光を回復せしめるべく、六〇年代に到ってコーポラティズム・アプローチの最初の導入を伴う積極的産業政策がマクミラン保守党政府や、それに続くウィルソン労働党政府によって展開されることになる。各種評議機関の設置や適正な賃金上昇率にかんする「白書」、さらに経済成長と生活水準向上の見通しを示した「国民計画」の立案はそのような試みの表れにほかならないが、これらのいずれも産業競争力改善の切り札とはなりえなかった。というのも国内成長部門への重点的投資を、強制的に誘導するに十分な指導力を、政府は金融部門にたいして手にしていたわけではなく[68]、ストップ・ゴー政策の罠を克服することもできなかったからである[69]。このように国内を基盤とする産業界の利益と国際的な経済活動を志向する金融業の利益とのあいだに存在する深刻な利害対立を調整・解決するための能力と権威が国家に欠けていたことは、恩恵的政策にも見出される。自由主義から介入主義に転じたヒース保守党政府は、より国家主導型の産業振興策を採用した。しかしこれもまた助成金の交付が企業からの自発的要求に基づくものであったため、斜陽産業の救済に充てられることこそあれ、有望成長産業の育成と国際競争力の向上のために用いられることはなかったのである。(70)

企業の自発性を重視する政府の、なかば日和見的な態度は、産業政策にかんする合意形成の基盤がきわめて分裂的で脆弱であるために、長期的展望に立った政策のために政府が積極的にイニシアティヴを発揮できないことと表裏一体であった。さらに言えば、イギリス国家が直面しなければならなかった金融・産業間の利害調整の困難さと政府の指導力の欠落は、根深い歴史的・文化的事情を背景に置くものであり、海外からの制度や政策のアドホックな借用によって容易に解消できる類の問題でもなかった。伝統的にイギリスの社会的エリート層が製造業に示した侮蔑的姿勢と不当に低い評価は、パブリック・スクールや大学等の教育制度における実学軽視というかたちで産業発展のための知的基盤をつとに狭隘化していた。のみならず、このような地主的価値観は、産業を担うべき当の中産階級の内面にも教育を介して深く浸透することで、企業家精神の沮喪を招くとともに産業界への持続的人材供給の阻害要因ともなった。(71) これとは対照的に、地主貴族の価値観を母胎として育まれたジェントルマン理念は、金融業者や外国貿易商の社会的上昇にとってはむしろ好都合に作用した。ケインとホプキンズが指摘するとおり「マーチャント・バンカーと大商人たちは、目に見える物的な手段をもたずに巨大な富を手に入れることができる」のであり、すなわち機械ではなく人間や情報、資本を管理・操作することをつうじて利益を生みだすことができる。製造業者が生産過程に直接従事し、額に汗しながら寸分の余暇も惜しんで利益の創出のために齷齪するのに比べると、金融業者の富の生産様式は間接的で、ジェントルマンのそれにはるかに近しい。ジェントルマン理念がエリート層の支配的価値観として強力な求心力をもち、威信と権力のヒエラルヒーの基軸に組みこまれるかぎり、(72) このライフスタイルの近似性ゆえに貨幣利益はアリストクラシーへの接近を容易に許されたのであり、ひいては支配層の一翼を担うことさえ認められたのである。(73) かくして製造業と金融業はそれぞれ近代イギリスの経済発展のなかで生まれた二大実業家集団でありながら、伝統的地主エリートとの提携と融合という面ではまったく対照的な命運を辿ることとなった(74)。首都を中心に地主と銀行家・大商人の同化融合が進んだのとは対照的に、製造業の中枢は上層階級の文化的中心地とは疎遠なイングランド北部にあったために、この両部門の分裂は地理上にも刻印された(75)。かくして国内産業への投資はますますロンドンの注意を惹きつけることがなくなる一方、政府の一貫性あるコミットメントを期待することもいっそう困難になったのである。

組合と党の緊張関係

国家的経済戦略としての「公益」設定の困難さが、英国経済の構造的分化とそれに伴う合意形成の基盤の欠如に由来するものであるとすれば、コーポラティズムの制度的存立を妨げた要因は、むしろ労働陣営の分権的構造に深く関わるものである。英国の中央労働組合組織ＴＵＣ（労働組合会議 Trade Union Congress）が、下部組織への指導力・拘束力において、大陸欧州のそれに比べおおいに劣ったことは、しばしば指摘されている(76)。賃金交渉における個別的・自立的交渉権を、加盟労組は頑としてＴＵＣに譲らなかった(77)。現場の労組が交渉指導権を握る自発性尊重主義 voluntarism は侵すべからざる不文律として、個別労組にたいする頂上団体ならびに労働党の指導力を厳しく制約した(78)。かくしてキャラハン政権のもと三者協議制と賃上げ抑制のための「社会契約」締結（七六／七七年）があらためて試みられたものの、労働界の頂上団体は、政府・産業界との合意形成よりはむしろ、決定を平メンバーに遵守させることに手こずり(79)、結局のところ、協議制と協約は七八年暮れからの非公認ストの頻発と「不満の冬」の到来により破局に追いこまれたのである。

フェルプス＝ブラウンは一九六〇年代初頭における労使協調の（経営者サイドをも含めた）限界について「困難なのは、会議室の論調を全国に行きわたらせることにある。労働組合も経営も、限定的な争点や、交渉過程にさいして交渉者が構成員と接点をもちうる特別な場合を除いては、各々を代表して交渉し解決に各々を拘束する全権委員を派遣できる、私的政府の制度をもっていない」と述べたが、この診断は七〇年代末の情況においても依然として有効性を喪っていなかった。(80) 一般に労働組合は社民政治の中心的支持者であるが、国家干渉の増大にたいしてはしばしば両義的な姿勢を示した。一方においてそれは国家による生産や資本の管理・統制の強化を求めながら、他方において労使関係の規律についてはは極力その容喙を排除しようと努めたからである。この意味でペリングが二〇世紀初頭の英国労使関係について述べた言葉を借りれば「(略)自由放任流の自由主義の伝統が、自発的で法律外的なその地位へのあらゆる侵蝕にたいする組合指導者の根深い敵意と結合(81)」するかぎり、協調はその実施局面において多大な困難に逢着せざるをえなかったのである。

制度的分裂はこれに留まらない。英国では労働党と組合は、たがいに強力なイデオロギー的紐帯を保持していたときですら、十分な組織的結合関係をもつには到らなかった。重要な組合指導者はTUCの最高執行機関である総評議会で活動する一方、労働党の全国執行委員会委員を兼任することはできない。(82) 労組中央組織が党組織から一定の自律性を維持しているかぎり、労働党が政権を掌握したとしても、けっして組合への操縦可能性が増すわけではない。すなわち労働党政府といえども、組合の不可侵の交渉権を制限するような立法を行うことには、大きな困難が伴うのである。(83) メイヤーが指摘するとおり、(84) 組合と政党の発展が「同じペースで発展」するとき、市場と政治の「橋渡し」のために最も好都合な条件が整うとするならば、英国において政党に先駆けて労働組合がその地歩を築いたという歴史は、ドイツに比べてはるかに厳しい「コーポラティズムの前提条件」を労働党政府に課すことに繋った。というのも第四章であらためて検討するように、諸団体の連合組織として出発したという立党の経緯は、(85) 労働党が教条的マルクス主義に陥ることを免れさせ、議会主義への順応性とプラグマティズムを身につけることを可能にさせたが、他方において個人加入より団体加入を主とする組織上の特質のために党の労組にたいする指導力は著しく制約されることとなったからである。かくして党と組合の関係について、賃金や雇傭条件にかんしては個別的労働組合のイニシアティヴを尊重するかわりに、それ以外の政治的領域では院内労働党が主導権を握り、社会的公正実現のための政策の立案・執行にあたるという棲み分けがなされるに到ったが、まったく皮肉なことに労働党の政権獲得がこの分業を危機に陥らせた。というのも吉瀬征輔が指摘するとおり、物価抑制のため賃金政策に着手するということは、政府および党が組合固有の領域を干犯することを意味しており、長年維持されてきた慣習を攪乱しかねなかったからである(86)。労働党政府の試みが組合の目に「裏切り」と映じるかぎり、その徹底的反抗を惹きおこすことは避けがたかった。

このように政治的領域（政党）と経済的領域（利益団体）とのあいだに円滑な意志疎通と連携を容易にするような結合関係が十分存在しない場合、競争的議会主義という英国国制の特色もまたコーポラティズム成立の阻害要因となりうる。ジェソップが指摘するとおり、元来議会主義とコーポラティズムは決定ルール、正当性原理、政治的基盤等様々な点で、異なる土台に立脚するものである(87)。議員は支持団体の意向のみならず、議会固有の行動原理にも従うよう強いられる。彼ないし彼女は特定の地域、さもなくば全国民の代表なのであって、特定の利益団体の委任に拘束される必要はないし、またそうすることは選挙戦略上有害でさえある。前章で見たとおり、相対多数の支持を克ちとらねば議席を獲得できない小選挙区制のもとでは選挙戦の競争性がいっそう強まるために、候補者は相反する利害すら、その支持者の隊伍に引き入れねばならなくなる。けだしローズが述べるとおり、「とくに二大政党制において、政党は、多くの種類の技能と政策関心をもった人々を含まなければならないし、その党員および諸利益の点で、イギリス視覚協会やイギリス鳥類学会と同じくらい狭隘なものではありえないのである(88)」。このことは政党の、就中労働党の国民政党化とそれに伴う支持基盤拡大の必然的所産であるが、それゆえに労働党も政治方針をめぐって本来の中核的支持者である組合との意見対立に直面することをしばしば余儀なくされる。所属議員が表出する利害の多様さのために、政党のプログラムが包括的なものとなることは、議会主義のルールのもとで政権掌握をめざす政党にとって避けがたい附随現象であるが、そのために組合との齟齬はいっそう深刻化・顕在化を免れない。このように英国の議会政治に固有の特質は、敵対政治という言葉によって示唆されるような政党間の対立よりも、むしろ党内部、あるいは党とその支持団体のあいだの緊張関係を強める作用を及ぼしたのである。

自由・自律性・自発性

英国の戦後政治を構成する左右二大両陣営ともに構造的対立の契機を抱えこんでいた。そこから帰結する諸利益の対立にも増して、私益に優越する公益の確定を妨げ、また制度的統合を困難ならしめてきたものこそ、それぞれの利害当事者の行動の自由や組織の自律性への執着である。コックスやヘイワードが英国におけるコーポラティズム的手法の試みが挫折に到った窮極的原因として挙げるものこそ、英国の伝統的諸制度に具現される文化的指向と価値観念、すなわち自由と多元性をなにより尊重する姿勢にほかならない。自由意志と自発性に基づく結合と行動を労組が最重要視するかぎり、これらは政府の諸施策にたいする強力な防御能力を保持しつづける(89)。他方、金融を代表とする経済各部門が自由貿易と競争原理、すなわちレッセ・フェールの遵奉者であるかぎり、国家の積極的行動より不作為のほうが好まれる。このように労使双方が国家権力の増大と関与にたいする警戒的姿勢を緩めないのは、コックスの見るところ「英国において国家が正統性を欠く illegitimate ものとみなされている」からである。無論、自由主義は無政府主義と同じではなく、政府はげんに存在する。しかし自由主義は、その活動領域が厳格に制限されることを求めるとともに、そのように行動する政府にたいしてのみ正統性を承認するのである。その一線を越えて政府が干渉主義的アプローチを採用しようものなら、活動的な行政国家にたいする不信と自由主義および議会制にたいする愛着を隠さない英国の大衆から、手痛いしっぺ返しを食らうであろうことは予想に難くない。逆に言えば、有権者が選挙という憲政上の手続をつうじて不同意はおろか、場合によっては懲罰を科す構えを崩さないかぎり、政府与党にせよ、次の政権を狙う野党にせよ国家主導で果断な措置に訴えでることにおのずから尻込みするであろう。したがって自律的行為主体として国家が公益の名において特定の目標を、その実現にとって最も合理的な手段を用いて積極的に達成しようとするいかなる試みにも、猜疑の眼差しを向けるような価値観念が息づいているような社会では、コーポラティズムのような試みが成熟に十分な長さで持続する見込みはほとんどないのである。

ところで英国社会、またその産物である諸団体が抱懐する「自由」が意味するのは、社会の外部にかつ超然的に存在するような国家観念の拒絶であり、バーリンの言葉を借りれば、かかる国家〈からの自由〉にほかならない。そのような社会において国家がその他の社会的・経済的諸団体にたいする絶対的な優越性やその責任の崇高さを認められる可能性は、ほとんど皆無と言ってよい。国家はその他の団体と同じように集合的利益の担い手の一つにすぎないという意味で、これらの社会的・経済的諸団体と等位とすらみなされるとともに、決定権力は諸団体に均等に配分されることになる。権力の発動が諸団体の合意に基づく点では、コーポラティズムの国家－団体間関係と変わらない。しかしこれとは異なり多元主義的な政治社会では、独占的代表権の承認というかたちで団体利益が集約・集権化され、所与のヒエラルヒーのなかに位置づけられることもなく、また行政上・法律上の秩序と相互依存的な関係に置かれることもない。戦後イギリスの利益団体政治をフランスの官僚制主導型の経済政策と対比させたヘイワードの所論を敷衍すれば[90]、前者の現状維持的性格 immobilism は次のように説明することができる。すなわち、そのような団体秩序のもとでは利害当事者間の合意を迅速に調達することは困難であり、ましてや諸団体間および国家－団体間の既往の関係に劇的な変化をもたらすような合意を達成することはなおさら不可能になる。かりに国家と頂上団体とのあいだで合意が成ったとしても、後者はその下位団体とのあいだでさらなる合意を得なければならず、この際限のない合意の鎖のなかでたった一つでも欠けてしまったなら、合意事項の実現の見込みはおおいに削がれてしまう。かくして破局のリスクの高い抜本的改革が最初から敬遠される一方、最小規模の改革しかなしえないという点で多元主義は漸増主義《インクレメンタリズム》と不可分の関係にあり、ヘイワード言うところの「制度的惰性」を必然的にもたらすことになる。と同時に、それは国家との関係において自由を実質的に保証する手段と目されてもいる。なぜなら団体は国家の提案にたいして「拒否権行使集団（リースマン）」としての地位を保つかぎり[91]、諸団体は同意を与えぬ事柄にかんして服従を強制されることがなく、したがって国家〈からの自由〉を享受することができるからである。

諸団体がこのような行為準則に従って行為し、また政府じしんがこのことを熟知している場合、政府の施策はおのずから微温的な、抑制的なものとなるだろう。コーポラティズム・アプローチを試みた保守労働歴代政府が三者協議制への〈自発的〉遵守を呼びかけることに終始し、強制的措置に訴える意欲も能力ももちあわせなかったのもそれゆえである[92]。敢然と改革に踏みこんだとしても、国家も、これに追随する頂上団体も結局のところおのれの無能力をさらけ出すだけかもしれないという懸念を拭うことができないかぎり、リスクをとることに躊躇せざるをえないのである[93]。政治的現状打開のイニシアティヴをとるべき主体も、またそれを可能にする条件も欠いたまま、英国は長らく「多元主義の停滞」の淵に沈んだ。ビーアが述べるとおり、「冗語法を用いても差しつかえなければ——この純然たる数的多元主義のために、集合的合理性に基づく命令は軽視され、短期的利益の自己破滅的論理が勝利した。この意味において失敗は公共精神が選択を誤ったということではなく、まったくなにも選択しなかったということなのである[94]」。

制度に内在する価値観

戦後英独両国家におけるコーポラティズム的試みの成否の過程を概観することから明るみにされたのは、制度は文化を具現するということ、これである。すなわち制度は単なるゲーム規則の集積物ではなく、それじたい固有の歴史的・文化的価値観を体現しているのであり、その意味で規範概念の客観的表現形式とみなすことができる。[95]ドイツでそれは所与の公益の実現を容易ならしめるよう、合理的に秩序づけられた規則と組織の体系として構築されている。そこでは私的・特殊利益にたいして守られるべき〈公共性〉という超越的次元が存在するものと仮定されている。これにたいして英国では、そのような超然的・客観的利益の存在が否定されており、それゆえ制度によって提供されるのは主観的・特殊利益の実現をめぐってなされる多元主義的競争のための手続規則にすぎない。しかしこれは同時に、みずからのほかには服従すべき権威を認めないという伝統的な自由主義的信条を体現しているのである。制度が高度の安定性、あるいは膠着性をもつのは、単なる慣性の問題ではなく、そのうちに規範意識に訴える価値観を包含しているからなのである。

無論、このような制度もまた未来永劫改変不可能なものではない。しかし制度改革が、たとえ部分的であれ、従来の価値観の放棄と対抗的な価値概念の受容を意味するならば、時には改革計画そのものを頓挫せしめるほど巨大なフラストレーションを惹きおこすことは必定である。英国におけるコーポラティズム挫折の経緯はこのことを例証するものであるが、同じことはドイツにもあてはまるだろう。サッチャーが鼓吹した新自由主義がまさしく英国の伝統的価値概念に合致するものであったがために、[96]事の是非はともかく、比較的迅速にかつ全般的な抵抗を被ることなく受けいれられたのにたいして、[97]コールCDU政権はこれに匹敵するほどの自由化、就中規制緩和をなしえたわけではなかった。[98]

このような意味で制度には、言うなれば「政治的世界観」が反映されている。他方で制度が、とりわけ利益代表・媒介システムが国家という抽象的体系のみならず、社会という具体的・可塑的実体との接触面において機能するものでもある以上、歴史的変動にたいしてまったく閉ざされたままであることは許されない。このような観点に立てばいかなる制度も、また制度に内在する価値概念も歴史的変化、とりわけ国家形成と社会的・経済的近代化の衝撃に無縁たりえず、これらの挑戦によく応答し、克服できたものだけが近代社会においてなお命脈を保つことができた。その意味で現在もなお安定的に維持されている制度、ないし〈制度内価値〉には、ダイソンがドイツの「規制文化」について述べたとおり歴史的な学習過程が刻みこまれているものとみなすことができるのであり、[99]まさにこの点においてこそ各々の国家および社会の個性的特徴が見出されるのである。

したがって近代国家および社会が、一連の公式の組合せ――集権化された行政機構や物理的暴力の唯一正当な担い手、民主化や国民国家、均一で原子的個人から成る市民社会、合理化そして産業化等々――として表現されるにせよ、それらの普遍的命題それじたいは特定の国家や社会における法律や制度、観念に含まれた「近代的なるもの」を理解するための発見的モデル以上の意味をもちえない。むしろ我々が個々の国家や社会に存在する制度や制度内価値を検討することで明らかになるのは、これらの命題が受容される過程で不可避的に被る変容と「土着化」の痕跡にほかならない。その意味で制度文化や制度内価値に着目した比較史的考察は、次の二つの課題に対応するものである。第一に近代国家ないし社会にかんする普遍的命題の、個々のケースにおける「浸透度」を測定するとともに、それぞれに固有の政治的・社会的諸条件が課す制約を明るみにすること、第二に以上の検討をつうじて、所与の国家および社会を特定の歴史的諸条件のもとで形成された、個性的な発展の所産として理解し、相互に比較可能な類型として提示すること、これである。

戦後英独両国のいずれにおいても、産業化の進展と構造分化に伴う、諸利益の多元的・自発的組織化が共通する現象として見出されたが、ドイツにおいて諸利益間の協調を確保するための制度的枠組の発展が見られたのにたいして、英国ではそのような試みはなされたものの、十分な成果を挙げるには到らなかった。すなわち前者では分権的構造のなかでの協調と統合が実現したのにたいして、後者では多元的構造が即利益の分極化と諸利益間での分裂・対立を招きよせた。この違いの背景には、団体はその組織化の前提である特殊利益の擁護・実現それのみをめざすべきか（英）、それとも政治体の全体秩序の構成要素として、私益と公益の両立をはかるべきか（独）という、団体のあり方をめぐる文化的相違が存在する。さらにドイツの場合、諸団体の自律性を尊重しながらも、同時にそれらのあいだでの協調を促し、全体システムへの統合を図るべき公的権威の役割がしばしば強調されるのにたいして、イギリスでは政府の機能は最小主義的に制約されるべきであるという見解が伝統的に受けいれられている。かくして戦後政治経済構造の比較をつうじて明らかにされたのは、英独両国における団体の性格および団体間の関係、さらに全体秩序のなかでの政府の役割と位置づけをめぐる違いであるが、これらは戦後という局限された時期をはるかに超える、長い歴史的過程を経て形成されたものであった。次節以降では、まず国家にかんする固有の観念と構想について、次いで国家構想における団体の位置づけについてその発展過程を近世にまで遡って、またドイツ・イギリスの順で通時的検討を行う。

第二節　「公共善」と「特殊利益」の弁証法——「より善き秩序」のヴィジョン

第一項　西欧の政治的伝統のなかのポリツァイ・シュタート

ドイツ的伝統としての「社会的安寧の思想」

前章冒頭で瞥見したとおり、戦後の西ドイツ知識人の過去にたいする態度に屈折を与えたのは、汎ヨーロッパ的価値観とドイツ的伝統との相剋であり、再出発を前にしてなされねばならなかった歴史の清算と継承をめぐる葛藤であった。しかし、欧米の民主主義体制への同化・吸収を急きたてられるなか、この過程を異質なものによる屈辱的併合とは考えず、むしろヨーロッパへの再統合を導くものと捉えた人々を勇気づける幾ばくかの要素が存在した。彼らにとって戦後の課題とは、ドイツ「特有の途」と呼ばれるもののなかにも汎欧州的な起源をもつとともに、今こそ将来に亘って永続的に、価値ある貢献をなすことが期待される契機を見出し、発展させることにほかならなかった。フレンケルは、そのようなものとして「社会的安寧の思想 der Gedanke der sozialen Geborgenheit」を挙げたのち、次の言葉を添えた。「この思想の根底にある諸原理が、今日においてすでに自然法の命題がもつほどの妥当性を要求してもよいのではないだろうかということは、修辞上の問題以上の問題である」[100]。すなわちヨーロッパ諸国のなかでもドイツがとくに歴史的に育んできた社会政策の伝統こそ戦後世界に自負心をもちつつ参画し、貢献できる領域となるにちがいないと考えたのである。

ハンス・マイアーもまたフレンケルの発言を引用しつつ、政府の機能拡大と社会への関与が、程度の差こそあれ先進諸国において普遍的現象として見出されることを指摘する。かつてドイツの知識人がその国の精神文化と政治的伝統、就中その手厚い社会政策を万邦無比と喧伝したのにたいして、連合国側がドイツ労働者階級を「政治的に禁治産化された奴隷」と揶揄した第一次世界大戦の頃に比較すれば、ドイツと西欧との距離はナチズムによる中断を挟んだとはいえ、おおいに縮減してきた[101]。というのも、自律的で体系化された行政官僚制、各種保険制度、経済的・社会的問題への国家の関与といった「ドイツ的伝統」は、抵抗や停滞を伴ったにせよ大西洋諸国家とも共有されえたからである。

それではこのような伝統は、いかなる意味で汎欧州的な性格をもちえたのであろうか。そしてそれにもかかわらずドイツで独自の形成と発展を示したのはなぜだろうか。マイアーによれば、それはキリスト教的君主義務観念と近世自然法論の賜物であるという意味で「ヨーロッパ的」である一方、その独自の継受の過程のなかでドイツ的個性が育まれた。

領邦国家体制と宗教改革

周知のとおりドイツにおいて絶対主義、すなわち近代国家の母胎の役割を担ったのは帝国ではなく、それを構成していた領邦国家である。(102) ところでその領邦高権 Landeshoheit は「一領邦一教派 Cuius regio eius religio」の定式(一五五五年・アウクスブルクの宗教和議)において象徴的に示されるとおり、そもそも教会にたいする高権を軸として成立したものであった。この結果国家形成における宗教改革の意義は、ドイツではよその地域とはいささか異なる意味あいを帯びるようになる。すなわちドイツ以外の諸国では宗教改革が、近世自然法論と国家理性論に基づく国家原理の抜本的再構築を、つまり政治権力の脱宗教化と世俗的国家の出現を招く画期となったのにたいして、(103) ドイツ諸領邦では君主権力と宗教的権威とが骨がらみのまま、近代国家への道程を歩むことになったからである。(104) かくしてマイアーが跡づけるように、近世ドイツの国家学者は国家理性論者をさながらカインの末裔のごとく呼んで罵倒した。王太子時代のフリードリヒ大王でさえ、道徳的義憤に駆られて「君主論」への論駁を試みた。言いかえれば、ドイツの国家論は依然としてキリスト教的倫理観を色濃く留めていたのであり、領邦君主もまた「神の役人」にふさわしい権利と義務の担い手としてみずからを意識した。その結果、ドイツ諸領邦の絶対主義的統治は、少なくともその萌芽期においては「宗教的パトス」から推力を得たのである。(105)

一方自然法論はといえば、領邦内部では宗教的内戦という触媒を欠いたために、ロックやルソーの思想がそうであったように世俗国家を基礎づけるための理論として発展する可能性も、また悪しき国家にたいする抵抗理論として用いられる可能性も限定的であった。(106) むしろ、それは政治体の成立を個人の自然的権利ではなく義務から説きあかしたプーフェンドルフに典型的に示されるとおり、キリスト教的義務観念と同様、君主にたいして恣意的な統治を行わないよう戒め、これに倫理的統治を命ずる道徳的規範としての役割を担った。[107] その理論は、政治権力の抜本的再編を企てるどころか、それがより円滑にかつより善く作動するよう導くための理論であるという意味で、既存政治秩序にたいする従順さを顕著に示すものである。このようにドイツの自然法論は宗教的義務観念との独特の混淆においてすこぶる特徴的であり、公的権威の責務を強調する政治的伝統の原点として位置づけられる。そしてこの特質のさらなる展開を導いたものこそ、大陸欧州に広く見られながら、ドイツの国家・行政史において格別の意義を有した「ポリツァイ」観念にほかならない。

「ポリツァイ」観念の発展

ミッタイスによれば「ポリツァイ Polizei」は都市行政の中核をなす領域であり、「警察」という訳語から連想される分野をはるかに凌駕する分野を包摂する、広範な概念であった。[108] 玉井克哉の所論にしたがえば、[109] ドイツにおいてこの概念は一六世紀までには頻繁に用いられるようになったが、宗教改革、都市化の進展、軍事革命といった一連の中世身分制社会の秩序弛緩と危機が転機をもたらした。というのも固有の意味におけるポリツァイを、すなわち「政治的共同体の善き秩序が保たれた状態」を社会内自治団体をつうじて確保することが、ますます困難になったからである。帝国ポリツァイ条令に定式化されたような「神意に適った臣民の善き生活」をはじめとして、社会的規律を維持する務めは、自治団体はもとより実質的な行政能力を欠く帝国政府もまた、もはや十分に担うことは困難であった。ひるがえって、もっぱら領邦教会首長として統治全般への責任意識を強め、実際にも行政機構を整えつつあった領邦君主がこの責務を独占的に引きうけるようになった。

以上のような背景を負ったポリツァイは、ドイツ国家の発展過程において、二重の意味で無視しえぬ影響を残したように思われる。第一にそれは君主の統治活動に倫理的な動機づけを与えることで、「公共善」のために行動する君主の権威と権能を著しく高めるとともに、場合によっては臣民生活への間断なき干渉さえも正当化する役割を果たした(110)。このことは領邦君主権力が、上位にいっさいの権威を認めぬという意味での、固有の主権概念を主張できぬものであったがために、いっそう重要であった。すなわち神権に基づく王冠をも、人民の社会契約に基づく世俗的最高権をも要求できなかった領邦君主は、その権力を彼じしんの具体的行為、つまり「善き統治」の実践によってしか正当化することができなかったのである。そのうえ領邦君主は、邦内で生じた紛争・問題解決能力において、帝国とは不断の緊張・競合関係に置かれていたので、高度の自立権をうち立てようとする君主はその実務能力のみならず倫理的側面においても、帝国にたいする優越をたえず実証しつづけねばならなかった。その意味でポリツァイは、近代国家への途半ばにあった領邦国家がいっそう独立性の高い対内主権を獲得するための試金石にほかならなかった。領邦国家にとって行政活動こそはその存在意義のすべてであり、実績の蓄積をつうじて今や政治的無能を露呈しつつある帝国秩序からの実質的独立を領民に望ましいと感じさせる契機となったのである。けだし領邦国家「本来の憲法は行政であった(111)（マイアー）」。

かくしてポリツァイはドイツ国家行政の積極的・行動的性格の、言うなれば産褥の役割を果たしたのであるが、それはまた行政に従事する専門的・職業的官僚制の拡大発展を促すとともに、彼らのエートスにも深い刻印を残した。マイアーがゼッケンドルフの行政理論を踏まえて強調するとおり、宗教改革は従来教会が担ってきた多くの課題を行政の領域に移転させたが、これとともにキリスト教的官職概念、すなわち「司牧」の義務観念を官僚層に植えつけもしたのである(112)。

このようにポリツァイ概念が第一に倫理的責任を強調し、その積極的で、時には干渉的でさえあるような行政活動を正当化したという意味で、いわば質的な影響を与えたとすれば、第二の影響は量、つまりその包括的な性格に関わる。ユスティによれば、ポリツァイとは、「国家の富を永続的に確保あるいは増大させ、国家の諸力をよりよく用いさせ、また一般に政治的共同体の幸福を促進するような（略）諸措置すべて」を指す。[113] このような包括性は「ポリツァイ」なるものが、とくに大陸欧州において安全の確保、すなわち特定の活動の抑止と危険除去に代表される「治安警察」をのみ指すものではないことからも明らかである。[114]「ポリツァイ」はこのような事後的措置だけでなく、各人によって享受されるべき「善き生活」、すなわち幸福な生の営みを実現するための事前の指示としての「福祉行政」をも含む概念である。[115] それゆえ「ポリツァイ」という語のもとに重商主義や殖産興業、道路整備のような経済政策、公衆衛生や救貧、教育のような社会・文化政策までもが網羅されたのである。そしてこれら民政を中心として万機に亘る政策の意義と正当性を包括的に強調する概念としてポリツァイは国家、とくに官僚機構の価値基準を構成するとともに、業務分野の拡大を促進する契機となった。

かくしてマイアーは領邦絶対主義時代に形成されたドイツ固有の政治的伝統として、「公共の福祉」および「善きポリツァイ」といった言葉で表現されるような統治者にたいする倫理的要請の強調とともに、それらの実現のために行動する国家機構の「準宗教的な威厳」を挙げる。[116] そしてこのように統治者の責務を力説するような国家論は、一面においてその行政に家父長主義的性格を刻印するとともに、臣民の自由にたいする抑圧を伴いはしたものの、他方においてプロイセン－ドイツにおける先駆的社会政策もまたその影響のもとで可能になったのだと結論づけるのである。

しかし領邦時代の国家概念と近代以後のそれとを不易の伝統の延長線上に置くことで、非歴史的な決定論に陥るのを避けるためにも、一九世紀ドイツにおける歴史的試練、すなわちフランス市民革命と英国産業革命にたいするドイツ知識人層の同時代的対決とそれらの「継受」について一瞥する必要がある。

第二項　「法治国」と自由

恣意の排除と理性との一致

一九世紀プロイセンの官僚支配体制が紛れもなく近代の所産であって、領邦絶対主義の単なる後継者ではないということを、官僚たちが奉じた支配の正当性にかんするイデオロギー、所謂「法治国 Rechtsstaat」概念は明らかにする。それは従来主権者、すなわち領邦君主の意志と同一視されてきた法の脱人格化を実現させることで、言いかえれば支配者と臣民双方を等しく束縛する客観的・自立的上級規範としての法観念を提示することで、統治権力の恣意的行使を妨げる定理となった。統治における君主の恣意ないし裁量の余地を縮減する必要は、世紀転換期のヨーロッパ全体を襲った政治変動に直面するなかで、プロイセンはじめ諸邦の政治指導者により、同時代的課題として痛感されたものである。ヒンツェが記したとおり、フリードリヒ大王時代に頂点を迎えた君主絶対主義国家は、「作為的に計算された体系であり機械であ」り、「君主の指導という弾み車が故障すると、止まってしまった」[117]。公権力の活動領域がいっそう広範になるとともに、社会的複雑性が増した近代国家において、君主の指導力と才覚それのみを恃みとする統治はもはや問題外であった[118]。というのもヒンツェが大王の言葉を借りて指摘するとおり、親政は君主の個人的資質という偶然的要素に国家の命運のいっさいを預けることを意味しており、「あらゆる国家形態のなかでも最良にも最悪にもなりうる」という不安定性を免れないからである。だとすれば、フリードリヒ二世ほどの不世出の傑物が世を去り、今や能力において数段劣る君主のもとで対ナポレオン敗戦という苦汁を嘗めたプロイセン官僚制にとって君主専制体制の限界を克服することは、国家再建のためにとり組まれなければならない喫緊の課題の一つであった。かくして能力と知識によって登用された大臣と官僚が実質的統治にあたる一方、凡庸な君主がこれを阻害することのないよう、その恣意を法律をつうじて客観的に抑制するという必要性を背景としていた点で、法治国概念はたしかに近代立憲主義の原理に沿うものであり、領邦絶対主義とは質的に異なる支配原理の擡頭を示唆していた。

しかし法治国概念は、法による統治権力の一般的抑制をめざす教義以上のものであった。なぜなら法治国概念における「法」は、単に「なにをしてはならないか」をのみ指示する形式的・消極的概念を超える要素を含んでいたからである。それは「理性」の現れなのであり、「なにをどうなすべきか」をも指示する実質的・積極的概念として機能した。だからこそ法治国概念は、権威主義的福祉国家の伝統と複雑なかたちで結合しつつ、行政活動への一般的制約以上の意味を帯びるようになり、プロイセン官僚制に自由と理性の名において行政活動を担うよう動機づけ、これを促すイデオロギーたりえたのである。

玉井の所論によれば[119]、法治国概念をドイツ国家論に導入したヴェルカーにとって、法とは理性的人間の倫理則、つまり「生ける精神」たる道徳の客観的形式にほかならなかった。さらに「法治国」が同時に「自由国」でなければならないのも、その定立が公民の自由な同意という「契約原理」に基づいているからである。この契約が充足されるためには、「古いものと憲政」が、恣意 Willkür がもたらす破壊的作用から守られねばならない。つまりヴェルカーにおいて、法と自由に適った統治とは、恣意ないし経験的意志からの懸隔とともに、倫理的規範ないしその具体的形態としての旧慣との調和に基づくものでなければならなかった。それゆえ専制君主の恣意的統治が国法により掣肘される必要があるのは当然として、人民によるそれもまた排除されなければならないということになる。というのも人民の経験的意志に基づく統治、つまり隣国フランスで出現したような民主政は多数者の恣意による支配であるという点で、原理上専制と寸分違うものではないからである。恣意による支配の排除をめざす点で法治国概念は、その名こそ異とすれ、カントの共和政観念の嫡出子にほかならなかった[120]。

法が自由の保障手段たりうるのは、それが理性に合致し、恣意を妨げるかぎりにおいてであるという思考様式は、法の根拠として〈理性〉に〈歴史〉を代置するザヴィニーの歴史法論のなかにも見出される。[121] 玉井は、いずれも経験的意志の表出を俟つことなく存在する法源を仮定しているという意味で、一九世紀前半の法学者の共通認識を「法秩序既存の観念」という言葉で特徴づけた。[122] かかる観念においては、意志の顕現に先だってすでに法秩序が存在している。逆に言えば、法が倫理的に価値ある内容を蔵しているからこそ、法秩序を無視して（君主であれ人民であれ）統治者が恣に権力を行使することが固く警《いまし》められる。この点で法の規範としての拘束力はその形式的適切性ではなく、それが内包する倫理的価値によって担保されているのである。すなわち法治国において法は規範的概念として理解されている。それは統治者が「してはならないこと」（恣意の一般的・形式的抑制）を指示するのみならず、理性に適い、自由を維持増進するような統治、すなわち「すべきこと」を推しすすめるうえで少なくとも障碍にはなりえないし、場合によってはそのような統治を義務づける可能性さえ秘めているのである。

「自由」の積極的解釈とポリツァイ・シュタート

さらに、このような法観念に相照応するかのように、「自由」もまた規範的概念として構成されていることに注意しなければならない。法により統治者の恣意を抑制するということには、いわば二重の自由概念が含意されている。それは法によって被治者を権力濫用から守る（外在的強制からの保護）ということだけでなく、理性に裏づけられない意志は自由意志の名に値しないということをも意味する。法治国が、君主専制のみならず人民専制をも拒絶する所以であるが、このとき「自由」は剝きだしの欲望や私的利益の追求を無制約に行う能力とは異なるものとして理解されている。すなわちそれは自己の内在的制約にさえうち克って理性的に意志し、行為する精神の「自律」をこそ意味しているのである。バーリンが指摘するとおり、このような「内面的自由」は自我の二分化を、すなわち情動に日夜曝されているような経験的自我と、「真の自我」との分裂の意識を前提とする。後者は理性とも、あるいは個人を包みこむ有機体的「全体」――「民族」はその一つである――とも容易に結びつく。[123] このとき我々が自由たりうるのは、欲望や情念にうち克って、理性が指図する当為をあたかもみずからが望むことのように意志し、実践することができるときである。他者からの干渉（他律）からの解放が消極的自由（「からの自由《リバティ・フロム》」）を意味するのと同じように、自分の内なる他者としての「偽の自我」、すなわち欲望や情動のような自然的拘束から「真の自我」を救いだし、理性の命令をじしんの自由意志として意志するとき、そこに「自律」としての真の自由は存する。このように「法」と「自由」がそれぞれ当為を命じる概念として構成される根源的背景には、人間についての二分法的思考、すなわち規範的人間像と現実の人間との分裂の意識が存在する。そして自由の意味を理性的状態「への自由《リバティ・トゥ》」（積極的自由）と解釈するかぎり、この内なる他者としての情欲からの解放を促進するための指導や援助は、自由に合致するものでこそあれ、背馳するものとは考えられない。

　自由保障の定理としての法治国概念が、時として干渉的でさえあるポリツァイ・シュタートと両立しえた所以はここにある。[124] 外在的干渉がなければ、それだけで自由が万人にたいして確保されうるというわけではないという考えがその核心にある。逆に言えば、それは理性的自我への覚醒をつうじて、あるいは人格的陶冶《ビルデュンク》の過程をつうじて到達すべき目標なのである。それゆえ「すべての個人に内在する人間としての諸力をすべて、できるかぎり調和的に発展させること」に法治国の責務を見出すモールにとって、単に個人に外在的拘束を及ぼさぬだけの国家は、自由国としていまだ不十分である。むしろ救貧をつうじて物質的不自由から、教育をつうじて精神的不自由から諸個人を救いだす国家、すなわち「福祉行政《ポリツァイ》」をつうじて自由実現の補助手段を積極的に給付する国家こそ自由国の名に値する。

　繰りかえすならば、法治国概念における「法」と「自由」は、いずれも「理性」という実質的価値を充塡された一対の観念であり、各人の倫理的な人生の実現を可能にさせるような社会の定立という目的に結合されている。ここではただ単に、統治権の濫用を法が抑止するから人民が自由を享受できる（消極的自由）というわけではない。そうではなく真の自由、すなわち積極的・内面的自由の実現のために法が当為を指示し、法治国が助力を与えればこそ、法と自由は調和的なものとして理解されるのである。法治国が、積極的自由の実現に奉仕するかぎり、それが干渉的なポリツァイ・シュタートとして姿を現したとしても矛盾を来すものではないと考えられるのもそれゆえである。では、だれが自由の実現のために必要な諸条件を見極め、統治が理性に適うよう対処するのであろうか。

このような任に堪えるのは、大学で国法の解釈者としての訓練を受け、教養習得をつうじて人格的に陶冶され、「普遍身分」の資格を得た官僚以外にはありえないように思われた。けだし「知識はひとを自由にする」からである。[125] アームストロングが述べるとおり、「（略）法治国という新しい概念が他の改革諸理念と融合して、官吏の自律性を正統化する機能を果たした。国家の従僕として官吏は、法的に定義された領域の内部で行為するかぎり、なんぴとにたいしても説明責任を負わなかった」のである。[126]

理性独裁としての官僚支配体制には、統治の倫理性を強調する点で一八世紀までの領邦絶対主義のもとで形成された伝統、すなわち政治支配を公益実現という道徳的義務によって方向づける政治的伝統が、まぎれもなく継承されている。と同時にそれにもかかわらず、そこには明確に新奇な要素が挿入されていたことにも留意されなければならない。というのも対仏敗戦に端を発するプロイセン国制改革の一環として実施された官吏採用試験制度の導入は、血統や身分を官職の配分の唯一の原理とすることを拒絶するとともに、教育ある市民層にたいして統治権力への門戸を開くものにほかならなかったからである。ミューラーの所論によれば、折しも世紀転換期に訪れた〈文化革命〉は「人間の価値を計る新しい基準」として教養理念をうち出すことで、市民層の貴族にたいする劣等感をおおいに払拭し、もって彼らを〈能力に開かれた職業〉たる官職へと駆りたてることとなった。[127] そのかぎりで法治国概念とそれが帰結した官僚支配は、「市民の世紀」としての一九世紀ならではの現象であった。このとき「理性」

の統治は、旧体制を特徴づけていた「血統」の支配をも放逐したのである。

理性の現れとしての「法」、これにみずからの意志で服従する精神的自律としての「自由」、そして両者をともに内包する「法治国」概念は民主主義や君主専制はもちろんのこと、イギリスのように院内多数派の意志が支配する議会君主制すら容認しないものである[128]。それゆえに三月前期のドイツ自由主義者は、君主にも議会にも権力を独占させず、啓蒙官僚による実質的「理性独裁」を可能ならしめる〈立憲君主政〉の主たる支持者ともなったのである[129]。

第三項　団体－国家の変容と再生

一九世紀前半におけるプロイセン国家の社会的土台

「啓蒙官僚絶対主義」の背景には、人間本性にかんする二分法的思考が存在する。一方に「より善き自我」が君臨する仮説的意志の領域があり、他方に恣意としての経験的意志が跋扈する領域がある。ただし両者は非連続的な、架橋不能な二つの世界というよりはむしろ、人間の内面世界の発展段階を表現している。すなわちひとは「教養」という人格発展の契機を得て、後者から前者へとステージを高めるのである。そして統治エリートの適格性がこのような教養理念によって基礎づけられるかぎり、それは血統に基づく身分制の運命論的障壁に風穴を穿ち、意欲と能力を備えた市民層のために地位上昇の機会を与える、社会的近代化のイデオロギーたりえた。

このような哲学的二分法を、政治制度論の領域において再構成するならば、今や古代ギリシャ以来の同一性を喪失するとともに、たがいに別個のものとして峻別されるようになった国家と市民社会の二項対立として表現されるだろう[130]。ヘーゲルの言葉を借りれば、「倫理共同体」と「欲求の体系」とのそれである。さらに「意志」を、その社会的・経済的動機に着目して「利益」と読みかえるならば、前者は公益ないし共通善を実現するための場であるのにたいして、後者は私的な特殊利益の競争場として捉えることができる。一個の市民もまた前者では政治的市民《シトワィヤン》、後者では経済的市民《ブルジョワジー》としてあたかも別個の人格をもつ者のようにふるまうのであり、[131] かくして諸個人は社会的人格として相矛盾する相貌を呈するに到る。

しかしヘーゲルも含め、三月前期のドイツ自由主義者の見解をふり返るかぎり、公私両領域の二分法的思考は明白であるにしろ、両者は、人間本性にかんする考察同様に、媒介不能なものとは考えられてはいなかった。むしろ自由の氾濫による市民社会の四分五裂と独裁的国家権力による強権的解決との継起的循環（フランス）、あるいは市民社会の最大化と国家行政の最小化がもたらした社会問題の深刻化（イギリス）という西欧国家の経験を反面教師としつつ、ドイツ国家は第三の途を模索した。すなわち古典的自由主義に基づく公私両領域の厳格な区分から離れるとともに、弁証法的にこれを媒介する機関として「中間団体 Korporation」を再評価し、その多機能的性格を近代社会の要請のもとで賦活しようと試みたのである。

この点について考察するまえに、プロイセンに的を絞って三月前期までのドイツにおける国家－社会関係について瞥見したい。プロイセンにおける啓蒙専制は、地方割拠主義の掣肘、行財政ならびに軍事機構の集権化のように多くの点で、フランス絶対王政ならびに革命政府と共通する業績を達成した。この点でそこには大陸国家に通有の特徴がまぎれもなく見出されるものの、社会的平準化と国民創造という点では事情を異にせざるをえなかった。領邦等族議会の制圧、軍事監察官による中央集権的行政の拡充、等族制的地方行政－司法の「国家化」等々、プロイセン絶対主義は「青銅の巌」のごとき君主の対内主権の確立を断固としてめざし、じっさい赫々たる成果を挙げはしたが、しかし等族制的な社会秩序全体に手を触れることをそもそも意図してはいなかったのである。ヒンツェが指摘するとおり、フリードリヒ大王の啓蒙専制国家に固有の特徴とは、それが旧来の身分制秩序を維持した点にこそあった。[132] 大王に到るまで歴代のプロイセン君主は、半独立的領主の政治権力の解体、あるいは吸収に腐心したものの、その社会的威信さえ貶めようとは企てなかった。[133] 王権がめざしたのは、みずからに逆らわないことを条件に貴族と「沈黙の妥協」を結ぶことにあった。かくしてフリードリヒは貴族の経済的・社会的諸特権維持を容認する一方、これを国家に奉仕する柱石に変え、勤務貴族化したのであり、その結果「国家的負担のそれぞれの身分への独特の配分」とそれに対応する「経済的・社会的保護」の給付に基づく国家が成立した。[134] 言いかえれば「いっさいのものが、さながら哲学的体系のように結びあう」「様々な階級間での、独特な政治的・経済的分業体制」こそが、フリードリヒ啓蒙専制国家の社会的土台にほかならなかったのである。[135]

この国家が民主主義とナショナリズムを標榜するナポレオン帝国にたいして喫した屈辱的敗北がきっかけとなり、国制改革の始動に到ったのは周知のとおりである。たしかにそれはプロイセン近代化のために国民諸力の活用を含む抜本的改革を標榜していたが、それにもかかわらずフリードリヒの遺産は一夜にして清算されたわけではなかった。この点で隣国フランスの革命政府が、ル・シャプリエ法に典型的に示されるように、果断にも中間団体の粉砕と排除をつうじて、均質な個人からなる単一の国民－団体を創出しようと試みたのとは、まったく対照的であった。すなわち大陸国家として共通の課題に直面してきた両国であったが、今や異なる岐路を歩みはじめようとしていた。すなわちバディとビルンボームが指摘するとおり、政治体を自由で平等な個人から成る原子論的社会に立脚せしめる一方、官僚制の確立・強化をつうじて国家の社会からの分化と自律化の過程を徹底的に押しすすめたフランスとは異なり、プロイセンにおける改革は既存社会勢力からの国家の自律ではなく、前者の後者への融合に向けて方向づけられていた。逆に言えば、旧等族もまた国家に包摂されることによって近代を生きのびるとともに、権力機構の懐深くにおいて影響力を維持することが可能になったのである。[136]

じっさいのところ、〈下から〉の革命を経験しなかったプロイセンにおいて、社会構造の抜本的再編や国制の根本原理の再定式化が問題にされる余地などありえなかった。『リガ覚書』の「君主統治における民主主義的原則（ハルデンベルク）」の語に集約されるように、これらの改革は君主－官僚支配体制の否定ではなく、その枠組のなかで市民の自発的活力を部分的に、プロイセン再興に役だつかぎりで利用しようとする試みにほかならなかった。この意味でヒンツェが述べるとおり、プロイセン国制改革は「プロイセン国家生命の内的必然というよりはむしろ、一般的政治情況の強制に由来」していた。[137] すなわち追求されるべきは、首尾一貫した原理に基づく近代国家の創造などではなく、国難に対処するにあたって必要な諸力を国家のなかへと漸次組みこむことをつうじて、既存の秩序形態を当面の時代情況に適応させることにあった。そして改革が〈上から〉遂行されるかぎり、それは既存の秩序の必要最小限度の漸進的・部分的変革の域を超えるものとはなりえなかったのである。

この点で市民出身でありながら、その「教養」により官僚機構における準貴族的待遇を克ちとった啓蒙官僚ほど、新旧両要素の均衡と調和の維持にあたって適任と思われる者はほかにいなかった。この改革が、プロイセン国家の対外的抵抗力を高めるという根本目標のもとで社会的諸力の国家活動への合流を促すものであるかぎり、旧来の身分制秩序の漸進的解体と諸身分間の移動の部分的開放の過程を伴うのは不可避であるが、しかしこの過程は啓蒙官僚が指導する国家の慎慮と管理のもと、前進と後退という微調整を繰りかえしながら進行すべきものであった。その意味で変革の主導権は社会そのもののうちにではなく、あくまで国家に置かれていた。言いかえれば近代ドイツにおいて市民社会は、国家に先行して存在すべき、その創造者などではなく、むしろこれに随従する、その被造物として位置づけられたのである。

それゆえ一八四八年に到って発生した三月革命が、その呼称にもかかわらずアンシャン・レジームにたいする若き市民社会による挑戦とは、およそほど遠い様相を呈したとしても驚くにはあたらない。むしろそれは、一九世紀前半における諸施策の結果、新旧両社会秩序の均衡維持という課題がいっそうの困難さを抱えこみ、各社会層の不満が鬱積・増幅されたことに由来していた。なるほど一八〇七年の十月勅令によって着手された農奴解放は、世襲隷民制の廃止をつうじて元来領主－農民関係を特徴づけていた封建的性格を除去した。かくして形式的には土地売買と職業選択の自由が実現したのであり、「貴族が今後は市民的生業を営んでよいこととなるのは、市民が貴族の土地を取得してもよいことと同じ（ヒンツェ）」であった。[138] しかしながら改革は、当事者たちにとって非対称的な作用を及ぼした。なるほど農民は賦役から解放されたものの、独り立ちするのに十分な資力を保障されぬまま領地から放りだされ、安価な日給に頼って糊口を凌がねばならぬ農村プロレタリアートに転落したからである。これにたいして改革の真の受益者となったのは、領主貴族層であった。[139] なぜならユンカーJunkerらもまた、従来領主が背負わされてきた家父長的な領民保護義務や土地の取引にかんする諸制限から「解放」されたからである。貴族層は社会的特権の維持のほか、農民保有地や共有地の犠牲により改革の対価を十分支払われただけでなく、農地の集積と整理ないし一円化とともに経営合理化をなし遂げることができた。

都市においても事情は同じである。一連のプロイセン国制改革のもと、一八一〇年一〇月の営業税令によってツンフトの特権は否定され、営業の自由が実現した。それはナポレオン軍の占領領域に匹敵するドラスティックな経済自由主義的改革であったにもかかわらず、都市住民によってかならずしも歓迎されたわけではなかった。[140] 啓蒙官僚主導による近代化の試みにもかかわらず、これらの改革から利益を引きだしうるほど社会が変化し、成長を遂げるにはなお多大な時間と犠牲が必要であった。というのも効率において圧倒的な機械生産が導入されたとしても、市場が狭隘であるかぎり、変化が強いる犠牲を補うほどの雇傭と所得を確保することは困難だったからである。厳しい現実に直面した手工業者はむしろツンフトやギルドといった昔日の保護殻を懐かしんだのであり、後に彼らの不満は改正営業条令（一八四五年）における強制ギルドの部分的復活というかたちで当局の対応を引きだしさえした。[141]

「革命」と呼ばれる一連の騒乱の火付け役となったのは、これら旧秩序の解体により損害を被る一方、いまだ産業社会への吸収によって窮乏化の対価を支払われてはいない転落農民と職工であった。皮肉なことに社会的近代化のさらなる前進ではなく、反転を求める声が革命を招きよせるとともに、体制批判の一点においてたがいに相異なる見解を擁する人々が糾合されたのである。したがって革命が——新秩序の創出による旧秩序の転覆ではなく——社会的現実に沿うような両勢力の新たな平衡点を発見するに及んで終焉を迎えたのは、当然のなりゆきであった。

ドイツ自由主義者の団体観念と国家構想

新秩序としての近代社会がいまだ完全には姿を見せぬ以上、そしてそのような社会を創りだそうとする官憲国家の試みが無視しがたい不満を招きよせている以上、革命前後の時期における国家への批判者が、ありうべき社会像を西欧流の市民社会とは別の場所に求めたとしても不思議ではない。英仏の経験や理論に通じたロテックやモール、ヘーゲルやヴェルカーといったドイツ自由主義の代表者らにとって、産業化と経済的自由化が社会的近代化のための必須条件であることは明々白々であったが、同時に彼らにとって焦眉の急に思われたのは、これらの過程が必然的にもたらすであろう災厄を、いかにして除去ないし緩和すべきかという問題であった。(142) 貧富の格差拡大とともに、社会秩序を支えるべき中間層の摩滅が由々しく感じられたのも、それが社会の脱倫理化を、貪欲の支配と人間の道具化の原因となることを危惧したからである。(143) かくして三月前期の政論家は、官憲支配の根本的否定ではなく、公益実現のためなおいっそうの奮励を求めるかたちで批判を展開したのであり、もって福祉ポリツァイの拡大による経済的・社会的諸関係の調整と平穏の実現を要求した。(144)

のみならず彼らの多くは、（フランスの革命思想家とは対照的に）改革された「中間団体」の再建さえ望んだ。団体は、ひとが利己心に虜われることを防ぐとともに、自己以外の存在をも含む集団について思いを致すことで、その協同精神を涵養する礎となる。このことは個人を集団に埋没させ、その自由を犠牲にするということを意味しない。たとえば、モールらはツンフト廃止を不可避とみなしながらも、それによって「手工業仲間がもはや倫理的なつながりをもたず、孤立してしまい、警棒が名誉感にとって代るようなことになる」ことに懸念を示す[145]。ここからツンフトに代わる新種の団体の構築が模索されることになる。団体による自己統治がなされるとともに、それが倫理の源泉であるかぎり、官憲国家による個人への無制約の干渉は不要なのであり、この意味で団体への期待は自由主義的信条にけっして背馳しない。ここには自由な個人主義的社会と強力な国家的規制権力が、中間的共同体による媒介なく直接向きあうような国家‐社会モデルにたいするオルタナティヴとしての、団体‐国家モデルの萌芽が見出される。

さらに団体は、その職能が社会生活に不可欠であり、したがって各人の行為が公共善に資するものであることを、なにより明快に個人に教えるものであるがゆえに、矜持と名誉の源泉ともなる。すでに触れたとおり『法哲学』においてヘーゲルは、ひとは特定の職業団体の成員であることで能力技術と一人前の生活力を確保するのみならず、社会的に承認された存在であることをおのずから証明することができると論じた[146]。すなわち「能力を前提とする生計の保証としての確固たる土台」に加えて、「ひとかどの者」という評判を有しているからこそ、ひとは「みずからの身分のうちにみずからの名誉をもつ」ことができる。畢竟、団体への帰属をつうじて「みずからの特殊的なものに向けられていた利己的目的が同時に普遍的目的であることが把握され、かつ実証される」（第二五一節）。この一文から明らかなように、ヘーゲルの眼に団体は、経済社会における特殊なる欲求が普遍的倫理へと媒介される結節点として映じている。いわば団体は、国家と市民社会がたがいに有機的に、つまり特殊と普遍が相互に排他的なものとして分裂対峙するのではなく、普遍性のうちに特殊性が充塡されるとともに、特殊なるものの追求が普遍的なるものの実現に寄与するようなかたちで結合されるために欠かせぬ媒介項なのである[147]。

かくして団体は私益と公共性を両立させるうえで要の位置を占めるために、彼の国家構想においてとりわけ重要な意義を担うようになる。それによれば、行政は特定の公的責任と権限を団体に委譲するが、他方において団体設立の法的公認、ツンフト的弊害除去のための監督、その長の認証などの権限をみずからに留保することで、フランスには欠落していた市民社会の国家官庁への有機的組織化という課題を達成する。[148] このとき市民社会の「ありのままの姿 was sie ist」（第三〇八節）を反映するように代議士を選出すべき議会においては、団体は議員選出の中心的基盤にならねばならない。[149] なぜなら市民社会はあれこれの団体に分節化されたものとして存在するからであり、そうであればこそ団体をつうじて選出された代議士は、普遍的利益が特殊利益を犠牲にするのではなく、前者が後者によって裏づけられるようなかたちで、普遍的利益の実現のために討論を行い、その形成に参加・協力することができるのである。[150]「それゆえ議会に独自の概念規定は、以下の点に求められなければならない。すなわちその〔議会の〕なかで普遍的自由の主観的契機、本論の叙述で市民社会と呼ばれた領域に固有の洞察と固有の意志が、国家との関係において存在に到るという点、これである」（第三〇一節）。

　以上のようにヘーゲルほかドイツ自由主義者の国家構想に特徴的なのは、団体が国家と社会、あるいは公益と私益を媒介し、有機的に結合させる結節環として思いえがかれているという点にある。留意されるべきは、彼らが革命前夜の転落農民や職工と同じように、もっぱら徒らな懐旧的願望からこのような言説を弄したのではないということである。すでにアダム・スミスの教説はケーニヒスベルクを経てドイツ知識人層に浸透していた一方、フランス革命とナポレオン遠征の衝撃は、今や彼らが未知の時代の戸口に佇んでいることを悟らせるのに十分であった。西欧で生じつつあった新たな事態の意義について通暁していたからこそ、彼らはこの変化がもたらす様々な困難、旧秩序解体に伴う社会的分裂や倫理的頽廃、産業化が惹起する分配の不公正といった諸課題を、同時代的問題としてみずから引きうけ、それぞれの立場で独自の回答を提示するという使命感に駆りたてられたのである。たしかに彼らはドイツの現状という文脈のもとで解決策を模索するよう拘束されはしていたが、国家と社会の分裂、あるいは市民社会の脱倫理化という現実を否みがたい所与として鋭く認識していたという意味で、その言説はけっして守旧的・反動的な動機に基づくものではなかった。このとき彼らは回答の焦点を団体に見出すことで、国家と社会の近代化にまとわりついた西欧共通のアポリアを乗りこえようと試みたのであり、両者の再結合、あるいは市民社会の〈再倫理化〉というかたちでそこにドイツ的個性を刻みつけることになったのである。この発想の重要性は、それが私的団体による公的利益の実現、また国家と社会の分裂・対立ではなく融合・協調というかたちでドイツ国家の秩序原理の根本に据えられるとともに、ビスマルク国家からヴァイマル共和国、さらには戦後期においてもなお受け継がれてきたことを確認することで明らかにされるだろう。

さりながら彼らのヴィジョンが、近代国家および社会構造の悪弊についていかに洞察力に富んでいたにせよ、彼らが直面した現実の社会、すなわち資本主義の浸透と産業化の進行を経験しつつあった三月前期の社会において実現可能な、また望ましいものであったと言うことはできない。彼らの社会像が均質的な、いっさいの集合的羈絆から自由な個人を前提とするような西欧流の市民社会を認識のうえで潜在的に通過していたにせよ、現実に存在したのは、旧来の身分制社会秩序の残滓と「上からの革命」や産業化をつうじて生じつつあった未熟な近代社会との雑多な混合物であった。したがって彼らのヴィジョンに切迫性と革新性が生じるとすれば、後者による前者の一応の克服とともに、産業部門間や階級間においていっそう苛烈で無情な社会的四分五裂が明らかになる一九世紀最終四半世紀を待たねばならなかった。ただし復活した集合的生命体は、三月前期の自由主義者が思いえがいた団体とはいささか性格を異にした。利益団体である。

帝政ドイツにおける国家－社会の〈再融合〉

これら利益団体と中間団体の決定的相違は、前者が「ポスト・リベラル」な現象、すなわち一八六九年の北ドイツ連邦営業条令において完結したような、労働市場自由化や社会的流動性確保を目的とした一連の立法・行政措置によりドイツ社会の前近代的団体構造がおおよそ解体されたあとに現れたものであるという点に求められる。旧来の共同体的団体が儀式や衣装を含む伝統や、帰属意識・名誉感情といった精神的紐帯をつうじてその成員の人格全体を支配していたのにたいして、この新手の団体はあくまで均質な個人を前提とし、明確に定義され、限界づけられた目的と権能、合理的で規則に基づき階統制的に役割を配分された組織構造をもっていた。(151) 前近代の団体が経済のみならず、成員の政治的・社会的あるいは文化的生活さえも規定する包括性を特色としたのにたいして、自由主義以後の団体は、さしあたり純粋経済社会としての市民社会において特定の目的のためだけに結合し機能する利益団体として、少なくとも理論上は――というのは、そのような団体でさえ成員の感情や帰属意識とまったく無縁ではないので――出発した。

それにもかかわらずドイツの団体は、国家の外部から政府や官庁との非形式的な商議、あるいは政党への委任をつうじてのみ政治領域に関与するような、多元主義社会における「圧力団体」以上の存在となった。それどころかドイツの「利益団体」は後発産業国の発展プランのなかに組みこまれることで、国家戦略上の新たな位置づけを与えられ、封建制とは異なるかたちではあるが、〈再政治化〉への途にすみやかに足を踏みいれることになったのである。

帝国創建から二年を経た一八七三年、従来帝国官房長官ルードルフ・フォン・デルブリュックのもとで精力的に推進されてきた自由主義的経済政策は一大転機を迎えた。(152) 株式会社法改正（一八七〇年）をきっかけとして濫造された泡沫会社は、景気後退の荒波に呑みこまれるやいなや続々と倒産したが、このことは市場経済にたいする不安を掻きたてるとともに「自由主義の信用失墜（ベーメ）」をもたらした。(153) かくして同年にマンチェスター学派に対抗すべく社会政策学会が創設される一方、二年後にはゴータ綱領のもとで社会主義諸政党が合同を果たしたように、自由放任路線にたいする反対派は次第にその存在感を高めつつあった。ひるがえって大不況時代の到来とともに、対外的にはまず工業界から、追って農業界から保護貿易を求める声が強まる一方、対内的には産業社会の「組織化」や、低成長期における利潤配分の「社会化」への関心が日増しに募った。そしてまさしくこのような時代情況を追い風にして、各種政策や国法をつうじての経済生活の秩序化、さらに産業振興という国家目標のもとでの諸利害間の調整の制度化やネットワーク化が試みられるとともに、現代ドイツにもなお見出される固有の制度文化の原型が形成されるのである。言いかえれば、自由主義の公理に倣って政治的領域と経済的領域の分離をめざす動きはここに反転し、両者の再結合が図られることとなった。

この所謂「組織資本主義」の時代には、多くの点で後のネオ・コーポラティズムの時代と類似した諸条件を見出すことができる。景気循環がもたらす経済的窮境からの脱出、社会的構造変化が惹きおこした政治的不安と緊張の除去、そしてなにより相対的に遅れて工業化への道程を歩みはじめたドイツが先発国に「追いつく」べく選択せねばならぬ発展戦略……。これらすべてがこの時期のドイツ国家とその経済社会に相対的に明確な政治的・経済的国家目標を、すなわち広く理解可能な「公益」概念を提供していた。そして目標が明確で共有可能であるかぎり、金融・資本・労働・教育そして政官の各レベルで目標達成のために最適な組織形態を練りあげ、相互依存関係のなかで長期的な協力を持続させるための方法が順調に発展した。(154)「後進国の発展は、まさにその後進性のゆえに、先進国の発展とは根本的に異なる傾向があるかもしれない」という観点から後発国の産業戦略を分析したガーシェンクロンが注目したとおり、この過程のなかで銀行は効率的な産業振興と企業の垂直的統合を実現するうえで中心的な役割を果たした。(155)とりわけユニヴァーサル・バンクは、短期貸付を行う商業銀行に特化したイギリスのそれとは対照的に、低利長期の融資のみならず株式や社債の引き受けをつうじて将来的に有望な成長産業部門を重点的に援助・育成する一方、各企業の監査役会や総会への参加をつうじて競争を「管理」することに責任を負うようになった。(156)銀行がみずからの命運を工業の順調な発展に賭けた以上、自由市場や国際取引への関心にもかかわらず、それは「国民的な企業〈ベーメ〉」として活動したのであり、かくして経済的ナショナリズムが銀行と工業を結合せしめた。[157]経済成長と利潤の最適配分を監督するのは、帝政ドイツでは「見えざる手」ではなく、公的目標と私益の充足を調和させようと腐心する大銀行だったのであり、これは国家による直接的統制に代わって、産業政策の効果的展開と産業諸部門の組織的運営を担ったのである。

産業構造の変革、すなわち大小企業の整理統合をつうじて、有限な資本を集中・集積させることは、景気低迷を耐えぬくとともに、先進的だが費用のかかる科学技術の導入を推進するうえで避けられぬ前提であった。[158]じっさい銀行は工業金融を梃子にして企業の選別と統合、産業部門の再編と合理化を押しすすめる一方、ひるがえってこのことが銀行の合同と大規模化の呼び水ともなった。[159]企業規模の拡大に適応するかたちで必要になるのは集約的で合理的な経営組織であるが、コッカによれば、これを可能ならしめたのが国家官僚制の私企業への「転用」である。官僚制の発展が産業化に先行したこと、このことがドイツにおける迅速な産業組織化を容易にするとともに、〈私官吏 Privatbeamte〉を自称するホワイト・カラー層の異例に早期の成立を促した。精確で規則性と数値を重視する官僚制的管理手法の私経済領域への浸透は、官界からの天下りと学校制度の拡充をつうじてすみやかになされた。かくして官僚制にかんする豊富な経験は、ドイツ経済の広範な統合と集権化を後押しするうえで一役買ったのである。[160]さらにレヴィによれば、この Beamter（職員）なる言葉は、単なる実利的関心を超えて、労働者のメンタリティに働きかける独特の影響をつうじていっそう広く普及することになった。というのもこの言葉は、その地位の社会的上昇をほのめかす点で、被傭者の自負心をくすぐる作用をもっていたからである。すなわち「大工場や大会社の労働者が共通して抱く願望は、〈傭員 Angestellter〉、すなわち従業員《エムプロイー》とか事務員《クラーク》としてでなく、〈職員〉として扱われたいということであった。彼らはかかる擬似官僚的な用語法が、彼らの世間体をよくするものと信じていた」。[161]このように経済社会の国家への再組織化には、国家によるイニシアティヴのみならず、社会の側からの積極的な反応によってさらなる弾みを得たという事実にも留意すべきであろう。

経済的再編期が政治的変革の時期と重なりあっていたこともまた、経済秩序の広範な組織化という射程を超えて、国家と社会の相互浸透を促すことになった。市場の調整機能がもたらす混乱や社会問題の深刻化は、国家官僚機構による安定化への期待をいっそう高めるとともに、その経済・社会両面での全般的干渉政策の展開を導いた(162)。まさにこの国家干渉の増大と同じ時期に、帝国議会議員選挙への（男子）普通選挙制導入に代表されるように、国制の民主化が進展し、政治の大衆化が開始されたことが、ポリツァイ・シュタートの伝統に新たな一章を附けくわえる結果をもたらした。税制、公企業、発注、補助金、独占統制、ハード・ソフト両面でのインフラへの投資など、多岐に亘る政策内容と増加する予算の分配に影響力を及ぼそうとの願望が、公私問わず利益団体の政治運動を活性化させる刺激剤となったからである(163)。かくして各種産業団体は提携する院内政党をつうじて間接的な、時には所轄官庁への直接的な働きかけを行うことで、国家の政治過程に参画せんと努力を傾注した。このように不況に端を発する〈上から〉の組織化や干渉の試みと政治的民主化から活力を得た〈下からの〉団体結成と圧力政治への動きが合流したとき、そこから政治と経済、あるいは国家と社会のあいだに新たな関係を構築するための機会が生じた。すなわちそれは諸利益団体の〈再政治化〉を促す一方で、政治それじたいの「社会経済化（コッカ）」をも招いた。かくして、自由主義改革期に分離されたはずの私的権力と公的権力は、潜在的な緊張と不協和音を伴いながらも「団体」を介して融合へと方向づけられるとともに、両者の境界の曖昧化がもたらされたのである。

次章であらためて論じるとおり、ビスマルクからヴィルヘルム二世に到る時期に、利益団体政治の活性化に伴ってコーポラティズムの先蹤をなす様々な試みがなされることになるが、産業社会の到来を背景としている点で、前近代的団体‐国家構造とは異なる秩序原理に立脚していた点に注意しなければならない。社会的解放、個人主義、自由化、民主化、そして資本主義……、これらすべてが国家と社会の構造原理について根本的再編を導く可能性を秘めていた。しかしそれにもかかわらずビスマルク－ヴィルヘルム国家が、啓蒙専制に端を発し、ドイツ連邦共和国のネオ・コーポラティズムに到るまで受け継がれた〈国家伝統〉の担い手でありつづけたことを示唆するのが「会議所」制度、なかでもこの時期に再興された「手工業会議所」である。というのもそこには、国家がその中立的・調整的役割を留保しつつも、経済的領域にたいして直接的な統制を行うというよりはむしろ、私的自治団体に「準公的」責任と権限を背負わせることで、赤裸々な利害関心の追求に一定の制約を加えるという、すこぶるドイツ的な利害調整様式の特色が見出されるからである。

グライネルトによれば、ドイツの伝統的職業訓練システムは、国家が訓練過程にほとんど関与しない市場モデル（英米）とも、また反対に国家がこれを独占的に統制する官僚制モデル（仏伊）とも異なる、「デュアル・システム」（独墺）の代表的事例である。そこで国家は、一方では「企業にたいして青少年労働力の一定の裁量権を公法的に認め、だが他方では、その広範な自由搾取を国によって定められる監督規則によって有効に防止する」ための包括的枠組を提供する。(164) このようなデュアル・システムに中世の親方－徒弟制度を彷彿とさせる側面が窺えるとしても、その起源はここに直接遡及されうるものではない。かかる訓練制度もまた、居住・職業選択の自由実現のための長年に亘る旧社会秩序解体の努力の対象となることをけっして免れはしなかったからである。プロイセン改革により着手され、北ドイツ連邦営業条令で頂点を迎えた一連の自由化政策は、旧来の同業組合を解体することで旧中間層の失望と不満を年々歳々募らせるとともに、競争制限と保護をめぐる懐旧的主張にすこぶる反時代的な様相を帯びさせてもいた。しかしながら、「組織資本主義」同様、団体政治の活性化や経済社会の組織化、さらに国家との再結合という動きのなかで、旧中間層による同業組合の復活を求める声に好都合な情況が醸成され、ついには世紀末に到ってその政治的要求は実を結ぶことになる。すなわち同業組合 Innung を「公法団体」として認め、これに職業訓練についての規則制定権と実施責任、さらに独自の仲裁裁判権を与えた条令改正（一八八一年）に続いて、一八九七年には「手工業者保護法」が成立し、同業組合の上部組織として「手工業会議所」が設置されたのである。これは手工業者の公法上の利益代表団体として、法による権限委譲に基づき職業訓練、紛争仲裁、試験実施監督、後には資格証明にかんしても「準公的」権限を行使するとともに、手工業問題全般について聴聞される権利を獲得した。[165]

無論このような政策の背景に、帝国政府による旧中間層の「国家護持勢力」への取り込みという政治的意図が作用していたことは否定できない。[166]その意味で、官憲国家による統治は、同時代に吹聴されたほど純然たる超然統治ではなかった。さりながら他方で、このような試みをつうじて「自己管理」の概念がドイツ私経済のなかに組みこまれるとともに、国家そのものに直接帰属するわけではないものの、それにもかかわらず国家と手を携えて公的利益の実現に責任を負い、この目的のために成員の集合的行為能力を確保する、中間レベルでの制度的枠組の原型が構築されたこともまた事実である。[167]しかし「私的圧力団体が政府に参加可能な、地域・全国レベルでの制度的枠組の確立（ベルクハーン）」をめざしたビスマルクの意図は、[168]むしろその挫折した計画のなかにこそいっそう明瞭に見てとることができる。

すなわち業種別保険組合を職能団体に転化し、これに基づきもっぱら経済的利益を代表する職能議会を設立せんとする構想である。[169]そもそも労働者の関心を国家に引きよせ、これとの相互依存関係を自覚させようとの意図から、一連の社会保険政策は企てられたのであるが、ビスマルクの構想によれば職能議会の設立によってこの目論見は政治制度上も実現するものと期待された。保険組合が特定の職業に基づくかぎり、それら組合の代表者から成る議院は実業の現場で克ちとられた専門知識や情報の豊かさ、あるいは経済事案にかんする「真の利益」についての関心の深さにおいて、帝国議会の政党政治家を凌駕するにちがいない。移ろいやすく不安定な世論を味方につけるべく、煽動的で浮薄な教養と言動によって大衆の関心を惹くことばかりに腐心するイデオローグや学者・弁護士が跳梁する帝国議会に比べ、「神の御心に適った現実」、すなわち生活者がげんに直面している社会的・経済的情況や要望について熟知する諸利益団体から成る職能代表議会のほうが、堅実で効果的な政策の実現にとってはるかに有益な知見を披瀝してくれるであろう。そしてそのような議会ならば、政府が国家理性に適うと信ずる法案や計画に、「人民の真の必要」という観点から確固たる裏書きを与えてくれるはずである。国家じしんが、経済成長や産業振興のみならず、労働環境の改善や生活不安の解消をも含めて、各種経済・社会・労働政策を率先して実施した事実と相照応するかのように、保険組合に基づく職能議会は信頼性と確実性を備えた助言と見識を提供することで政府に報いるであろう。このように堅固で緊密な相互依存関係において国家は、帝国議会には期待すべくもない社会的・経済的支持基盤を克ちえ、かくしてその安定性を不動のものに高めることができるであろう。かかる期待からビスマルクは、平等・普通選挙権に基づき、均質な個人から成る市民社会を代表する近代議会、すなわち帝国議会の対重となって、その弊害を是正するための第二院として、再編された「身分制議会」――とはいえそこで団体は、生得の社会的属性ではなく、選択自由な職業に基づき結成されるのであるが――を官憲国家の伴侶に迎えようとしたのである。[171]それは、団体を媒介項として普遍的利益と特殊的利益の融合を図ったヘーゲルの国家構想の、ビスマルク流再版にほかならなかった。[172]

重要なのは、このような構想はけっして孤立して存在したのではなく、行政主導の国家伝統というより大きな思想的文脈のなかに埋めこまれていたという点にある。多様な社会的・経済的利益への配慮と帝国政府による超然統治は、一貫して相互補完的かつ不可分の関係にある。すなわち超然統治は為政者にたいして一党一派の利益のために奉仕することを戒め、諸利益のために制度的ないし非制度的アクセスを用意するよう促す一方で、これらによって示される見解や要望は政府による諸政策の拡大的展開を正当化する。帝国政府による様々な政策的イニシアティヴは、国家の社会にたいする責任に裏打ちされていたのであるが、その一端は第一次社会保険政策にさいしてビスマルクが帝国議会に示した所見（一八八一年）のうちに見出すことができる。

国家がこれまで以上にその助力を必要とする構成員に心を致すということは、単に人道性や、国家諸制度を満たすべきキリスト教の責務であるに留まらず、国家護持政策上の課題なのでもあり、この課題たるや以下の目標を追求しなければなりません。すなわち、住民中に無数におりしかも同時に最も無学な無産階級のあいだでも、国家が単になしでは済まされぬ nothwendig 制度なのではなく、恵みをもたらす wohlthätig 制度でもあるという見方を育むという目標であります。この目的のために、立法措置をつうじて彼らに与えられる、認知可能で直接的な利益によって、国家を上流に位置する社会内諸階級の保護それだけのためにのみ誂えられたものではなく、彼らの必要と利益にも奉仕する機関として理解するよう彼らは導かれなければなりません。(173)

後見的家父長主義と階級社会への洞察が混在するかのような、右の演説からダイソンが見出したのは、政府機構が「労働者の福祉にたいしてもつ責任感」であり、この責任観念たるや元はと言えば、ポリツァイ・シュタートの観念のもとで育まれたものであったという事実である。(174) すなわち前述したとおり、国家を貫く原理ではなく、国家が超党派的な立場から住民のために実際になすこと、つまり行政上の実績こそが、統治者の第一の関心でなければならないという、領邦絶対主義に由来しポリツァイ・シュタートにおいて育まれた国家概念は、今やドイツの近代化政策を推進した帝国政府においても継承され、それが着手した社会政策の分野においても展開されていた。けだし変説と見紛うほどの融通無碍ぶりに浴びせられた非難にたいしてビスマルクが敢然と言いはなったとおり、施政にあたって宰相が拠り所とする「唯一の羅針盤、唯一の導きの星」は（少なくともその主観においては）「公益 Salus publica」にほかならなかったのである。(175)

かかる統治体制は新旧様々の階層の利益の調停者として巧みに対応するかぎり、「相対的自律性」を確保できると主張されうるかもしれない。しかし、他方で政府がその背後で特定利益との繋がりに束縛されるか、新たな利益を受けいれる柔軟性をもちえなければ、普通平等選挙に基づく議会において社会の変動を如実に反映しつつアモルファスかつ力動的に展開される諸政党の動向と乖離することを避けられず、議会政治と深刻な緊張関係に陥るであろう。この意味においてビスマルク失脚後ヴィルヘルム時代においてますます明らかになった官憲国家と政党政治との相剋は、超然統治のもとで活性化した利益団体政治がもたらした政治的副作用にほかならなかったのであるが、この問題については次章で論じることとしたい。

第三節　多元主義国家の社会的条件

第一項　自由主義と王冠

J・S・ミルによる「善良な専制君主」批判

放任されるかぎり経済的利害に基づく分裂と不和を免れがたい社会を、公平無私を旨とし、キリスト教倫理を抱懐する君主、ないし教養により理性を獲得した官僚の指導と管理のもとに結びつけようとする発想にこそ、伝統的ドイツ国家思想における制度化・組織化の論理の枠が見出せる。

このような国家は、J・S・ミルが『代議制統治論』において、名指しすることなく批判した「善良な専制君主」の国家を彷彿とさせる。ミルにとって卓越した統治の根本的要素は、国民の「徳と知性」という精神的資質にある。それゆえに統治の優秀さは、第一にこの資質の総量の向上に役だっているか（資質総量の最大化）、第二に現存する資質総量を正しい目的の手段として利用するうえで適切か（資質総量の効率的利用の最大化）という基準によって測定される。[176]そしてミルは、そのような観点から「もし善良な専制君主というものが確保されうるならば、専制君主制は最良の統治形態であろう」との通俗的見解を批判し、謬見であると退ける。[177]そもそも「すべてを見通す」超人的な精神的活動力を有する君主を見出すことそれじたいが困難な前提であるが、たとえそのような君主を戴いたにせよ、専制はおよそほかに勝る統治とは言いがたい。なぜなら絶対権力の観念には、国民の〈受動性〉が含まれているからである。国民が受動的存在である場合、つまりじしんの運命や集合的利害にかんしていかなる意志の実行をも許されぬ場合、国民の精神的資質は毀損されざるをえない。というのも思考が外部的効果を、つまりじっさいに役に立つ可能性をもたないかぎり、人は考えることに無気力になり、ひいては知性の退嬰がもたらされるからである。またミルによれば「感情を養うのは行為である」が、この行為の範囲が制限されているときに、道徳感情は矮小化され、徳性の発展は阻害されることを免れない。このとき国民全体の知性と感情は物質的利害関心や私生活上の娯楽にのみ捧げられる一方、愛国者はただの一人しか、つまり専制君主彼じしんしかいないということになる。かくしてミルは言う。「善良な専制が意味するのは、専制君主に依存する限りでは、国家の役人による積極的な抑圧はなにもないが、しかし国民の集合的利害のすべては、かれらにかわって処理され、集合的な利害にかんするすべての思考も、かれらにかわって行われ、そして国民の精神が、かれら自身の活力のこのような放棄によって形成され、この放棄に同意しているという、統治である」。専制君主による統治は、たとえ善意に基づくものであれ、またじっさいに良き結果を伴うものであれ、それが国民全体の精神的資質の減少を招きよせてしまうがゆえに批判の的となるのである。

これにたいしてミルが理想の統治形態と考えるのは、主権が共同社会の全体に存し（国民主権）、各市民が主権行使に発言権を有する（普通選挙権）のみならず、みずから公共の職務に参加しもする（自治）ような代議制民主政治である。後見的温情主義が否定されるのは「各人こそが、彼自身の権利と利益の唯一の守護者である」からであり、それゆえに全体の利益が実現されるためには、できるかぎり広範で、多様な個人の活力が政治過程に取りいれられなければならない[178]。それと同時に自治が徳と知性の涵養にも裨益するのは、それが日常の利己的活動では知る由もない「個々人を越えて拡大する思考や感情」へと各人を導くからである。諸利害の衡量や一般的善に基づく原理原則の適用の経験は、彼を狭隘な利害関心や視野から解きはなつまたとない好機であり、それゆえに公共的義務への従事は〈公共精神の学校〉としての役割を果たすものと期待されるのである[179]。

このようにして国家活動の最小化と市民社会における個人の活動の自由の最大化、議会主義と自治による統治という古典的自由主義の教説が構成されるのだが、留意されるべきは、このような議論がけっして人間と市民社会にかんする楽観的見解に基づいているわけではないという点にある。否、それどころかかかる統治体制は、人間本性にたいするすこぶる悲観的な理解に由来するものでもある。皮肉なことに、帰結するところこそ違え、温情主義的官憲国家の教義とミル流の代議制民主政治論のいずれも、人間精神にたいする懐疑をその出発点とする点で共通している。「統治は、現在あるとおりの人間のために、（略）作られねばならない」と考えるミルにとって、考慮されるべき人間本性とは、共通利益より自己利益を、そして「間接的で遠い利益よりも目前の直接的な利益」を優先させる「二つの悪い性向」である[180]。そして権力掌握はこれらの性向を矯めるどころか、むしろいっそう助長するのであり、このことは民衆による支配においても例外ではない。「邪悪な利害関心」にたいする効果的保障の準備こそ、統治構造の第一の考慮の対象たるべしとする点で、ミルはヘーゲルその他のドイツ自由主義者と見解を同じくする[181]。しかしながら、他方において彼らと決定的に袂を分かつのは、直近の自己利害を血眼になって追いもとめる連中に彼らの真の利益について公平な第三者が助言を試みたとしても、前者は後者に耳を貸すはずがないと考えるからである。利己的人間に理性的判断を期待し、あるいは啓蒙という手段をつうじてでもかくあらしめようと試みるのは、

「地上をはう虫にたいして、もしおまえが鷲であれば、おまえにとってはるかによかっただろうと説くのに似ている」。欲望と情動に駆られる人間を、いかに説得し、あるいは教養を施したところで、けっして理性的存在になどなりはしないと信じるミルは、ドイツの自由主義者以上にペシミストである。[182]

そうであればこそ、自由主義-多元主義国家とはなにかを実現する国家なのではなく、なにも実現させない国家でなければならない。[183]「どの階級も、結合しやすい諸階級のどの連合も、統治において、圧倒的な影響力を行使することができてはならない」ということこそミルの考える「望ましい目標」にほかならない。[184]国家がいかなる社会正義や公共善を標榜し、また実現しようとも、結局は誰かに得をさせ、また別の者に損をさせるように、特殊利益による歪みを免れることはできないからである。代表される利害ができるかぎり多様なものとなるような参政権の拡大が主張されるのも、過大代表あるいは過小代表によって政治と現実社会との関係が非対称性を帯びることを防止するためである。かくして少なくとも『代議制統治論』におけるミルは、人間の公共善認知・実現能力への懐疑に基づいて、国家になしうることの最小化を要求するのである。[185]

国家になにかをなさしめるぐらいならば、最小国家のもとでの各人の自発的協調と活潑な競合による徳と知性の自然的発展を期待するほうが、よりましな選択であるという点にミルの国家-社会観は集約されるが、[186]市民的自由や自発性、多元性に最大限の尊重を求めるこのようなヴィジョンにも、やはりイギリス国家、およびその社会の歴史的現実がおおいに反映されている。

「国家なき社会」と王冠

ドイツの領邦絶対主義とは対照的に、テューダー諸王はけっして従来の行政・軍事・経済制度の抜本的改革と集権化をもたらしはしなかった。中世イングランドは、モザイク国家たるフランスのように地方割拠主義克服のための対内的集権的統制手段を必要とはしないほど、すでに統合された国家であった[187]。同時にそれは島国的地勢のおかげで、プロイセンのように不断の対外的脅威に曝されてもおらず、それゆえに社会全体を軍事的・財政的目的のために緊密に組織化する必要もなかった[188]。ヘンリー八世にとって統治に必要なものは、すべて議会が進んで調達してくれたのであり[189]、地方エリートとのあいだで良好な関係を保つかぎり、領域の制度的統合は十分に維持されえたのである。すなわち議会の圧殺ではなく、その服従に依拠しえた点に、大陸欧州と比較したさいのイギリス型絶対主義の特徴が見出されるのであり、このことがその国制の将来的発展にとって決定的な意味をもつことになる。かくして大陸型絶対主義を実践しようとしたステュアート諸王の試みは、まさにそれがイングランド統治の要諦について心得違いを犯していたために破綻は免れがたく[190]、また同様の理由でクロムウェル共和制および軍事独裁も永続的なものとはなりえなかった。その意味で前章第一節第二項で触れたとおり、名誉革命は「古来の国制への復帰」にほかならず、同時に英国における近代国家の死産を意味していた[191]。そしてこの革命が、次の世紀における大陸の動向とは異なる帰結をもたらしたかぎりにおいて、原子的個人を前提とするような人民主権論や、社会全体の秩序維持に万端の責任を負う集権的君主－官僚国家というメルクマールを英国史に見出すことはできず、名誉革命は中世から近代への截然たる画期とはならなかったのである。

ここから示唆されるのは、結果において異なりながらも、国家論、あるいは国制の社会的前提における、英独両国の奇妙な共通性である。いずれの場合もフランス革命において典型的に表現されるような市民社会と集権的国家との対構造が欠落している。すなわちドイツにおいては領邦絶対主義以来集権的行政－軍事国家が存在してきたが、市民社会の出現は遅々として進まず、産業社会の育成・発展は自生的というよりはむしろ、国家による指導と監督のもとで〈上から〉なされることになる。他方イングランドにおいてはブルジョワ社会の曙光は早くも見えながら、大陸欧州に匹敵するほどの行政機構の発展は厳しく拒絶されている。両国の〈跛行性〉――ただしフランスのそれを標準的な近代国家－社会関係のあり方とみなすかぎりにおいて――こそが、英独それぞれの国家－社会構造の発展史を根本的に特徴づけることになる。

ひるがえってそれは政治的近代化に着手するさいに両国が置かれた、歴史的初期条件の違いを示すものでもある。ダイソンはこのように対照的な性格をもつ二つの国家－社会構造を、それぞれ「国家をもつ社会《ステート・ソサエティ》」と「国家をもたぬ社会《ステートレス・ソサエティ》」として類型化する。両者を分かつのは、「公権力」を担う制度にかんする歴史的および知的伝統、すなわち「国家伝統《ステート・トラディション》」の有無である。[192] 国家なき社会といっても、いっさいの統治機構ないし社会的統合の中枢機関の欠落を意味するわけではない。それはアナーキーとは異なり、たしかに政府を備えてはいるが、市民社会がみずからを組織化することで、その権限と機構が無際限に拡大する必要性を免れることができる。このような観点からバディとビルンボームもまた社会から高度に自律し、制度化された国家が全体社会の支配と秩序化にあたる政治体と、そのような国家の出現を抑制し、階級関係の調整と組織化を社会みずからが引きうけるタイプのそれとを分類し、後者の典型としてイギリスを、他方で前者のそれにフランス（類例としてプロイセン）を挙げたのである。[193]

固有の責務と権能を体現する国家を拒絶した英国において、これに代わって公的権能の統一性を表象する役割を担ったのは、ロンドン塔に安置された「王冠《クラウン》」であった。[194] メイトランドによれば、大陸諸国が「国家の法人化personified」によって行った公権力の脱人格化を進めるための手段を、イングランドは「国王の教区牧師化parsonified」によって代替しようとした。[195] すなわち国家に一つの集合的法人格としての地位を認めることなく、教区牧師同様、王冠を〈単独法人 Corporation sole〉と考えることで、自然人であり死を免れぬ君主と、人為的人格であり附随する権利を行使する王冠とを分離し、もって私的人格と公的権限を区別しようと試みたのである。[196] 君主の人格を死すべき自然的身体と不死身の政治的身体というかたちで二元的に理解する中世的国家観念、所謂「王の二つの身体（カントーロヴィチ）」観[197]は、自然的人格と単独法人との分離というかたちで近代イングランドにもなお生きながらえ、エイメリの言葉では「我らが〔英国〕国制の最も際立った特徴の一つ」となった。(198) それは君主個人の家産的・私的権利とは明確に区別される公的権能についての包括的な国家理論を欠く、あるいはそのような理論の発展を容認しなかった英国において、政治・行政権力の抽象化と脱人格化という大陸公法理論が果たした機能を、部分的にも補完しようとする苦肉の策にほかならなかった。(199)「国家《ステート》」は大陸流官憲国家に通ずるがゆえに、そして「共和国《リパブリック》」は議会内王による統治体制にとって不愉快極まりない国王弑逆事件を想起させるがゆえに、一八世紀以降の制定法文書から姿を消し、かくして相続法上の客体にすぎぬ王冠が、国家権能の主体という重責を担うという、すこぶる特異な法的擬制が保持されたのである。(200)

ダイソンの見るところ、そもそも家産制的国家観に由来する「王冠」概念に依拠して、ますます複雑化し、拡大する近代国家の諸機能や機関相互の関係を記述し、また公務員《シヴィル・サーヴィス》たる官吏に固有の責任感情を発展させることには困難が伴う。(201) しかしそれにもかかわらず、なお「王冠」に代えて「国家」を公権力の継続的な担い手として制定法上明確化することが躊躇われたのは、ひとたび国家が固有の理論的・憲法的基盤をもつならば、いつの日か市民社会による「信託」という羈絆を離れ、その自由を抑圧するリヴァイアサンと化すのではないかと懸念されたからである。前章第二節第四項で論じたとおり、ロックの定式さながら統治権力が、人民によりいつ何時でも解消可能な「信託的権力」に留まるためには、人民と契約を結びうる自律的な当事者能力を、言いかえれば法人としての地位を国家に認めることはできなかった。自由主義的な英国市民社会が、みずからのパートナーとして選んだのは、近代的「国家」ではなく、信託的権力としての「王冠」だったのである。

第二項　敬譲の体系

教育と社会的地位上昇

自由主義の教理は国家の活動範囲を最小化するのみならず、その社会にたいする従属的地位を強調する論理でもある。しかし国家にたいする社会の優越の強調は、なるほど国家権力の自律性を弱め、その作用する範囲を狭めることを目的とするものではあるが、だからといって共同体の公共的事柄にかんするなんらかの指導の契機さえも、否定するものではない。ただし指導の契機は、国家および官僚機構の内部ではなく、その外部に、つまり社会内覇権集団の手中にあるということを、このような政治理論は示唆するのである。かくしてイギリスの政治理論家、就中保守主義に立つ者が統治や権威の重要性を説いたときですら、その所論において国家が占める役割は大陸欧州ほど大きなものではなかった。むしろ彼らは土地貴族を中軸とし、後にブルジョワジーをも包摂するに到った、社会内の有力階級による指導について論じたのであり(202)、ホイッグとは異なる陣営においてもやはり依然として社会の優位性が力説されたのである。

ここで検討するヴィクトリア時代のイギリス社会もまた、同時期のドイツと同様に、均質で平等、生来的属性に虜われぬ個人から成る「フランス的」市民社会モデルから見れば、逸脱的な特徴を数多く抱えこむ社会であった。しかしそれは、ドイツほど出自や公的資格、所属する身分－団体などの厳格な敷居により、分節化された社会ではなかった。たしかに一九世紀における一連の選挙法改正により参政権が着実に拡大していたにもかかわらず、戸主か否か、あるいは財産の価値や保有様式、地代や家賃の額、さらに居住期間等々によって選挙資格が基礎づけられたように、政治的権利を分配するための基準は複雑を極め(203)、普遍性と合理性を著しく欠いていた。しかし見方を変えるなら、社会的流動性の増大と物価水準の向上いかんによってこれらの障壁が緩和されたように、この古風な社会は、前途有望な融通性と曖昧さを秘めてもいたのである。

社会的地位上昇にとって「教育」は鍵となる要素であるが、この点にかんする英独両市民層の比較は、両国の国家－社会関係を考察するうえで示唆的な知見をもたらすであろう。プロイセン市民が教養理念に熱狂したのも、それが〈官途〉をつうじて、つまり国家の中枢に身を置くことで、社会的差別から解放されるのみならず、準貴族的待遇さえ手に入れるきっかけを与えたからである。産業化が依然として十全に進捗したわけではなかった一九世紀前半のドイツ社会において、教養（と官職）は財産以上に市民的なるものを定義するうえでの核心的要素として重要視されたのであり、彼らにとって身分制の克服と栄達は、社会内経済活動への従事ではなく、公務への従事により実現されるものであった[204]。すなわちコッカが指摘するとおり、ドイツの市民層に刻印された「国家志向性や官僚的特徴のなかに決定的な特色が見いだされねばならない」のであり、そこに「国家と離れ、ほとんど国家を介さない他のヨーロッパの市民性」との違いが現れているのである[205]。

これにたいしてイギリスの中産階級が大学に進学したとき、卒業後の進路として思いえがかれたのは公務員生活ではなかった。彼らは官吏にならずとも、パブリック・スクールやオックスブリッジに進学し、そこで上流階層に相応しい文化を習得することで、「ジェントルマン」として認知されえたからである。彼らが共同体における指導的地位を手に入れ、エリートの仲間入りを果たしうるかどうかは、官職その他の法的・形式的資格ではなく、上流と認められるに足る生活様式の習得と社会的ネットワークへの参加いかんにかかっていた。

ここで着目すべきは、英国における「ジェントルマンの条件 gentility」の非形式的性格である。その地勢学的条件のおかげで長らく平和を享受したイングランド貴族は、軍人としての勤務が重要視されたプロイセン貴族とは対照的に、早くから武芸ではなく学芸の習得にこそ高貴と卓越の証を見出していた[206]。かくして一七世紀までには、「ジェントルマンの条件」として教育が中心的な位置を占めるようになった。このことは教育を介したエリート層への参入可能性が、（たとえ狭くとも）血統貴族以外にも開放されたことを意味したが、そもそもジェントルマン身分と教育とのつながりは、相続制度の特徴によりもたらされたものでもあった。長男単独相続制 Primogeniture のもと、領地と称号を得られぬ貴族の次男坊以下は、市民的生業の世界に適応するよう余儀なくされる一方、とりわけジェントルマンの名誉を保つにふさわしい職業として知的専門職に従事する習慣が形成されていたのである。[207] すなわちイギリスでは上流階層という〈身分〉に境界線を与える客観的・法的な基準が欠けていたのであり、ここに貴族からあぶれた子息らと立身を志す市民とが出会い、ジェントルマンと呼ばれる幾分開放的で流動的な階層が成立するための社会的余地が生じた。[208] この階層の凝集性を担保したのは「ある種の生活様式、すなわち社会的規範、信条および行動様式（フレーフェルト）」であったが、これらは系図や爵位のような明示的徴表というよりはむしろ、同輩による主観的な認知と評判によって確保されうるものである。逆に言えば、その身分に相応しい「生活態度」と起居振舞を身につけているかどうかがジェントルマンとして承認されるうえで鍵を握っていたのであり、これらの媒介装置となったものこそパブリック・スクールやオックスブリッジにほかならなかった。その結果、独自の教育と専門職、あるいは土地の所有が「ジェントルマンの条件」として重視される一方、こうして拡大的に解釈された社会階層が大陸欧州に比べてはるかに小規模な爵位貴族層を補完した。[209] かくして上流階層への門戸が比較的に開放的であるかぎり、栄達と威信の獲得を夢見る英国の中産階級は、官吏任用試験の可否に懊悩する必要はなかったのである。けだしミルが述べたとおり、「イギリス人の立身出世の観念」は「公職」ではなく「実業や知的職業での成功」にこそあった。[210]

ジェントルマンによる社会的統合と「敬譲」

以上を要するに、プロイセンでは社会的利害対立と分裂にたいして、超然的君主－官僚政府が、普遍的利益への公平無私なる配慮をつうじて、身分間の障壁の漸進的解消と階級間利害対立の調整に指導性を発揮するよう期待された。この意味で一九世紀における社会的統合の要の役割は、市民層というよりはむしろ国家、あるいは教養修得をつうじて国家における指導的地位を得た官吏が担った。これにたいして英国では、身分制のしがらみから比較的自由であった社会がもつ相対的な開放性と柔軟性が、近代産業社会に不可欠な社会内流動性を確保するうえで助けとなるとともに、市民層の社会的地位上昇と貴族層との文化的同化を促進した。言いかえればエリート階層への参入資格は、国家ではなく、社会そのものに基礎づけられていた。[211] すなわちヒンツェが指摘したようにプロイセンでは「君主が住民諸階級を結集させる核」であったのにたいして、英国では王権の地位低下を伴いながら、領主貴族層がその余の有力階層と結託し、ジェントルマン概念をつうじて徐々に市民層をも包摂するに到ったのである。[212]

かくしてヴィクトリア期の英国社会は、厳然たる社会的地位の相違や、目に見えるかたちで識別可能な生活様式、そしてそれらから生じる優劣、ないし威厳と服従の感覚といった前近代社会の特色を色濃く留めながらも、これらの社会的障壁は、努力と歳月次第では乗りこえがたいものではないという意味で、カースト制とは区別されるべき社会であった。それどころかジェントルマンという理念は「身分」概念を、血統のように生来的で宿命的なものというよりはむしろ、教育や職業のような比較的開放的で参入可能なものへと転型することで、〈富〉を得た新興階級の〈地位〉への渇望に応えることができたのである。[213] それはバジョットの言葉では「除去可能な不平等の体系 system of *removable inequalities*」であり、潜在的な意味では身分制はすでに克服されている社会であった。[214] この社会はフランスや合衆国で支配的な「平等体系」とも東洋に見出される「除去不可能な不平等の体系」とも異なり、しかも平等主義的な民主社会に勝るとも劣らない利点を具えている。バジョットは次のように力説する。「しかし我々はイングランドにおいてあえて次のように考えてよいのかもしれない。それ〔民主社会〕は社会が採用できる最良あるいは最高の形態ではなく、それどころかまさに人類の過去の進歩が達成され、そしてそこからしかあらゆる未来の進歩は予想できないように思われる個人の独創性と卓越の発展にとって、破滅的であることはまちがいない、と。もし人々がみな似たり寄ったりで、世界がいかなる自然の渓谷も自然の丘陵ももたぬ平原であると言わねばならないとすれば、存在の画趣は破壊され、さらに悪いことに、谷の住人が丘に登るよう奮起する本能的な模倣的競争意識《エミュレイション》は無になり、二度と生じえなくなる」。ひるがえってイングランド社会においては劣等感はかならずしも無力感に繋がらず、むしろそれゆえに社会的上昇のために張りあい競いあうことを厭わない。それは時として実質と見かけが一致しない「上流気取り snobbishness」の弊を免れないものの、しかし被治者大衆に抜きがたい嫉妬と挫折感、それがもたらす厄介な平等欲をもたらすことなく、精力的で活潑な知的・経済的活動を促すことができるような社会である。

　これにたいしてエリート階層もまたその門戸を閉ざすことなく人々の上昇志向を寛容に受けいれ、産業社会の変化に順応するかぎり、その権力と権威の解体をめざす下層階級からの手強い挑戦を免れたのであり、「敬譲 deference」の念に基づく大衆的服従に支えられて、政治指導の手綱を握りつづけることができた[215]。すなわち川北稔が指摘するとおり、「被支配層から有力な個人をたえず補給して自らの活力を高める一方、被支配層の内部に社会構造の変革を求めるエネルギーが危険なほどに蓄積されるのを防ぐ」ことに成功した点にジェントルマン支配秩序の安定性の基盤はあったのであり、この体制がかくも長きに亘って維持されえたのは、地主が新興勢力の擡頭を実力で服従させえたからではなく、自発的な順応を促すことで社会的緊張の高まりを回避しえたからである[216]。かくして近代イギリスでは社会的対立の尖鋭化を伴うことなく、穏健な社会的流動化と漸進的な市民社会の形成が可能になり、そのために大陸欧州のように国権の発動による強制的な社会的平準化という方法をとらずにすむことができたのである。

　ブリッグズはこのような社会を、平等ではないにせよ、社会的地位の微妙な差異が織りなす調和と均衡を誇りにするような社会として描いたが[217]、それはまた〈自由〉という信条を原則とする社会でもあった。各人が各人に固有の目標のためにいかなる拘束をも受けることなく行為することが可能であり、かつまたその努力に相応しい成果を、〈富〉であるか〈地位〉であるかを問わず、享受することを期待できる、そしてそのかぎりにおいて現存する格差を承認し、あるいはむしろ自由な行為の結果として当然視さえする、これこそが自由社会の生活原則である。そしてこのように「階層の多様性や利益の相違が、公益実現の妨げとみなされず、国家のうちに消尽されることのない自由な共同体の当然の表現として、積極的に評価される（リッター）」ような社会では、共通善を標榜してこれに干渉を企てるような国家の居場所はおよそ見出しがたいであろう[218]。ここでは自由社会である以上、特殊利害の存在は避けがたいが、対立の調整はあくまで社会的次元において解決されるべきものと考えられている。その意味で〈公共的《パブリック》〉な事柄は、「官」つまり国家によってではなく、「民」つまり社会みずからの手によって処理されねばならない。

これにかんしてクラウチはコーポラティズムの歴史的条件について検討した考察において、じつに興味深い指摘を行っている。組織資本主義の進展のもと、国家を仲介人とするコーポラティズムの試みが模索された大陸諸国とは対照的に、英国ではその「穏健な機能的等価物」が「非形式的で対人的で〈ジェントルマン的〉な取り決めをつうじて獲得された」。つまり「より広範な統合の維持のために眼前の私益の最大化に一定の制約を強いる」紳士的自制の習慣が、赤裸々な利害対立を回避させる一方、国家の経済社会への容喙を妨げたというのである[219]。第一節第三項で確認したように、戦後英国におけるコーポラティズムの失敗の主因は、労使間の協調があくまで〈自発性〉に委ねられたために、すでに調停不可能なほど対立が険悪化し手遅れになったとしても、特定の機関に強制力をもつ権威を与えることには依然として強い反撥があり、政治指導者もその点に配慮したということに由来する。しかしこの悠揚迫らざる態度は、クラウチが指摘するとおり、英国における利害調整の歴史的・文化的様式が「紳士協定」により形成されてきたということを思えば、驚くにあたらないだろう。

第三項 「信託」——英国固有の団体理論

法人理論と団体

さきにドイツにおいて「団体《コルポラツィオン》」が、自由主義者にとって〈自由〉と〈倫理〉の窮極の拠り所と考えられていた一方で、官憲国家にとってもその有機体的全体秩序において不可欠の分肢とイメージされていたことを確認した。すなわち「団体」は前近代的な社会観において、個と全体の双方の契機を含むとともに、両者を架橋する役割を演じるものと理解されていたのである。

だからこそル・シャプリエ法によって試みられたとおり、単一不可分にして唯一の法人としての近代国家、そしてその裏返しとしての原子的個人から成る市民社会の両者が出現するためには、このような中間団体は排除されなければならなった。その意味で「団体」の自律的生命力の消滅こそは、中世と近代を分かつ分水嶺の一つである。とはいえ団体死滅はそれに先だつ長期に及ぶ過程の所産であり、わけてもローマ法継受は全体的国家－社会秩序において団体が占める位置を決定するうえで、画期的な意義を有する事件であった。それは混沌とはしているが、多種多彩な社会的要素が織りなす神秘的な調和に基づいていた有機体的秩序のなかに公私両法の分離という一服の猛毒を盛った。この古代法は「その最高度の発展を『絶対主義的な公法と個人主義的な私法』とのなかに見出した(220)（メイトランド）」。裏を返せばその継受は中世の生活に多様性と彩りを与えてきた団体の自律的生命を根底から否定——し、ひいては全体秩序を国家と市民社会へと二元的に還元——するきっかけともなる理論をも蘇らせた。ギールケの『団体法論』英訳版に寄せたメイトランドの所論によれば、この理論こそシニバルド・フィエスキ（後の教皇インノケティウス四世）がはじめて用い、後にザヴィニーによって蘇生した「擬制人 persona ficta」についての理論、擬制理論にほかならない。[221]これによって法人は、擬制によって人と呼ばれるにすぎない存在となった。それはいわば〈人為的な人 artificial person〉であり、〈自然人 natural person〉のように知り、意志し、行為することもできない。それどころか死ぬことさえもない。擬制人が人たりうるのは、法の恩恵によってであり、国家の意志を俟たずして生存することはできない。つまり法人はその生殺与奪の権を国家の掌中に握られている。けだし「『人為的人格』は、主権的権力の創造物」なのであり、「法人の鼻孔に国家が擬制的生命の息吹を吹き込まなければならない」のである。[222]

換言すれば団体の法人格取得は、君主による恩恵的な計らい、すなわち〈特許 concession〉の所産にすぎない。擬制理論と特許理論はともに、絶対主義的な君主権力を称揚する理論として機能する一方、「法人」を「自然人」ならざる「人為的な人」とすることで、これからいわば「自然権」を剝奪したのである。その意味でローマ法の法人理論は「中世国家《ネイション》を近代国家《ステイト》へと変形させていった諸力の適切な梃子であった」。[223]

無論このような理論からイングランドもまた無縁であったわけではなく、ブラックストンはじめその国の法律家によってすでに広く知られていたし、君主は特許附与の見返りとして、金銭を要求する誘惑にたえず駆られていた。のみならずメイトランドが度々注意喚起するように、ホッブズが中間団体は「いわば、おおきなコモン－ウェルスの腹のなかの、おおくの小コモン－ウェルスであり、自然人の内臓のなかの腸虫のようなものである」と述べたとき、彼は絶対主義への道程を歩みはじめるまえに、それまで自律的な集合的生命を享受してきた諸団体を一掃することが先決であることを、大陸の理論家同様に認識していたのである。[224]

それではイングランドの団体もまた大陸の同類のように、単なる擬制人の地位に転落したのであろうか。財源としての期待から王権によって普遍的法律規則の除外例、すなわち特許としてその権利能力を附与される一方、あくまでその存立は国王の一存にかかっており、行政的集権化にとって障碍となると認知されるやいなや、たちまちその地位を剝奪されるような脆弱な存在にすぎなかったのだろうか。あるいは個人の自由な意志の表明にとって桎梏にほかならないために、革命政府と主権的人民により殲滅されるべき不要な存在にすぎないのであろうか。メイトランドの回答は、否である。イングランドには「神聖な裏階段 blessed back stair」、すなわち「法人格なき団体 unincorporate body」が存在した。君主による特許の附与を俟つことなく、擬制や特許を迂回しつつ法人格取得と同様の便宜を与え、しかもそれよりも自律性と融通性においてはるかに勝る集合的生命体の出現を可能ならしめたものこそ、第一章でも触れた「信託」概念にほかならない。(225)

「信託」による団体の設立

そもそも法人格の取得によって得られる便益とはどのようなものであろうか。すなわち人為的人格として「不死」の生命（永続性）を獲得する一方で、さながら自然人のごとく財産を保有し、意のままに処分し、不都合があれば訴え、また訴えられもするような意志・行為能力の獲得であろう。ところで法的信託とは、前章ですでに示したとおり、信託設定者あるいはこれが指定した受益者の利益に資することを目的として、受託者をして信託設定財産を所有せしめるものである。このとき受益者を某氏といった固有名詞ではなく、「教区内の最も貧しい十二人の女性」、あるいはさらに「受託者の考えで最も（貧困の扶助を）受けるに値する教区の十二名」というふうに、不特定の受益者を指すかたちで表現することが可能であるならば、信託は「公益団体」として、ついに対人的ではなく特定の目的のために機能することを妨げるものはなにもないだろう。(226)

このように信託は、だれのために、なんの目的で、どのような方法でといった問題にかんして、なんらかの制約を被ることなく、特定の資産が取得・保有され、管理・運用されることを可能にした。このとき法人理論では団体が財産権の主体になるのにたいして、信託理論では団体それじたいではなく受託者が資産を保有する。受託者に媒介されて行為がなされるために、信託という「法人格なき団体」が、自然人に匹敵する権利能力を享受するのは当然といえば当然なのであるが、この受託者の人格が彼ないし彼女の生身の個人的人格から厳格に分離されていることに注意しなければならない。なぜなら受託者は、あくまで「外観上の所有権」をもつにすぎず、その使命は信託設定のさいに作成された捺印証書において厳格に規定されているからである。この制約を踰越して信託財産を私的に流用することは、信託を手厚く保護した衡平法によってさえ堅く禁じられているのであり、信託財産は受託者の個人的な資産から完全に区別されている。このように「法人格なき団体」は、受託者という形式的主体をつうじて、その構成員から独立して財産を保有する「実質的」能力を有する。(227)

残る問題は永続性である。受託者は自然人であるがゆえに、信託に基づく団体が行為能力を有するための名義的支点になりうるが、他方でこの団体を「死すべき人」の運命から引き離したままにしておくことはできるのだろうか。たとえばそれは、信託財産を一人ではなく複数の受託者に所有させる（合手制）ことで可能になる。そうすればそのうちの一人が死亡したとしても、単に生きのこった受託者の持ち分が増加するだけである。(228)また信託設定にさいして受託者の交替あるいは再委託のための指名にかんする取り決めを準備しておけば、その永続性はいっそう強化されるだろう。(229)このようにして「法人格なき団体」は、信託をつうじて、法人格取得と同等の行為能力や永続性を享受することができた。しかもそのさいそれは「国王や議会を煩わすことなく(230)」、逆に言えば公的干渉の口実を与えることなく、集合的生命としての地位を手に入れることができたのである。

「信託」が発展するなかで、その恩恵のもと英国の著名な団体の多くが、さながら百花斉放のごとく繁栄し、大陸では味わえなかった団体固有の生命力を享受することになる。ロイズ海上保険協会は、特許法人に対抗して、エドワード・ロイドの珈琲店に集まった個人保険業者らが、持ちよった寄付金で設けた信託基金により、情報交換を目的として店のフロアーの排他的利用権を手に入れたのが始まりである。ロンドン証券取引所は団体内規律のための「内規」を有していたが、これは団体構成員によって定められたものであり、公的権限委譲によるものではなかった。すなわち英国の私的団体は、国家行政庁の意向にかかわらず、その成員を統制する能力を獲得したのである。この規律たるやげんにたしかな実効力を備えているがゆえに、メイトランド見るところ競馬好きのイングランド人は、英国競馬会《ジョッキー・クラブ》による「聖なるヒース」からの締めだしに比べれば、「ローマ教会からの大破門のほうがましだと思ったろう(231)」。

国家－社会関係における「団体」の位相

ここで我々は、前節で検討した一九世紀ドイツにおける「中間団体」観、就中『法哲学』において開陳されたそれと、この「法人格なき団体」とのあまりにも瞭然たる対照性に注目せざるをえない。個人主義的・能力主義的職業観に基づき、資格の取得と技能次第でひとが身分間を移動することを当然視していたことに示されるとおり(232)、ヘーゲルの「団体《コルポラツィオン》」も開放性と選択可能性を備えており、「法人格なき団体」同様、中世的ギルド団体あるいは擬制と特許に基づく特権団体とははっきりと区別されなければならない。しかしながら他方で「公認された団体の成員でなければ（それに公認されてはじめて共同体は団体なのであるが）個人は身分的名誉をもたない（略）」と述べるように(233)、ヘーゲルは団体に公認や監督のような国家的契機が組みこまれることをあくまで当然視している。このような姿勢には、首尾一貫したかたちで普遍性と特殊性とを有機的に結合することへの、ヘーゲルならではの論理的徹底性が反映されている。同時に、そこには新時代の理想的団体が、前近代のそれと同じように硬直と腐敗の淵に沈みこむことのないよう、頽廃の芽はあらかじめ摘まねばならないとの配慮も作用していたであろう(234)。倫理的結合体として団体が身分的名誉の源泉でありつづけるか、利己主義と既得権擁護の巣窟に転落するかは、ほとんど紙一重と言ってよいからである。さらにこのような言説には、当時のプロイセンの法的現実がその影を落としていた。

すなわち一般ラント法第二部第六章第二五条（一七九四年）は「職業団体《コルポラツィオン》および自治団体《ゲマイネ》の諸権利は、永続的で公益的な目的のために結合したような、国家によって認可された団体にのみ帰属する」と宣明していたからである。村上淳一が明らかにしたとおり、団体存立の是非は最高権力によって判断されるべしとの要求は、「国家の倫理性が国家と家の中間にあるすべての倫理性を吸収してゆく傾向」を反映しており、逆に言えば団体が「前国家的自律性」を喪失してゆく過程のなかで提起されたものであった。かくして皇太子進講において一般ラント法の起草者スヴァレツが説いたように、公益団体はその目的や手段、規約や財産について、公共善と国法に照らして国家の監督のもとに置かれることが求められた(235)。ひるがえって国法と公認を団体存立の不可欠の前提とする発想は、国家と社会との相互依存関係、私的団体の公的利益実現への参与とそのための有機的組織化という、すでに再三述べてきたドイツ特有の制度的伝統の形成に寄与することになった。

対照的に英国では団体、就中信託を利用したそれの存続について、国家の判断を仰ぐことも、あるいは国家とのなんらかの組織的関連性をもつこともまったく不要であった。おそらくそれは慮外の問題ですらあった。のみならず信託の恩恵に浴したのは、私的であるがゆえに国家による公共性の独占に脅威を及ぼす虞のない、営利や娯楽のための結社ばかりではなかった。それは、目的の内容いかんにかかわらず、国家と並存して、あるいはこれに競合して公的課題に従事する団体をも含めて、いっさいの集合体に開かれたものだった。だからこそ信託はシナゴーグやカソリックのための聖堂、さらに非国教会派の信者らが祈りを捧げるための場所と建物の保有のために便益を与えることで、宗教的非寛容の時代にも「宗教の自由」を確保するうえでなくてはならないものとなった(236)。そればかりではない。「公法と私法との形式上の峻別を知らなかった」イングランドでは、「法人格なき団体」が可能にする便宜は地方自治体にも開かれていた。自治都市 borough のように「特許状」に基づく法人格を得ることのできなかった村や州も、その財産を受託者をつうじて保有することができたのであり、信託財産で公道整備や代議士への俸給支払いを行ったのである。[237]メイトランドによれば、イングランドの州が単なる地方行政の領域区分を示す呼び名に格下げされることなく「自治」体でありつづけたとすれば、それは「大部分〈信託〉の作用に帰するものであった」[238]。

以上を要するに、擬制理論も特許理論も団体の設立にさいして重要な役割を演じることのなかったイングランドでは、営利か非営利か、公的か私的かを問わず、また国家により危険視されているかどうかにかかわらず、信託さえ用いればありとあらゆる種類の「法人格なき団体」を創設することができた。ダイソンが指摘するとおり、それは「国家の承認から独立して存在しており、論理的には国家により創造されるというよりはむしろ、それに先行した」[239]。それゆえにイングランドの団体は、擬制人どころか自然人にも比肩しうる法的能力のみならず、自律的な生命力を備えた集合的人格たりえたのであり、しかもその内部で個人は国法や政治権力の容喙に煩わされることなく、純粋な意味における自治を謳歌することができたのである。

重要なことは、英国では団体が一個の自然人さながらに、なんらかの法的制約をも被ることなく、また従属的であれ双務的であれ、国家とのなんらかの組織的結合関係をも有さず、国家からも、そしてその構成員たる諸個人からも――というのは受託者は、彼じしんのみならず出資者ないし受益者の直接的な意志からも独立して、ただ信託設定目的にのみ拘束されているので――自律して、意志・行為する能力をもつという点にある。これとはまったく対極的に、ローマ法継受以降の大陸で見出されるのは、メイトランド曰く「人間と国家とのあいだに介入するすべてを無力にし、さらには無効にする」[240]光景である。大陸の法人は、英国の同類に比肩するほどの能力と自律性を享受することができず、また享受しようとしても国家に依存しなければならなかった。絶対主義時代には、擬制にすぎぬ団体は君主の恩寵、すなわち特許という息吹なくしては生存できなかった。時下って革命フランスでは「ルソーとシェイエスが唱導したように、国民は個人以外の構成要素をなにひとつ承認しなかった。このようにして構成された国民は、一個の利益と一個の一般意志をもつ、集合的ではあるが一枚岩的な人格であった。部分意志と同一視された団体は、『国民に属』さなかった[241]（タルモン）」。すなわち近代フランスの〈法人〉は、主権的国民の一般意志が承認する法律の根拠なくして存在することはできないのであり、かくしてその存在理由《レーゾン・デートル》は二次的で派生的なものとして理解され、自律的で安定した基盤を喪失した。原子的個人と単一不可分にして唯一の法人たる国家とが対峙し、一体化する革命フランスにおいては、そのあいだで団体がだれにも遠慮せず生活する寸毫の余地さえも与えられなかったのである。[242]

これにたいしてドイツではいささか事情を異にする。ヘーゲルによる団体－国家構想の端緒が、フランスにおける国家の抽象化への懸念にあったことは上述したとおりである。[243]さらにメイトランドをして一連の「法人格なき団体」に注目させ、国家概念にたいして団体法論がもつインプリケーションについて力説させるきっかけを与えたのは、ゲルマニストたるオットー・ギールケその人であり、[244]結社や団体、共同体における諸個人の連帯はドイツの法学者や政治理論家に多大な霊感を吹きこんできた。[245]だが、それにもかかわらず、ドイツの団体には英国のそれとは異なる性格が刻印されていた。時はさらに下り新世紀の到来を目前に発効したドイツ民法典（一九〇〇年）においても「権利能力ある財団の設立には、寄付行為のほかに、財団がその領域内に住所を有すべき連邦構成州の認可を必要とす」（第八〇条）の一項が保持されていたが、それはメイトランドがイギリスにおける公益信託との違いを強調して述べたように「国家の協力なしには公益的財産集合体 charitable institution は設立されえない」ということを意味していた。[246]ドイツにおいて団体はフランスほど軽視ないし敵視されることなく、社会的全体秩序を構成する重要な要素として位置づけられてはいたが、他方においてその存立にさいして国家から承認（くわえて、場合によっては公的権限その他の便益や公務）を与えられるとともにその監督に服さねばならないのであり、それをつうじて制度的に整序された組織的相互依存関係のなかに入ることを余儀なくされたのである。

シュミッターがその社会秩序のタイポロジーにおいて示す第四モデルは、〈団体〉を媒介項とする国家‐社会関係を理解するうえで助けとなる。(247) シュミッターによれば、従来の秩序モデルとしては、それぞれ〈共同体〉〈市場〉〈国家〉という中心機関によって特徴づけられる「自発的連帯」「分散的競争」「階統制的統御」が支配的であったが、ネオ・コーポラティズムにおける〈組織的協調〉を経験した今日、第四のモデル、すなわち「結社‐団体 associative-corporative」秩序についても考慮がなされるべきである。彼がこのような秩序観念の先駆者としてヘーゲルの名を挙げ、また歴史的事例として後期中世の大陸欧州におけるギルド構造に立脚する都市を示すように、このモデルはドイツの伝統的国家‐社会秩序像を彷彿させる。そこに見出されるのは組織間および組織と成員あるいは国家のあいだでの協議と協調、それらを導く〈戦略的相互依存〉関係であり、多元主義理論において利益最大化のための自由競争が重視されるのとは、対照的である。このとき団体が交渉と協約締結を首尾よく行いうるためには、排他的な対内的管理能力を有する必要がある。さらにそのような団体による交渉が囚人のディレンマを克服し、当事者によって信を置くに相応しいものとなるには、何らかの制度的・政治的資源――強制加入や制度的フォーラム、集権的行政機構や内的規律、公的権威の委譲等――が必要であり、その意味で「国家当局の――積極的協働とは言わないまでも――連携 complicity を必要とする」。

このような議論が示唆するのは、英独の経験と観念において最も対照的なのは、団体の重要性そのものではなく――いずれにおいても団体の活動は活潑で、社会的に不可欠の機能を提供している――、団体の能力および団体間の連携が国家による側面支援に依存しているか否かにある。言いかえれば、いずれも団体による社会内社会の存在を認め、分権的秩序を擁してはいたが、国家を介した統合の契機が埋めこまれているか、あるいはそのような契機が欠けており、団体と社会との関係は競争と一時的均衡によってしか描けないのかという点で決定的に異なっていた。ドイツにおける国家‐社会秩序の特質は、団体の生命力と活動力が公的権威との密接な協働関係によって担保されているという点にこそあった。かつて有機体的秩序観に見出されたような、頭部たる国家と肢体たる団体との不可分の神秘的結合のイメージは、近代的な法的レトリックを受けいれ、その姿を変えながらも、歴史的な断絶を超えて現代に到るまで受け継がれるドイツ固有の制度概念、あるいは国家伝統を構成してきたのである。

これとは対照的に、そのようなイメージの不在が、英国における「法人格なき団体」の自由闊達さと自治精神を保証していた。ここでは団体は国家と組織的結合関係をもつ必要がなく、後者によって禁圧されることなく、(248)また その関与に拠ることなく、これとは独立して存在することが可能であった。その意味で、団体の前国家的性格は、国家ないし行政の関与の最小化、ならびに意志と行為の自由の最大化を最重要視する英国の国家伝統を構成する中心的要素の一つだったのである。

この英国固有の団体形態とその自由の観念が、いかに分かちがたく絡みあっていたかを、一八六二年の「会社法」にたいする諸団体の反応は明らかにする。メイトランドによれば、この法は法人格取得を格段に容易にしたにもかかわらず、そして「単なる金銭上の損得勘定では多くの場合法人化の方が有利である」にもかかわらず、この提案に乗らなかった多くの団体――たとえばロンドン図書館――が存在した。メイトランドがここに見てとったのは、英国人の自由への信仰である。すなわち「その制定法がどれほど自由主義的であり、また弾力性に富むにせよ、社団はなにかしらの自由を、自律性を喪失し、また社団が国家に対しなにも求めず、また国家からなにも得ることのなかった時代にそうであるほど完全には、自己の運命の支配者ではないとの、それほど明確ではないにしても、広く行きわたった信仰」なのである。(249)

ここで団体は、国家から自由な存在である。それだけでなく、団体がそれを構成する個人からも自由であるとき、個人にとっても団体にとっても、国家からの自由はいっそう完全なものとなるだろうと考えることもできる。いっさいの団体を排除し、それゆえに個人と国家しか存在しえないような領域空間、それこそがフランス革命以後出現した国民－国家であった。そこで個人は原理上は国家の根源的・窮極的構成単位とされながら、じっさいにはじしんが基礎づけ、承認したはずの国家権力にたいして無防備で無力な存在たらざるをえない。かつて団体は個人の自由な意志と行為を封殺する桎梏として憎悪の的となり、革命の大義のもと一掃されてしまったが、今や唯一絶対の権威と権力を掌握した国家をまえにして原子的個人は団体という保護殻を恋しく思いはしなかったであろうか。むしろこのようなディレンマを突きつけられてはじめて、個人からも国家からも独立した団体は、個人にとって国家にたいする強力な防御壁たりうるのだと悟得しなかったであろうか。そればかりかラスキは、ミルの自治論を想起させる論理によって、国家以外の団体が大衆の公的関心を高める効果をもつことを力説する。[250]大衆は労組や学校委員会への参加をつうじて、社会や外部の世界との繋がりについて知識と関心をもつようになり、それによって一元的国家論においては独占的に公共性を代表する「権力に対する大衆の惰性的な受容性」を克服することが可能になる。すなわちラスキにとって「権威の中心を多元化すること」は、市民が能動的に政治を考え、行動するうえで不可欠の条件にほかならなかった。国家による公的権威の独占という従来の教説では社会的現実をよく説明しえないというラスキの不満は、メイトランドの団体理論から霊感を得て、やがて多元的国家論に結実したが、同時にそれは、さながら自然人のごとく自生的な団体の存在を当然視したイギリス社会についての註釈として読むことが可能である。ひるがえって国家と団体、個人をめぐるトリレンマは、革命であれ立憲化であれ、近代的国制を原理的に基礎づけようと試みたすべての、とりわけ大陸欧州の諸国民が清算せねばならぬ最重要の争点であった。

逆に言えば、この問題を免れたからこそ英国では、なにものによる拘束をも受けぬ団体が簇生する一方で、すべてを包摂する唯一無比の国家－法人の創造には到らなかった。メイトランドによる卓抜な比喩を借用すれば、英国にはｎ人の人口にたいする（ｎ＋１）番目の人格としての国家－法人、すなわち大陸欧州には存在した窮極の集合的人格が存在しなかった。[251]そしてこの不在にたいする便宜的弥縫策がｎのうちの一つにすぎない「王冠」概念による代用にほかならず、[252] 大陸における「国家」の代わりに公的権威を表象してきたのである。メイトランドが「王冠」概念の「酷使」の例として挙げた一八三三年のインド統治法前文には、大陸流の「法人」概念を余計者たらしめた「信託」と国家法人たりえなかった「王冠」との奇妙な邂逅を見出すことができる。

前述会社〔＝東インド会社〕の施政下に現在ある前述諸領土〔＝インド〕が引きつづき、しかし大ブリテンおよびアイルランドの連合王国の王冠のための信託において当該施政下に置かれることが（略）便宜である[253]

一企業が「王冠」という一単独法人のために信託において統治権を保有する。このような法律文言が立派に意味をなすような国においては、一元的な国家観は容易に安住の地を見出せまい。「王冠」はその植民地にたいする統治を、直接的にというよりは、信託を利用してようやく行うことができるのである。主権にかんして一元的な焦点を定める代わりに、複数の法人が信託を介して統治権にかんする取り決めを行うような法的状況が反映するのは、「王冠」と同格以外の関係を結ぶのを拒絶するような諸団体で充満した「国家をもたぬ社会」の多元性である。このような政治社会を念頭に置いたからこそ、ラスキは以下のような国家論を展開しえた。

基本的にいえば、政治的多元主義は、正当な行為以外、すべての主権を窮極的には否定するという単純な理由によって、法律が主権の命令であるとのみ説明されうるという考え方を否定する。（略）個人はひとりであるいは他の者とともに、〔国家の〕意思の内容を吟味することにより、それが正当であるか否かの判断を下さねばならない。これは明らかに、古典的概念における国家主権に終止符をうつことである。それは国家の行為を（略）他の結社の行為と、道義的には対等の地位におくことである。[254]

メイトランドやラスキが示したのは、国家と団体、そして個人が垂直的なヒエラルヒー構造において結合されるような大陸欧州流の一元的秩序像とは対照的なヴィジョンである。それはあらゆる存在物が水平的な関係を結びあうとともに、どの要素も他にたいする絶対的優越を主張しえないような、多元的秩序モデルであった。このとき自由の条件としての団体の重要性に着目することで「国家の脱神話化（ダイソン）」を図る者は貴重な示唆を得た。[255] そしてこのイメージは二〇世紀においても新たな集合的生命力の担い手、すなわち企業や組合によって繰りかえし再生産されることで、その像に合致しない国家への発展を阻みつづけたのである。

おわりに

利益代表・媒介システムと国制の多様性

利益代表・媒介のための制度様式は、国家と社会との相互作用の所産である。それゆえ以上の考察では、一方で公的権威に帰せしめられた価値や責務についての観念、他方で利益の代表ないし媒介の主体となるべき制度、とりわけ団体の行動様式とそれを基礎づける規範概念を念頭に置き、両者の分離や融合、対立と順応といった相互作用の過程に焦点を合わせて、英独それぞれの利益代表・媒介様式の歴史的形成過程を検討してきた。この過程は二〇世紀における多元主義ないしコーポラティズムに帰結したのであり、いずれも利益団体の多様性を共通の前提としながらも、国家の役割にかんして対照的な姿勢を示した。

ドイツでは公的権威の道徳的責務、すなわち公共善にかんする責任概念の強調が、国家を頂点に垂直的に構造化された利益代表・媒介制度の形成と、それをつうじた社会的・経済的利害調整と秩序化を促進した主要な契機であり、将来に亘る発展の〈原型〉を提供した。無論、それは社会構造の変化や資本主義的生産様式の浸透、また自由主義的ないし民主主義的な制度理念の採用という近代化のための諸課題に直面することを免れず、それゆえ制度の正当性にかんする理論の絶えざる再構築、また参加する利益団体のメンバー交代と秩序内地位の再編、上からの一方的統制から官民双方の相互調整への変容という局面を不可避的に経験した。それにもかかわらずドイツでは、制限つきであるにせよ、国家官僚機構による調整ないし公益のための一定のコミットメントを是認するとともに、公益実現のための国家との連携と調和が私益追求の前提となるような利益代表・媒介様式が保持されつづけた。言いかえれば、ここでは国家と社会、公的領域と私的領域とが一応自由主義的教説の受けいれとともに区別されながらも、時を措かず両者の対立を解消し、再融合させるような制度として利益代表・媒介制度が模索・構築されてきたのである。

これにたいして英国では、他の団体とは明確に差別化され、社会から自律するとともに、その責任と権威、権能において他を圧するような、国家－法人の確立にはついに到らなかった。「王冠」とその政府の活動範囲には古典的自由主義の教説に基づき厳格に限界が設けられる一方、政治権力「からの自由」を享受した社会内諸団体の競争と商議のプロセスは、市場モデルを範として展開された。この意味で自由主義と多元主義は、国制と社会構造とを相補的に規定する価値規範の主柱でありつづけた。ただし公共の利益にかんする顧慮や関与が皆無であったわけではない。そこで拒絶されるのは、私的諸利害から超然と、ア・プリオリに設定されるような客観的・実質的公益概念なのである。このような社会で公益として観念されているのは、多元的諸利益が織りなす交錯と妥協の過程から生じる合成物としてのそれであり、そのかぎりでそれは国家によって、あるいは国家をつうじて実現されるものではなく、社会の内部における自発的合意形成の過程の所産として理解されているのである。第四章で見るとおり、合意形成と利害集約の主たる担い手となったのは、国民の支持と委任を求めてたがいに競いあう政党だったのであり、この点でイギリス流の集産主義は超党派的な官僚機構ではなく、諸党派による諸利益融合の努力をつうじて、あくまで議会政治との両立を前提として展開されることになった。バディとビルンボームが指摘したとおり、社会的統合の中枢は社会そのものの内部に存在したのであり、大陸諸国のように社会から自律した国家の役割はここでは最小化されたのである。

以上を要するに、公共性についての責任は、ドイツでは〈官〉により、あるいは官民の協働により担われるのにたいして、英国ではあくまで非官僚的に、社会内の諸要素による連合と指導により担われるべきものとされた。このことは国家と社会の関係についてのリッターの次の言葉を想起させる。

さらなる大陸欧州における発展、すなわちオットー・ブルンナーによって示された〈市民社会 societas civilis〉の、たがいに対抗的な〈国家〉および〈社会〉という両概念への分裂は、しかし英国では起こらなかった。

すなわち大陸では革命後のフランスにおいて典型的に見出されるとともに、一九世紀前半のドイツでは啓蒙官僚のプログラムとして設定された、国家への公的権能と権威の集中と吸収、そしてそれとは表裏一体の社会の脱政治化、あるいは経済社会への純化という現象が英国では生じなかったと言うのである。[256]というのも英国では、近代国家の存立のために固有の理論的基盤を与え、社会からの一定の自律性を確保させるような革命が完遂されることなく、政府はせいぜい特定の目的遂行の手段としての、ロックが定式化したような解約条項付き「信託」的権力と定義されるに留まったからである。この結果大陸のように固有の責任概念を担うとともに社会的・経済的諸力にたいして、中立的かつ超然的な立場から、包括的な利益調整と裁定を行うような「国家」の出現には到ることなく、同時に「国家になしえぬこと」が社会的領域に大幅に留保された。かくして一九世紀英国では社会の国家にたいする優越のもと、社会内指導階級間の非形式的ネットワークをつうじた商議と妥協により社会的・経済的利害対立が調整されるというスタイルが定着したのである。

このように歴史的に形成された固有の利益代表・媒介のための制度様式の基本構造が、二〇世紀という激動の時代においてもなお生きながらえ、制度設計の準拠枠として機能することで戦後英独両国の利益団体の行動パターン、および国家行政機構の役割概念を規定したというのが本考察の主題であった。無論、そのような結論を断定的に提示するには、さらなる考察を必要とする歴史的・理論的課題が存在することを認めなければならない。

第一に英独両国の既往の国家－社会構造が大衆民主主義の到来により真に根本的な挑戦を受け、利益調整のための様々な試行錯誤が展開された戦間期の情況について、なお検討が加えられる必要がある。第一次世界大戦中に諸階級の国策への協力を取りつけ、総力戦を効果的に遂行するために「戦時コーポラティズム」というかたちで採用された賃金協約や共同決定にかんする諸措置は、戦後ヴァイマル憲法により国法上の承認を受けた。このとき確立した経営評議会その他の諸制度が戦後コーポラティズムの原型となったことは、上述したとおりである。革命の脅威とともに労働者階級の存在感はもはや無視しがたいものとなり、かくしてビスマルク国家において拒絶されつづけた労働者の政治的・社会的同権とその統治体制への統合は避けては通れぬ要請となった。次章で論じるとおり、戦時体制とこれにつづく革命的危機は、「国家コーポラティズム」から「社会コーポラティズム」への前進を促す呼び水となった。国家による利益の選別や強制ではなく、労使双方の自発的合意と協調が現代コーポラティズムの必須条件であるが、この要件がようやく達成されたのは労働者の「封じ込め」を図ったビスマルク政府ではなく、その体制への「取り込み」をめざした――あるいはそうするよう余儀なくされた――ヴァイマル国家のもとにおいてであった。[257]

他方英国は、大衆民主主義への移行と社会的経済的利害対立の激化にたいして、ドイツとは対照的な反応を示した。なるほどそこでもモンド・ターナー会談に示されるように、アドホックな試みとはいえ、労使代表者間での協調の制度化にかんする構想がまったく欠けていたわけではない。しかし利害対立の緩和と社会的統合のために中心的な役割を演じたのは、議会、およびその伝統に即して独特の行動様式を身につけてきた保守・自由、後に労働を加えた主要諸政党であった。第一章で論じたとおり、小選挙区制のもとで政権を獲得しようとする政党は他党にたいする数的優位を確保するために、自党の政治的教義を稀釈してでも懐柔と妥協をつうじて社会的諸力の自党への糾合に尽力しなければならない。かくしてイギリスでは後述するとおり、政党本位で集産主義的な政策が策定・実施される一方、その社会的統合力を十全に発揮することで議会外的な政治的示威行動や左右両極の急進的政治勢力の伸張といった議会制民主主義の危機の深刻化を未然に回避した。そしてまさに政党の成功のために、国家官僚機構主導による直接的な干渉や利益調整機関の制度化といった手段は必要とされなかったのである。

このことは第二の課題、すなわち議会制と議会外的な利益代表・媒介制度との関係、あるいは共存可能性についての理論的考察の必要性を示唆するものである。戦後英国におけるコーポラティズムの挫折、あるいはビスマルクの反議会主義的試みが示すように、議会主義とコーポラティズムは、それぞれ異なる正統性の基盤に立脚するものであり、相互に阻害的、場合によっては破壊的作用を及ぼしうる。この問題については、次章において帝政期ドイツを事例としてあらためて検討するが、他方で戦後ドイツがそうであったように、両者はかならずしも共存不可能なものでもない。この点で注意されるべきは両者の共存と分業を可能ならしめるような制度的条件のあり方であり、その理解のためには単に形式的側面のみならず、政党・官僚機構・利益団体等の主要アクター間での人的交流や相互依存関係など、非形式的側面にも注意が払われねばならないだろう。もとよりこのような課題について明確な一般的見取り図を提示するには幅広い事例研究に基づく比較分析がなお必要であり、本書のなしうる示唆はごく限定的なものに留まらざるをえない。しかし政府の諸施策が実効性とともに民主的な正統性を克ちとるためには、単に立法・執行両権力の分立で歩を留めてはならず、さらに両者およびその外部にある諸アクターをも含めた建設的協働こそが実現されねばならない以上、この理論的問題が看過されてはならないことは言うまでもない。

このように利益代表・媒介制度の包括的理解という目標に到達するには、いまだ補足されるべき重要な課題が依然として残ってはいるものの、しかしながら少なくともこれまでの考察をつうじて、特定の制度の受容・転型・確立にさいしては、同時代的趨勢という横軸の動向のみならず、近代国家と市民社会の形成という縦軸の歴史のなかで発展してきた、ダイソン言うところの「国家伝統」、つまり価値や規範にかんする、すぐれて文化的な制度観念もまた劣らず重要な役割を演じているということを、本章の結論として提示することは許されるであろう。

さらにこのような考察は、フランス共和政モデルに典型的であるように、均質な個人から成る市民社会と唯一無比の法人としての国家との抱き合わせとして近代の政治秩序を描くことが、近代国家の一般的特質を把握するうえで一定の有効性をもちうることを認めるにせよ、比較史的考察においては、むしろそれからの逸脱と偏差にこそ分析の焦点が置かれるべきであるということを示唆するものである。というのも一般的な近代化の趨勢として、ギルドその他の特権的諸団体の粉砕や個人主義的な権利観の確立、公的権能の「国家化」等々という現象がヨーロッパ全体にあまねく見出される一方で、個々の国家間で諸変化が生じる時機の差、抵抗と反作用の惹起、その克服のための調整の試みとそれに伴う普遍的理念や制度の「土着化」の過程が、個別国家－社会に明確な個性を刻みつけているからである。無論、個別性に過度に執着するなら、比較分析の有効性は喪われ、没意味化した諸事実の世界が眼前に拡がるだけということになる。逆に比較史的考察は、個別性を一般的趨勢という文脈のなかに位置づけるとともに、差異化を導いた諸要素の重要性を把握することをその目的とすべきである。

利益代表・媒介システムの歴史的生成

メイヤーやクラウチらが、より長期的なパースペクティヴを用いて利益団体政治の比較研究を行ったのも、右のような意図に由来する試みとして理解することができる。メイヤーによれば、典型的にはヴィクトリア期イングランドにおいて絶頂期を迎えた自由主義的国民代表制、すなわち議会主義《パーラメンタリズム》の興隆は、二つの利益代表制の時代に挟まれた、いわば「幕間 parenthesis」の時代に特徴的な現象であった。その前世紀までは身分‐議会制が国家‐社会構造を規定していたのにたいして、一八七〇年代の大不況以降は組織資本主義の成立とともに利益団体間の競争と交渉、および所轄官庁による監督と調整が前面に迫りだしてきた[258]。目的と手法において両者は異なるものの、公的権威と私的諸利益が程度の差こそあれ密接に結びつき、あるいは全体秩序のなかに位置を与えられ、また組織化されているという点で、二つの利益代表制の時代には共通項が見出される。このことはメイヤーの問題提起を受けてクラウチが論じたとおり、二〇世紀における利益団体政治の制度化とその効率的機能にとって二世紀前までの経験が決定的に重要な意味をもち、また自由主義時代を超えて後世に影響を及ぼしたことを示唆する[259]。そしてまたこの自由主義によって特徴づけられる「幕間」、すなわち中断の時代が短ければそのぶん、利益団体政治の再確立が容易になされるものと考えられる。メイヤーによれば、中世的な団体的桎梏の残滓がじっさい自由主義の進展を阻害するものであったにせよ、皮肉にもまさにそのおかげで一九世紀末のドイツにおいて利益団体政治がいち早く実現するとともに、その経済構造にすぐれて「近代的」な外観が与えられることともなったのである[260]。

他方英国では自由放任と個人主義が政治的正統化イデオロギーとして圧倒的な強力さを維持したことに加えて、産業化の母国であったという事実それじたいが、一九世紀末以来の資本主義の組織化への対応を緩慢かつ穏和なものにした。産業化に長い時間をかけることができたぶん、その社会的・経済的構造へのインパクトが、後発国に比べずっとマイルドなものに留まる一方、資本主義的生産・配分様式の計画的・合理的組織化の必要性が、キャッチ・アップ戦略を練りあげねばならぬ国々ほど切迫したものとはならなかったからである。この自由主義と産業化の時代の圧倒的な長さ、それゆえの両利益団体代表制時代の隔たりの大きさが、国家と諸利益団体との組織的結合という課題をひどく疎遠なものに感じさせるとともに、それへの回帰を躊躇わせたとクラウチは指摘する。[261]

このような巨視的パースペクティヴを採用することではじめて、近世の国家－社会構造、すなわち大陸の絶対主義と身分－議会制、および英国の議会内王政が、それぞれの近代政治社会の確立に与えた影響の大きさについて評価することが可能になる。この点を考察するうえで、ヒンツェが「西欧の身分－議会制」において展開した二つの類型、すなわち英国を代表とする二院制 Zweikammersystem 型とカロリンガー帝国の後継および周辺諸国に対応する三部会制 Dreikuriensystem 型との対比はすこぶる示唆的である。[262]

前章で論じたとおり、中世盛期における政治権力の二元的構成（二元主義《デュアリスムス》）において君主権力と議会権力はたしかに分離されてはいるが、かならずしも対立的なものではなく、むしろ相互の協働をつうじて秩序ある国家活動がはじめて可能になるような、相補的関係を構成する両極と考えられていた。このような構造が長期にわたって維持可能であったのも、封建国家においては、平時では君主にせよ、議会に結集する領主や都市にせよ、じしんの支配領域内部で各自の特権に基づき家産制的統治を行うからであり、裏を返せば協働のために力を尽くすことが必要となる事態は例外的にしか生じなかったからである。したがって諸身分による統治への参与は、制度的に保証されたものというよりは、たぶんに偶然的要素によって基礎づけられるものにすぎず、ヒンツェの言葉では「いっさいは慣習に、状況に、就中君主と諸身分との間の変動する力関係」次第でおおいに左右されるような不安定さを内蔵していた。[263]それゆえかかる政治権力の二元的構成は、従来の中世的平穏のなかでは予測すらされえなかったような事態の出来、すなわち近世の大陸欧州諸国を襲った危機と紛争の恒常化とともに再編を迫られたのである。

上述の二大類型は、単に形態学的な差異を表現するものではなく、近世国家形成過程における発展史上の前後関係をも示すものでもある。[264] 身分制議会の三部会制型構成が反映するのは、欧州諸国家体系における熾烈な国家間競争を勝ちぬくために必要であった国家経営の集約化と合理化、すなわち君主権力の絶対化および行財政・軍事機構の高度な発展である。[265] ここではレーン制は、社会的・経済的に十分な給付能力をもつ諸勢力を合理的に組織化するための梃子として機能することにより、ヘルシャフト的権力の強化を促す効果を伴った。共通の特権に基づく連帯意識によって結ばれた「諸身分」の成立も、見方を変えれば、君主の課税要求の増大と着実な成果のために、なんらかの反対給付が必要であったという事情を反映しており、それゆえ「ある意味ではランデスヘルの創造物」としての性格さえもっていた。[266] このとき身分－議会制は特権獲得によってその地歩を強化したというよりもむしろ、王権への依存を深めたのであり、かつて人的に結合されていたにすぎない封建国家は、今や君主のイニシアティヴのもと制度的にも統合されはじめた。まさしくこの意味において三部会制型・身分－議会制の成立は、ヘルシャフト的権力による国家形成の進展の随伴現象とみなすことができる。このことはドイツ諸領邦とフランスにおける身分－議会制の成立が、中央および地方における行財政機構の整備と並行して進んだことからも明らかであろう。[267]

かくして国家と社会の組織化の進展を象徴するかのように、君主と人民は神秘的有機体秩序たる政治的身体において統合される頭と肢体として理解されるようになった。[268] しかしこのような身分制的秩序観は、いざ頭部が重要性においてその肢体を凌駕し、身体全体を代表すると主張するようになると、その本性を一変させた。必要なものを手に入れた絶対君主は、議会召集を半永久的に停止したからである。

イングランドもまた欧州諸国家体系の動向から完全に隔離されていたわけではないが、しかし海峡の向こう側ほど国家経営の集約化と合理化は差しせまった要請ではなかった。第一にその島国的地勢のためにイングランドは、恒常的な諸国家間の緊張と対立の影響力を被ることが相対的に少なく、行財政・軍事機構の拡大的発展の必要性を相当程度免れることができた。[269] 第二に封臣の人格的忠誠に依存するレーン制は、支配領域の大きさと支配の手段の小ささとの不均衡に由来するものであり、[270]集権的（求心的）にも分権的（遠心的）にも作用する可能性がある。イングランドの場合、国土の相対的な狭小さと征服者たるノルマン朝による支配が封建制の解体的作用を比較的軽微なものに留め、貧弱な行政機構による統治が長期的に存続することを許容した。[271]しかしまさにそのためにイングランドでは君主権力による、三部会制型・身分－議会制のもとでの政治的支配団体の形成、すなわち有力社会階層への特権附与をつうじた「取り込み」が必要とされぬまま、旧来のカウンティー組織における名望家による地方自治ともども、身分制議会の古態とでも呼ぶべき二院制の存続が可能になったのである。[272]

二院制において上院は、旧ヨーロッパの到るところで見出されたような——たとえばフランスの高等法院《パルルマン》——直属受封者による「大参議会 magnum consilium」の名残を留めている。ここに召集された「大貴族《ピアーズ》」が、とくに「重立った直属受封者 majores in capite tenentes」〔傍点筆者〕と呼ばれたように、上院はすべての貴族を包摂していたわけではない。そこに召集されぬ小バロンたちは、都市民や自由農民とともに、州や都市など地方自治団体の議員をつうじて、「庶民院《コモンズ》」において代表されたのである。[273]軍役代納金制の導入以降早々と脱戦士化した騎士階層は、他の身分に属する者たちとの交流と混淆を厭わなかった。かくして諸身分は大陸のように個別の部会を擁することなく、独自の協議会を保持した聖職者を除いて、[274]単一の議院たる「庶民院」において席を同じうしたのであり、この結果調整者を自称する王権が諸身分との個別交渉をつうじてそれらのあいだに生じる嫉視反目につけこみ、漁夫の利を占める機会を与えずにすんだのである。[275]他方で両院の指導的分子は同一の社会的基盤、すなわち領主－貴族層の出身者であり、両院の関係は人的にも、またパトロネジ等の手段をつうじても密接に結合されていた。このように下院において諸身分の混淆と融合が促される一方、両院は社会内指導階級により統合されていたのであり、[276]かくしてイングランドではカーステン曰くその高度の「社会的均質性」のために、大陸流の身分－議会制とは区別される、「一国家一国民議会（リッター）」の形成に到ったのである。[277]ここでは利害の調整は第三者の仲介を俟つまでもなく、庶民院での代議士間の交渉と妥協により解決されるべきものなのであり、議会はその同意事項を制定法として立法化する。このような議会の自律的統合能力の高さと集権化は、[278] 大陸諸国における君主権力のもとでの国家経営の集約化・合理化の、言うなれば機能的代替物を提供したのであり、それゆえに英国では、三部会制型諸国のように中央集権的な官僚行政ではなく、名望家による素人自治が、そして絶対主義ではなく議会主義が発展したのである。[279]

このように近代以前の国制の成立史を念頭に置くことの分析上のメリットは、議会制と行政機構の発展を、それぞれ別個のものとしてではなく一体のものとして、すなわち相互規定的なものとして把握するための視点をもたらしてくれるという点にある。そしてこのことは、先に提示した補足されるべき第二の課題、議会制とコーポラティズムとの共存（不）可能性を考察するための糸口を与えるように思われる。

大陸欧州では政治的交換をつうじて、議会制の確立と行財政機構の拡充が同時に進捗した。ここでは利益団体と政治的代表は異なる姿をとって現れる同一の社会的実体（諸身分）にほかならず、これらは君主、後には国家法人を頂点とする有機体的政治体において包摂・統合された。すなわち身分制議会を中心とする前近代の国制は、身分ないし団体制的に構造化された社会の上部構造として、否むしろそのような社会と不可分一体のものとして組織化されたのである。このとき身分－議会制において表明される特殊利益と部分意志は、君主ないし国家の権力装置を介して「公共善」に適うように調整され、行政機構による諸措置をつうじて充足された。このように議会制と行政機構は、たがいに別個ではあるが、国家の全体的体系において緊密かつ有機的に結合される二つの政治過程にほかならず、それゆえに両者のあいだでの円滑な意志疎通、あるいは経済的領域から政治的領域への架橋が比較的容易になされえたのである。

この歴史的経験と学習の記憶が、近代に到ってなおヘーゲルをはじめとする政治理論家や帝政期、さらにヴァイマル期の実践家らに「職能代表議会」というかたちで繰りかえし適切な制度的排列についての啓示を与えつづけた。しかしかかる議会は特殊利益・部分意志の代理・表出に専念する一方、それらの集約・代表にさえ責任を負うものではない。言いかえればこの議会は、英国のパーラメントのように「公共善」をみずから集約し、統治の任にあたるものではなく、むしろ議会外の機構、すなわち君主－官僚政府のためにその統治の助けとなるような情報と見識を示すこと（のみ）を求められている。そのようなものとしての議会観は帝政ドイツにおいて、就中官憲国家体制の支持者により強固に保持されたものであり、かくして普通選挙制に基づく帝国議会ですら、しばしば国家における二次的・補助的機関にすぎないとみなされたのである。

このような議会観が根強く残るなか、「助言する議会」から「統治する議会」へと変貌するための道のりが、苦難に満ちたものとなるのは必定であった。前章で論じたとおり、ヴァイマル期のドイツは議会制共和国たることを憲法において高らかに謳っていたにもかかわらず、団体利益が極端に重視される純粋比例代表制に基礎づけられた議会と諸政党にとって利益の融合や見解の集約は困難な課題たらざるをえなかった。かくして民主的手法によって選任された大統領と議会が並立する民意の二元主義のもとで、院内諸政党は多数派形成に失敗し、小党乱立という事態を迎えるなか、議会は多様な特殊意志の表出という機能に埋没する一方、それらを集約し、政治的に意味ある意志として統合するための権威と権力を中立無私の「憲法の番人」、すなわち大統領にみすみす譲りわたす結果を招くことになった。以上のように第二次世界大戦終結までのドイツでは、国家－行政機構主導による利益統合（コーポラティズム）が、しばしば議会主義確立の妨げとなった。裏を返せば、両者の共存には、政党を中心とする人的ネットワークとある程度集約された利益をつうじて議会・政府・団体が結合されることを可能ならしめる「政党国家」の確立が不可欠の前提だったのであり、それこそが戦後（西）ドイツのコーポラティズムに従来は見出されなかった新たな特徴を附けくわえたのである。[280]

ひるがえってイングランドでは、集権的行政機構はおろか、これと等族議会制《シュテンデ》との同時並行的・相互規定的発展の基盤となるべき身分制的社会構造が、大陸ほど十分には発展・成熟しなかった。その結果そこでは身分的障壁や特権にかんして相対的に無頓着で、そればかりか王権への対抗上領主層を中心とする社会的諸力の結集が比較的容易になされさえする議会《パーラメント》が、一方的かつ独占的に政治的・社会的統合の結晶核になった。この議会において激烈な政治的論争が生じるとしても、それはトーリー・ホイッグの対峙に典型的に示されるように、たがいに似かよった社会的基盤に立脚する一方、宮廷との親疎の差異や国教にたいする見解の相違だけが対立のきっかけを与えるような二大勢力のあいだでの闘争に限定されていた。これが一九世紀中盤における民主化の進展とともに現れた、首相の地位をめぐって有権者の票を奪いあう、二大政党による敵対政治の原型を提供した。

と同時にこのときもなお経済的・社会的利益の対立緩和と統合同化という課題は、国家行政庁をつうじてではなく、そこへと到る前の段階ですでに、選挙戦勝利により動機づけられた政党じしんの努力とイニシアティヴによって達成されるべきものであった。英国で議会主義《パーラメンタリズム》がコーポラティズムの確立にたいして阻害的に作用した主たる原因は、議会政党が政治的・社会的統合の責任を独占的に維持しようと努めるとともに、「国民代表」として有権者のできるかぎり広範な支持を確保すべく利益団体の〈命令的委任〉を嫌い、これからの自律性を保持しようとした点に求められる。この結果第一節で概観したように、英国では政党と利益団体との緊密な組織的結合関係が生じることなく、政党抜きに政府と利益団体との直接的商議を可能ならしめるようなコーポラティズム的試行もまた猜疑の的となり、かりになされたとしても恒久的に、せいぜい議会の任期を越えてまで持続されることはなかった。すなわち政党に利益代表・媒介機能を「独占」させようとする議会主義の代表理論のために、イギリス政治における政党の中心性を侵蝕しかねないコーポラティズムはついに正統性を認められなかったのである。

註

（1）クリストファー・ピアソン（田中浩・神谷直樹訳）『曲がり角にきた福祉国家——福祉の新政治経済学』未來社、一九九六年、五六—六〇頁。

（2）Kenneth H. F. Dyson, *The State Tradition in Western Europe : A Study of an Idea and Institution*, Oxford : Martin Robertson, 1980, p.285 ; ピアソン、前掲、四〇六—四〇八頁。

（3）Poggi, *op.cit.*, chap.VI.

（4）J・ハーバーマス（細谷貞雄訳）『公共性の構造転換』未來社、一九七三年、一九七—二一五頁。

（5）かくしてハイエクは「普遍的に適用される正義に適う行動ルールだけには拘束されるが、自からの意図のために自からの知識を利用することが万人に許されている自由の一つの条件が、自分の狙いを達成するための最良の状態を、万人にもたらしてくれるように思われる」と述べ、古典派経済学の中核的信条を蘇らせるとともに、新保守主義者らによる改革に霊感を吹きこんだ。『ハイエク全集8・法と立法と自由Ⅰ・ルールと秩序』（矢島鈞次・水吉俊彦訳）春秋社、一九九八年、七三頁。

（6）このような批判は、行動論革命以後のアメリカ政治学にたいして歴史的制度論者が突きつけたものでもあった。Kathleen Thelen and Sven Steinmo, "Historical Institutionalism in Comparative Politics", in Steinmo et al., *Structuring Politics : Historical Institutionalism in Comparative Analysis*, Cambridge University Press, 1992, pp.3-7.

（7）チャールズ・S・メイヤー（平岡公一訳）「コーポラティズムの前提条件」ジョン・H・ゴールドソープ（稲上毅他訳）『収斂の終焉——現代西欧社会のコーポラティズムとデュアリズム』有信堂高文社、一九八七年、九八—九九および一〇五—一〇八頁。

（8）ドイツにかんしては、K. Dyson, "Regulatory Culture and Regulatory Change : Some Conclusions", in id.(ed.), *The Politics of German Regulation*, Aldershot : Dartmouth, 1992, p.269f.　さらに石油危機以降の全般的構造調整圧力が労働政治に及ぼしたインパクトの違いについては、K. A. Thelen, *Union of Parts : Labor Politics in Postwar Germany*,

Ithaca : Cornell University Press, pp.9-13.

（9） K. H. Dyson, "Theories of Regulation and the Case of Germany : A Model of Regulatory Change", *The Politics of German Regulation*, p.12 ; Colin Crouch, "Sharing Public Space : States and Organized Interests in Western Europe", *States in History*, p.178.

（10） Thelen and Steinmo, *op. cit.*, p.6.

（11） ピーター・A・ホール／デヴィッド・ソスキス（安孫子誠男訳）「資本主義の多様性論・序説」同編（遠山弘徳他訳）『資本主義の多様性――比較優位の制度的基礎』ナカニシヤ出版、二〇〇七年、三および五頁。

（12） 以下、フィリップ・C・シュミッター（辻中豊訳）「いまもなおコーポラティズムの世紀なのか?」フィリップ・C・シュミッター／ゲルハルト・レームブルッフ編（山口定監訳）『現代コーポラティズム・I――団体統合主義の政治とその理論』木鐸社、一九八四年、三四―三九頁に従って論述する。

（13） ボブ・ジェソップ（坪郷実訳）「コーポラティズム、議会主義、社会民主主義」『現代コーポラティズム・I』二一一―二一三頁。

（14） メイヤー、前掲、八二―八三頁。

（15） シュミッター、前掲、三七―三八頁。そこでシュミッターが引用するように、「賢明な為政者ならばこれら両立しがたい諸利益群を調整し、彼らすべてを公共の善に貢献せしめることができるであろう、などと主張しても、それは意味がない」というマディソンの断言に異を唱えるものこそがコーポラティストであり、両手を挙げて賛同の意を示すのが多元主義者なのである。ジェイムズ・マディソン（斎藤真訳）「ザ・フェデラリスト・第一〇編・派閥の弊害とその匡正策」松本重治責任編集『世界の名著40・フランクリン・ジェファソン・ハミルトン・ジェイ・マディソン・トクヴィル』中央公論社、一九八〇年、三四〇頁。

（16） たとえばドイツでは、州レベルではあるが、労使間の賃金交渉が妥結され雇傭契約が登記されると、それは法的効力をもつ一方、各州労働大臣は賃金水準や雇傭条件について当該産業に従事する企業のすべてに強制する権限をもつ。ロナルド・ドーア（藤井眞人訳）『日本型資本主義と市場主義の衝突――日・独対アングロサクソン』東洋経済新報社、二〇〇一年、二七一―二七二頁。

(17) Thelen, *op. cit.*, pp.43 and 47.

(18) G・レームブルッフ（高橋進訳）「リベラル・コーポラティズムと政党政治」『現代コーポラティズム・I』一〇三頁。

(19) Philippe C. Schmitter, "Neo-corporatism and the State", in Wyn Grant (ed.), *The Political Economy of Corporatism*, London : Macmillan, 1985, p.35. ここでシュミッターが適切にも指摘するとおり、もしきわめて高度の自律性を享受できる国家であれば、（フランスがそうであるように）ネオ・コーポラティズム的な取り決めを発展させる必要はない。逆に英米のように十分な自律性を確保できなければ、コーポラティズムは干渉を嫌う市場諸力によって拒絶されるであろう。したがってシュミッターの見るところ、コーポラティズムは階級以外の亀裂を軽視できるような状況のなかで、階級間に一定の均衡状況が存在し、かついずれの階級も国家を意のままに支配することができるほど強力ではないとき、国家は〈相対的自律性〉を享受することができ、それを梃子にして「交渉する諸団体から何らかの『公共性重視の』譲歩を引きだす力を得る」のである。*Ibid.*, pp.36-38.

(20) メイヤー、前掲、八四頁。

(21) 以上のような議会を中心とする政治的代表と官僚機構による国家介入との厳格な峻別（「制度的分離」）を、ジェソップは議会主義に固有の特徴とみなしている。これとは対照的に、コーポラティズムは「制度的融合」を表現する。ここでは利益代表と行政による介入は、協議の過程をつうじて媒介・融合されている。前掲、二一一―二一二頁。

(22) Crouch, *op. cit.*, p.180. クラウチの指摘によれば、国家と社会の厳格な区分は「〈自由放任〉が無政府状態ではない」ことの証である。国家がもし市場の作動に必要不可欠な機能――たとえば公共財の提供――を果たしえないのであれば、諸集団みずからがその役割を担わねばならず、そうなるとそれらは市場システムへの参画において不可欠な非政治性を喪失してしまう。他方、国家の過度な干渉もまた市場の自動調整メカニズムの円滑な機能を妨げるであろう。「したがって、理論的には純粋自由主義市場経済では、制限・制約されるだけでなく、固有の領域の内部では主権的な国家が必要になる」。

(23) 「多元主義」に代わる分析枠組として、コーポラティズム論が出現した背景についてはV. R. Berghahn, "Corporatism in Germany in Historical Perspective", in Andrew Cox and Noel O'Sullivan (eds.), *The Corporate State : Corporatism and the State Tradition in Western Europe*, Aldershot : Edward Elgar, 1988, p.104. またシュミッター、前掲、四二―四

三頁も参照せよ。

(24) 一般的にコーポラティズムの典型的な事例として挙げられるのは、スカンディナヴィア諸国やオーストリア、オランダのような大陸欧州の小国である。というのもこれらの国々には高い組織率と集権的構造によって特徴づけられる包括的労働組合が存在しているからである。ところが、ドイツは労働側の頂上団体にあたるドイツ労働総同盟ＤＧＢがさほど強力な集権的性格をもたないために、そのコーポラティズムは中程度に留まるものとみなされている。たとえばシュミッターによる北米および西欧一五ヶ国のコーポラティズム・ランキングでは北欧諸国やオーストリアが上位を占めるのにたいして、ドイツはちょうど中間の第八位に位置づけられる。他方、下位に位置するのはアングロサクソン諸国と、組織労働の著しい分裂性を特徴とする仏伊両国である。P. C. Schmitter, "Interest Intermediation and Regime Governability in Contemporary Western Europe and North America", in Suzanne Berger (ed.), *Organizing Interests in Western Europe : Pluralism, Corporatism, and the Transformation of Politics*, Cambridge University Press, 1981, p.294. しかしそれにもかかわらず、労使協調をつうじた賃金・物価抑制に（そればかりか低失業率との両立にも）効果的に成功してきた点で（デービッド・キャメロン（下平好博訳）「社会民主主義・コーポラティズム・穏健な労働運動」ゴールドソープ、前掲、一五五―一六一頁）、ドイツは「典型的な」コーポラティズム諸国に比較して遜色のない実績を挙げることができた。したがってドイツ型コーポラティズムが提起する問題は、セーレンの言葉を借りれば「ドイツは構造の点では部分的にしかコーポラティズム的ではないのに、コーポラティズム国家と同じように『ふるまう』のはなぜか」ということになる。Thelen, *op. cit.*, p.3. またシュミッターらがドイツのコーポラティズム度を中程度と判断していることにかんして、クラウチは量的指標のみに基づく分析の限界を示唆する。Crouch, *op. cit.*, p.207f.

(25) Dyson, "Theories of Regulation and the Case of Germany", p.15f. 連邦官吏法第三六条において、事務次官や局長級の官吏を「連邦大統領はいつでも一時休職状態に移すことができる」ため、高級官吏の任免にさいして政党の意向を十分に反映させることができる。原田久「比較のなかの政官関係論・序説」『アドミニストレーション』第四巻二号、一九九七年、一〇四―一〇六頁。ブラント率いる社会民主党が政権の座に就いたとき行政機構に確固たる地歩を築くべくこの「一時休職」制度が積極的に活用され、保守政権が登用した官僚を更迭する一方、空いたポストを省内外の社民党支持者によって埋めた。毛利透「内閣と行政各部の連結のあり方」『公法研究』第六二号、二〇〇〇年、八五頁。それは高級行政ポストの政治化だけでなく、権力分立論によって厳格に区分されていた政治と行政が、少なくともその頂点においては政党を介して統合へと向かうことを意味した。これにたいして議院内閣制の「母国」であるイギリスでは政党政治家たる大臣による行政の指導と責任が強調されるとともに、議会においてその政治的決定の正当性を訴えることが求められる。だからこそ公務員が議会に出席することは期待されず、もっぱら大臣の政策が完遂されるよう、これに能率的で非党派的な助力を行うことだけが要求される。この点で戦後ドイツにおける政治－行政関係は、政党政治にたいする公務員の中立性を尊重するイギリスのそれとは対照的である。同上、八六頁；Johnson, *op. cit.*, p.54.

(26)　またキャメロンは、社民政党による政権掌握が労働運動の穏健化ならびに物価抑制・低失業率をもたらす一般的傾向をもつことを指摘する一方で、左翼政党が強力であるにもかかわらず、失業率が高く戦闘的な労組を抱えるイギリスや、逆に左翼政権が出現していないのに完全雇傭を達成し組合活動も穏健な日本のような事例に注意を促すことで、社民政党以外の要因の重要性を示唆している。キャメロン、前掲、一六七―一七五頁。

(27)　ピアソン、前掲、五三―六〇頁。

(28)　メイヤー、前掲、九九―一〇〇頁。

(29)　水島によれば、キリスト教民主主義の経済政策は中道志向であり、「市場原理では社会問題の解決は困難として自由主義を批判し、一定の社会政策的配慮を主張する。その一方で、階級闘争は否定し、労働者と雇用者の間の階級間の連帯、すなわち階級協調を重視することで、自由主義と社会主義の間の『第三の道』を主張する」。つまりマルクス主義とは異なるやり方で市場経済がもたらす弊害を除去し、社会的統合を維持するためのオルタナティヴを提示する点に、キリスト教民主主義イデオロギーの独自性が存在する。水島治郎「西欧キリスト教民主主義――その栄光と没落」日本比較政治学会編『現代の宗教と政党――比較のなかのイスラーム』早稲田大学出版部、二〇〇二年、三九―四一および五五頁。このような階級間調和への強力な志向性は戦前の中央党にも見出されるものであり、労働者信徒集団が社民勢力に靡かぬようにするためにも不可欠であった。西川知一『近代政治史とカトリシズム』有斐閣、一九七七年、一四五および一六七―一六八頁。戦後にカトリックのみならずプロテスタント系をも含めて発足したキリスト教民主同盟にも「保守的にも、民主的にもなれる」性格は見出される。土倉莞爾「ドイツ・キリスト教民主主義政治史試論」『関大法学』第五六巻四号、二〇〇六年、三三三頁。ゾントハイマーによれば、ＣＤＵは宗派の違いを問わず、あらゆる信徒を包括する「同盟」として発足したために、その階層構造は他に類を見ないほど多様であり、またその内部に潜在的な利害対立の可能性を内包していた。「国民政党」だからこそ特定の階層集団のみを依怙贔屓することは許されず、「所有関係に影響を及ぼさないかぎりで多元主義的な調停の政治」を行った。Sontheimer, a.a.O., S.110-112.

(30) 以上に関連して、連邦制という制度的枠組の果たした役割が注目される。たしかに中央政府の権限と資源を分散させるという点では、連邦制は国家による経済領域への介入能力を制約する。とくに税収入の相当部分を州政府が抑えていることは、この点で重要な意味をもつ。Thelen, *op. cit.*, p.45. 他方で連邦制は、いったん確立されたシステムに高度の安定性を提供する。連邦政府の首班交代と、州レベルのそれとは制度上連動していない。したがって全州政府が連邦政府と同様の政治勢力によって占められないかぎり、連邦政府を掌握する政党といえども、ドラスティックな政策転換を行うことはできない。政策の円滑な実施のためには州政府との調整と協力は欠かせないが、連邦政治における野党が州政治では与党の地位を占めることも十分にありうるからである。この点にかんする実証データとして、安井宏樹「ドイツの分割政府と立法過程」日本政治学会編『年報政治学２００９Ⅰ・民主政治と政治制度』二〇〇九年、三〇七―三〇八頁。このように政治勢力の変動の影響が、比較的小さな水準に留まる国家構造のために、いったんコーポラティズム型利益調整システムが導入されたなら、労働者代表は手に入れた権利を、少なくとも即座には奪いとられる危険を免れるであろう。メイヤー、前掲、九七頁。ダイソンもまたドイツにおける規制緩和の阻害要因の一つとして、連邦制が「保守的で、変化に時間のかかるバイアス」をもつことを挙げている。Dyson, "Theories of Regulation and the Case of Germany", p.13f.

(31) 第四章で見るとおり英国保守党もまた階級間調和を重視し、経済領域への国家関与をかならずしも忌避しなかった。それにもかかわらず、英国においてコーポラティズムの安定的確立に到らなかったという事実は、やはり英国においても政党政治以外の諸要因の果たした役割の重要性を示唆するものである。これについては次項で検討を行う。

(32) メイヤー、前掲、九七―九八頁。セーレンによれば、戦前から対外輸出はドイツ経済にとって重要であったが、領土分割によって主要な国内市場を喪ったために海外市場への依存度はいっそう高まった。Thelen, *op. cit.*, pp.27-29.

(33) メイヤー、前掲、一〇三頁。

(34) 戦間期ドイツの労働運動も、戦後に劣らず強力な動員力を誇っていたものの、それがかえって反動勢力や、固有の利益代表をもたない新旧中間層の警戒心と反撥を買い、それらがナチスによる庇護のもとに走ることを助長するばかりか、ひいては徹底的弾圧と全面的屈服を招きよせることになった。この敗北の記憶が、労働者指導層に過剰な要求と攻撃的行動を回避させる、心理的外傷として機能した。資本家の側でもかつての権威主義的姿勢のために労働者の激昂を惹きおこし、またナチスとの後ろ暗い同盟に走ったことが不名誉な過去として記憶されるかぎり、戦後復興を楯にして労働者の窮状につけ込むようなことはおのずから躊躇われた。同上、一〇二および一〇五頁；Berghahn, *op. cit.* p.108f.

(35) ジェソップ、前掲、二三二頁。

(36) レームブルッフ、前掲、一二九—一三〇頁。

(37) Thelen, *op. cit.* p.13f.

(38) 平島健司『ドイツ現代政治』東京大学出版会、一九九四年、一四九頁。

(39) 以下、Thelen, *op. cit.* p.40に従って論述する。

(40) 同様に賃金交渉は連邦レベルではなく州レベルでなされるが、ドーアによれば先行妥結水準に他州の交渉担当者も追随する傾向があるので、州間格差も生じにくくなる。前掲、二七一頁。ただしドーアはドイツ再統合に伴う旧東独諸州の加入のため、現在では東西間での賃金水準の均質性は相対的に喪われているとも指摘する。

(41) さらにセーレンが労働側の分権構造の補完的要素として注目するのが、使用者団体における高度の包括性と集権性である。賃金交渉にあたるドイツ使用者団体連邦連合ＢＤＡには全使用者の八割以上が加入しており、ガイドラインの策定をつうじて産別ないし地方別加入団体の個別交渉を総合的に調整するとともに、いざストライキが発生した場合には法的・財政的支援を行う。経営側が一枚岩であるかぎり、労働側もまた結束して対応するよう余儀なくされるのであり、その意味で各組合間での協調を促進する効果がある。Thelen, *op. cit.* p.41f. この点でセーレンの分析は、従来のコーポラティズム論が比較分析の焦点をもっぱら労働側の構造に置くのにたいして、斬新な視点を打ちだしていると言える。

(42) 「協調行動」の名のもとで一九六七年には非公式ながら所得政策が実施されたものの、山猫スト発生のために二年後には破綻を迎えた。かくしてセーレンは、ドイツにおける頂上団体間の交渉は限定的および象徴的な機能しか果たさなかったと指摘する。*Ibid.*, p.43.

(43) グスタフ・シュトルパー（坂井栄八郎訳）『現代ドイツ経済史』竹内書店、一九六九年、二二一—二二二頁。さらにヴァイマル憲法は第一六五条で地方・全国レベルでの評議会をつうじた労働者の参加制度を予定していた。

(44) ヴォルフガング・シュトレーク（河越弘明訳）「労働組合のネオ・コーポラティズム的協調の組織上の帰結――西ドイツの場合」レームブルッフ／シュミッター編（山口定監訳）『現代コーポラティズム・II――先進諸国の比較分析』木鐸社、一九八六年、六五頁。

(45) 共同決定制は一九五一年にまず、千人以上を雇傭する所謂モンタン産業（石炭・鉄鋼業）において実施され、労使対等の原則のもとで監査役会における従業員代表権を認めたほか、取締役会メンバーである労務担当役員の任命について従業員代表に拒否権を与えた。この枠組は経営者側への配慮に基づく部分的改訂を伴うものの、七六年に二千人以上を雇傭する企業に拡大実施された（なお五百人以上を雇傭する企業については、監査役会に占める従業員代表は三分の一とされており労使対等ではない）。以下、共同決定制ならびに経営評議会についてはThelen, *op. cit.*, p.15f.；平島、前掲、一六九―一七六頁；田沢五郎『ドイツ政治経済法制辞典』郁文堂、一九九〇年、二二五―二二六頁；ドーア、前掲、二六九―二七一頁に従って論述する。

(46) なお田沢はBetriebsratについて「経営協議会」「労使協議会」といった既存の邦訳を誤りと指摘し「事業所委員会」と訳しているが、本論では先行研究を参照するさいの便宜を図って「経営評議会」の語を採用した。田沢、前掲、四九頁。同評議会は一九五二年制定（七二年に拡大的改訂）の経営組織法に基づき、五名以上の常勤被用者から成る事業所に設置された。この評議会はとくに人事政策にかんする意見具申や同意の権利をもっていたために、労務担当役員に重視されることとなる。

(47) 以下、Thelen, *op. cit.*, pp.17f., 48f. and 59f. に従って論述する。セーレンによれば一九七九年の段階で全雇傭者の実に八四・五パーセントにあたる一八六〇万人がこの制度のもとに包摂された。

(48) シュトレーク論文に掲げられた表では、六〇年代から七〇年代中盤に到るまで、経営評議会に占めるDGB所属の評議員の割合は、（ホワイトカラー労働者から成る）商業・銀行・保険業で五割から六割台に留まるのを例外として、ほぼ全業種で八割ないし九割台の高率を占める。前掲、八〇頁。たしかに経営評議会は、非組合員も含む全従業員によって選挙で選出されるものの、組織力や資金・人材・専門知識等各種資源を有する労組がその交渉力について従業員の期待を一身に引きよせ、ひるがえって評議会のメンバー構成に強い影響力をもちうることは予想できる。とくに全体としての企業に設置される全体経営評議会の選出は間接選挙制に拠るため、この傾向はいっそう強まる。平島、前掲、一七四頁。かくしてセーレンは「所与の事業所において組合組織率が非常に低い――言ってみれば十ないし二十パーセント――のところでさえ、経営評議会は一般的に（たとえすべてでないにせよ）圧倒的に組合員から構成されている」と指摘する。Thelen, *op. cit.*, p.59. またシュトレークは、一九七二年の法改正は経営評議会の「組合機関化」を促進することで、労働者の代表権を「組合防衛権」に変質させる一方、本部専従職員による全体経営評議会や監査役会への参加を促すことで、産別組合の中央組織の発展と集権化を助けたと指摘する。前掲、七九―九二頁。

(49)　Thelen, *op. cit.*, pp.2 and 48.

(50)　たとえば経営評議会にたいしては、労組の中央組織の指導力を損ねないよう、賃金協約締結への参加やストライキの指令が禁じられる（シュトレーク、前掲、六五頁）一方、賃金にかんする交渉を集団的交渉に排他的に委ねることで、現場の経営者による賃金切り下げの要求から末端の労働者を保護している。Thelen, *op. cit.*, p.18f.

(51)　シュトレーク、前掲、八三頁。

(52)　同時に国家もまた、私的利益による圧力と侵蝕を被ることで（とりわけ協議から排除された社会内のメンバーによって）その公的性格を疑問視されるというリスクを負う。Schmitter, "Neo-corporatism and the State", p.44f.

(53)　このことは経営組織法が制定された五〇年代には、むしろアデナウアーはじめ保守陣営（のすべてではないものの、その有力部分）が労働者代表制の導入に積極的であったのにたいして、労組と社民党は批判的な態度をとったという事実を想起させる。次節で見るとおり、労働者代表制そのものは後者にとって長年望まれていたものであったが、経営評議会の労組からの形式的自律性のために、労組の従業員への影響力の遮断とその政治的動員力の衰退が懸念されたのである。Thelen, *op. cit.*, p.16f.　共同決定制導入の背後にある思惑は様々であったが、六〇年代の大連立政権下で設置されたビーデンコプフ委員会が報告したとおり、経営上の決定がもたらすであろう社会的インパクトにかんする労働者の見解を事前に確保できるという機能のために、これらの制度は企業にとってかならずしも不都合なものではないとの認識が徐々に広まった。さらに労組も経営者と情報を共有することをつうじてその行動について責任を負い、要求を穏健化させる傾向をも示した。*Ibid.*, p.49f. このように共同決定制が企業内協調を促進するうえで重要な役割を果たしたことは、次のような労組役員の談話からも窺うことができる。「（略）基本的に私たちは依然として、給料と労働条件の改善を保証するものは経営側との協調であって、闘争ではないと確信しています。（略）それ以上に私たちの理解では、私たちは自分たちの組合員やそのほかの労働者たちだけに道義的な義務を負っているのではなく、全体としてのドイツの社会にも負っているのです。（略）ですから、お好みならこうも言えましょう、私たちは体制の一部であり、それを誇りにも思っています」。チャールズ・ハムデン＝ターナー／アルフォンス・トロンペナールス（上原一男・若田部昌澄訳）『七つの資本主義――現代企業の比較経営論』日本経済新聞社、一九九七年、二七四―二七五頁。ただし繰り返しになるが、経営評議会によって組合の戦闘性が削がれたとしても、その影響力を弱めたわけではない。それどころか、むしろ逆の方向へと作用し「デュアル・システムの『論理』を反転させてきた（セーレン）」のである。

(54) ここで〈国家〉という曖昧模糊だが政治体の全体性を示す言葉を用いるのは、〈政府〉や〈官僚制〉といった下位システムから区別する必要があるためである。シュミッターが指摘するとおり、前者は政権掌握ないし維持をめざす政党や政治家の利益によって第一義的に規定される一方、後者はその地位と権限を独占的に保持したいという固有の選好をもっている。〈国家〉はその構成要素の個別的関心や動機の影響を不可避的に被るが、かといってどれか特定の利益によってのみ基礎づけられるわけではない。それどころか、それは国際関係や法的権威を基礎づける強制力にかんして独自の利益を有している。Schmitter, "Neo-corporatism and the State", pp.40-43. ここで筆者は〈国家〉を、〈政府〉や〈官僚制〉その他の諸要素から構成される全体的な公的権威を表象する領域として用いることとする。

(55) Thelen, *op. cit.*, pp.43-45. じっさいのところ、六〇年代の「協調行動」における三者協議制の試みは、金融財政政策に基づく十分な交換条件という裏づけを欠いていたがために労組からの安定的支持を確保できなかった。かくしてセーレンは、ドイツ型コーポラティズム論の非典型性の真の原因について「問題は利益組織ではない。ドイツの国家なのだ」とも述べる。

(56) シュトレーク、前掲、六八頁。

(57) かくしてセーレンの見るところ、ドイツにおいては労働市場にかんする決定は産業自治の観点から労使両当事者間によって遂行される一方で、国家は「行為者間の関係を構造化する一般的枠組を確立する」ことで間接的にその帰結に影響を及ぼす。米独両国ともに法治主義が重要視される点では共通しながら、なおたがいに異なるのは諸法規が「一連の調整された一般的規則」に基づくものか（独）、そうでないかという点においてである。Thelen, *op. cit.*, pp.51-54. これに関連してネオ・コーポラティズム成立における国家の役割にかんして、シュミッターが次のように述べているのが注目される。

「この政治的交換において公的当局は仲介者でも調停者でもない。当局は市民社会とみずからの関係を修正する政策手段を作りだすだけでなく、市民社会それじたいの内部における諸関係に影響を及ぼす社会的統制のための新たな手段の創出のさいに、同意（また特定の場合には黙認）を与えてもいる。」Schmitter, "Neo-corporatism and the State", p.48.

（58）Dyson, "Theories of Regulation and the Case of Germany", pp.9 and 26.

（59）ナチズムの経験と制定法実証主義な思考方法への反省により、戦後「法治国」概念は復活を遂げた。これを具現するのが司法審査にかんして積極主義的アプローチを採用した連邦憲法裁判所である。ドイツの憲法裁判所は、アメリカのそれのように具体的訴訟にのみ関与するのではなく、特定の法律の合憲性にかんして抽象的審査を行うことができる。その結果戦後ドイツでは行政措置もまた法にたいする開放性と説明責任を要求されることになった。*Ibid.*, pp.9f. and 12f. ; Dyson, *The State Tradition in Western Europe*, p.123f.

（60）以下、Dyson, "Theories of Regulation and the Case of Germany", p.10 ; id., "Regulatory Culture and Regulatory Change", p.261f. ; id., *The State Tradition in Western Europe*, p.96 に従って論述する。

（61）村上淳一が指摘するとおり、元々キリスト教社会主義は個人の道徳と共同体への責任感に依拠して「階級対立なき社会秩序の構築を目指し」ていたが、個人的道徳にすべてを委ねる非現実性を克服すべく、一定の国家介入を認めることは必要であるという考え方を採用するに到った。かくして一九四九年のＣＤＵによる「デュッセルドルフ原則」によって明らかにされたとおり、「社会的市場経済」は「計画経済」と「自由経済」の両者から注意深く区別され、独占を排除し生産性向上を促進するための国家による規制を主張した。『ドイツ市民法史』東京大学出版会、一九八五年、三三一―三三四頁。

（62）これに関連して、バディとビルンボームが「ドイツの公務員は、公法の諸規定の遵守のみを義務づけられているフランスの公務員とは対照的に、政治秩序を支持する義務を負わされている」と指摘しているのが注目される。高度の官僚制を形成したという点で、フランスとドイツの国家発展には共通性が認められる一方で、両者の違いはドイツの官僚制は政治システムとのあいだに「緊密な融合関係」を保っており、その意味で「国家の自律化」がフランスほどには進んでいない点に求められる。すでに記したとおり官界と政界の相互浸透は、上級職への政治任用の導入とそれによって示される「政党国家」化に顕著に現れている。Ｂ・バディ／Ｐ・ビルンボーム（小山勉訳）『国家の歴史社会学』日本経済評論社、一九九〇年、一八八―一九〇頁。

(63)「国民経済振興評議会 National Economic Development Council」は、緩やかで規律のある賃上げのために、経済成長の長期予測の検討とそのための施策の勧告を行うことを任務とした。Pelling, *op.cit.* p.263.［三〇六頁］

(64) A. Cox, "The Failure of Corporatist State Forms and Policies in Postwar Britain", *The Corporate State*, pp.200 and 205f. 戦後コンセンサスの意味内容とそれをめぐる論争については、小堀眞裕『サッチャリズムとブレア政治――コンセンサスの変容、規制国家の強まり、そして新しい左右軸』晃洋書房、二〇〇五年、第二章。

(65) この歴史的背景については、第四章第三節第二項で考察する。

(66) ポール・ケネディ（鈴木主税訳）『大国の興亡――1500年から2000年までの経済の変遷と軍事闘争・下』草思社、一九八八年、一四二―一四四頁：アンドルー・ギャンブル（都築忠七・小笠原欣幸訳）『イギリス衰退100年史』みすず書房、一九八七年、一六一―一六二頁。

(67) ギャンブル、前掲、一六三―一六五頁。

(68) Cox. *op. cit.*, p.207f.

(69) ギャンブル、前掲、一七三―一七五頁。

(70) Cox. *op. cit.*, pp.215-217.

(71) マーティン・J・ウィーナ（原剛訳）『英国産業精神の衰退――文化史的接近』勁草書房、一九八四年、とくに第一部。もっとも一九世紀中盤になると実学、就中自然科学軽視の傾向はようやく批判の的になり、その原因としてイギリスの中等教育が私立学校によって施され、国家の指導を受けていないことが挙げられた。かくして世紀終盤にようやく教育改革が着手されたものの、じっさいに科学教育が拡充されたのは中流および労働者階級を対象とする中等教育機関に留まり、実用性を軽蔑するエリート教育理念を突きくずすには到らなかった。村岡健次『近代イギリスの社会と文化』ミネルヴァ書房、二〇〇二年、八五―八六および九三―九七頁。なお実利・実用への軽蔑的態度は、騎士階層が〈名誉〉を基幹的価値観として生活感情のうちに内面化し、それゆえに日常性・通俗性の超克をみずからに不断に課したことと無縁ではない。これについては木村雅昭『国家と文明システム』ミネルヴァ書房、一九九三年、第六章「名誉の政治文化」。ひるがえって西沢によれば、経済人じしんも制度的科学技術教育に大きな関心をもつことはなかった。じっさい産業革命を導いた技術革新は素人発明家によってもたらされたものであり、「実地経験主義」への信仰はイギリス経済の相対的衰退が認知されたあとでさえ根強く残ることになった。畢竟、英国が早期に、かつ自生的に産業化をなし遂げた先駆者であるがゆえに、教育制度と産業および経営との有機的・組織的結合の試みにあたっては、かえって後発諸国の後塵を拝することとなったのである。西沢保「イギリス経済の停滞と教育改革」湯沢威編『イギリス経済史――盛衰のプロセス』有斐閣、一九九六年、第一一章。

(72)　なお木村によれば、パブリック・スクール特有の教育プログラムを介して伝承される貴族的なエートスと価値観が近代に到ってもなお重視されたのは大英帝国統治がそれを必要としたからであった。すなわち異境の地で困難にうち克つ堅忍不抜の態度、高邁な使命感と結びついた規律と団結心、異質な人々に接し個別特殊の問題に対処するうえで基盤となる教養、バランス感覚とリーダーシップ、こうした「統治のための技能」を鍛えるうえで古典についての理解や団体競技は不可欠のものとみなされたのであり、だからこそ資本主義と民主主義の進展にもかかわらず、なお命脈を保ちえた。木村雅昭「イギリスのインド支配とその遺産――統治構造を中心として」『産大法学』第四三巻第三・四号、二〇一〇年、第二および三章。

(73)　P・J・ケイン／A・G・ホプキンズ（竹内幸雄・秋田茂訳）『ジェントルマン資本主義の帝国・I・創生と膨張1688-1914』名古屋大学出版会、一九九七年、一七―二〇頁。なお川北によれば、外国貿易に携わる「商人」もまた王政復古後の「商業革命」期に社会的地位向上を経験した。同時代人によっても、これら商人はその資産の豊かさと生まれの良さ、外国語や古典語への通暁、その他様々な分野にかんする深い知識のために不名誉な職業ではないと認識されており、擬似ジェントルマンの中核を担うに到った。川北稔『工業化の歴史的前提――帝国とジェントルマン』岩波書店、一九八三年、二八六―二八七頁。

(74)　ウィーナ、前掲、二一八―二一九頁。

(75)　ケイン／ホプキンズ、前掲、三二、四六―七および五二頁。なお国内産業金融が低調だった理由として、湯沢は一八八〇年代以来繰りかえされた銀行の合従連衡を挙げている。というのも地方銀行の多くがロンドンに拠点を置く全国銀行に統合されたため、地方産業への関心もまた稀薄化したからである。湯沢威「『世界の工場』と『大不況』」湯沢、前掲、三九頁。こんにちイギリスにおける「南北問題」は、その政党政治に独特の影響を及ぼしている。それは経済的分断線が政治的なそれと重なりあうことで、保守党がイングランド南部、労働党が（多数の工業労働者を擁する）北部を制しているという点に留まらない。保守党は有産者階級共通の政治的代表であるにもかかわらず、地理的特性を増幅させる小選挙区制のために南部の金融・サーヴィス業の利益を直接反映する一方、産業資本との繫がりは間接的なものに留まらざるをえないという党内政治上のバイアスを抱えこまざるをえない。保守党と二大実業集団との関係に見出される非対称性は、長年に亘ってその経済政策の混乱の原因であったが、サッチャーの出現によって最終的に清算された。すなわち、それ以後の保守党は経済政策の焦点を、世界市場との結びつきに基礎を置く南部の諸利益に合わせ、シティのグローバルな活動の自由をいっそう拡大する政策をとることでこの地域からの十分な支持を動員し、八〇年代の保守党優位の時代に導くことに成功した。ひるがえって、衰退産業の拠点である北西部地域に引導を渡すことで、経済両部門の分裂に起因するディレンマからみずからを解きはなつことを決意したのである。マイクル・モラン（犬童一男監訳）『イギリスの政治と社会』晃洋書房、一九八八年、八七、九二―九三および二二八―二三四頁。

(76) リチャード・ローズ（犬童一男訳）『現代イギリスの政治・Ⅱ』岩波書店、一九七九年、四九―五〇頁。クレッグによる簡潔ながら要を得た言葉を借用すれば「評議会〔ＴＵＣの最高執行機関〕が欠いていることは、望まない組合に路線を守らせる手段である」。ヒュー・Ａ・クレッグ（牧野富夫・木暮雅夫訳）『イギリスの労使関係制度』時潮社、一九七七年、三三八頁。

(77) Cox, *op. cit.*, p.203.

(78) 近藤康史「労働党はどのような『社会民主主義』なのか？――その歴史的変遷と位相」梅川正美・阪野智一・力久昌幸編『現代イギリス政治』成文堂、二〇〇六年、二一九頁。

(79) Cox, *op. cit.*, p.218.

(80) Henry Phelps Brown, "The National Economic Development Organization", *Public Administration*, vol.41, Autumn 1963, p.245.；ローズ、前掲、五〇頁。一連のなりゆきが示したのは、協議機関を設置し協約をとりまとめたとしても、この協約が守られるかどうかはまた別問題ということである。ヘイワードは、フランスの労組指導者の言葉を借りて（協議への）「参加は幹部に、紛争はメンバーに限られる」と表現する。Jack Hayward, "Institutional Inertia and Political Impetus in France and Britain", *European Journal of Political Research*, vol.4 no.4, December 1976, p.354.

(81) Pelling, *op. cit.*, p.142.〔一六七―一六八頁〕
(82) R・ローズ（犬童一男訳）『現代イギリスの政治・Ⅰ』岩波書店、一九七九年、二三〇―二三一頁。
(83) ローズ『現代イギリスの政治・Ⅱ』四四頁。たとえば一九六六年の総選挙勝利により発足した第二次ウィルソン労働党内閣は一部労組の戦闘性を統御し、賃金抑制政策に実効性を附与すべく「物価及び所得法案」を閣議決定したが、組合出身の閣僚（カズンズ技術相）の辞職を招いた。さらに六八年四月にウィルソン政府によって雇傭担当大臣（および党第一書記）に登用されたキャッスル夫人は学界出身であり、労組にたいする国家の指導力強化を望む立場から白書「闘争に代えて」を公刊（六九年一月）した。世論の支持が期待される一方で、非公認ストの抑え込みを目論むその提案は、労組はもとより党内組合派議員や重要閣僚からの強い反撥を買うことになり、首相とキャッスルは原案からの大幅後退を甘受せざるをえなかった。Pelling, *op. cit.*, pp.269-278.〔三一二―三二二頁〕
(84) メイヤーによれば「コーポラティズム的あるいは合意志向的な協定とは、市場領域と政治的領域の間を橋渡しすることを意味している」ので、「労働組合と政党との同時並行的な発展」がコーポラティズム定着にとって有利な条件を用意することになる。かくして英国やフランスのように労組と社民党のいずれか一方が他方に先行して発展した国々においては、同時に発展した北欧やドイツに比べて、政経両分野における意志形成過程の融合はいっそう困難な課題になる。前掲、一〇八―一〇九頁。
(85) 関、前掲、六一―六四頁。
(86) 吉瀬征輔『英国労働党――社会民主主義を越えて』窓社、一九九七年、五―七頁。
(87) ジェソップ、前掲、二二三―二二四頁。
(88) ローズ、『現代イギリスの政治・Ⅱ』四六頁。
(89) 以下、Cox, *op. cit.*, pp.201 and 210f. に従って論述する。
(90) 以下、Hayward, *op. cit.*, pp.343-352に従って論述する。
(91) 英国の利益団体の特質を描くべくヘイワードはリースマンの言葉を引用するが、後者の所論において利益集団は「その利益にとって不都合と考えられる事柄をやめさせるとともに、ずっと狭い範囲のなかで事を開始させることができる力を求めて争い、最終的にそれを獲得してきた」。リースマンが念頭に置くのは、様々な利害当事者や圧力集団の意向に右往左往する「他人指向型」の政治であり、これはかつてのように明確な目標と指導力によって特徴づけられる「内部指向型」の政治にとって代わった。それは直接には戦後アメリカ政治にかんする描写であるが、指導力の衰退と決定の回避という点で、本論が扱う戦後イギリスの政治情況にも通底する問題を孕んでいる。David Riesman et al., *The Lonely Crowd : A Study of the Changing American Character*, abridged by the authors, New York : Doubleday Anchor Books, 1954, p.247.［デイヴィッド・リースマン（加藤秀俊訳）『孤独な群衆』みすず書房、一九六四年、一九八頁］

(92) Hayward, *op. cit.*, p.344. 実際主義的な英国の政治家が、合理的首尾一貫性よりも即時に「受けいれられる可能性」を重視するかぎり、漸進的で微温的なアプローチはいっそう好まれよう。

(93) ローズ『現代イギリスの政治・Ⅱ』五一―五二頁。

(94) Samuel H. Beer, *Britain Against Itself : The Political Contradictions of Collectivism*, New York : W. W. Norton, 1982, p.2.

(95) ダイソンが「新制度論」、就中規範的制度論について論じるとおり、個々の国家に固有の制度的構造は、形式的規則や手続準則をつうじて、その内部で行為する個人ないし集団の行動様式を指示するばかりか、その行動の正当性の基準をも提供する。言いかえれば、制度とは「義務と責務」を指示する枠組でもある。Dyson, "Theories of Regulation and the Case of Germany", p.8f. すなわち、マーチとオルセンが指摘したように制度は「適切性」の基準というかたちで、行為を解釈するための枠組を与えるのである。James G. March and Johan P. Olsen, *Rediscovering Institutions : The Organizational Basis of Politics*, New York : The Free Press, 1989.［ジェームス・G・マーチ／ヨハン・P・オルセン（遠田雄志訳）『やわらかな制度――あいまい理論からの提言』日刊工業新聞社、一九九四年］

(96) たとえばサッチャー改革に指針を提供したマネタリズムとは、通貨の安定それだけを市場の円滑な作用にとって本質的に重要性をもつ要件であると考え、通貨供給量の統制と財政均衡によるインフレ退治（のみ）を政府の務めとする。逆に言えば、成長や雇傭のような目標は市場における無数の行為者が個別にとり組むべき問題とされ、政策決定にさいして度外視されることとなる。この意味でマネタリズムは、政府による任意の裁量を最小限度に留めようとする伝統的な経済政策観に合致する。かくしてギャンブルが述べるとおり「サッチャー主義の論理は強力ではあるが、昔からまったくありきたりの論理である」。前掲、二〇八―二〇九および三一二頁。

(97)　サッチャーみずから当該社会における経済システムの適切性を（正しいかどうかは別として）歴史的・文化的観点から評価していた。すなわち彼女はドイツの「社会的市場経済」について、それは「協調組合主義的で非常に集団化された『コンセンサス』にもとづく経済システム」であり、「それは、コストを上昇させ、市場の硬直性にますます苦しみ、それが機能するためにはチュートン的な自己規制という性質を前提とした」と論じる。マーガレット・サッチャー（石塚雅彦訳）『サッチャー回顧録――ダウニング街の日々・下』日本経済新聞社、一九九三年、三六二頁。また労使協議の実行可能性については次のような論理によって疑問視する。すなわちドイツでは大戦間期に超インフレを経験したため、たとえ失業を伴ってでもインフレ抑止政策は必要だという認識が国民に深く根づいている。さらにドイツの労組は英国のそれよりも責任感があり、国民性もより集団主義的である。「だから『ドイツ型』はイギリスにとっては不適切だった」。『サッチャー回顧録・上』日本経済新聞社、一九九三年、一二三―一二四頁。

(98)　さらに九〇年代後半におけるグローバル化の進展と、それに伴う産業構造変革への圧力が強まるにつれて、規制緩和の前進と雇傭創出の両立は喫緊の課題となる。このときドイツで危機への対応のために採用されたのはコーポラティズムの廃棄ではなく、それへの回帰であった。というのも大規模な改革を目前に控え、まずは政労使三者間での協調Konzertierungの確保が重視されたからである。雨宮昭彦「グローバリゼーション、欧州統合とコーポラティズムの再建――ドイツにおける『労働のための同盟』」永岑三千輝・廣田功編『ヨーロッパ統合の社会史――背景・論理・展望』日本経済評論社、二〇〇四年、一七八―一七九および一九四―二一〇頁。ただしこの改革の成否は、窮極的には男性稼得者を中心に構築された保守主義的国家レジームの抜本的改編にかかっていた。それゆえ従来制度の受益者である国民多数からの反対が予想されるものであり、協議はこの課題に踏みこむことさえできぬまま頓挫した。野田昌吾「グローバル化のなかのヨーロッパ協調政治――１９９０年代以降のヨーロッパにおける協調行動の位相」高橋進・坪郷實編『ヨーロッパ・デモクラシーの新世紀――グローバル化時代の挑戦』早稲田大学出版部、二〇〇六年。

(99)　Dyson, "Theories of Regulation and the Case of Germany", p.10.

(100)　DW, S.33.

(101)　ハンス・マイアー（石部雅亮訳）「旧ドイツ国家論と西欧の政治的伝統」フリッツ・ハルトゥング／ルードルフ・フィーアハウス（成瀬治編訳）『伝統社会と近代国家』岩波書店、一九八二年、一六七―一六九頁。

(102)「すでにドイツ史の第一頁を特色づけていた連邦制的構成が、統合の形態と程度とには時によって変化があったとはいえ、ついに一元的国家構造に転化することなく、最近の時代に至るまで維持されるという、ドイツの宿命が決定されたのである」。ミッタイス／リーベリッヒ、前掲、三七〇頁。

(103) 加藤新平『新版・法思想史』勁草書房、一九七三年、六四頁。

(104) マイアー、前掲、一五三―一五四頁。

(105) ミッタイス／リーベリッヒ、前掲、四九一頁。なお宗教改革がドイツにおける国家－社会関係や民主主義の形成に及ぼした影響の一つとして「同権」原則の確立を重視するのがレームブルッフである。その所論については、次章第二節で考察する。

(106) ただしことプロイセンにかんするかぎり、事情はいささか異なると言わねばなるまい。第一にプロイセンでは、臣民が「非政治的服従の教説」たるルター派に留まったのにたいして、ブランデンブルク選帝侯家はヨハン・ジキスムント以来「歴史的英雄性と政治的昂揚」の教義たるカルヴァン派に改宗した。すなわちここでは君主と臣民との教派にずれが生じたのであるが、ヒンツェの見るところ活気と行動力において抜きんでたカルヴァン派精神が、臣民ではなく、君主の側に息づいていたということが、プロイセン国家の発展にとって大きな意義をもつことになる。なぜなら後に解放戦争時の詩に示されたように「国王が呼びかけると、すべての、すべての者が応じ」るプロイセン流の政治指導スタイルの精神的源泉は、ここに見出されるからである。第二にプロイセンでは独自の世俗的国家観が発展したという点にある。三十年戦争当時のブランデンブルク選帝侯領は東西に散在する諸領邦から成り、しかもそれぞれの領邦を土着の等族が支配する複合国家であった。ホーエンツォレルン家君主は「国家の内的構造をその地政学的位置という対外的な生存条件に適合させることを考慮せねばならなかったが、このことはとりわけ強力な軍隊、確固たる指導、それとともにあらゆる国力を君主に緊密に結びつけることを要求した」。というのも「敵に全方位を囲まれていたのでただ恒常的な戦いにおいてのみ、独立し、これを保持することが可能になったからである」。ここから大選帝侯以来の世俗的国家観、すなわち国土防衛と全体国家建設のために、国益に最大の配慮を払い、国家理性の命じるままに行為することを為政者の務めと考え、場合によっては「市民道徳と国家道徳との峻別」に基づき後者のために前者を犠牲にすることすら厭わない「権力国家」観が立ちあらわれることとなった。このように第一の事情から宗教的寛容が、第二の事情から世俗的国家観が、ホーエンツォレルン国家では相対的に順調に確立することになった。しかしそれにもかかわらず留意せねばならないのは、ホーエンツォレルン国家の世俗的国家観は、もっぱら対外的・軍事的文脈で確立したものであったという点である。このことは君主が対内的に、少なくとも主観的には旧来のキリスト教的君主意識を保持することを妨げるものではなかった。たとえば大選帝侯は「私のためにあらず、民のためなりと肝に銘じて、政をなさんとす」というラテン語の文言をその息子らに暗唱させたが、ヒンツェによれば、ここに見出される責任感情は、「自然法的観念に根ざすものというよりはむしろ、一貫して彼の職務にかんする宗教的観念と、当時の、就中ドイツの国家の現実に固有で、かつ依然として大きな位置を占めていた家父長的性向に由来するもの」であった。Hintze, "Geist und Epochen der preußischen Geschichte", in Ders., *Regierung und Verwaltung: Gesammelte Abhandlungen*, hrsg. von Oestreich, Bd.II, Göttingen: Vandenhoeck & Ruprecht, 1967, S.3f. und 9f.; Ders., "Das Verfassungsleben der heutigen Kulturstaaten", S.406-408; Ders., *Die Hohenzollern und ihr Werk 1415-1915*, Reprint der Originalausgabe von 1915, Hamburg und Berlin: Paul Parey, 1987, S.200-202, 321 und 339f.

(107) 加藤、前掲、七〇—七一頁；マイアー、前掲、一五六—一五七頁。

(108) ミッタイス／リーベリッヒ、前掲、三九八—三九九頁。都市で行われた「ポリツァイ」のなかでも最も本来的なのは、市場の管理・統制に関わる「営業警察」であり、価格と商品の統制や手工業者数の制限などに携わった。さらに「ポリツァイ」は拡張され、建築・消防・衛生・救貧・教育・後見監督・治療、さらに教会関係事務なども管掌するようになる。すなわち民政分野全般に関わる業務がポリツァイに含まれるようになった。また喜安朗によれば、一七世紀フランスにおける「パリ警察総代官のもとでのポリスは、パリの治安・公安に意を注ぐだけでなく、住民に身分制社会の秩序のなかでの豊かな生活を保障する都市行政全般にかかわっていくものでなければならなかった」のであり、その任務には街路の清掃や照明、食糧・燃料・水等の供給や道路行政が含まれていた。このような警察行政の包括性は、旧体制のみならず一九世紀前半にも受け継がれていた。『パリ——都市統治の近代』岩波新書、二〇〇九年、一七—二一および一七〇—一七一頁。

(109) 玉井克哉「ドイツ法治国思想の歴史的構造」『国家学会雑誌』第一〇三巻第九／一〇・一一／一二号・第一〇四巻第一／二・五／六・七／八号、一九九〇・一九九一年、(二)、七一九—七二一頁（以後通し番号とその頁で指示する）。

(110) Dyson, *The State Tradition in Western Europe*, p.119. ダイソンによれば、ドイツ行政学の最初の体系的理論家とされるユスティは病気の子供のために親が泣いてもよいような子供の年齢の明確化さえ、ポリツァイ事項に含めようとした。

(111) マイアー、前掲、一六三頁。

(112) 同上、一六二―一六三頁。かかるエートスは、行政理論が自然法論に基づく国家目的論の導入を経たあとですら損なわれはしなかった。たとえばドイツ自然法論の立役者の一人であるヴォルフは「社会のあらゆる成員は、自己の力によって、そしてまた約定されたしかたによって、公共善 common bonum を実現すべきであり、社会の福祉 salus societas に反することは企てないようにすべきである」と述べ、義務の履行という観点からその権利概念を基礎づける一方、確立された政治社会における人間の行為もまた全体の幸福の増進という規範的観点から定立された。村上、前掲、一五―一七頁。ヴォルフ以来の国家目的論と行政概念を学びとったプロイセン啓蒙官僚は、「公共の福祉」という価値を内面化することで固有の責任感情と職業倫理を、それゆえの威光といささかの自信過剰の性癖をも身につけたのである。玉井、前掲（二）、七二三―七二七および七三〇―七三六頁。

(113) 玉井、前掲（二）、七二一―七二二頁。

(114) Dyson, *The State Tradition in Western Europe*, pp.118f. and 133. 先述のとおり、ポリツァイ概念そのものは大陸欧州に広く受けいれられてきた。フランスの「一般警察 Police Générale」の活動範囲の広さについて、ダイソンは次のように描写する。すなわち「警察がパスポートを発給し、危険な建造物を調査し、価格と製品の品質を検認し、工場建物を監督し、――同様に政治的意見や活動を監視するのである」。

(115) これに関連して、玉井は一八世紀末の国家目的論における「安全 Sicherheit」の強調が、けっしてポリツァイ概念の危険除去への縮小を意味せず、「福祉」が依然として国家目的の重要な領域を構成していたことを強調する。玉井、前掲（二）、七二六―七三〇頁。

(116) マイアー、前掲、一六五および一六七頁。

(117) Hintze, "Geist und Epochen der preußischen Geschichte", S.21.

(118) Hintze, "Das Verfassungsleben der heutigen Kulturstaaten", S.392f.

(119) 玉井、前掲（二）、六九八―七〇〇頁。

(120) 同上、六九六―六九八頁。『永遠平和のために』においてカントは、統治方式として〈共和制〉と〈専制〉の二種を挙げたうえ、「言葉の元来の意味で民衆制と呼ばれる形態は、必然的に専制である」と断じる。なぜなら公共的意志といっても、じつは多数者の、理性の裏づけを欠いた私的な意志が支配するにすぎない民衆制では、少数者の「自由」（それこそは〈共和制〉の根本原理の一つである）が、犠牲にされるからである。カント（宇都宮芳明訳）『永遠平和のために』岩波文庫、一九八五年、二八―二九および三三―三四頁。

(121) 玉井、前掲（二）、七〇二―七〇四頁。

(122) 同上、六八五―六八六頁。たしかに〈歴史〉はそれぞれの民族 Volk に固有の経緯であるという意味で、〈理性〉に比べればはるかに多様で、個別的である。しかしローマ法学者であるザヴィニーにとってみれば、それらもまた人間本性やキリスト教的な生き方のような普遍的要素に諸民族がであうことによって生じるものであり、普遍的な精神の個性的な現れにほかならない。神が統べる永遠不変の自然法を、数学同様理性の演繹作用をつうじて認識することが可能であり、そのように認識される法は文明社会一般に適用可能な普遍性を有するという命題を歴史法論は拒絶したが、だからといって代わりに持ちだされた歴史は単なる因果関係の集積物、あるいは偶然と恣意的選択の所産として理解されていたわけではない。ザヴィニーなり、彼に先行するヘルダーなりが疑義を呈したのは、法の理性的性格そのものではけっしてなく、それがどの民族にたいしても単一の姿をとって現れ、不変の形式によって適用可能であるという点にあった。ザヴィニーが民衆法の価値を称揚しつつも、じっさいに民衆法によって意味されたものが、ゲルマン化したローマ法にほかならなかったのもそれゆえである。「民族精神」とは個々の民族の歴史に応じて多様化し、個性的な姿をもつに到った普遍的人間性の現れなのであり、だからこそ個々の民衆法、言語、文化はいずれもたがいに同等の価値をもつ。同上、六七八―六七九頁：玉井、前掲（一）、五六八―五六九および五七三頁：村上、前掲、四四―四五頁。

(123) 以下、アイザイア・バーリン（生松敬三訳）「二つの自由概念」同（小川晃一他訳）『自由論・第二巻』みすず書房、一九七一年に従って論述する。

(124) 以下、玉井、前掲（三）、三〇―三四頁に従って論述する。

(125) なお法治国概念とともに、後見国家と官僚制支配を正統化したドグマとして、「文化国家」概念にも注目する必要がある。ミューラーによれば、それは「最も進歩的で、最も啓蒙的な文化的諸価値を具現し、その〈哲人的官僚〉をつうじて、国民をより高等な目的へと教化する」国家である。Hans-Eberhard Mueller, *Bureaucracy, Education, and Monopoly : Civil Service Reforms in Prussia and England*, University of California Press, 1984, p.158f.「国家は物理的に失ったものを、精神力によって補わねばならない」とのフリードリヒ・ヴィルヘルム三世のハレ大学代表団への言葉に示されるように、「文化国家」概念は、教育をつうじた国民の啓蒙を強調し、フンボルトのもとでの教育制度・大学改革の理念的支柱となった。他方でそれは後に、国家において「より善き自我」が実現されるという有機体的国家観や保守派の国家観と結合することで、教育ある「普遍身分」の支配に聖油を塗るイデオロギーに変質した。Dyson, *The State Tradition in Western Europe*, pp.164f. and 168 ; Ernst Rudolf Huber, *Deutsche Verfassungsgeschichte seit 1789*, Bd.I, *Reform und Restauration, 1789 bis 1830*, Nachdruck der 2., verbesserten Aufl., 1975, S.265f.

(126) John A. Armstrong, *The European Administrative Elite*, Princeton University Press, 1973, p.163f.

(127) Mueller, *op. cit.*, pp.137-139 and 228f.

(128) 玉井、前掲（五）、四六三―四六六頁。

(129) なおプロイセンにおける官僚支配は一八〇八年にはじめて公示され、一八一七年三月に実現した国務参議会の設置によって名実ともに確立された。立法案件や最重要の行政案件にかんして国王に答申を行う諮問機関として発足したこの機関は、法案への大臣副署を不可欠とすることで君主親政ないし官房統治を過去のものとするとともに、これに代えて官僚による集団的絶対主義を出現させた。ハルトゥング『ドイツ国制史』三四八頁；飯田収治他『ドイツ現代政治史』三六―三七頁。

(130) マンフレート・リーデル（河上倫逸・常俊宗三郎編訳）『市民社会の概念史』以文社、一九九〇年、一一―一三頁。リーデルによれば、かつて政治的共同体そのものであった societas civilis は、一九世紀に到ると「支配＝組織形式の欠如ないし否定によって定義される」「脱国家的脱政治的な領域」となった。

(131) ヘーゲルは市民社会を論じるにあたって、私人としての市民概念から出発した。一八二四／五年に行われた講義の克明なノートによれば、ヘーゲルは次のように述べた。「市民社会の基礎とも出発点ともなるのは、個々人の特殊な利害です。『市民』に当たるフランス語には bourgeois（有産者）と citoyen（公民）の二つがあって、前者の『ブルジョワ』は、共同体のなかで自分の欲求を満たす活動に従事する人びとをさします。かれらは市の公務にはかかわらず、それにかかわるのが後者の『シトワヤン』です。わたしたちがこの章で考察するのは、もっぱら、『ブルジョワ』としての個人です」。ヘーゲル（長谷川宏訳）『法哲学講義』作品社、二〇〇〇年、三六五―三六六頁。リーデルによれば、「古い《市民》社会が近代の公民的に構成された社会にとって代わられると、市民概念はそれ以後のその展開を規定した本質的に二つの意味に還元されることになった。その一つは私的個人としての〈市民〉であり、もう一つは公的・政治的な〈公民〉としての〈市民〉である。」リーデル、前掲、一七一頁。

(132) Hintze, "Geist und Epochen der preußischen Geschichte", S.19f.

(133) のみならずペリー・アンダーソンによれば「プロイセンが啓蒙主義の時代に、突如として他のあらゆるドイツ諸邦の顔色をなからしめ、最終的にドイツ統一を指導したことを説明するのは、その社会構成の〈内的な〉本性」、すなわち「大選帝侯、および軍人王によって王朝絶対主義の明白な階級基盤に整理・統合されたユンカー階級それじたいに関連づけられねばならない」。Anderson, *op. cit.*, pp.260-269.

(134) 「貴族は将校と高級官僚を提供するが、それらにはとくに人格的なふるまいが重視される。そのために騎士領の独占的保有が維持され、保護されている。かくしてブルジョワ資本の騎士産への侵入が妨げられた。それは商工業において活動すべきものであり、それらの経営は貴族には禁じられた。都市の市民階級は消費税において国家的負担の大部分を担う。そのためにそれには市民としての生計の途が独占的に留保されている。手工業や商業、ビール醸造業もまた主として都市の城壁内に限定された。農民階級は軍税を支払い、軍隊に新兵を提供する。そのためにその力は減じることなく保持されるべきであり、いかなる農民の生計の資も他の者の手に渡らぬように、とくに貴族の所領に没収されないように最大限の注意が払われた。この身分的区分に基づく政治的分業の体系においては、負担の重さはまったく均等に配分されているわけではない。ある者はその業績で、またある者はその人格で支払うのである」。Hintze, *Die Hohenzollern und ihr Werk*, S.398f.　さらに以下を参照せよ。Rogers Brubaker, *Citizenship and Nationhood in France and Germany*, Harvard University Press, 1992, p.58.［ロジャース・ブルーベイカー（佐藤成基・佐々木てる監訳）『フランスとドイツの国籍とネーション――国籍形成の比較歴史社会学』明石書店、二〇〇五年、一〇二頁］

(135) Hintze, "Geist und Epochen der preußischen Geschichte", S.19.

(136) バディ／ビルンボーム、前掲、一七二―一八〇および一八五―一八六頁。バディらが指摘するとおり、郡長 Landrat

という地方官職には、プロイセン国家機構と社会秩序との融合が端的に示されている。プロイセン国王の行政組織は政治体の末端部にまで直接及ぶものではなかった。地方支配の基本的単位（郡 Kreis）を委ねられた郡長は、その選任が在地貴族による推挙に基づく点では貴族権力の代表者であるが、監察庁の統制下で国王行政を執行するという意味では中央政府の代行者でもある。ハルトゥング、前掲、一五二および一六三―一六四頁。郡長職に見出される「二面的性格（ハルトゥング）」は、プロイセン国家全体を特徴づけるものでもある。

(137) Hintze, *Die Hohenzollern und ihr Werk*, S.402f.

(138) Ebd., S.450.

(139) Anderson, *op. cit.*, pp.270f. and 273f.；ヘルムート・ベーメ（大野英二・藤本建夫訳）『現代ドイツ社会経済史序説』未來社、一九七六年、三二―三三頁。

(140) 早くも営業税令導入直後の一一月三一日にはケーニヒスベルクの市議会は陳情書を提出して、この改革の撤回を要求した。その理由として、農村と都市の分離の解消が惹起する様々な懸念や、製作・販売の自由化に伴う質の低下、さらにはツンフト解体に伴う倫理喪失や身分制が残存する現実が挙げられた。村上、前掲、一五三―一五七頁。

(141) Hintze, *Die Hohenzollern und ihr Werk*, S.527.「かくしておおいに奇妙なことに、克服されたとともに維持されようのない状態への回帰を願う中産階級の運動が、いっそうの自由を渇望する、見解をまったく異とする人々と結びついたのである」。

(142) 玉井、前掲（三）、一三一―一二六頁。

(143) 村上によれば、モールとマーティは一八四七年（第二版）の『国家事典』第五巻において、工場制大企業のもたらす窮乏化のために「公的生活のなかに全く好ましくない新たな要素が生じている」と指摘し、社会秩序全般にもたらす負の影響について次のように論じた。「自分の運命を呪い、高い身分の人々や現存の国家制度を憎み、いつ何どき失業して貧困の淵に沈むかもしれず、多くは無教育で頽廃的な貧乏人たちは、法律秩序と淳風美俗を脅やかすものといわざるをえない」。前掲、一六六頁。

(144) したがって玉井が論じるとおり、ポリツァイ概念は一九世紀中盤に到ってなお重要性を喪失していなかった。それどころか「国家活動の範囲、従ってポリツァイの概念は、法治国思想の盛行と並行して広いままであった。むしろ社会秩序が動揺の度を増すに伴って、労働者保護のように、いよいよ新たな任務を国家は引き受けざるをえなかったのである」。

(145) 玉井、前掲 (三)、二六頁。
(146) 村上、前掲、一六〇―一六四頁。
(147) GPR, §253.
(148) Ebd., §308.「しかしこの〔普遍的なものの〕意識と意志は、それが特殊性（略）によって満たされている場合にはじめて空虚でなく充実しており、現実に生動しているのである」。
(149) 管理権限の団体への委譲とともに、当局による公的な認証や監督の必要性については、Ebd., §252, 253, 288 und 289.
(150) この問題については、前章第三節第一項を参照せよ。
(151) GPR, §301, 302 und 308.
(152) ユルゲン・コッカ（加来祥男編訳）『工業化・組織化・官僚制――近代ドイツの企業と社会』名古屋大学出版会、一九九二年、一〇頁。
(153) Hintze, *Die Hohenzollern und ihr Werk*, S.659 und 664-666.
(154) ベーメ、前掲、八六頁。
(155) ハムデン－ターナー／トロンペナールス、前掲、二五三―二五五頁。彼らはドイツや日本のような「後発工業化戦略」の典型的特徴を「国家の優位性の強化や将来における発展と（略）『改良』との幅広い可能性を約束する」ような「最重要とみなした技術部門で追いつく」点に見出す一方、これを「企業家精神と経営の広範なフロンティア全域での革新」をめざす英米による「先発工業化戦略」と対比させる。
(156) アレクサンダー・ガーシェンクロン（絵所秀紀訳）「歴史的視野から見た経済的後進性」絵所他訳『後発工業国の経済史――キャッチアップ型工業化論』ミネルヴァ書房、二〇〇五年、四および八―一二頁。
(157) シュトルパー、前掲、二七―二九頁。
(158) ベーメ、前掲、八八―八九頁。
(159) ハンス－ウルリヒ・ヴェーラー（後藤俊明訳）「ドイツにおける組織資本主義と干渉国家の興隆」ハインリヒ・アウグスト・ヴィンクラー編（保住敏彦他訳）『組織された資本主義』名古屋大学出版会、一九八九年、五三―五四頁。

(159) シュトルパー、前掲、三〇頁：ガーシェンクロン、前掲、一二一―一三頁。
(160) コッカ、前掲、一〇七―一二五頁：同（近藤潤三訳）「組織資本主義か国家独占資本主義か――概念についての前書」『組織された資本主義』二〇―二一頁。同じことは「国家内国家」「対抗国家」と呼ばれた労働組合および社会民主主義政党の急速な組織化の成功についても言えるであろう。
(161) Hermann Levy, *England and Germany : Affinity and Contrast*, Leigh-on-Sea : The Thames Bank Publishing Company, 1949, p.114.［ヘルマン・レヴィ（高橋哲雄訳）『イギリスとドイツ――類似性と対照性』未來社、一九七四年、一七八―一七九頁］
(162) ヴェーラー、前掲、六〇―六三頁。
(163) 同上、五〇―五二頁：コッカ「組織資本主義か国家独占資本主義か」二一―二二頁。
(164) ヴォルフ・ディートリッヒ・グライネルト（寺田盛紀監訳）『ドイツ職業社会の伝統と変容――職業教育のドイツ的システムの歴史・組織・展望』晃洋書房、一九九八年、四―一一頁。
(165) 同上、一九―三一頁。同業組合は原則的には自由結社であり、参加と離脱の自由を維持している。この点で強制加入を特徴とする前近代的同業組合とは明らかに異なるものの、他方で当該業種における自営業者の多数の同意により、入会は義務になるという規定（選択強制イヌング）を同法は含んでいた。H・A・ヴィンクラー（後藤俊明他訳）『ドイツ中間層の政治社会史――1871～1990年』同文舘、一九九四年、二五頁。ボルンによれば、法改正から一〇年が経過した一九〇七年には、既存ギルドの三割強が強制ギルドに転じた。カール・エーリヒ・ボルン（鎌田武治訳）『ビスマルク後の国家と社会政策』法政大学出版局、一九七三年、一九〇頁。
(166) ひるがえって旧中間層を組織化した各種利益団体は、金融資本・自由主義者・ユダヤ人から成る「黄金インターナショナル」と産業プロレタリアート・社会主義者から成る「赤色インターナショナル」との全面衝突が近づくなかで、みずからをこの対立から国家を守る「緩衝器」であると自認し、体制を支える屋台骨の階層として国家保護に当然値すると主張していた。ヴィンクラー『ドイツ中間層の政治社会史』三三―三七頁。
(167) Dyson, "Theories of Regulation and the Case of Germany", pp.16-18. なおオーストリアにおいても、同時期に会議所ほかアンシャン・レジームの団体制的構造の復活とも言うべき現象が生じたが、プロイセンがこれを産業社会の発展のために活用したのにたいして、ここでは産業社会の統制と妨害のために利用されたと、クラウチは述べる。Crouch, *op. cit.*, pp.198-201. メイヤーは、このような新たな利益団体政治の出現を汎西欧的現象としながらも、国家による組織化という契機にとりわけ特殊大陸欧州的な特質を見出している。「ある観点に立てば新たな集団化は、自由結社へと向かう自由主義的波動の単なる拡大にすぎなかった。（略）しかし公法の伝統をもつドイツやフランスその他の国家における新しい業界団体は、自由主義の顕在化というよりはむしろ、国家の権威の委譲であった」。Charles S. Maier, "'Fictitious Bonds... of Wealth and Law": on the Theory and Practice of Interest Representation", *Organizing Interests in Western Europe*, p.41f.

(168)　Berghahn, *op. cit.*, p.110f. ただしベルクハーンが主張するとおり、ビスマルクの社会政策は議会政治を補うものというよりはむしろ、これに対抗することを目的としたという意味で、また労使の同権を否定したという点で、国家あるいは権威主義的コーポラティズムと呼ばれるにふさわしいものである。ビスマルクはたしかに利益団体との接触と取り込みを図りはしたが、あくまで反議会主義・反社会主義の姿勢に固執し、その結果労働組合にたいしては徹底的な封じ込め政策で臨んだ。他方において、次章で論じるとおり、組合の影響力排除に腐心しながらも労働者代表を体制内化しようという試みを、帝政期の政府がまったく怠っていたわけではない。とくに一八八九年の老齢・廃疾保険法は、使用者および被用者だけでなく、国庫からの分担金支出も前提としていた点で、労働者の国家への依存度を高め、社民党の煽動の機先を制する作用が期待されていた。ボルン、前掲、三四頁 : Hintze, *Die Hohenzollern und ihr Werk*, S.670f.

(169)　以下、ボルン、前掲、三五―三九頁、およびBerghahn, *op. cit.*, p.111に従って論述する。かかる職能議会構想は、すでにプロイセン邦では一八八〇年に「プロイセン国民経済評議会」として実現されていた。これについては、次章第一節第三項を参照せよ。

(170)　ビスマルクの職能議会構想の背後には、みずからが導入した帝国議会の地位を失墜せしめるという意図がある。この点でその構想には二つの点で後のリベラルなそれとは異なる、国家コーポラティズムの特徴が見出される。第一にそれは議会政治との両立を図るというよりは、これに対抗、あわよくばこれを弱体化せしめることを目的としている。第二に職能議会の構成にかんして、審議参加資格をもつ団体を国家が指定できるという意味で、提携すべき利益の選別が伴っており、この選別によって特定の利益が恣意的に排除されたり、あるいは過大に代表されたりする可能性がある。

(171) もっともレヴィによれば、すでに一連の社会政策実現の過程において、ビスマルクは旧来の身分制との連続性を強く意識していたということになる。「そのような措置は、当時はほとんど革命的であると考えられた。だが、ビスマルクは抜け目なく、それらはドイツのギルド制度によって普及していた措置の延長なのだと主張した」。レヴィはその例として、炭坑における労災補償を運営した同業保険組合 Berufsgenossenschaften が中世以来の同業組合を基盤としていたことを挙げる。Levy, *op. cit.,* p.84.［一三五頁］

(172) ただし職能代表議会を国民代表機関と並存させ、もって多様な社会的諸利害を国政の場に反映せしめようという構想は左右の立場を超えて、一九世紀以後二〇世紀に到るまでドイツの政治理論家によって度々提案されてきたものであり、ビスマルクの経済議会構想もその系譜のなかに位置づけることができる。アーレンス、モール、ケッテラー、イェリネックらの所論については、村上、前掲、第二章第三節および第三章における詳細な紹介を参照せよ。

(173) *Die Reden des Ministerpräsidenten und Reichskanzlers Fürsten von Bismarck : im Preußischen Landtage und im Deutschen Reichstage 1881-1883,* Kritische Ausgabe besorgt von Horst Kohl, Stuttgart : J. G. Cotta, 1894, S.9. なお語句の綴りについては、原著の記述に倣った。註175も同じ。

(174) Dyson, *The State Tradition in Western Europe,* p.119f. さらにダイソンが依拠したピンソンもまた、ドイツにおける異例に早期の社会政策の確立の背景には「国家官房学と家父長主義から成る全体的伝統」があり、「ビスマルクも、ヴィルヘルム二世時代の社会立法の主要な設計者であったポザドフスキ伯も、つねにこの伝統を完全に意識していた」と論じ、右のビスマルク演説を引用する。Koppel S. Pinson. *Modern Germany : Its History and Civilization,* New York : Macmillan, 1954, p.244f.

(175) *Die Reden des Ministerpräsidenten und Reichskanzlers Fürsten von Bismarck : im Preußischen Landtage, im Deutschen Reichstage und im Preußischen Volkswirthschaftsrathe 1879-1881,* Kritische Ausgabe besorgt von Horst Kohl, Stuttgart : J. G. Cotta, 1893, S.327f.

(176) J・S・ミル（水田洋訳）『代議制統治論』岩波文庫、一九九七年、五〇—五一頁。

(177) 同上、六八—七二頁。

(178) 同上、七八—八〇頁。それゆえ労働者階級への参政権拡大が主張される。八一—八二頁。

(179) 同上、九三―九七頁。これにたいして「公共精神」の学校が存在せぬ専制のもとでは、公共的道徳への関心のみならず、私的道徳までもが消滅する。なぜなら各人に協同行為の経験がなく、集合的利害への知的訓練がないために、「他人と共同して追求されるべきどんな目的についても、思考することなく、かれらと競争して、ある程度かれらを犠牲にして追求されるべきものしか、思考しないのである」。

(180) 以下、同上、一六四―一六八頁に従って論述する。

(181) 『法哲学』におけるヘーゲルが、特殊利益を優先しがちな議会議員の傾向にたいする保障手段として、議会の外に立つ国家官僚機構に公共の福祉と理性的自由の守護者としての役割を期待したことは、前章第三節第一項で論じた。

(182) この点でミルの立場は、ドイツの自由主義者だけでなく、人民を幸福へと導く指導者の必要性について触れたルソーとも明らかに異なっている。あるいはバーリンの言葉を借りれば、大陸欧州の「合理主義的形而上学者」が考えるような「真の価値の全体的調和は、どこかに（略）発見されねばならぬ」という前提は、「経験的観察と通常の人間的知識というごくありきたりの手段・方法」に依拠するかぎり、「なんの保証も得られない」。我々の日常世界は「いずれも等しく窮極的であるような諸目的（略）の間での選択を迫られている世界」であり、「このような状況であればこそ、人間は選択の自由にひじょうに大きな価値を置いているのである」。唯一普遍の価値の存在を否定し、価値にたいして不可知論的・相対主義的姿勢をとるような社会は、必然的に多元性を重んじるとともに、選択の自由を要求する。価値の多元論と消極的自由観念は相互に不可分の関係にある。前掲、三八一―三八五頁。

(183) バーリン曰く、積極的自由の信奉者が「権威をわが手中に置かんと欲する」のにたいし、古典的（消極的）自由主義者は「権威そのものを抑圧しようと欲」する。同上、三八一頁。

(184) ミルによれば、代議制においては「対等の均衡」が保たれるよう、その組織方法に配慮が払われねばならない。与党多数派による階級利益の貫徹が妨げられるのは、この多数派の内部に正義や共通善を党の利益に優先させるような党内分派が存在する場合に限られる。与党多数派が数による強行を試みるとき、この党内分派が造反によって野党側に与することで、秤のバランスを逆転させることができるからである。『代議制統治論』一六八―一七〇頁。しかしこのように理解される「公共善」概念は、なんら積極的なものでなく、むしろ防御的・妨害的な、つまり〈なにもなさしめぬ〉ことを目的とするような消極的概念として把握されているということに注意しなければならない。つまり与党内正義派はあくまで

〈拒否権集団〉として行動するかぎりにおいてその正義感を充足させるのであり、なにかを決定し、実現することによってではない。またミルは代議制統治を採用する政治社会が「良心と公共精神」の発展にさいして及ぼす作用もまた「ある程度」のものにすぎず、公益を階級利益に優先させるほどの知的判断力の確立までをも期待するのは滑稽とさえ断言する。同上、一六六頁。

(185) 先述したとおり、議会制の公益確定・実現能力にたいする懐疑を共有するヘーゲルとの根本的相違はここにある。ミルは、啓蒙官僚による独裁体制を正当化するという轍を踏まなかった。彼の権力必腐の論理に従うかぎり、官僚は権力の担い手になった瞬間、その私的特殊利益の維持実現を最優先する利益集団と化すにちがいない。もっとも、ミルの所論には集産主義やエリート主義を容認する要素も胚胎されており、あまつさえ後の社会主義者に影響を及ぼしてもいる。W. H. Greenleaf, *The British Political Tradition* vol.II, *The Ideological Heritage*, London : Methuen, 1983, pp.102-124.

(186) ところでこのような国家権力の最小化という自由主義の教説は、ヴェーバーが描いたような〈強力な議会制〉、すなわち時として与党党首、即首相が直選大統領以上に強力なリーダーシップを発揮することができるという英国議会制の命題と矛盾するのだろうか。印象論的な回答を試みるならば、英国の議院内閣制は危機にさいしての迅速な対応と効果的統御、あるいは既成秩序の劇的解体と変革といったドラスティックであるが、短期的な政治的指導力の発揮にかんしてはたしかに適合的である。一九世紀後半の矢継ぎ早の政治的民主化、両大戦期における戦争遂行のための挙国一致体制の確立、そしてサッチャーによる新自由主義的諸改革がその好例であるが、これらの政治変革が、平時においては漸進主義あるいは改革そのものへの懐疑主義を特徴とする保守党によって主として担われたという事実はいかにも意味深長である。他方において、このような政治体制は平時における時間と根気の必要な課題、たとえば第一節で検討したような制度的構築や行政的拡充にかんする課題の遂行には不向きである。それらには長期安定政権の確立、修辞的雄弁さや外見的華麗さより、地味な官僚的実務能力や専門家的知識が必要とされるが、これらの要件はたがいに競合する二大政党のあいだで暫定的合意が維持され、脱争点化されている期間を除いては、調達される見込みが相対的に乏しいものである。近代イギリスの政治史は、合意に基づく政党イデオロギーの一時的収斂と敵対と競争による間歇的寸断によって特徴づけられる。逆に言えば第四章で論じるとおり、この合意が政党間で共有されているあいだであれば、敵対政治のもとでさえ、集産主義への一定の動きを見出すことは可能である。

(187) Anderson, *op. cit.*, pp.113-115.

(188) Hintze, "Staatsverfassung und Heeresverfassung"; "Das Verfassungsleben der heutigen Kulturstaaten"; "Machtpolitik und Regierungsverfassung", *Staat und Verfassung*, S.69-71, 77f., 82f., 405-411 und 427-431.

(189) メイトランド『イングランド憲法史』三三三—三三四頁。

(190) Anderson, *op. cit.*, pp.137-142.

(191) Ritter, "Nation und Gesellschaft in England", S.59f.　周知のとおり、近現代イギリス国家における前近代的要素の残存、逆に言えば近代国家としての不完全性は、一九六〇年代および七〇年代にペリー・アンダーソンやトム・ネアンらにより批判的見地から論じられた。Andrew Gamble, "State, Economy and Society", *Fundamentals in British Politics*, pp.27-29.

(192) Dyson, *The State Tradition in Western Europe*, p.19.　一六世紀以降の欧州において〈国家性 stateness〉が増大する一般的傾向を認めるティリーもまた、その度合には相違があり、「フランスが一五〇〇年以後のほぼ全期間をつうじてヨーロッパの先頭に立ったのにたいして、イングランドはそれよりも緩慢な歩調で、かつそれよりも低い水準で国家性を蓄積した」と指摘する。Tilly, *op. cit.*, p.34f.

(193) 彼らの所論において鍵となるのは、社会の組織化にあたるのは「国家」か、それとも社会のうちに自己組織化を行いうる「中心」が存在するのかということである。この二変数に着目しながら、ヨーロッパ諸国の政治システムは次のように分類される。すなわち中心と国家が同時に備わるフランス、国家はあるが中心のないイタリア、逆に国家はないが中心が備わっている英米、中心・国家のいずれも欠けるスイス等々である。バディ／ビルンボーム、前掲、一七一—一七二頁。プロイセンは国家の発展という点でフランスと同様の発展過程を辿ったものの、領主貴族による統治機構支配のために、国家の自律化はフランスほどには進まなかったとされる。同上、一八五—一八六頁。

(194) メイトランド『イングランド憲法史』四一八頁；Johnson, *op. cit.*, p.50f.

(195) Maitland, "The Crown as Corporation", *The Collected Papers*, vol.III, p.245.　［メイトランド「法人としての王冠《クラウン》」同（森泉章監訳）『法人論』日本評論社、一九八九年、一一六頁］

(196) Maitland, "The Corporation Sole", *The Collected Papers* vol.III, p.237f.　［メイトランド「単独法人」同『法人論』八六頁］通常、法人といえば、集合的存在としての法人を指すが、英国では単独人から成る法人が存在した。サー・ロバート・ブロークが「教区牧師 parson」を「法人 corporation」と呼んだのが最初の事例とされる。たった一人の人間はいずれは死を免れぬ存在であり、この点で永続性（不死性）を本質とする法人概念に矛盾する。訳者・森泉章によれば、単独法人の目的と効用は次のとおり。教会およびその附属財産にたいする自由保有権は、寄進当時の教区牧師に帰属した。しかし教区牧師が死亡し、その相続人に当該自由保有権が承継される場合、もしその相続人が多大の債務を抱えていたなら、寄進財産が彼の負債の償却に充てられる虞れがある。したがって教区牧師の権利がその職に在る者の寿命にかかわりなく保持されるためには、固有の身体と生命をもった自然的人格とは別個の、人為的人格としての法人格が設定され、これに諸権利が帰属させられることが必要になる。同上、一七一―一七二頁。

(197) Maitland, "The Crown as Corporation", pp.248-252［一二〇―一二四頁］：エルンスト・H・カントーロヴィチ（小林公訳）『王の二つの身体』平凡社、一九九二年。

(198) Amery, *op. cit.*, p.5.

(199) 英国における「国家」ないし「公法理論の不在」について、一七六五年の判決ほど明快な言葉で説明したものはない。「国家的必要性、あるいは国家的犯罪とそうでないものについてなされる区別についての議論にかんして、コモン・ローはその種の論証について関知しないし、我らが法書もかかる区別について留意していない」。それは国家的必要性を理由にして、議会の同意なき課税をなしえないのと同じである。「もし国王じしんが、国家理性を理由として法に背いて然るべき時を宣言する権限をもたないのであれば、我々国王の判事がそのような大権をもたぬことは確かである」。Entick v. Carrington, 19 Howell's State Trials 1029 (1765). 英国ではすでにエドワード一世の治世までには法的統合を達成していたので、大陸ほどローマ法「継受」のインパクトは強力ではなかった。Dyson, *The State Tradition in Western Europe*, pp.113-117.

(200) Maitland, "The Crown as Corporation", p.253f.［一二五―一二七頁］

(201) Dyson, *The State Tradition in Western Europe*, pp.43 and 210f.

(202) *Ibid.*, p.189f. イギリス保守主義の統治観については、第四章で論じる。

(203) メイトランドは選挙権の歴史を講ずるにあたってこう述べる。「わが国の歴史全体を通じて投票権者資格が、州ないしは自治都市内にある、大雑把な言い方で言えば物的財産（なんらかの土地ないしは保有不動産あるいは又なんらかの住居）との関係になんらかの形で依存してきているということに、諸君は気付くであろう」。すなわち政治的権利が不動産保有に基礎づけられているという点で、依然として封建制以来の伝統は息づいていたのである。さらに当時のイギリスの選挙権を、大陸同様有産階級優遇を目的とした財産選挙権として解釈するのは困難である。というのも資格附与にさいして重要なのは、たとえば自由保有か謄本保有か定期賃借か、あるいは占有と居住といった具合に、財産額そのものではなく、その保有形式にあるからである。『イングランド憲法史』四六九―四八三頁。

(204) コッカ（冨岡理子訳）「市民層と市民社会――ヨーロッパ的発展とドイツの特質」コッカ編（望田幸男監訳）『国際比較・近代ドイツの市民――心性・文化・政治』ミネルヴァ書房、二〇〇〇年、二三および三四―三五頁。さらに商業顧問官という称号がプロイセンの企業家によって渇望されたとおり、経済市民層にもまた「国家志向性」が顕著に見出される。かかる国家志向性のために「組織資本主義」の進展が促されるだけでなく、「企業家と官吏との間の典型的な違いがほかの国々よりも早期に失われていった」。

(205) 同上、三六頁。

(206) Mueller, *op.cit.*, pp.108-111. すでにイングランドでは一二世紀までには軍役代納金（楯金 scutage）による封建的軍事義務の弁済が通例になっていた。英国王の版図はフランスのほぼ半分に及んでいたが、このような海外遠征のために封建軍隊を長期に亘って動員することはきわめて困難だったからである。Hintze, "Machtpolitik und Regierungsverfassung", S.437f. 貴族の脱戦士化は、裏を返せばイングランドの大学が濃厚な貴族的性格を帯びたことの背景的原因であったが、それとは対照的にプロイセンの大学は圧倒的に平民的な性格をもっていた。というのも貴族はもっぱら軍幼年学校や家庭教師をつうじて教育されたからである。Mueller, *op. cit.*, pp.82-87 and 230.

(207) *Ibid.*, p.121f.

(208) ウーテ・フレーフェルト（棚橋信明訳）「市民性と名誉――決闘のイギリス・ドイツ比較」『国際比較・近代ドイツの市民』一四四―一四六頁。

(209) 指昭博によれば、領主貴族以外で次第にジェントルマンの範疇に組みこまれたのが、法律家や大学教授、医師や政治家、高級官吏と将校、さらに国教会聖職者と貿易商といった「専門職」であるが、これらの職業は高等教育によって特徴づけられる。ただし当初は「擬似ジェントルマン」と呼ばれることもあった。名実ともにジェントルマンとなるためにも蓄財ののちは地所を購入することが理想的と考えられていた。「人びとを隔てる壁――ジェントルマンの支配する社会」『イギリス文化史入門』二九―三一および三九―四〇頁。もっとも川北によれば、大規模な土地の売買が困難になる一方、蓄積した富の投資対象が多様化した一八世紀には大土地所有はジェントルマンの条件としては次第に厳格なものではなくなり、そのぶん「消費の型」、すなわち教育を含む生活様式が社会的地位の認定において重要性を高めることになった。「成功した商人や法律家にとっては、地主化しないでジェントルマンになる可能性が生じてきたのである」。たしかに彼らは不労所得ではなく勤労によって収入を得るかぎり真正ジェントルマンの条件を満たすものではなかったが、消費生活の型の点で――一七世紀初頭に消費にかんする身分制的・法的制約が撤廃されていたのでなおさら――これと区別することは困難であった。「血筋によるジェントルマン born gentleman」と並んで、このように多少なりとも才能に基づく「育ちによるジェントルマン bred gentleman」を組みこんだために、近代イギリスの上層社会は一定の競争性・開放性・流動性を確保することができたのである。川北、前掲、第三章。

(210) ミル『代議制統治論』一一六頁。

(211) Dyson, *The State Tradition in Western Europe*, p.248f.

(212) Hintze, *Die Hohenzollern und ihr Werk*, S.681 ; "Das Verfassungsleben der heutigen Kulturstaaten", S.421f.

(213) エイザ・ブリッグズ（村岡健次・河村貞枝訳）『ヴィクトリア朝の人びと』ミネルヴァ書房、一九八八年、一四頁。実業家にとって「自助」は第一世代のための哲学であり、第二世代以下は中等および高等教育機関をつうじて、上流への仲間入りをめざすのである。

(214) 同上、一三〇頁 ; W. Bagehot, "Sterne and Thackeray", in *The Collected Works of Walter Bagehot*, ed. by Norman St John-Stevas, vol.II, London : The Economist, 1965, pp.307-309.

(215) Bagehot, *The English Constitution*, pp.266-270.［二七九―二八二頁］他方において有権者大衆はまったく無力というわけではなく、二組のエリート、つまり保守党と自由党のうちどちらがより服従に値する政党かを判断する能力と権限はもっている。だからこそ大衆民主主義の浸透にもかかわらず、旧来からの政治システム、すなわち社会的エリートによる穏健な政治指導はなお存続できた。*Ibid.*, p.xii.［三〇六頁］二〇世紀における「敬譲」の変容については、モラン、前掲、第二章を参照せよ。

(216) 川北、前掲、二七八―二七九および三四九―三五〇頁。

(217) ブリッグズ、前掲、一六頁。

(218) Ritter, “Nation und Gesellschaft in England”, S.62f.

(219) Crouch, *op.cit.*, pp.194 and 209.　本章第一節第三項で触れたとおり、ブルジョワ階層が「ジェントルマン的」価値観を内面化するうえで重要な役割を担ったのが教育であった。さらに以下を参照せよ。ブリッグズ、前掲、一八七頁；Mueller, *op. cit.*, pp.183-185.

(220) F. W. Maitland, “Translator's Introduction”, in O. Gierke, *Political Theories of the Middle Age*, Cambridge : University Press, 1900, p.xxviii.〔メイトランド（森泉章監訳）『団体法論序説』日本評論社、一九九五年、七四頁〕

(221) *Ibid.*, p.xixf.〔五八―六〇頁〕

(222) *Ibid.*, p.xxx.〔七七頁〕

(223) Maitland, “Moral Personality and Legal Personality”, *Collected Papers*, vol.III, p.310.〔メイトランド「道徳的人格と法的人格」同『法人論』一〇―一一頁〕

(224) ホッブズ（水田洋訳）『リヴァイアサン』（二）岩波文庫、一九九二年、二五四頁；Maitland, “Moral Personality and Legal Personality”, p.311〔一一頁〕; id., “Translator's Introduction”, p.xxxiii.〔八一頁〕

(225) Maitland, “Translator's Introduction”, p.xxxf.〔七八―七九頁〕

(226) Maitland, “The Unincorporate Body”, *Collected Papers*, vol.III, pp.280-283.〔メイトランド「法人格なき団体」同『法人論』四四―四七頁〕

(227) Maitland, “Trust and Corporation”, pp.344-347 and 384.〔三八―四二および八九―九〇頁〕

(228) *Ibid.*, p.335f.〔二七―二八頁〕

(229) *Ibid.*, pp.361-363.〔六一―六二頁〕

(230) Maitland, “The Unincorporate Body”, p.283.〔四七頁〕

(231) Maitland, “Trust and Corporation”, pp.371-376.〔七六―八一頁〕

(232) GPR, §308.　なおヘーゲルの法哲学講義を聴講した学生のノートから抜粋した「補遺」（藤野・赤沢訳では「追加」）のうち第二五五節にたいするものによれば、旧来型の職業団体の廃止はたしかに個人主義的職業観を反映するものであるが、だからと言って職業団体の存否が「みずからの生計の道を切りひらく個人の義務」に違いをもたらすものではないという点が強調されている。

(233) Ebd., §253.

(234) たとえば第二五五節補遺に「もっともこれ〔職業団体〕にたいしては、国家のより高次の監督がなければならない」との記述が見える。さもなくば「惨憺たるツンフト制へと落ちぶれる」のは必定だからである。

(235) 村上、前掲、一一〇—一一七頁。

(236) Maitland, "Trust and Corporation", pp.363-365.〔六二—六四頁〕かくして「ローマ・カソリック教会のごとき『歴史的な組織』が『私的社団や球技団体と法的に同等である』」という法的状況がもたらされる。

(237) *Ibid.*, pp.395-399.〔一〇七—一一一頁〕

(238) 「〈信託〉概念の公法的拡張」は、統治にかんする様々な制度に及んだ。'intrusted with A'（Aを委託される）という定式文言において、Aには土地や金銭のみならず、行政権限を代入することさえ可能である。だからこそメイトランドが例示するように、大英帝国議会は「植民地の信託統治者（a trustee for the colony）」であるという表現が成立する。*Ibid.*, pp.401-403.〔一一三—一一七頁〕

(239) Dyson, *The State Tradition in Western Europe*, p.193.

(240) Maitland, "Moral Personality and Legal Personality", p.311.〔一一頁〕

(241) Talmon, *op. cit.*, p.93.

(242) 無論、喜安が指摘するとおり、ル・シャプリエ法が中間団体排除の理念に鼓吹されていた一方で、社会的現実においては人と人とが自由かつ自発的にとり結ぶ、新たなアソシアシオン的結合の出現を完全に妨げることは困難であった。しかし、団体結成が事実上黙認されるにしても、そのことはただちに団体が社会的統合の礎として積極的に位置づけられたことを意味するものではなく、なおいっそうの方針転換と紆余曲折を必要とした。前掲、二〇五—二〇九および二二五—二二七頁。また集会・結社の自由が承認される過程にも「大陸的特殊性」を見出すことはできる。というのも、メイトランドによれば、一連の団体にかんする立法は、もっぱら営利を目的とする団体にのみ結社の自由を享受せしめる一方、非営利団体、就中宗教団体にたいしては「強度の恐怖心」のために前者と厳格に区分し、警戒心を解くことがなかったからである。Maitland, "Moral Personality and Legal Personality", pp.312-314.〔一三一一五頁〕このことは大陸における市民社会の純粋経済社会化、そしてそれと表裏一体で進行する、いっさいの公的権能の国家への集中という過程を反映するものと理解できる。

(243) たとえば『法哲学』第二九〇節への補遺において「フランスは職業団体や自治団体、すなわち特殊的利益と普遍的利益が相集う集団なしで済ませている」という指摘がなされたのち、「国家内国家」には弊害があるものの「自治共同体のうちに国家本来の強さは存する」と論じられている。

(244) Maitland, "Translator's Introduction", pp.vii-xii.〔三一一一頁〕

(245) ルーイックは一九世紀のドイツ法学者が「ローマ的」という言葉を用いるとき、その背後に「支配の安定的維持、個人の自律」他のような価値観を主張していたのにたいして、「ゲルマン的」なものとして「共同精神に適合」的その他の性格を重視していたと指摘する。クラウス・ルーイック（岩倉正博訳）「私法秩序の改革に際してのロマニストとゲルマニストの価値観」河上倫逸編『ドイツ近代の意識と社会──法学的・文学的ゲルマニスティクのアンビヴァレンツ』ミネルヴァ書房、一九八七年、二一四─二一五頁。

(246) Maitland, "The Unincorporate Body", p.280f.〔四四─四五頁〕メイトランドは、もしこのような認可がイングランドでも必要だったとしたら「イングランドの相貌はいかほど変わることか」と強調する。じっさいにイギリスは自発的な慈善活動が盛んなことで知られている。この活動のために信託が利用されたり、様々な自由結社が結成された。これらの活動は自助を重視し、それゆえに社会的支出に消極的な国家的救貧法行政の貧弱さを補う役割を果たした。金澤周作「弱者救済の結社」川北稔編『結社のイギリス史──クラブから帝国まで』山川出版社、二〇〇五年、一七七─一八〇頁。かならずしも信託によるものとはかぎらないが、ヴィクトリア時代には自発的結社による「アソシエイションの文化」が花開いた。イギリス人の任意団体への愛着は、それが存在しないフランス的ないし大陸的状況との比較において同時代人によっても注目されていた。小関隆「『アソシエイションの文化』と『シティズンシップ』──世紀転換期イギリス社会をどう捉えるか?」小関編『世紀転換期イギリスの人びと──アソシエイションとシティズンシップ』人文書院、二〇〇〇年、一〇─一一頁。

(247) Schmitter, "Neo-corporatism and the State", pp.50-59.

(248) もっともイングランドでも一八世紀末にはフランスのル・シャプリエ法に匹敵する「団結禁止法」が成立していた。ペリングによれば、これは違反者にたいする即決裁判を規定しているとおり、フランス革命と連動した国内騒擾の危険の芽を摘みとることが目的であり、下層民の集合行為にたいする上層市民らの不安と偏見を反映したものであった。しかしながら、処罰は相対的に穏便なものであり、様々な不都合のために労働者にたいしてじっさいに適用されることも次第に少なくなった。かくしてこの法令も労働者による団結を完全に妨げることはできず、一八二四年には廃止された。かくして団結強制への処罰の排除や財政上の保護の獲得にはなお時間を要するものの、一九世紀をつうじて労働者による団体活動は積極的に試みられた。Pelling, *op.cit.*, chap.1 and 2.

(249) Maitland, "Trust and Corporation", pp.387-389.〔九三―九五頁〕

(250) ハロルド・ラスキ（渡辺保男訳）「多元的国家論」『世界の名著72』四〇七―四〇八頁。

(251) Maitland, "Moral Personality and Legal Personality", p.316.〔一一八頁〕

(252) Maitland, "The Crown as Corporation", pp.257-259.〔一三〇―一三二頁〕; id., "Translator's Introduction", p.xxxv.〔八五頁〕

(253) 3 & 4 Will.IV, c.85. さらに次のような文言も見える。「上述会社の財産は、王冠のための信託において、前述施政の遂行および本法律で述べた他の諸目的のために、引きつづきその所有と処分権のもとに置かれる」。なおこの法律によって東インド会社の対中国貿易独占権が廃止され、むしろ行政機関としての性格が決定的に強まった。この背景と影響については、ケイン／ホプキンズ、前掲、二一七―二二二頁。

(254) ラスキ、前掲、四〇六頁。

(255) Dyson, *The State Tradition in Western Europe*, p.193f.

(256) Ritter, "Nation und Gesellschaft in England", S.66. リーデルが記すとおり「ギリシア語＝ラテン語の伝統をひく古い用法では」「市民社会は政治的支配形式つまり《国家》と同意味ないし同義語であり、両術語とも同一の概念を表わしているということになる」。ところが一九世紀以降の「新しい用法では、〈市民社会〉と〈国家〉はまさしく相対立するものとされる」。かくして市民社会から支配の契機が脱落し、非政治的・純経済的な領域空間とみなされるようになった。他方リーデルもまた、この二項対立がとくにドイツの概念史において強調されたのにたいして、西欧諸国では自由主義の伝統が強固であったために、やはり市民社会は政治社会としての意義を喪うことがなかったと指摘する。リーデル、前掲、一一—一三頁。

(257) Bergahn, *op. cit.*, pp.111-115.　労働者への同権の承認や経営評議会の設置（ただし憲法第一六五条に予定されていたなかでじっさいに具体化したのは一部に留まる）はヴァイマル期における利益代表・協議制度の革新的側面を示すものであるが、伝統の継承を強く印象づけるのが一九二〇年に設置された「暫定的全国経済協議会」である。それはヘーゲルが構想し、ビスマルクが実現を図りながら挫折した「職能代表議会制」のヴァイマル版であった。この機関は一九二〇年五月四日の命令により設置され、労使同権原則に基づいて農林水産業・工鉱業・商銀行保険業・運輸および公企業・手工業・消費者・官吏および自由業など各業界・経済圏の代表、さらに地方経済界代表その他の全三二六名から成り、社会・経済生活に影響を及ぼす法案について専門的立場から審議・答申、ないし発案すべきものとされた。ただし官庁との直接交渉を好む大工業にとってこの機関の必要性は乏しく、当初の期待に十分に応えることはできなかった。村上、前掲、二九六—三〇一頁；飯田収治他『ドイツ現代政治史』二四二—二四四頁；高田敏・初宿正典編訳『ドイツ憲法集・第三版』信山社、二〇〇一年、一四七頁。

(258) Maier, *op. cit.*, pp.27-29.

(259) Crouch, *op. cit.*, pp.177f. and 181f.

(260) Maier, *op. cit.*, p.50 ; P. C. Schmitter, "Modes of Interest Intermediation and Models of Societal Change in Western Europe", *Comparative Political Studies*, vol.10 no.1, April 1977, p.15.

(261) Crouch, *op. cit.*, p.193f.

(262) なお「身分‐議会制」とは、'die ständische Verfassung' にたいする成瀬治による訳語である。成瀬によれば、「身分制議会」を本質的特徴とする統治構造とともに、「身分的社会構造」をも包摂する概念として、ヒンツェは「国制Verfassung」という語を用いているのであり、その両者を要約するような訳語として「身分‐議会制」という語が案出された。筆者も特定の政治制度の形成を、広く歴史的・社会的構造連関において把握しようと努めるものであり、かかる観点から成瀬の訳語を踏襲した。ヒンツェ「西欧の身分‐議会制の類型学」三五—三六頁。さらに成瀬、前掲も参照せよ。

(263) ヒンツェ「西欧の身分－議会制の類型学」八頁。
(264) 同上、一〇―一二頁。
(265) 同上、三〇頁；ヒンツェ（成瀬治訳）「代議制の世界史的諸条件」『身分制議会の起源と発展』六五頁。
(266) ヒンツェ「西欧の身分－議会制の類型学」二四頁；同「代議制の世界史的諸条件」六九―七〇および一一八―一一九頁。
(267) ヒンツェ「西欧の身分－議会制の類型学」二二および二五頁。
(268) ヒンツェ「代議制の世界史的諸条件」八八―八九頁。
(269) ヒンツェ「西欧の身分－議会制の類型学」三二―三三頁。
(270) Hintze, "Staatenbildung und Verfassungsentwicklung", S.44；ジョセフ・ストレイヤー（鷲見誠一訳）『近代国家の起源』岩波新書、一九七五年、二〇頁。
(271) Anderson, *op. cit.*, p.113f.；ストレイヤー、前掲、五一―五三および六八―七〇頁。
(272) ヒンツェ「西欧の身分－議会制の類型学」二八―三一頁。
(273) 同上、一二―一六頁。
(274) 一三世紀末頃には、教会課税にさいしては下級聖職者代表から成る会議 convocation による同意が必要であるとの慣行が成立しており、この会議はカンタベリー・ヨークの両大司教区ごとに、大司教による招集により開催された。城戸毅『マグナ・カルタの世紀――中世イギリスの政治と国制　1199-1307』東京大学出版会、一九八〇年、二三六―二三九頁。これは聖職者が教会課税について国王と独自に個別折衝を行うための機関をもつことを望んだ結果であるが、メイトランドによれば皮肉にもそのために聖職者は議会の主要な構成員となる機会を逸し、かくして「議会は三身分の会議とならずに、聖俗の貴族と庶民との会議になったのである」。『イングランド憲法史』一〇三―一〇五頁。
(275) クリストフ・ミュラー（大野達司・山崎充彦訳）『国民代表と議会制――命令委任と自由委任』風行社、一九九五年、一二六頁。ただし一三世紀の段階ではまだ各身分ないし特定地域との個別折衝方式が試みられており、フランスの発展との類似性が見出される。城戸、前掲、二五七―二六一頁。しかし最終的に議会による集団的同意の原則が確立されたため、議会は君主による分断統治の危機を免れることができた。
(276) Carsten, *op. cit.*, p.441.

(277) Ritter, "Das britische Parlament im 18. Jahrhundert", S.435.

(278) Anderson, *op. cit.*, p.114f.

(279) ヒンツェ「西欧の身分－議会制の類型学」一二および三三頁。

(280) ただし今述べたことがカロリンガー帝国の後継および周辺諸国家、すなわち三部会制型議会を擁したすべての国家にあてはまると言うことはできない。就中フランスでは、議会主義もコーポラティズムも、一時的・例外的事例を除いては、十分堅固な基盤を獲得することができなかった。ここで見出されるのは国家ないし執行権の長たる共和国大統領の強力さとともに、断続的に発生する民衆蜂起や直接的大衆行動の反国家的性格である。ドゴール政権末期における五月革命はフランスのこの二大特徴を如実に表現するものであろう。本稿では「団体」が政治的重要性を確立させるうえで好都合な条件が存在したとは言いがたいフランスについて、その利益代表・媒介制度について具体的に考察することができなかったが、無論このことは、フランス国家類型の重要性と興味深さを否定するものではない。

第三章　超然統治と利益政治

——近代ドイツ国制の構造的問題をめぐる考察——

はじめに

前章第一節で見たとおり、戦後（西）ドイツの政治・経済状況に安定性を保障してきた制度形態は、しばしば「社会コーポラティズム」として概念化されている。適切に組織化された労使の代表間での集合的交渉と自発的協調という利益団体政治の「ドイツ型」様式は、経済領域にたいする過度の国家干渉を排除しつつ、その立法・行政上の後援を確保することが可能である一方、往々にして対決主義的闘争へと陥りがちな多元主義的ないし階級闘争的解決方法を回避できるという点で、自由と安定という、容易には両立しがたい要請を同時に、かつバランスをもって満たしうるというメリットを有していた。

だが、このような問題解決の手法は、戦後ドイツに忽如として「発明」されたものでも、あるいは外部から「借用」、ましてや「強要」されたものでもない。ドイツの近代史をふり返るかぎり、そもそも利益調整を自由で活気に満ちてはいるが、場合によっては烈しい分裂と闘争を招きかねないような競争的・放任的様式、すなわち「アングロ・アメリカ型」多元主義的手法に委ねるという発想は、かならずしも支配的ではなかったし、また正当なものとして受けいれられていたわけでもなかった。むしろ利害対立と紛争にさいしては、「公平」とされる第三者（所轄官庁）の立ち会いのもと、各レベルの利害当事者間で事前に争点を精査し、慎重に利益を比較衡量したうえで、計画的に問題除去の方法を確定するという総合調整型アプローチが、ほかのどの産業化諸国にも先駆けて一般的となった。

とはいえ、そのようなアプローチが確立するまでの道程はけっして平坦なものではなく、紆余曲折を伴ってもいた。先述したとおり、シュミッターによる団体政治のタイポロジーによれば、重視されるべき利益の選択と調整に国家官僚機構が主体的・能動的な役割を担い、諸団体を〈上から〉統合するような国家コーポラティズムと、これとは逆に諸利益団体、就中生産者の二大陣営である労使両ブロックの代表が自発的協調と協定とを〈下から〉積みあげてゆく社会コーポラティズムとのあいだには、次のような点で軽視すべからざる差異がある。すなわち結社の自由（加入・脱退、組織形成の自由）をはじめ、見解の形成や表明、また交渉制度への参画の是非や採られるべき手法の選択等あらゆる面において、当事者団体の行動の自由と自発性が尊重されるかどうか、それが団体間ないし団体と国家のあいだだけでなく、団体内部でも尊重されるのか、さらには議会政治にたいして排斥的かどうか、とくに労働者政党とその支持階級の包摂が、国家－政治次元で実現されているかどうか、言いかえると所与の利益団体政治の様式が、自由－民主主義の公式と制度様式にたいして両立可能なものかどうかという点で、それらはしばしば態度を異とするからである。

見方を変えるならば、コーポラティズムの考察対象は、単に団体間での利益代表・媒介・調整にかんする制度様式にのみ留まるものではない。コーポラティズムを類型論的に考察するさいには、利益団体だけでなく、行政府と議会に与えられた権力とその布置状況など統治構造全般にたいして注意が払われなければならない。国家コーポラティズムにおいてしばしば議会勢力の抑圧、場合によっては排除ないし代替が、官僚機構と社会内有力団体との提携をつうじて企てられるのにたいして、社会コーポラティズムの特質は政党勢力と利益団体との調和のとれた連携のもと、経済的諸アクター間での合意が議会においてこれに相応する政党によって立法化され、また議会に責任を負う政府によって執行される点に見出される。すなわち国家コーポラティズム体制においては、コーポラティズム制度と議会制は、二者択一式の関係に立ち、時にたがいに排斥的になるのにたいして、社会コーポラティズム体制の制度設計にさいしては両者のあいだでの分業と機能的統合が重要視されている。以上のようにコーポラティズム的利益代表・調整様式を、統治構造内部において個々の政治的主体（官僚制・議会・政党）に与えられた権力の布置状況、およびこれらの主体と利益団体との提携関係の函数として理解することをつうじてはじめて、コーポラティズム論を政治と経済との関わり方に焦点を置いた「比較国制史」研究として再構成することが可能になる。無論、ドイツでは有力かつ正当な利益団体政治様式とはなりえなかった多元主義的アプローチもまた、このような類型論の一角を構成するものとなるだろう(1)。

以上のような視角から、一九世紀後半からヴァイマル体制発足前夜までのドイツ国制の発展と意味変容を、利益団体政治の浸透および展開過程の検討をつうじて照射することが、本章の第一の課題である。

もっともドイツ近代史が、このような観点から類型論的に再構成することができるとしても、利益団体の現実の諸相はけっしてスタティックなものではなかったということは勿論である。個々の制度様式の成立過程ははなはだ波乱に富んだものであるだけでなく、時代を超えて存続可能な制度様式にはかならずと言ってよいほど、変容と再編を生みだすダイナミクスが内蔵されているものである。とくに近代ドイツのように短期間で産業化が達成された国家では、社会的・経済的諸勢力のパワーの消長は目まぐるしいまでに性急で、利害関心とそれに伴う目標設定、目的達成のための政治的戦略と提携のパターンはしばしば劇的に変化してきた。個々の利益団体は、転変已むところを知らぬ社会的・経済的状況のなかで、成長期には自己の地位のいっそうの向上を容易にするような、逆に衰退期にはその地位の保全を実現するような政治戦略を絶えず練りなおし、迅速に選択するよう駆りたてられていたのである。その点で既往の利益団体政治の様式ではその目標が十分に達成されないと認知したさいには、(「特有の途」批判論者が想定したように)その利益団体が合理的な行動をとりうる能力をもちうるかぎりにおいて、すぐさまこれをうち捨て、他の様式に乗りかえる準備を怠らなかったものと考えられる。このような近代ドイツにおける制度変容のダイナミズムを浮き彫りにすることこそ、第二の課題である。

第一節　近代ドイツにおける利益団体政治の展開

第一項　団体政治様式の経路依存性

シュミッターが指摘するとおり、コーポラティズムにせよ多元主義にせよ、利益団体の政治過程への参入ないし組織的影響力行使という現象それじたいは、高度産業化に伴う経済的・社会的構造分化の随伴現象であり、近代社会に普遍的な現象である。他方、両者は利益団体政治のための、然るべき制度形態についてたがいに異なるイメージを思いえがいている。すなわちコーポラティズムは、多元主義と比較したとき、団体形成にさいして自発性のみならず、国家による公認と監督のモメントをも、また団体間での利害調整にさいしては競争と対立よりも協議と合意形成を重視し、国家ないし主務官庁の関与もまた形式的なものに留まらず、問題解決の保証者として協議に参加し、協定の実行に行政上の責任を負うなど実質的なレベルに及ぶことを当然視する。

このように団体政治のとるべき姿、ないし各種利益団体と国家との然るべき関係についての模索がなされ、また各レベルでの具体的・個別的制度化が着実に進展したのは産業化以降のことである。だが制度構築にあたって参照枠として規範視されるような制度イメージそのものは、むしろ産業化に先行する、前近代の「中間団体」に基づく国制観とその経験をつうじて形成されたものであった。前章で論じたとおり、団体が擬制にすぎぬと強調し、その法人としての存立を法と君主の恩寵、すなわち特許に基礎づけたのはローマ法的団体観念であるが、これこそは諸身分・諸団体を、ヘルシャフトリッヒな有機的組織化をつうじて君主権力に結合せしめる、大陸欧州的国制の要石にほかならなかった。ヴィンクラーによれば、イングランドや北米において「利益組織が社会の自発性に持続的に委ねられた」のにたいして、ローマ法が継受された大陸欧州諸国でのみ「国家承認が団体形成の先決条件になりえ」、そのことが「国家によって創設された多元主義」という伝統の原点を提供したのである。(2)このような法観念に立脚する中世的国制は、言うなれば原初的コーポラティズムの地位を占めるものであるが、そのなかで形成され、存続した諸制度の伝統や遺産は、一八世紀末以来の政治革命とそれに伴う全般的自由主義改革運動の後も、少なくとも社会的次元においてはしぶとく生きのこり、あまつさえ一九世紀最終四半世紀以降の「新重商主義」ないし「組織資本主義」の時代に、参照されるべき政治・経済体制として顧みられ、ついには近代的な用語とイデオロギーの装いのもと復活を遂げることとなった。

かくして三部会方式に基づく身分-議会制、絶対主義君主のもとでの集権的国家形成と有機体的な団体的国制観念、およびローマ法継受という歴史的経験に基づいて、団体の国制への編入が進むとともに、国家権力による利害調整にすでに習熟していた大陸欧州において、コーポラティズム的利益団体政治様式が比較的容易に着手され、あるいは定着することになった。他方コモン・ロー的伝統の頑強さのために、ローマ法が部分的にしか継受されなかっただけでなく、二院制型議会制のもと大陸流の厳格な「カースト的」身分制の形成さえなされなかったイングランドや、身分制や君主制は勿論のこと、そもそも中世的国制の経験や伝統をいっさい欠く新大陸に国家を建設した米国では、コーポラティズム的諸制度は、アドホックで一時的な試行はともかく、完全な確立にはついに到らなかった(3)。むしろそこでは多元主義的で競争志向の団体政治様式が好まれたのであるが、このこともまた政治・経済体制の経路依存性に着目することで理解することが可能になる。

しかしたとえ現代利益団体政治の確立にさいして、産業化に先行する中世の団体的国制の経験や観念、総じて〈国家伝統（ダイソン）〉が端倪すべからざる役割を担ったにせよ、後者の前者への継承はけっして直線的なものでも、平穏なものでもなかったということには十分な注意が払われなければならない(4)。

団体的国制が優勢であった新旧両時代のあいだに「幕間（メイヤー）」のように横たわる一九世紀の時代精神は、一言で言えば「自由主義」である。これは個々の国家に特殊な諸条件、経験や観念の蓄積をいっさい無効にさえしてしまいかねないほど、強力で普遍史的、かつグローバルな運動であった。自由主義改革運動は、旧来の団体制秩序のなかで形成・維持されてきた経済的・社会的諸特権の塹壕を掘りくずし、（じっさいにはともかく、少なくとも理念としては）国内の全市民が行動と選択の自由を遍くかつ平等に享受するよう社会的構成原理を一変させたが、それは普通選挙権附与に伴う政治の民主化（大衆化）、さらに産業化に附随する経済構造の激変と都市化、および社会的流動化や平準化といった諸動向とともに、国家横断的で汎欧州的な性格をもつものであった。近代における、言うなればグローバル化の最初の荒波に揉まれるなかで、旧来の社会・経済構造の受益者であるがゆえに伝統的な秩序観の維持に死活的な関心を有していた人々が恐怖に駆られて、この脅威に烈しく抗ったのは当然である。我々が新旧両コーポラティズム体制の間隙に認めるのは、静謐な学習と適応のプロセスというよりはむしろ、緊張と対立のなかで進行した旧体制の全面的解体への動きと〈それにもかかわらず〉生じた「再建」との、ダイナミックで弁証法的なプロセスであるにちがいない(5)。とりわけ旧秩序が大西洋国家に比べてより頑強に根を下ろしていた大陸欧州で、この同時代的趨勢がもたらす衝撃と反動はより甚大であった。

以下では、自由主義以降の紆余曲折に満ちた団体政治様式再建のプロセスを、近代ドイツについて俯瞰することとする。

第二項　会議所による利益包摂とその限界

会議所の成立

ナポレオン軍東進とこれにたいする手痛い敗北が、シュタイン―ハルデンベルク改革と総称される、プロイセンにおける一連の自由主義改革の呼び水となったことはすでに述べたとおりである。もっともそれは「君主統治における民主主義的原則」との言葉に端的に示されるとおり、旧権力エリートによる新状況へのいささか機会主義的な、危機への対処行動としての性格を色濃くもち、それゆえこれが〈上から〉遂行されるかぎり、旧来の体制の、せいぜい改良と延命以上の政治変動を惹きおこすものとはなりえなかった。

だが、これらの改革の果実は、フランス帝国の脅威が一掃され、復古主義的なウィーン体制が発足した途端、すみやかに摘みとられてしまうような、時限的で可逆的なものではなかったこともまた事実である。反動勢力が盛りかえした三月前期に、ユンカーに代表される旧権力エリートの社会的権威の復活が試みられ、また部分的には奏功したにせよ、改革期に実現した諸制度とそれらに通底する世界観や原理はけっして根こそぎにされることはなかったのであり、それどころかさながらボディーブロウのごとく、ドイツの政治・経済体制の動揺を増幅させ、三月革命を準備することになった。

ところでナポレオン軍がドイツにもたらした福音は、自由主義的信条それのみに留まらなかった。自由主義以後に来るべき団体政治のための重要な礎石をも、その占領地域に残したのである。会議所制度である。

フィッシャーならびにヴィンクラーの所論を閲して商議所の沿革をまとめれば[6]、ドイツの商業会議所（商議所

Handelskammer）の淵源には二つの種類、すなわち第一に商人団体、第二はナポレオンによる占領とともに設置された「国家的補助機関」としてのそれがある。いずれのタイプにせよ商業会議所という言葉それじたいは'chambres de commerce'（商議所の名を冠する最古の組織で、一五九九年にマルセイユで創設された商人団体）や'conseil de commerce'（前者にわずかに遅れて勅令により設置され、官吏から成る）というかたちで革命以前から広く用いられてきた。ドイツにおいても事情は同じで、自由団体型・邦ないし都市政府の諮問機関型・混淆型の三種が認められるものの、'Kommerzdeputation'あるいは'Commerciencolleg'といった名で呼ばれる機関を擁してきた。このような諸制度はフランスでは、個人ないし「単一不可分の国民」と国家との中間団体抜きでの直接的結合という理想を掲げた、革命政権による団体解体政策によりいったんは廃止された。しかし、一八〇二年にナポレオンの命令により会議所は各都市において再建されることとなり、ラインラント方面を中心とするドイツ内のフランス占領地域においてもこの命令に適応するかたちで既存の商業団体が、商工業上の諸政策にかんする諮問機関――ただし、実質的には地域の経済利益の代表機関としての役割をも果たしたのであり、ここに純然たる国家補助機関としてのフランス型会議所との違いが見出されるのであるが――として再編されることになったのである。ナポレオン軍の撤兵後これらの地域はプロイセンに委ねられたが、現地住民の統合を円滑に進めたい政府当局の意向を反映して、フランス支配を奇貨としてもたらされた諸利得同様、会議所制度もまた廃止されることなく維持された。国制改革にさいしては経済的自由化を躊躇わず推進したプロイセンであったが、フィッシャーの見るところ、このような公法機関にたいする抵抗感は当局には稀薄であった。というのもそもそも「プロイセンには、革命フランスのように国家と個人のあいだにあるあらゆる障壁をとり払い、また両者のあいだに新たな中間的要素を認めるつもりはなかった。それは既存団体の特殊な権利や排他的傾向を除去し、独占的で、非構成員にたいして差別的な性格をそれらから奪うことで満足した」からである。(7) かくして会議所制度はプロイセン全土において、ラインラントのそれを範として徐々に整備されたが、最終的に一八四八年二月一一日の王令によって一般的規定をもつに到った。

これら商議所は商工業問題にかんして、上級主務官庁にたいして意見具申する権限をもつ一方、「公法上、商業・営業に従事する経営体」にたいして監督機能を行使するものとされた。このような商工業利益代表機関が難なく受けいれられたのは、殖産興業政策の助けとなる意見の提供に役だつのみならず、中世以来の都市商人ギルドなどの伝統に著しい親和性を有していたからでもある。会議所には経済事案にかんする公的権限が委譲され、会員による選挙によって選出された指導部が地域経済における利害調整と意見集約、自律的な規則制定に第一義的な責任を負う。ノッケンの所論によれば、このような会議所の特徴は「自己規律」「自己管理」といった理念に合致するものであり、行政上の「地方自治」の理念を経済的領域に転用するものでもあった。[8] すなわち行政官庁による過度の干渉に歯止めをかけるとともに、依然として未熟だが成長過程にある経済部門の見解を尊重するよう行政に効果的に影響力を及ぼすための経路として、経済界からも歓迎されうるものであった。

会議所と国家

だが他方で、公法団体としての会議所の地位に示されるとおり、経済社会はけっして国家の外部に隔離されたのではなく、むしろそれと制度的に関係づけられたのであり、必要とあらばその一定の影響力のもとに服すことを余儀なくされた点で、それは政治・経済体制をめぐるドイツ的〈国家伝統〉を色濃く反映していた。[9] さらにそれは近代化とともにいったんはたがいに切断されたはずの国家と社会の再結合を促し、時には旧身分制を彷彿させるやり方で公的権限を私的利益に委譲し、もって二元性の克服へと向かう途を指ししめした点で、「再封建化（ハーバーマス）」とでも呼びうる現象であった。[10] しかしながら見方を変えれば会議所は、団体自治と公権力への参与というその特質によって、経済利益の組織化と国家への制度的統合のための独創的な方法を示すものであり、後にコーポラティズムにおいてなされた諸試行を部分的に先取りするものでもあった。

制定法によって経済諸利益に会議所の設置を認めることは、各種業界に排他的な自主管理権とともに、主務官庁への独占的アクセス手段を提供する点で、国家が選別した経済団体への恩恵的「特権附与（ヴィンクラー）」としての性格を濃厚にもつものである。(11) 商工業に留まらず、後にプロイセンにおいて農業（すでに一八四二年に「農業経済評議会」が成立していたが、一八九四年に「農業会議所 Landwirtschaftskammer」の設置に到る）、さらに前述のとおり手工業（一八八一年にイヌングが公法団体の地位を得、一八九七年の手工業法により「手工業会議所 Handwerkschaftskammer」創設）と、(12) 各業界がたがいに競いあうかのように会議所設立について立法的公認を克ちとろうと努めたのもそれゆえである。

各業界が会議所制度に要求したものが〈特権〉であるなら、国家がこの制度に期待したのは、経済的諸利益の国家への〈包摂〉にほかならない。〈包摂〉とは、既存の政治・経済体制にとっていまだ異質な新興諸利益とともに、産業的構造変化に伴って経済的周縁部へと押しやられつつあるような旧来型諸利益をも政治的決定過程のなかへと「（再）統合」し、そうすることで既存の政治・経済体制にとって予測ないし制御不能な諸要素をできるかぎり最小化し、ひいては危険な諸傾向を事前に摘みとり、あるいは「体制内化」することを試みるものである。当局による包摂の効果は、公認や監督のように特定の影響力行使の場面において、限定的にのみ発揮されるものではない。むしろその潜在的効果はより広範で、またより不可視的であろう。たとえば会議所の半官的性格のために、それが代表する見解はあらかじめ反国家的傾向を除去された、おのずから穏健なものとなるだろう。たしかに会議所はけっして国家による「経済統制《ディリジスム》」の道具として創設されたものではなく、ナポレオン時代の国家補助機関としての性格すら徐々に稀薄化した。むしろ逆に会議所は、諮問答申機能の独占をつうじて主務官庁が業界の意向を無視できぬようこれを拘束し、ひいては官庁による権限発動が少なくとも業界の利益を損ねないよう（それどころか、その利益に資するよう）誘導することを可能にした。業界にとっては会議所こそ国家にたいして影響力を行使するための経路なのである。だが行政権力の好意的発動を期待できるというまさにその利点が、業界に公然たる反体制的行動をとることを遠慮させ、積極的には自発的協調を、悪くすると前者への依存を促すよう導く。経済問題という局限された領域において専門的知見を示し、それによって官庁をその意向に沿わせる見込みが存在するかぎり、そのような団体はさしあたり非経済的な領域においては、政府に楯突くことをおのずから手控えるであろう。経済的「特権附与」の国家にとっての効用とは、経済団体の政治的去勢、すなわち〈脱政治化〉にある。そしてこの効果は、とくに農業や手工業のように、産業化の進展によって差しせまった脅威を受け、それゆえに政治的主張を過激化している特殊利益にたいして作用するよう期待されたのである。[13]

経済的利害関心の媒介と調整の場として、国家と諸利益のあいだに介在する会議所制度は、その双方向的な性格のために、業界にとっても国家にとっても両刃の剣として機能する。それは国家・業界双方にとって、たがいに影響を及ぼすことを可能にさせるとともに、それから免れることを困難にさせるような制度でもあった。

会議所の意味変容

以上を要するに、会議所は、産業化に伴う構造分化に応じて各種特殊利益に国家ないし官庁への個別的・直接的アクセスを保証し、経済政策の適切化を促す制度であった。[14] しかし、他方においてそれは各種利益集団にたいして特権附与と引き換えに、経済利益を脱政治化し、経済的不満が政治的不服へと転化することを防止する役割をも担った。とはいえ後者の機能は、前者の附随的・派生的な機能であり、会議所が創設された当初からそのような政治的効用に政府が期待を寄せていたと考えるのは、非歴史的な推論に陥る虞がある。むしろヴィンクラーが指摘するとおり、[15] 会議所制度は、産業化の経過とともにある種の意味変容を経験したと見るべきである。

すなわち制度の草創・確立期にあたる一八三〇および四〇年代までは、諸地域の経済的要請や社会的条件について的確な情報や知識を収集し、協議を行い、コンセンサスを克ちとることで政策の正当性を高め、インフラ整備や資金提供に関連する産業育成政策の円滑な実施を助ける場として機能することが期待された。ところが産業化が急速に進行するとともに、旧来の産業構造の解体が顕著に進み、それに市場経済に特有の景気循環が追い討ちをかけた一九世紀最終四半世紀には、政府と経済的諸利益との関係、あるいは国家干渉の意味に、根本的な変質が生じることになった。次項で考察するとおり、諸利益はとめどもなく変化する産業構造のなかでそれぞれの占めるポジションに応じて、コーポラティズムか多元主義かを問わず、最適と思われる交渉ないし圧力行使の様式を選択し、使いわけ、自陣にとって好都合な政府の措置、すなわち保護や恩恵的な干渉を引きだすことに躊躇なく邁進することになる。なかでもヴィンクラーの言葉では「産業化の犠牲者」とみずからを規定するとともに、他の勢力に比したとき、じしんの動員力や交渉力では見劣りすると感じていた利益集団や社会層の目に、政府への直接的アクセスを保証する会議所制度は、「見えざる政府補助」としてすこぶる魅力的に映った。[16] ひるがえって議会における帝国政府の安定的基盤が次第に痩せほそるなか、九〇年代に試みられた国家護持勢力結集の努力と踵をあわせるかのように、[17] 農業や手工業において「会議所化 Verkammerung」が進められたという事実は、この制度が新たに手に入れた意義と効用を政府みずからが強く意識し、これを政治的操作の手段として自覚的に行使するようになったことを示すものである。ヴィンクラーによれば、大資本と労働者階級の擡頭によって挟撃の脅威にさらされていた小規模商工業者は、みずからを健全な社会秩序の担い手と位置づけ、もって政治的安定のために不可欠な「緩衝器」として積極的に政府に売りこんだのであり、ひるがえって「国家から扶助を受ける権利」を当然のごとく要求した。[18]
かくしてコーポラティズム的制度は、元来の経済政策の補助手段としての意味を徐々に後退させる一方、むしろ経済外的な考慮、すなわち政治的利点がもっぱら強調されるにつれて、「社会政策の道具（ヴィンクラー）」としての機能に重心を移動させ、中間層保護政策の眼目になった。かくして農業や手工業など産業化の進展が生みだした、言うなれば負け組と目される諸利益集団がこの時期に会議所制度の特権附与的性格に着目し、それへの公的包摂を強く求め、またじっさいに大きな成果を収めもしたのである。

制度をめぐる深刻なディレンマが生じるのは、ここにおいてである。そもそも経済問題を専門的な立場から協議し、そのことによって争点を脱政治化するはずの安全装置が、まさにその特殊便益と政治的効用が意識されることで、国家・利益団体両アクターにとって利害関心の的になり、それへの参加ないし離脱、あるいはこれについての国家による承認ないし否認が政治的論争の焦点となるという逆説である。このような会議所制度の「再政治化」は、とりわけ次のような状況下において深刻化するだろう。すなわちひとたび会議所の（再）編成が、産業化と社会的構造変化の実態に適合できぬままその速度に後れをとり、あるいはその趨勢に逆行したりすることで、新興勢力の擡頭にたいしてこれを包摂することを阻害し、むしろ旧来型の経済部門が不当なまでに過大に代表されることで、現実の勢力バランスと公的利益代表システムにおけるそれとのあいだに齟齬が生じる場合である。そうなると会議所制度はたちどころに機能不全に陥り、あるいは正当性と信頼性を喪失し、ひいてはかえって社会的不穏の種と目されることになるだろう。かくしてノッケンが述べるとおり、「一八五〇年代の急速な産業の成長は、経済界の代表機関としての会議所の限界を明らかにした」[19]。産業化の加速化・高度化とともに、利害関係の分極化と錯綜状況がいっそう顕著なものとなったが、このことは産業化のまさに担い手たる、中核的工業利益にとってとくにあてはまった。

そもそも「商議所」とはその名に示されるとおり、主として商業出身者から構成される一方、大小工業や銀行をも代表する機関であった。ところが世紀後半に到って産業革命が軌道に乗った結果、元来商議所をつうじて代表されてきた産業ブルジョワジー（就中、鉄鋼・石炭業）の規模と重要性が、商業や手工業にたいして相対的に増大したとき、局地的利益に立脚する商議所ではその要望にかならずしもよく応えるものではなくなっていた。[20]工業界が既存の会議所制度を意のままに支配しようと試み、さもなくばその軛を脱しようとさえ努め、あるいはみずからに好都合な、新たなコーポラティズム制度の構築を目論んだのも、それゆえである。従来の会議所制度にたいする不満の鬱積と信頼性の喪失を背景として、ドイツ近代初期に構築された利益政治の枠組は今や危機に曝されていた。そして新状況への順応と代替的な枠組の模索がなされるなか、束の間ながら影響力行使の手法としてにわかに活性化を見せた利益政治アプローチこそ、多元主義的な圧力団体政治だったのである。

第三項　ドイツにおける多元主義的利益政治の出現

産業化に伴う社会的分極化

ドイツにおいて（さえ）多元主義的手法が可能になったのは、三月革命以降曲折を伴いながらも着実に進展した立憲化と議会制導入、さらに一段の選挙権民主化といった一連の変革プロセスという政治的前提が存在したからである。ノッケンによれば、私的団体は政治的構造変化がもたらした「この新たな権力資源に、会議所よりも容易に訴えかけることができた」[21]。さらにメイヤーによれば、これらの改革はなるほど一面において〈上から〉のネオ・ボナパルティズム的な大衆動員を可能にするものであったが、他方で中産階級の政治意識を強化し、彼らの政治生活への参加を促進する作用をも伴っていた。しかしこれによって浮かびあがった公衆の政治的世論とは、ヴィクトリア時代の自由主義的議会人が思いえがいたような「国民の真の世論」についてのイメージとは異なり、一八世紀までの等族制議会さながら、細分化された諸々の特殊利益の実現要求であった。利益政治の（再）活性化が政治の舞台正面に押しだしたのは、議会を「補完」し、場合によっては「迂回」してさえ、各々の顧客のために政府にたいする連絡手段《アクセス》と発言力《ヴォイス》を手に入れようと腐心する利益集団の代表者たちであった。[22]

このような趨勢は、一八七〇年代の「大不況」に端を発する政府の市場への干渉増大と経済政策の根幹となるべき指針をめぐる利害対立の激化、就中関税政策をめぐる見解の相違、さらに帝国主義を背景とした建艦競争という新たな刺激剤によって、いっそう拍車を駆けられるとともに、ドイツにおける多元主義的な団体政治様式の発展を導いた。しかしながらそれは、同時期に選挙権の劇的拡大を経験したイギリスに比較すると、特異な展開を示した。というのも先行する諸条件の違いのために、社会的諸利益の提携と対立を導くメカニズムにたいして民主化が及ぼす作用もまた異なるものとなったからである。

たしかに英国でも、農村部に拠る土地領主と資本主義を背景に擡頭した都市のブルジョワジーとのあいだには抜き差しならない対立が存在した。ロッカンが指摘するとおり、それは単なる経済的利益のみならず、支配的価値観をめぐる不一致をも反映したものであり、地位は生得のものか、それとも業績をつうじて克ちとられるべきかは、保守とリベラルを分かつ重要な分水嶺であった。しかしながら、両者の和解もまたすみやかに進行した。というのも、その社会を特徴づける高度の流動性と通婚を媒介として、ブルジョワジーは徐々に伝統的ヒエラルヒーに順応し、そのうちに然るべき場を得たからである。[23]さらにそこでは産業革命がいち早くかつ自生的に起こり、それゆえに経済的・社会的構造変化のプロセスが緩慢に、また長い時間をかけて進行したために、領主とブルジョワジーとの対立は後発国ほど尖鋭化しなかった。[24]これらの諸条件に助けられて、新旧両エリートは、ニュアンスと強調点をめぐる相違こそあれ、議会政治における宥和と共存を漸進的になし遂げたのであり、政治的指導権を長きに亘って共有することになった。[25]勿論、ここでも政治的民主化の進展は、右のようなエリート支配を掘りくずす潜在的可能性を秘めていた。しかし次章で触れるとおり、既存の二大有産者政党は、競争相手より少しでも幅広い支持を獲得する必要上、社会内の新たな勢力、わけても労働者階級の要求に耳を傾け、あるいは連携の手を差しのべる用意さえ怠らなかったのであり、階級間の利害対立が全面衝突へ昂進することを巧みに回避した。ロッカンの見るところ、労働運動が既存の政党からどれほど独立して、あるいは孤立して発展するか、また既成体制にたいしてどれほど戦闘的な姿勢をとるかは、「所与の社会の開放性」によって決定的に左右される。英国の場合、そこでも労働者の要求にたいする抵抗が皆無だったわけではないが、大陸諸国に比べて「エリートの姿勢がより開放的で、実際的な傾向をもっていた」ために、「欧州で最大かつ最も馴致された労働者政党」が発展することとなったのである。[26]

これにたいして、ドイツのように強力な執行権力が民主化と産業化の両者にかんして辣腕を揮ったところでは、政党政治への作用は対照的なものとなった。ここではビスマルクの指導のもと、邦国分立主義をはじめとする様々な亀裂を〈上から〉止揚し、創建されて間もない帝国の国民統合を押しすすめるために、普通選挙制の導入と大衆民主主義への移行を短時日のうちに実行した。[27] しかしながらこの民主化には、統合と指導の触媒となるべき議会主義化が欠けていた。逆に言えば、フレンケルが述べるとおり、「議会にはたしかに立法への対物的影響力は容認されていたが、政府への対人的影響力はいっさい認められなかったので、諸政党による権力追求の努力は衰え、原理遵奉の傾向が強まった」。[28] このために民主化は、諸党派間の提携や糾合ではなく、いっそうの分極化と対立を招きよせる契機となった。議会政治の広範な基盤となるべき市民層もまた、国家機構と緊密に結合したユンカー層との提携をめぐって内的に分裂し、[29] さらに労働者階級にたいしては不信と慢心から敵対的に臨んだ。このことはひるがえって社会民主党の「社会的ゲットー政党化（フレンケル）」という附随現象をもたらした。英国とは対照的に、政治社会の閉鎖性と抑圧に直面したドイツの組織労働とその政治的代表は、固有の世界観を拠り所として「世論」からみずからを遮断し、その非妥協的な反体制的性格をますます強めたのである。[30] かくしてドイツでは、産業化に伴う構造分化の進捗と踵をあわせるかたちで、各階層が個別部門の利益を代表する多様な団体や政党に行動とアイデンティティの拠点を見出し、たがいに角逐する事態に立ちいたった。

このときドイツにおける団体政治の伝統が強力な作用を及ぼした。会議所制度の復活に象徴的に示されるとおり、一九世紀中盤にまで及んだ中世的利益団体の経験が今なおその記憶に鮮やかに留まり、さらに前章で触れたとおり国家官僚機構という組織化のための格好の手本が存在していたために、行為能力ある利益団体の組織化はすこぶる円滑に進展し、組織資本主義の異例に早期の開花を促した。このような背景のもと、各々が各々の利益の直接救済を求めて、干渉的官憲国家に強力な働きかけを展開する利益政治の時代が、自由主義時代という中断の後に、西欧諸国に先駆けてまずドイツで、ふたたび幕を開けることになった。[31] 他方で、ドイツ保守党と農業者同盟の関係に端的に示されるように、特殊利益にともに拠ってたつ政党と利益団体の区別はますます曖昧化した。このとき政治過程における立法府の（依然として国制上の地位は二義的なものに留まるとはいえ、ドイツ史の経緯に照らしあわせると）相対的な権限強化は、利益団体政治の活性化と政党を介した圧力行使のために決定的な刺激を与えた。しかしながら「擬似議会主義」とさえ呼ばれるほどの政党政治の活況は、議会における討論と妥協をつうじた社会的統合のための道を開くものではなかった。むしろ官憲国家の庇護と助力の獲得をめざしてなされる政党や団体の働きかけは、政府支持勢力結集のための〈上から〉の試みと陰に陽に結びついていたのであり、国家にたいする支配ではなく、それへの依存によって導かれていたのである。

利益団体の二重性

多元主義的な団体政治様式の発展を導くうえで、とりわけ重要な役割を果たした利益団体こそ、一八七六年に創設されたドイツ工業家中央連盟（ＣＶＤＩ）である。[32] 中央連盟は特殊利益を追求する私的任意団体であり、自由結社という点で会議所のような公的団体とは異なるタイプの集合的利益に属する。国家的あるいは地方的官憲権力による積極的ないし制度的な働きかけの要素を欠くにもかかわらず、十分な組織化と独占的利益代表としての集権化を比較的容易になし遂げることができたのは、そもそも重工業界は統合と集中化が最も進展した経済部門だったからである。[33] 工業界が経済諸利益にたいして優越的地位にあるかぎり、そこから「重工業」会議所のような国家コーポラティズム的利益代表組織として公認してもらうよう求める声は農業や手工業ほどには強くはならなかったが、かと言って国家への影響力行使にけっして無関心であったわけではない。立憲化や議会制導入に伴って新たな政治的圧力の経路がもたらされるなかで、非公式的ネットワークだけでなく国民自由党および自由保守党（帝国党）を中心とする支持政党をつうじての働きかけ（多元主義）に加えて、[34] 保護主義的関税政策貫徹のためのユンカー＝農業利益団体（「農業者同盟」）との提携（ノッケン見るところ、一種の社会コーポラティズムの試み）など、[35] 利益政治の選択肢はむしろ豊富になったのである。そればかりか中央連盟は、従来の国家コーポラティズム的手法さえ、必要とあらばすぐさま利用できるよう手許に留めおくことも忘れなかった。中央連盟加盟団体のじつに三分の一が、同時に商議所の会員でもあったのであり、利益政治の各アクターは必要と適性に応じて、公私両利益政治様式を使いわけるしたたかさを発揮したのである。[36]

かくして各種利益政治様式に対応する必要性から、団体は多面的な形態をとることになった。ヴィンクラーの言葉では「法的二重性」、すなわち私法上の任意団体と公法上の半国家的組織との「相互依存」関係こそドイツの利益代表団体の構造的特徴にほかならない。[37] 商議所や手工業会議所のような、元来地方を基盤として成立した公法団体に、ドイツ商議会やドイツ同業組合連合中央委員会のような全国的な私的傘組織が覆いかぶさったように、また逆に私的農業団体のうえに農業経済評議会のような頂上公法団体が設けられたように、ドイツの利益団体は公私の二重性を特色としており、またしばしば両者は人的スタッフの補充にかんして、幹部兼任をつうじて密接に結合していた。ヴィンクラーによれば、このような重複的構造は半国家機関的性格のために公法団体には許されていなかった明確な政治的意志表明と動員を、私法団体をつうじて行うことが可能になる点で、団体政治の選択的遂行にとってすこぶる便宜に適っていた。かくして一九〇七年帝国議会総選挙のさいに同業組合連合中央委員会は、社会民主党を「小経営が直面する共通の敵、最大の危険」と呼んで攻撃し、コーポラティズム的制度では不適切で、充たすことのできない議会－政党政治上の戦略を追求することができたのである。各種経済利益は、必要とあらば任意団体による動員と特定政党への組織的支持といった議会政治に適合的な手法を用いて、政府にその要望に応えるよう迫ることができたが、それと同時に会議所制度という官憲との直接的交渉手段を使って後詰めを確実にするのも怠らなかった。この意味で国家コーポラティズムとそれに基づく公法団体としての地位は、各種利益にとって「再保障（ヴィンクラー）」条約としての意味を有していたのである。(38)

以上から明らかなとおり、一九世紀後半、とりわけ様々な側面において決定的転換期としての意味をもった七〇年代以降のドイツ利益団体政治を特定のカテゴリーのみに代表させることは不可能である。そこでは二つのコーポラティズム的アプローチに加えて、多元主義的アプローチもまた、政治的影響力行使の重要な手段として利用可能であった。さらに個々の手法を採用する主体もまた、任意団体と強制団体、私的圧力集団と公的制度とが分かちがたく結合した複雑なネットワークのもと、たがいに重複的に存在したのであり、目的と状況に応じて諸アプローチが選択的に利用され、団体利益の維持・増進のために補完的に機能したのである。他方でこれほどまで利益団体の行動を活性化したのは、機能的な官僚機構に支えられて、マイケル・マン言うところの「インフラ権力」への脱皮を遂げつつあった帝国政府の干渉的経済・社会政策の能動的展開であった。「インフラ権力」の特色は、「専制権力」とは対照的に、威圧と服従ではなく、恩恵と依存によって、社会的諸勢力の恭順を調達する点にある。(39)と同時にこのような権力はソフトであるがゆえに、恐怖心に由来する無関心ではなく、依存心に基づく国家への積極的関心を引きだし、諸利益による活潑な働きかけに刺激を与えるものである。かくして重工業界は、中央連盟が掌握する潤沢な権力資源の動員とバラエティに富む手段の駆使をつうじて、官憲国家の手厚い庇護を克ちとり、鉄道と軍需に基づく「権威主義的資本主義（ボン）」を謳歌したのである。(40)

しかしすべての業界あるいは利益団体が、中央連盟のように各々のアプローチが等しい程度に利用可能であったわけではない。重工業が利用可能な選択肢に「例外的に」質量ともに恵まれていたのは、ドイツ産業界において曲がりなりにも中心的な地位を占めていたからであった。これにたいして産業化の進捗度と経済構造の状況に鑑みて、周辺に追いやられた経済部門や、あるいは将来的発展可能性を秘めているにせよ依然として未熟な部門にとって利用可能な、あるいは利用が適切な選択肢は限定されており、自発的・多元主義的競争よりも、むしろ国法に基づく地位の承認と保護が好まれた。商業利益はドイツ商議会において重工業の影響からの自立を図る一方、新興勢力として擡頭しつつあり、関税政策をめぐってやはり重工業と鋭く対立した完成品輸出工業は「工業家同盟ＢｄＩ」（一八九五年創設）に利益政治のための橋頭堡を築き、それぞれ周辺化された、あるいはいまだ周辺的な、じしんの特殊利益の擁護と増進に奮闘した。注意すべきは、このとき前者が「公法団体および帝国宰相、とくに帝国内務省の常設諮問機関の地位」[41]を、後者があらゆる産業を代表する、公認の強制団体から成る代表機関の設置を要求した点に明らかなとおり、国家コーポラティズムの制度的拡張とそのなかでの自前の代表権の獲得を要求することで、多元主義的競争ではあまりにも強力すぎて歯が立たないと感じられた中央連盟の影響力から身を守ると同時に、国家への影響力行使にかんしてみずからのために分け前が確保されるよう努めたという点にある。このような試みはかならずしも所期の成果を収めることはなかったものの、産業社会において周辺部に置かれた諸利益は、劣勢挽回のために国家への直接的アクセスとそれによる助力を求めて腐心したのである。

このことは、産業化の進展次第では力関係を逆転させる見込みがあるものの、依然としてその段階には立ちいたっていない新興産業部門にのみあてはまるものではない。先にも述べたとおり、農業・手工業といった、より古い経済部門は、工業化に伴う勢力の衰退傾向が不可逆的であったからこそ国家による保護を、すなわち工業化によって失ったものへの補償を強く求めた。[42] なんと言っても農業経営者や職工たちは、独立自営業者として誇り高く、かつ大規模な組織化には不慣れな社会的心性と経済的環境のために、団体形成と集中化を積極的に推進する大工業経営や労働組合にたいして、組織力の点で対抗することはできなかった。それゆえにこれらの諸利益は、国家の助力なくしては団体政治の主体として組織化されることすら覚束なかった。[43] 化学工業を代表格とする成長産業がテクノクラシー的な経済計画政策への関心と発言力拡大という野心から国家コーポラティズム的制度の拡張を要求したのにたいして、これらの経済部門には前工業的社会への郷愁と防御的姿勢から同業組合《イヌング》の再建や身分制的経済議会を夢想するなどロマン主義的・復古的色彩が濃厚であったという点で両者には重要な差異がある。すなわち両経済部門には、工業化の前段階に足場をもつのか（農・手工業）、それともその延長線上に位置するか（新興成長産業）という相違点が存在するが、[44] 同時にいずれもその周辺性ゆえに最有力部門にたいして相対的に劣勢に立つことを余儀なくされるかぎり、国家との直接的接点と庇護の確保に死活的な利害関心を有していた。[45] 官憲国家による政治的操作の余地も、まさにそこにおいて生じたのである。

　プロイセン蔵相ミーケルによる「結集政策」は、重工業や大農業のみならず、独立心が旺盛すぎるために、しばしば反体制的性向さえ示した手工業者ほか旧中間層をも、会議所制度に象徴される一連の「社会政策」をつうじて馴致することで、これを「国家護持勢力」として政府支持層に組みこむことをめざした。[46] ヴィンクラーの言葉では、伸長著しい労働者階級とその政党による挑戦を退けるべく、「官憲国家の社会的基盤を拡大・安定化すること」こそ、この方針の採用を促した要因であった。[47] またすでに前章で触れたとおり、これに先だつビスマルクの職能議会構想も、自由主義・多元主義的原理に基づくために政治的不安定を惹起しかねない政党主導の帝国議会にたいして、経済的・社会的利害に基づくために専門的・客観的で、それゆえに政治的に堅固な基盤を国家に提供してくれるであろう対抗議会をもってとって代えようとする試みであった。[48] その意味で経済評議会＝職能身分代表制議会構想は、産業社会に内在する矛盾と対立にたいして、超然的調整者としてふるまうことで、その指導的権力の正統性を引きだそうとした一連のプロイセン－ドイツ官憲国家の政治戦略の極北に位置づけられるべきものである。

職能身分制議会構想とその限界

このような議会構想は、プロイセン国民経済評議会において一時的に実現した。フーバーによれば、一八八〇年末の王令によって召集されたこの対抗議会は政府の直轄組織とされ、七五名の定員中、四五名は商業会議所ほか原則として公法上の経済団体の推挙（ただし農業にかんしては、農業会議所設置まで私法団体である農業協会により代行）に基づいて、残りの三〇名は公法団体をいまだ手にしていない経済領域や地域について勅選により任命された。この議会の目的は、主要経済利益に関わる法規や命令の起草にさいして、帝国議会ないしプロイセン衆議院への上程前に審議・助言することであった。[49] 翌八一年一月二七日のビスマルクによる評議会開会演説によれば、「実際の生活から得られた専門知識をもたらす」べく「単一の中央機関」に召集された経済各圏の代表者らは、そこで「調整された協働をつうじて商業・営業・農業の共通の、および特殊な利益を自由な意見交換によって実現する」ことを要請される一方、[50] ひいてはこの評議会が、将来帝国レベルで開設されるべき帝国経済議会の先蹤となることが期待された。[51] アーベルスハウザーによれば、それは既存公認団体の代表者のみならず、依然未組織か、あるいは公法団体としての地位を獲得していなかった手工業者や労働者（一五名）さえも、その「有機的諸原則」による包摂の対象に含めることで、官憲政府にとって同時代の産業構造をあとうかぎり客観的かつ忠実に反映した職能身分制議会となるはずであった。[52] そしてこのような経済議会が様々な特殊利益を反映し、各々の要望を代表する一方、超然政府がその公平無私な調整力によって適切な統治を行い、もって全体利益の実現を図るものとされたのである。

さながらそれは「社会的階級闘争における唯一の中立的要素」たる普遍身分、すなわち官僚による補佐のもと、各種経済利益ないし社会階層にたいして、倫理的要請に基づいて恩恵的かつ温情主義的な国家救済を行う義務を負うプロイセン「社会的王制」というグスタフ・シュモラーの夢を彷彿させた[53]。だがシュモラーが構想した、官僚アリストクラシーが指導する倫理共同体的国家観について大河内一男が指摘したように、資本家の蓄積衝動と労働者の社会的・経済的要求、および凋落する封建的農業主と新興資本階級との同盟の維持という二つの調整課題に、旧中間層の摩滅の停止と社会的基幹階級化というさらなる難題が加わったとき、このような「中世的皮袋に近世的酒を盛らん」とする試みでは、あらゆる利益を長期的に満足させることは到底困難であった[54]。というのも諸利益間の「勢力均衡」が成立してはじめて超然政府による調整権力の掌握とその正統化は可能になるが、しかしそのような均衡は、産業化が押しとどめがたく進行し、速度を増す状況においては、所詮立ちあらわれては霧消する、一抹の過渡的現象たらざるをえないからである。じっさいのところ、世界市場におけるドイツ農業の地位が脅かされるなか、保護関税を志向する重工業とのあいだで提携がなされたが、産業化の進展という現実によって被る影響は非対称的なものであり、両者の連帯の実質は見かけほど強靱なものではなかった。その意味でベーメが述べるとおり、「ドイツの発展の両面志向性は保守的体制のディレンマへ通じていた[55]」。ひるがえって、ひとたび産業ブルジョワジー（そして、引きつづいてこれに対抗すべき労働者階級）の優位、あるいはその展望が確立するやいなや、たちどころにその均衡は動揺を免れないであろう。

かくして本質的に不安定な性格をもつ、かりそめの均衡状況のなかで、将来の勢力拡大が十分見込まれる産業諸部門が経済議会への積極的参加を手控え、ビスマルクの思いえがいたような実績を残すことなく、その経済評議会が挫折を余儀なくされたのは驚くにあたらない。その直接のきっかけとなったのはプロイセン下院による予算拠出の拒否（一八八三年）であったが、プロイセン下院もしくは帝国議会において一定の政治的影響力を確保し、あるいは将来的発展性を確信できる経済部門の当事者であれば、他の利益団体との協議と協定に半永久的に拘束されるような制度的桎梏のもとに進んで服するような愚を犯すことはなかったであろう。まさしくヴィンクラーが辛辣に指摘するとおり、「現実生活は、(略) 身分制的な対抗議会に大きな必要性を明らかにもってはいなかったのである」[56]。

なるほど工業界からは、とくに通商路線をめぐる経済諸部門間での対立が深刻化しはじめた一八七〇年代以降、度々部門横断的な評議機関の構想が打ちだされてはいた[57]。だからといって工業界がビスマルクの意図に沿うように、あらゆる経済部門の統合と利害調整を体系的に展開するような、包括的国家コーポラティズムの心からの支持者であったとみなすことはできない。保護関税を支持する工業界の一派は、一八七八年一〇月末日にドイツ商議会において「経済問題において専門的知見を述べる、国家承認を受けた帝国政府の評議会」たる経済議会の開設を求める決議を採択することに成功したが、薄氷の勝利の背景には自由貿易派との深刻な見解の相違が存在していた。裏を返せば、重工業にとっての経済利益代表制構想は、アド・ホックな関税政策推進ブロック以上の意味を有するものではなかった。というのも、帝国議会が保護関税にかんして冷淡であるあいだは、対抗的な経済専門議会による前者への掣肘にメリットはあるものの、逆に言えば前者をつうじてその意を満たすことができるのであれば、この構想に固執する必要はもはやないからである。だからこそヴィンクラーが指摘するとおり「保護関税が議会多数派を見出したのち、保護主義的産業家のための、帝国議会の対重としての親企業家的議会についての思想は利点を失った」。すなわち、ビスマルク流の官憲国家において職能議会構想が窮極的目標として掲げられたのとは対照的に、経済諸部門にとって国家コーポラティズムとは必要に応じて取捨されるべき選択肢の一つにすぎなかったのである[58]。保護主義への転轍を希望する重工業－農業同盟は、同一の成果を挙げることが可能であれば、帝国議会における多元主義的抗争という手法に拠ることも厭わなかったし、むしろそのほうが国家への依存と国家からの影響力を回避できる点で、より望ましい選択でもあっただろう。これゆえに一九世紀最終四半世紀における産業発展と政治的民主化は、さながら車の両輪のごとく補完的に機能することで、団体政治のために新たな局面を切りひらいたのである。

第四項　利益政治からみた帝国国制の矛盾と限界

利益政治の「合理性」と政党政治上の含意

以上見てきたような、近代プロイセン−ドイツ国家における利益政治の百花斉放とも言うべき展開は、その国制にとっていかなる意味を有したのであろうか。

一九世紀後半以降、とくに産業化以降におけるドイツの利益団体政治様式の、アングロ・アメリカ型多元主義的様式にたいする特質は、もっぱら国家主導型利益調整が試みられたという点ではなく、そのような国家コーポラティズム的手法と多元主義的手法とが重層的に存在し、各種経済部門は各々の権力資源動員の見込みに基づいて、いささか機会主義的に最善のアプローチを選択することが可能であったという点にこそ求められる。この点で、ドイツ〈特有の途〉論争において英国社会史派が「歴史叙述の神話」として鋭く指弾したように、帝国ドイツの産業ブルジョワジーの所謂、前工業的で伝統的な心性への屈服や政治的未成熟を自明視することはできないし、また〈上から〉の革命を筆頭に、一九世紀ドイツの国家的制度や諸政策が産業化の進展と資本主義の高度化にとってしばしば目的合理性を有しており、それゆえに臆病さではなく、経済的功利性から産業ブルジョワジーの理解と支持を確保しえた点を認めなければなるまい[59]。英仏のカウンターパートに比較したときに見出されるドイツ・ブルジョワジーの政治的行動の特殊性は、ア・プリオリに想定された市民的未熟さではなく、産業化が政治的民主化に先行して生じたという初期条件の特異性、ないし英仏との相違点に由来するものである。あるいは「イギリスの『修正主義者たち』」にたいして批判的見解を示したヴィンクラーじしんも主張するように、「早期に社会保護主義を成立させた官憲国家的な状況」があったからこそ、[60]恩恵的庇護と特権附与を克ちとらんとしてなされる諸利益の闘争がヴィルヘルム期ドイツにおいて活性化したのである。初期条件の特殊性に従って、合理的な政治的選択の意味も変わる。その意味で近代ドイツ史の〈特有の途〉は、英仏という範例にたいするアブノーマルな現象というよりはむしろ、多様な条件によってありうる多様な道の一つとして理解されるべきものである。それどころか非西欧諸国の多くは、むしろドイツのそれに近い初期条件から出発することを余儀なくされたのであり、だからこそドイツの経験は、近代化をめざす後続諸国にとってしばしば参照点として機能したのである。[61]

だが、だからといってこのように多元主義的アプローチを容認したヴィルヘルム帝国の国制が、それにもかかわらず英米のように議会主義的な統治体制に基づくものではなかったという事実は、軽視されてはなるまい。議会制と普通選挙制はたしかに政党や院外大衆組織をつうじた諸利益の政治活動に刺激を与え、なかには農業界のように元来プロイセン－ドイツ国家の社会的支柱であったにもかかわらず、自己利益の保全のために「反政府的」で「ポピュリズム的」な運動に踏みきった集団さえ存在した。しかしながら、ヴィンクラーが指摘するとおり、「こうした運動は結局のところ、より多くの特権をめざしているだけで、帝制官憲国家《オープリッヒカイツ・シュタート》の民主化をめざすものではなかった」。[62]言いかえればヴィルヘルム期における政党政治の、一見したところ活力に満ちた展開は統治体制の転換、すなわち君主－官僚統治体制から議会統治体制への移行を導くものというよりはむしろ、あくまで特権確保をつうじた個別利益の実現を目標としてなされたものであった。なるほどそれは特殊利益の貫徹という観点に立てば「合理的」であるかもしれないが、しかしその政治的作用は官憲国家の権威を高めるものでこそあれ、議会主義化を用意するものでは到底なく、悪くするとそれにたいして阻害的作用を及ぼしかねないものであった。というのもこのことは政府が議会内における支持基盤を確保し、反対派を掣肘すべく、諸党派にたいして優遇と黙殺をつうじて操作を行う余地を押しひろげる一方、政府がどの利益に恩恵を供するかという選択権をもつとき、この選別をつうじてますます「帝制国家はドイツ社会の社会的分裂《ゼグメンティールング》を促進することになった」からである。かくしてすでに第一章第三節第一項で論じたとおり、諸政党もまた、細分化された個別利益の代表にみずからの務めを限定することでたがいに離反したため、議会統治体制の確立にとって不可欠な諸利益・諸見解の提携と融合の機会はおおいに喪われた。それは、議会と政党が（イギリスとは対照的に）社会的統合の要としての役割を放棄したことを意味していた。以上を要するに、帝国国制とそこでの議会制に与えられた二義的な地位は、ドイツ利益団体政治の展開の行方を規定する一方、ひるがえって後者によって強化されもしたのである。

擬似議会主義の浸透に伴う帝国国制の正統性の危機

ここでドイツ帝国国制、ないし議会制と利益政治の相互作用の意味を、ヒンツェが帝政末期に記した論評とともに確認しておきたい。ヒンツェによればドイツが、英米はもとより、ドイツと同時期に国家統合をなし遂げたイタリアにも劣る点は、国民の精神的一体感と統合の欠如、すなわち帝国ドイツ国制の非国民国家的性格にある(63)。そうなったのも、帝国創建を導いた「独仏」戦争の勝利がドイツ国民のナショナリズムを追い風にする一方で、諸邦の積極的協力があってはじめて克ちとられたものである以上、邦国の自律性と君侯の権威が存続するよう憲法上配慮する必要があったからであるが、そのために連邦制は依然として強力な遠心的傾向を抱えこむこととなった。他方「我々の国家的・国民的意識における一体感および団結の欠如」が克服されないかぎり、国民および（国民議会たるべき）帝国議会は統合と自己統治の担い手としての役割を十分に果たすことができず、これに代わって皇帝ないし宰相による「ヘルシャフト的な精神」とそれに基づく指導が帝国の求心力の源泉として必要不可欠である(64)。帝国議会が国家統合の拠点としての役割を限定的にしか果たしえない一方、そこでは多様な地域的・社会的・経済的・宗派的利益に引き裂かれた社会をそのまま反映するかのような諸政党が犇めきあっている。これら諸政党は政権を担うに足る統合力と融通性をもつことなく、各々の利益と世界観を楯に、たがいに敵愾心を募らせている。社会民主党は議会第一党の強力な勢力でありながら政治社会から疎外されているために反国家的で、政権を委ねるには余りにも由々しい存在である[65]。ひるがえって議会主義の社会的基盤となるべき自由主義諸派は利益線に従って左右に烈しく分裂し、さらに宗派的・地域的亀裂がいっそうの細分化を招いている。

このような状況下で議会主義的統治体制への移行は、不安定性を免れないがゆえに問題外であるが、帝国が拠ってたつ立憲君主政体もまた、産業化の進展と民主化の進行のために、潜在的だがはなはだ有害な危機に直面している。ビスマルクが創建した帝国国制は、強力な執行権力と普通選挙制に基づく国民議会、帝国連邦主義と邦国分立主義など、多元的でたがいに相異なる諸原理に立脚していた。この諸原理のうちいずれも犠牲にすることなく、それらのあいだにいかにして調和をうち立てるか。これこそは後に続く宰相たちを悩ませた課題にほかならなかった。「魔法」にも似た術策によって憲法紛争と対外危機を一挙に解決させたように、この稀代の政治指導者ほどの才覚があれば、これらの矛盾を首尾よく調整し、諸政党を圧倒することもできたであろう。だが、それほどの手腕と幸運に恵まれないその後継者にとって、帝国と邦国の、就中、前近代エリートに有利な三級選挙制を依然として維持するプロイセン邦とのあいだの対立を解きほぐし、諸党派間の紛糾と議会の批判を躱しつつ、超然政府を指導・運営することは至難の業であった。

「もっとも君主政府は特定の経済的・社会的利益集団を代表する政党と係わりあうことをしばしば好んできた、というのもたがいに反目させて漁夫の利を占めることがより容易だからである」[66]。このとき利益政治に進んで乗りだすことは、超然政府にとって何よりも便宜的かつ効果的な議会操作術であるように思われた。そしてまた「この傾向は立憲君主体制のもとでは、議会政府とは不可分の責任を国民代表機関が負っていないために、なおさら強力に作用する」。かくして院内多数派の形成に苦慮する政府には、おのずから特定の政党と裏取引をつうじて、みずからの意向に沿わせようという誘惑が抗いがたくつきまとうことになる。だが、議会統治体制であれば選挙で勝利した政党に立脚する内閣がその政策綱領を実施するだけでよいのにたいして、超然政府の場合、みずから諸利益の斡旋と調停に乗りださなければならず、その結果「大臣の責務は、議会政府の場合よりも、ここではよりいっそう困難になる」。さらにこのことは政府による政党の指導ではなく、むしろ政府が特定の政党による圧力行使の生け贄となる危険性を高めることになる。しかも政党の意を反映させる試みが人目につかぬ場で、議会にたいする明確な説明を欠いたまま、あくまで「間接的に」行われるために、かえって世論と他の政党による烈しい批判の的となり、ひいては政府の「超然性」とそれが保障すべき信頼性について著しい懐疑の念を掻きたてることになる。議会にたいして公然と責任を負いうる政府が存在しないなか、政党による間接的影響力行使の機会は着実に増大していたのであるが、ヒンツェの懸念に明らかなように、このような擬似議会主義の浸透は、政党間の利害調整という厄介な課題を超然政府に背負いこませるだけでなく、全体利益のための統治という帝国国制の正統性イデオロギーの妥当性を決定的に毀損する危険性を秘めていた(67)。

他方、第一章で見たとおり、ヴァイマル議会制の機能不全をドイツ民主主義が歴史的に抱えこんだ思想的・構造的諸問題と関連づけて考察したフレンケルもまた、全体利益と特殊利益との不毛な相剋に陥ったドイツ政党政治について厳しい批判を投げかける(68)。その所論を閲するに、政治の表舞台では一般意志の代表者たらんと努め、抽象的な世界観を標榜して、政府にたいして真の国民代表であると主張し、これを批判しているとき、議員らは「邪心と虚偽意識」を伴うことなく選挙民の個別利益の実現のためにたち働くことはできないだろう。かくして「国民代表であり、なおかつ特定利益の代弁者でもある二重の役割を公然と認めることをば妨げられているかぎり、いかなる特殊利益の擁護も共同価値の保護という後光によって覆いかくさねばならない」。そのために議員らの討論はしばしば欺瞞的な印象さえ与えることになるが、さらにヴィルヘルム期およびヴァイマル期ドイツを一貫して特徴づける「政党と利益団体との共生」関係がドイツ議会政治をいっそう大きな困難に陥れた。[69]というのも経済的諸利害をめぐる「諸団体の院外闘争にも世界観をめぐる緊張という重荷を背負わせ」ることとなったからである。けだし「一、三ペニヒの失業保険をめぐる争いが信条問題となるとき、議会主義は崩壊する」。数量によって表現可能な経済問題に比較すれば、理念をめぐる相違は尖鋭な対立を招きやすく、そこに妥協と調和を見出すことははるかに厄介で、骨の折れる作業となることを免れないからである。

かくして諸党派間の対立は容易には調停しがたいほど険悪化し、政府にたいする共同行動を困難ならしめる一方、帝国政府の裏取引による政治的操作の余地はいっそう拡大するという悪循環が生じた。こうなるのも議会主義を導入した諸国においては、政党が政権を指名し、またみずからそれを担うために、自党が代表する利益を公然と主張し、また選挙による信任を克ちえたのちはその実現のために邁進することについては問題視されないのとは対照的に、立憲君主政体においては超然的官憲政府と帝国議会（および諸政党）とのいずれもが「真の全体の利益」を掲げて対立しているために、特殊利益の実現をめぐる政府・政党間での取引はあくまでインフォーマルな場に押しやられることになり、またけっして正当なものとも認められていないからである。このように間接的圧力行使の可能性が生みだす政党間の相互不信と対立の激化は、立憲君主政の存続にせよ、議会政への移行にせよいずれも躊躇われるほど支配権力の正統性を傷つけている。しかし、それにもかかわらず政党の「発育不全（ヒンツェ）」状況のもと、議会主義的統治体制への移行に二の足を踏むかぎり、たとえ過渡的であれ、立憲君主政体こそ安定的な統治を保障する唯一の国制形態でありつづける。他方、多元主義的な利益政治手法も諸党派の体制への恭順を引きだすための必要悪として、隠密裡にではあるが、容認されることになる。

このように帝政期のドイツとは、然るべき政治様式についての模索がたえずなされながら、それへの移行がしばし延期され、その間旧来的な支配体制とイデオロギーが新状況に不承不承適合しつつ、暫定的なヘゲモニーを握っているような過渡的状況、すなわち新旧の政治様式が、危うくも奇妙な均衡を保っていた時代であった。しかしこの均衡状態は、経済的・社会的構造変化が不可逆的である一方、政治権力のイニシアティヴが民主化と産業化の進展に伴い名望家からブルジョワジーへ、さらには大衆へと重心移動するのを押しとどめることができないかぎり、早晩転覆することを免れないであろう。ヴィルヘルム期ドイツの官憲統治体制は、諸勢力の均衡から漁夫の利を占めうるほどには、この趨勢について無知ではなかったが、しかしこの趨勢を逆行させたり、あるいは指導しうるほど強力でもなかった。その意味で、ゲイがこの時代の精神史について述べた次の言葉は、政治状況にかんする評価としてもおおかた当を得たものである。すなわち「ヴィルヘルムのドイツは、俗物的で抑圧的ではあったがけっして独裁的ではなかったし、新しい運動は、自分たちへの敵対を養分にして成長していた」(70)。その限界をまざまざと白日のもとに曝した問題こそは、労働者利益の包摂問題だったのである。

第二節　労働者階級の〈包摂〉の過程

第一項　帝政ドイツにおける労働者「身分」の地位

労働者身分と国家

前節で見てきたとおり、自由主義的な競争戦略と公的権力による利益調整とが共存する点で、第二帝政期の利益団体政治様式は、ダイソンがドイツ政治経済体制の根底にあるとした「多様性のなかの統一性」とでも呼ぶべき価値理念を想起させる。アーベルスハウザーがヴィルヘルム時代に後世の社会コーポラティズムの最初の実現を認め、これに旧体制の残滓というよりはむしろ、二〇世紀先進資本主義の前衛としての相貌を見出すのも、それゆえである。[71] だが、他方でベルクハーンはじめ、右のような見解に疑義を差しはさむ者は、後の社会コーポラティズムにおいて欠くべからざるパートナーであった利益集団が、帝政期には依然として不当に低い地位を甘受しなければならなかったという事実に注意を促す。[72] 社会民主党と労働組合にまつわる問題である。

ビスマルク－ヴィルヘルム時代における労働者「身分」の地位の特徴を一言で表現するなら、それは他の諸身分には認められていた〈自由〉と〈平等〉の欠如にあった。なるほど労働者も一個の公民としては、法的保護と個人的権利の平等を享受することができたかもしれない。だが産業社会の出現というまったく新たな事態のなかで、決定的に重要な意味をもつ次元として前面に迫りだしたのは、「個人」レベルではなく、むしろ「団体」レベルにおける法的同権であった。諸利益団体間の同権に基づく代表と協議のシステムは、レームブルッフが論じるとおり、元々宗教改革における宗派間紛争の調停方法として確立されたものである。しかし一九世紀末に到って諸利害間の対立が主として社会的・経済的利益をめぐるものとなるにつれて新たな争点として浮上したのは、「同権」方式が宗派問題以外の紛争領域においても適用されるべきかどうかという問題であった。[73] まさしくこの集合的（利益）政治の次元において、労働者身分は同権を――他の諸身分には承認されていた団結自由権と集合的交渉・争議権の平等な享受を阻まれていたのであり、[74] そのことが帝政期におけるコーポラティズム的試行に跛行的な性格を与えていたのである。

たしかにプロイセン－ドイツは、工場法その他の労働者保護立法に見出されるように、労働・社会政策の先進国であり、産業社会における労働者の生活水準維持にかんして並々ならぬ関心と実績を示してきた。だが、一八九〇年に催されたベルリン国際労働者保護会議において図らずも露呈したように、そのような恩恵的施策の根底にある思想は、西欧諸国においてはおよそ受けいれがたい、労働者への身分的差別待遇を前提としていた。この会議における ドイツ代表団による健康上有害な鉱山での労働時間制限という提案に西欧諸国の代表団が抵抗したのは、いかに好意的な意図に基づくものであれ、国家が社会に干渉することへの違和感が存在したからである。そこでは、むしろ経済社会における紛争解決は個人と社会の自由と責任に属する事柄であり、それゆえ国家は労働関係についての自己決定権（＝自由）を諸個人・諸団体に委ねなければならないと考えていた。[75] ジョンソンの所論によれば、個人主義と消極的自由観念が社会に深く浸透した英国では、国家は「個人にとって外在的な権力であり、彼らの自由、とくに彼らじしんの利益を彼らなりの方法で追求する権利にとって破壊的」でさえある。ここでは「社会とは、彼らじしんの生活を形成し、彼らじしんの利益を追求することを意欲的に願望する、精力的で、独立した、責任ある諸個人から成るものと想定」されており、ひるがえって「国家は余計なカテゴリー」にすぎない。[76] だからこそ、これら西欧諸国は労働者保護の施策についてはたしかに消極的ではあったが、同時に労働者に利益代表者として雇傭主に劣らぬ権利を認め、労組と使用者との自主的協議に労働関係の調整を委ねる方向へと踏みきることができたのである。

他方、ドイツにとって労働者身分への法的差別待遇と手厚い社会政策はコインの表裏をなす現象であった。労働者の団結と集合的行動の権利は著しく制限されており、それゆえに自己の利益擁護を自己の意志と責任において遂行する機会をほとんどもちえなかった。ドイツ帝国は、国民的結集のためのイデオロギーを鼓吹することに熱心であったが、ボルンによれば「君侯の業績、とりわけホーエンツォレルン王家の業績、軍隊の戦闘能力と剛勇、官僚の忠勤、ドイツの学芸、市民の勤勉、そしてさいごにドイツの企業家精神について語ったが、労働者については語らなかった」。かかる公定イデオロギーのもと、労働者は、他の諸身分と対等に遇するのに必要十分な、国民的業績を依然として生みだしてはいない（ものと考えられた）ために一人前の身分としてはいまだ認められておらず、あくまで半人前の存在として、国家の庇護と他の諸身分による隣人愛の客体の地位に留まらざるをえなかった。[77] ふたたびジョンソンを引用すれば、英国とは対照的にドイツで国家なるものは「国内の平和と社会的進歩にたいする公的責任の政治的表現」として構想されていた。「より抽象的な次元では、国家は、適切な政策と十分な法秩序をつうじて実現されるべき、道徳的改良と社会的調和についての理念として立ちあらわれた」[78]。このように倫理と義務を背負った、規範的概念としての国家観念が強力に息づく一九世紀ドイツの政治社会において、労働者の生活改善と福祉向上は、もっぱら官憲政府による再配分政策と積極主義的立法により実現されるべきものとされた。だからこそ、ここでは自己救済よりも国家救済が、自己責任よりも国家責務が重要視されたのである。

労働者包摂の試みとその頓挫

多元主義か国家コーポラティズムかを問わず、利益団体政治における集合的行為主体として、労働者が他の諸身分と対等の権利能力を認められないかぎり、要求の効果的表出だけでなく、全体秩序への主体的参画もまた困難であったのは当然である。先にも述べたとおり、プロイセン国民経済評議会は一五名の「職工・労働者身分」の代表者を含んでいた点で、「労働者階級のために法的に一定数の議席を提供した最初の国家機関（アーベルスハウザー）」であり、この階級の制度的包摂のための早熟な試みであった。プロイセン下院による予算拠出拒否の後もなお三会期に亘って審議が継続されたのも、政治的思惑や利害関心の相違を伴っていたとはいえ、このような試みが当事者たちにとってかならずしも無益とは感じられなかったからかもしれない。それにもかかわらず、プロイセン国有鉄道による議員への無料乗車券供与の取りやめは、とりわけ労働者代表にとって手痛い打撃を与えた。というのも労組という後ろ盾を許されない労働者代表にとって、このような議会に自費で参加をつづけることは、もはや不可能に等しかったからである[79]。

国家コーポラティズムにおけるもう一つの柱、会議所制度をつうじての労働者包摂もまた帝政期に試みられたが、不首尾に終わった。先述のとおり、帝国政府は一八九〇年代に農業・手工業さえも会議所制度の翼の下に取りこむに到ったが、包摂の最終かつ最困難の対象として残されたものこそ労働者身分であった。もっとも村上淳一が詳述するとおり、労働者への代表権附与は、単に労働条件の改善に寄与するだけでなく、その反体制化を防止する効果も期待されたために、すでに三月前期以来左右の立場を越えて、頻々と唱えられてきたアイデアでもあった。自由主義者モールは工場労働が倫理的頽廃と社会的危機をもたらすことを懸念し、その解決策として労働者代表の経営への一定の関与を認めることを提案した。(80) さらにフランクフルト国民議会の経済委員会で審議された新営業条令少数派案では、労働者・職長・所有者の三者から成り、紛争調停や就業規則の作成実施、疾病扶助金庫の設置運用等にあたる工場委員会を予定していた。(81) すなわち次の世紀に実現されることになる経営評議会の萌芽は早くもこの段階に見出されるのであり、ただちに制度的具体化に進んだわけではないが、必要に応じて顧みられるべき観念はすでに準備されていたのである。

一九世紀最終四半世紀における組織資本主義の進展と政府の積極行動は、この方面においても追い風となった。村上によれば、疾病保険法（一八八三年）では従業員五〇名以上の事業所に保険を義務づけ、疾病金庫の運営（規約作成など）について被傭者への参加権を認めていた。(82) 拠出金の負担に相応するだけの発言権を与えることは避けがたい要請であり、この制度が良好に機能するかぎり、労働者代表制の拡張にたいする抵抗感もまた、一部の帝国エリートからは徐々に取りのぞかれることとなったのである。(83)

帝国内務長官ポザドフスキ＝ヴェーナー伯が準備し、ベートマン＝ホルヴェークに引きつがれた「労働会議所」法案（一九〇七／八年）は会議所方式による労働者包摂構想を打ちだしていたが、それは右のような思想的・制度的水脈の延長線上に現れたものにほかならない。それは政府が、農業や手工業、商業にたいして行ったのと同じ処遇を労働者についてもなしうるか、すなわち利益包摂と社会統合の前提として労働者の同権を認めることができるかどうか、という課題にたいする回答の試みであった。じっさいその内容は少なからぬ制約を伴ったとはいえ、労使同権に基づく構成原理を明確に打ちだすとともに、仲裁裁判所としての公的役割を規定していた。その意味で、この法案の可否は帝国統治における労働政策の転換の行方を占う試金石であったが、その帰結は芳しいものではなかった。というのも、階級闘争の緩和効果を疑問視し、企業の競争力にとって桎梏となることを恐れた経済界の頑強な抵抗によって、結局のところ審議未了のまま戦時中までお蔵入りすることとなったからである。[84]かくして、経済的のみならず軍事的観点からも重視された鉱山労働者を除けば、[85]労働者の同権は帝政期には実現することはなかった。

同権拒否の論理とその限界

その反対論に有力な根拠を与えたのは、「会議所制度は独立自営の者にのみ留保される（ヴィンクラー）」べしとのいかにも一九世紀的な個人主義的市民イデオロギーであった。[86]リーデルによれば、政治的（部分）支配権の担い手である家長を市民とみなす封建時代の市民概念は、支配権の実質を経済的自立に求める方向で力点を移動させながら近世自然法論になおその痕跡を留めていた。さらに、カントの「おしなべて、自分の経営努力によるのではなく、（国家による指図を除く）自分以外の人々の指図に従うことによって、自分の生存（扶養と保護）を維持せざるをえない者はだれであれ、国民としての人格を欠いており、その存在はいわば内属にすぎない[87]」という言葉を引いてリーデルが論じるとおり、ドイツの自由主義的市民社会概念は、古典時代以来のヨーロッパの知的伝統を人権の普遍性に則って読みかえることで新たな地平を切りひらいたものの、同時に「この連続性のもつ遅々として進まぬ要素に圧倒されていた」。このように「公民」ないし「能動国民」たる資格にかんして経済的自立が重視された背景には、政治は利己的動機によってではなく、公的関心と内的確信によってのみ行動する人によって導かれなければならないとする伝統的見解があった。[88]そのような政治観は〈市民〉概念の普遍主義的な含意の幾ばくかを減殺するとともに、みずからの肉体のほかにはいかなる生産手段をも所有しない無産階級たる労働者を、政治生活の中心的な担い手としては排斥する作用を伴っていた。労働者は個人としてはあまりに脆弱な存在であり、集団行動と組織化、連帯と団結に拠ることなくして、いかなる行為能力をも発揮できない。したがって利益政治に労働者が参画するためには、単なる個別的存在としてではなく組織労働として認められ、他の諸身分にたいして対等な生産者身分としてその利益と見解を主張する権利を克ちとらなければならなかった。だがヴィルヘルム時代の労働者をとりまく法的環境は労働者にたいして、国家救済の単なる受給者の地位を超えて、自己救済のために団結し、行動するための権利と地位を認めるものではなかった。よしんば団結が容認されたにせよ、争議にたいする警戒と反撥は根強く存在していた。「労働意欲者保護」を謳った営業労働関係保護法案（一八九九年）、所謂懲役法案では、集団的争議への不参加者にたいする労組による威嚇を伴う参加強制は厳しく禁じられ、労働意欲をもつ者への名誉毀損は君侯にたいする不敬罪以上の犯罪行為として処罰される予定であった。[89]このような法案はさすがに議会を通過することはなかったものの、しかし次項に見るとおり、労働者にたいして断固たる姿勢で臨むことを厭わない勢力が政府および議会の一角を占めつづけるかぎり、組織労働のために集合的利益政治の門戸が開放される見込みは、依然として乏しかったのである。

団体的交渉および争議をつうじての自由主義的解決は勿論のこと、国家コーポラティズム的枠組においても、十分にその利益擁護の機会を与えられなかった労働者にとって、唯一残された影響力行使の経路こそ議会－政党政治的抗争にほかならない。

第二項　労働者包摂にたいする帝国国制の構造的限界

社会民主党の勢力伸長

ボルンによれば、一八八二年に労働者人口は帝国総人口の二五パーセント、工業部門にかんしては六四パーセントを数え、一九〇七年にはそれぞれ三〇パーセント、七六パーセントに達した。(90)また別の統計資料では、男性にかんするかぎり、就業者人口総数に占める鉱業・製造業・建設業の就業者数は、一八八二年、一八九五年、一九〇七年と世紀転換期を跨いで、三九・一、四三・二、四八・七パーセントと増加の一途を辿っていた。これとは正反対に、四二・六、三五・七、二八・四パーセントと相対的比率を下げる一方だった農林水産業の動向と比較するとき、ドイツの産業構造の変容は明らかであった。(91)このような工業化の進展を背景として、たとえ個人としては無力であれ、階級としては一大勢力に成長しつつあった労働者にとって、社会民主党を帝国議会内の有力政党に押しあげることは、幾多の制約にもかかわらず困難なことではなかった。げんに社会主義者鎮圧法失効の後、堰を切ったかのように帝国議会における社会民主党の躍進が開始された。晴れて合法化されて臨んだ一八九〇年の帝国議会議員選挙では、社会主義労働者党（社会民主党）は得票率において二〇パーセントに迫る勢いを見せ、以後この拡大基調は帝国崩壊に到るまで（ナショナリズムの昂揚によって後退を余儀なくされた、(92)一九〇七年の所謂「ホッテントット選挙」を例外として）ほぼ変わることなく持続し、議席数においても早晩他の政治勢力を圧倒する存在になろうことは容易に予想できた。この間、ヴィルヘルム時代の帝国内政の歴代責任者が過酷な弾圧措置（ムチ）のみならず、――各種保険制度政策や労働者保護立法、さらには会議所制度による体制内化の試みも含めて――手厚い社会政策（アメ）をもってこれに臨んだのも――そしてまた懲役法案の頓挫以後は、政策の重心がますます前者から後者に移ったのも――帝国国制護持のために労働者階級およびその政治的代表たる社会民主党に譲歩するのは避けがたく、また必要なことであると認識していたからにちがいない。

だが、産業化時代の申し子とも言うべき労働者階級の擡頭に直面して、その脅威をいかに明確に意識していたとしても、帝国国制のもとで利益包摂と社会統合をなし遂げることは構造的に困難であったと言わねばならない。

帝国国制と社会民主党

世紀転換を目前にして社会主義者の入閣を許し、「社会主義運動を国家の構造に組み込んだ（ボルン）」フランスとは対照的に、[93]憲法上、政府が議会に責任を負う必要性を免れていたドイツではたとえ社会民主党が帝国議会第一党の座に就いたとしても、政権参加の道が切りひらかれる見込みは乏しかった。第一章第三節第一項で述べたとおり、議会主義化にたいする異論は、一方において帝国政治が党派性を強め、安定性を喪うことへの憂慮の念に支えられていた。他方、社民党内部においても、修正主義論争以来、議会政治への態度をめぐって鋭い意見対立が存在していたのであり、党中央派はフランス流の「政府参画主義」とは断固として一線を画しつづけた。そのかぎりで議会主義化の停滞は左翼じしんの選んだ道でもあった。[94]

帝国政府の手もまた幾重にも縛られていた。「擬似議会主義」のもと有力経済利益が政府閣員の構成に何らかの圧力を行使することができ、ひるがえって政府が農工同盟を中心とする既成エリートに依存するかぎり、その抵抗を押しきってまで、労働者に政治権力への参画を認める決断を下すことは困難であった。さらに結集政策とそれを補完した艦隊政策は、既存秩序支持勢力の糾合の助けとなる一方で、社民党への妥協の余地をますます狭めた。[95]邦国分立主義とそれに立脚する連邦参議院もまた、社民党への門戸開放の障碍となった。邦国の政治勢力が帝国議会のそれと無関係に決定される以上、帝国政府は帝国議会における多数派工作と並行して、邦国諸政府との意志疎通と合意形成にもとり組まねばならなかった。とりわけ「ドイツ帝国の事実上の最高機関たる連邦参議院[96]（村瀬興雄）」において最大の票数を有するプロイセン邦が三級選挙制を維持するかぎり、労働者階級への敵愾心と議会主義化への警戒感を緩めぬ諸勢力は、帝国の中核邦において安定的に覇権を掌握することができたのである。[97]

なるほどプロイセンの支配エリート（ユンカー‐重工業‐軍・官同盟）は、帝国政府の自律化、[98] ならびに帝国議会における社民党の勢力伸長という事態に直面して、以前ほど赤裸々にその利益を擁護し、かつ促進する政策を積極的に提示し、貫徹することはできなかった。だが、たがいに異なる組織原理に立脚する諸制度から成る、プロイセン‐ドイツの複合的かつ多頭的な国家構造のために、それらはみずからの権力維持のための要塞を国家構造の内部に確保することができた。すなわち、連邦参議院においてプロイセン邦に与えられた拒否権をつうじて、憲法改正はもとより、「世界政策」上みずからの意に沿わぬ政府の方針にたいしても〈消極政治〉をもってこれを葬りさることはできた。プロイセン‐ドイツの既存エリートは、何ごとかをなしうるほどにはもはや強力ではなかったものの、何ごとかを阻むほどには依然として十分に有力だったのである。

超然統治と利益政治

ここで我々がまのあたりにするのは、ドイツ官憲国家が陥ったある逆説である。社民党への投票が「忠誠義務違反」として譴責の対象となったように、帝国官僚制は政党政治にたいして中立的であったとは言えないが、しかしすでに縷々述べてきたとおり、伝統的なドイツ国家観念のなかで育まれた彼らは、少なくともその主観においては、諸階級・諸利益の要求にたいして超然と聳えたち、これらについて柔軟で思慮深く、公平な調整力を発揮し、もって公共善の実現に奉仕することで、その議会に責任を負わない統治を正統化してきたし、またそこから身分的な名誉意識を引きだしてきた。しかもこのような理念は、一九世紀をつうじて、それどころか一七世紀の領邦君主絶対主義時代以来、けっして内容空疎なイデオロギーとして冷笑の的であったわけではなく、むしろ絶えざる〈上から〉の適切な統治の実践と業績の蓄積をつうじて、一定の説得力と妥当性を獲得してきた。なかでも急速な産業化とそれに伴うドイツの経済的地位向上は、啓蒙官僚絶対主義の成果の最たるものであったが、まさにその成功が経済社会の構造分化を招きよせ、利益政治の活性化と諸党派間の対立激化をつうじて、官憲統治イデオロギーの基盤を掘りくずすことになったのは、ヴィルヘルム体制を戸惑わせた逆説であった。三月革命では依然として独り立ちできなかった産業ブルジョワジーは、権威主義的資本主義のもとで経済的、ついで政治的発言権を向上させ、今や必要とあらば、コーポラティズムの軛をふりほどき、多元主義的アプローチをもって政府を恫喝し、しばしばその意向にたいして不服従の態度を公然化した。他方、産業化の進展は工業労働者階級というもう一つの階級の擡頭をもたらしたのであり、これは産業ブルジョワジーその他の階級にたいして徐々にその存在感を高め、抵抗力を強めた。これら新興階級にたいして、領主貴族の系譜を継ぐ、東エルベの伝統的エリートは、その権威主義的統制力を有効にかつ自律的に発揮することはもはやできなかった。彼らは、全般的な衰退傾向のなかでなおその地位を防衛しようとすれば、農村的安穏のなかに身を潜めることは許されず、経済的および政治的近代化がもたらした現実にみずから適応する必要に迫られていた。[99] それは――潜在的に利害対立を抱えていたにもかかわらず――市民的エリートと連携を図り、さらに同じように凋落への途を歩みつつある旧来型経済部門とも「創造する諸身分のカルテル」（一九一三年）のもと結託し、――民主化には心底では抵抗していたにもかかわらず――みずから大衆動員を行うなど、敗北の先延ばしのために打つべき手は打つよう余儀なくされた。[100] けだしハンス・ローゼンベルクが論じたとおり、「普通選挙権と、経済的競争における増大する脅威の時代に、土地貴族は、上層に留まるために、予期しなかった政治的、宣伝的、ならびに組織的な努力をしなければならなかった」[101]。利益政治の活性化は、官憲国家みずからが準備し、開放した諸勢力によるものであった。しかしそのことは啓蒙官僚の力量を越える利害調整の課題を超然政府に課すものであり、ひるがえって一九世紀ドイツを特徴づけた統治様式がもはや維持不可能であることを予示する動きであった。

議会主義的な解決が選択不可能であったのに加えて、帝国政府は労働者階級を国家コーポラティズムという伝統的な手法で包摂することもできなかった。むしろ国家コーポラティズムは、今や労働者とは対照的に議会において実質的な存在感を示すことができないほど停滞・衰退した旧勢力——農業や手工業——のための、議会や他の経済諸力からの避難壕と化していた。アンシャン・レジームにおける身分制議会さながら、会議所が既得権保護機関としての性格を強める傾向は、議会における社会民主党の比重が高まるほどに、ますます顕著になった。すなわちコーポラティズムは団体制的国家イデオロギーの拠点として、その反議会主義的な性格をますます顕著に示すようになったのである。(102) 議会制とコーポラティズム制度は、後者への包摂を拒絶された社会民主党の前者における勢力伸長に伴い、補完的な関係から、排斥的な関係への傾斜を深めつつあった。

議会をつうじても、また会議所によってもその利益を擁護する機会を与えられない労働者の憤懣の爆発を第一次世界大戦は、一時的にせよ遅延させた。だがその真の解決策は、労働者階級に集団として他の諸階級・諸団体との同権を認めること、そのうえで国家体制への包摂を敢行するよりほかないことは、もはや明らかであった。

第三項　総動員体制に伴う構造変化

戦時経済下における労働者の地位の変化

帝政末期にかけて社民党と労働組合はその存在感と勢力を持続的に伸長させたにもかかわらず、労働者の「団体」としての政治的同権を帝国政府と他の諸政党に承認せしめることはできなかった。四半世紀近くを経てなお実を結ばなかった努力を、僅か数年で実現させるきっかけとなった事件こそ欧州大戦である。けだしグリーンリーフが述べたとおり、「現代戦争は社会的一体性に基づいて闘われなければならないので、その遂行は相異なる階級間での協調の感覚を伴う政策を要求する」[103]。それはドイツとの海軍競争が、ロイド＝ジョージの英国において高額所得者と大土地所有者への課税強化、すなわち担税能力に応じた租税負担をもたらし、戦時中には労働省設置や婦人参政権附与を含む選挙法改正等を導いたのと同じ作用を、ドイツでは労働者階級への「団体」的権利の平等な承認とその体制内化というかたちで及ぼしたのである。

戦争勃発とともに高まった軍需に応え、戦時生産を順調に、あるいはこれまで以上に大規模に展開するべく、マンパワーを最大限確保しなければならないとき、黄色組合をもって赤色組合に掣肘を加えるような、差別的・分断的操作戦術の効力は早晩薄らぐことを免れなかった。ましてや総力戦のために兵役適格者がいっせいに徴兵されはじめると、稀少性を高めた労働者の不満をいかに宥め、争議の種を事前に摘みとり、工場生産という喫緊事に精力的に従事させ、緊迫した労働市場のもとで生産性を向上させるかということが、労働関係をめぐる重大問題として強く意識されることになった[104]。かくして社会主義者か否かが、国営企業の採用にとって重要な資格審査としての意味をもたなくなったことに端的に示されたように[105]、労働組合と社会主義者の排斥ではなく包摂こそが、総力戦遂行に腐心する政府ならびに軍部の少なくとも一部にとって——グレーナー将軍はその代表格であるが——焦眉の急と目されたのである。

他方で大量生産という課題そのものが、生産をめぐる風景を一変させた。すでに大戦前にドイツ技師協会等により紹介され、部分的・個別的に実践されていたテイラー・システムに基づく労働組織の合理化が、開戦に伴う軍需品の大規模需要を満たす手段として注目を集めることになった。熟練労働者の徴兵とそれに代わる不熟練労働者の生産現場への投入が、「科学的管理」の導入を急務としたからである[106]。このことは工場における労働者の存在と意味を決定的に変容させる契機をもたらした。職長のもとでの内部請負制度に基づく分散的・間接的管理が直接的・一元的労働管理システムにとって代わられるとき、それは経営者および専門管理職による労働組織の科学的合理化と労働強化を促す一方で、管理の対象としての労働者の存在を可視化させるであろう。じっさい大橋昭一によれば、テイラー・システムの本格的導入以前から、分業の進展と熟練の不要化が労働者間の相違を瑣末化し、共通利益に媒介された共通意識を醸成し、もってより広範な基盤に依拠する労働組合組織への発展を導くであろうとの展望を示す者もいた。(107) このように生産力増強と生産性向上を目的とする一連の合理化運動と画一的管理の経験は、管理方法の革新以上のものを導いた。職場内の家父長的労働関係の解体は、職場組織と人的関係の変容とともに、相対的に均質な工場労働に従事するようになった労働者階級の自己定義の変革をもたらした。すなわち、城内平和への協力に基づく戦時経済への統合とそれに伴う国家的認知に劣らず、(108) 労働者の「生産者身分」としての自己意識を高める触媒としての役割を果たしたのである。他方、これら合理化の手法が一方的な労働強化となることを阻止すべく、経営参加の機会が与えられるかどうかは、戦前からの労組の関心事であった。(109) 今や労働者とその指導者はみずからが生産活動の主たる担い手であり、国益実現にとってその参画が不可欠であることを、憚ることなく主張することができた。フェルドマンが印刷工組合の指導者エミール・クロースについて述べた言葉を援用すれば、ドイツの労働者とその組合は「彼らもまた〈生産者身分〉の一員であり、利益団体ゲームにおける完全な共同参加資格《パートナーシップ》に値するものと感じていたのである」。(110)

ひるがえって軍部にとって、労働者代表制の実現を求める社民党や労組の声に応えることは、戦時体制に伴う種々の不満を緩和させ、争議による生産性破壊という悪夢を除去するためにも不可欠に思われた。開戦がもたらしたナショナリズムの昂揚は、労働者の体制内化を促す契機となったが、さらに経営参加の機会附与による内面的統合のいっそうの加速化が期待された。山田高生が指摘するとおり、それは一面において企業家利益に背馳する側面を必然的に伴っていたが、軍部にとってみれば企業に利潤追求の機会を保証することよりも、銃後の生産活動を安定的に遂行し、戦闘を勝利に導くことのほうが、はるかに重大な課題であった。(111) かくして労働者に一定の発言権を保証し、それをつうじて協調を確保・維持することはもはや避けられない選択肢であるとの認識が生みだしたものこそ、祖国補助勤務法（一九一六年一二月五日公布）にほかならない。[112]これは最左派を除く諸政党の支持に基づいて成立し、兵役に就かない男性にたいして労働奉仕を義務づける（第一条）一方、就業者五〇人以上の企業における労働者および職員委員会の義務的設置を定めた（第一一条）。これら委員会は労働条件をめぐる交渉にさいして労働者の意見を代表する（第一二条）一方、交渉不調にさいしては労使対等の委員から成る仲裁委員会がその調停にあたった（第九条二項・一三条）。この機関は、たしかに反対派が主張したとおり、総動員体制への労働者の編入を図る当局の意向を反映するものであり、戦時下にあっては労働者の利益代表機関というよりは軍部と企業——さらにそれらに妥協的な組合幹部——による統制の具として機能する可能性をおおいに——戦争が長期化し、忍耐と飢餓が限度を超えて強いられればなおさら——秘めていた。[113]しかしながら、他方においてそれは、大戦前には認められなかった一連の「会議所」構想の最終的実現を思わせるものであり、労働者とその組合のために生産者代表としての公的な拠り所を与えたことも事実であった。かくして労働組合指導者は、組合員への内的な統制・指導能力を梃子にして、経営者サイドにたいする代表資格と交渉能力を獲得し、それぞれの工場で対等な協議相手としての地位を確立したのである。

その意味でベーメが指摘するとおり、「戦争によって解き放たれた発展から利益を得たのは官僚や軍部や権柄づくの行政組織ばかりではない。（略）ますます労働者層はドイツの政治を共同して形成する力として評価され、承認されざるを得なかったのである」。[114]すなわち戦時下の総動員体制は、生産の現場における労働力の存在感を高め、これに長年拒絶されてきた「政治的交換」のための決定的機会をもたらした。「総力戦は労組の地位を変えた。人的資源《マンパワー》が窮極の稀少財となり、その動員次第で戦争努力の規模が左右されるとともに、その配分によって戦時計画体制は基礎づけられた。組合とその構成員の協力は不可欠であった——し、惜しみなく与えられた。だが労働者はこれらの重荷を、社会内の他の集団から大きな譲歩を受けとり、さらに言えば求めることなしに、引きうけはしなかった」とは、第二次世界大戦の英国における労働党と組合の地位向上にかんするビーアの言葉である。[115]だが同様の効果は、先行する大戦におけるドイツの労働者についても発揮された。ビーアは「組織化された労働者階級が排除と劣等という旧来の地位から身を起こしたのは、まずもって得票によってではなく、死活的な国民的目的を遂行するのに必要な手段にたいする支配力によってである」と喝破したが、[116]かかる命題は、戦時経済下の英独両国の労働者にたいして、その有効性を等しく立証したのである。

かくして総力戦が国民に強いた途方もない義務は、権利の平等への国民の意識を否が応でも高めた。大戦勃発にさいして帝国議会社会民主党議員団が打ちだした「城内平和」は、愛国的熱狂の渦に巻きこまれた労働者階級に階級闘争とプロレタリア意識を忘却させた点で、反戦派左翼には帝国主義諸政府による「ペテン（レーニン）」の効果が遺憾なく発揮された証であるかのように思われた。[117]だが他方で大戦は、長年の排斥的・差別的立法政策によって社会的に孤立し、ゲットー化を余儀なくされていたこの階級が、「余はもはや党派を知らず、ただドイツ人を知るのみ」との皇帝ヴィルヘルム二世の呼び声のもと臣民共同体に迎えられ、経済的戦争遂行努力において「生産者身分」として応分の貢献を果たし、それをつうじて他の諸身分との同権を克ちとるための千載一遇の好機ともなった。このように平時に疎外されていた社会階級を包摂した総力戦の、包括的・平等主義的統合とでも呼ぶべき効果は、経営者サイドにも等しく作用した。すなわち大戦による軍需品調達の必要性は、産業高度化による構造分化のために四分五裂していた諸産業部門を今一度まとめ上げる機会をもたらしたのである。

産業界と戦時統制経済

産業界の組織化は戦時における生産力増強に不可欠な要件であるが、この点では大戦前のドイツの状況はすでに、他の工業国と比べて際だって「先進的」な水準に到達していた。各種会議所制度に具現される国家コーポラティズムの制度化のみならず、利益団体やカルテル、シンジケートなど非公的レベルでの経済的集中化も進行していた。この点で政治と経済の分離を公理とする古典的自由主義諸国――敵対する連合国の多くが、これに属したのであるが――に比べると、ドイツは産業組織化にかんして格段に先行していたのであり、他の諸国が開戦とともにようやく手探りの状態で模索しなければならなかったものを最初から手にしているというアドヴァンティジを有していた。国家は天然資源および製品の調達と分配、価格管理、輸出入統制にさいして既存の制度的枠組を活用することができたのである。(118) さらに電機工業界の雄AEGを率いるヴァルター・ラーテナウをプロイセン陸軍省戦時資源局局長に登用（一九一四年八月）したように、必要とあれば有能な経済人を公職に抜擢することも厭わなかったし、このような人的混淆は伝統的に不自然なことではなかった。このかぎりにおいてヴィルヘルム期のドイツ産業は、すでに「原理上は（アーベルスハウザー）」戦時コーポラティズムの前代未聞の要請に十分適合できるほどの組織化を達成していた。別言するなら、ドイツの戦争指導部は、その敵国とは対照的に、すでに手許にあるものを活用し、あるいはそれを拡大・敷衍するだけで経済戦遂行という課題に応えることができたのである。

とはいえ産業界にとって戦時国家コーポラティズムは、産業自治の維持という観点からすれば、深刻なディレンマを突きつけた。たしかに産業界、とくに鉄鋼・石炭工業を中心とする従来型重工業は大量の軍需契約の受注によりおおいに潤い、戦時利得を享受していた。だが、資源管理や価格統制が半永久化する事態は、まかりまちがえば計画・統制経済への入り口を準備することにもなりかねず、重工業界は当局による干渉への不満を日増しに募らせていた。フェルドマンらが指摘するとおり、このような懸念を抱えた産業界が、なお政軍機構にたいする「自治」を確保しようとするなら、当局の要求するいっそうの組織化と企業統合をみずから進んで行い、これを産業自治のための強化された基盤として、国家干渉にたいする最良の防波堤に転化させるよりほかにない。(119) かくして従来産業部門ごとにそれぞれ独自の組織化を展開し、固有の利益政治戦略を採用するとともに、時としてたがいに反目していた各経済集団は、単一の頂上団体（ドイツ工業全国同盟）のもとに統合される一方、これに従属する専門団体を新設ないし拡張することで組織の緻密化を推進した。他方、大規模な軍需契約は、従来型重工業のみならず、電気・化学工業といった新興工業コンツェルンの事業拡大意欲をも刺激した。シュトランドマンの所論によれば、二〇世紀初頭以来、保護主義的重工業と自由貿易派の完成品工業という産業界の対立軸は前者の経営多角化によって不鮮明なものとなり、むしろ企業集中とカルテル化の進行によって新旧入り乱れての大企業・大コンツェルン間の闘争が前面に迫りだしていた。(120) 戦時経済の要請はこの傾向に拍車を掛けたのであり、大工業のもとでの経済再編と集中化をいっそう促したのである。

以上のような過程を経て経済団体の統合と集権化はおおいに進展し、加入者数、機能、権力は著しく増加した。これらは戦争遂行のための国家による容赦のない要求に経済界が応えることを容易にしたが、我々がフェルドマンとともに注目すべきは、産業家が戦時の赫々たる業績をつうじて、その役割の重要性をみずから強く認識し、「生産者身分」としての自信を深め、いまだに前工業的なエートスを色濃く留める官吏および軍人にたいする独立心と自負の念を決定的に強めたという点にこそある。(121) すなわち総力戦における生産力という戦場で存分に指導力を発揮したという経験は、三月革命における挫折以来、連綿と続いてきたドイツ産業ブルジョワジーの前工業エリートへの従属関係、ないしヴィルヘルム期以降の依存関係を、最終的ではないにしろ相当部分で清算するうえで決定的な契機ともなった。ドイツ帝国敗戦による官憲統治体制の最終的な威信喪失は、このプロセスに点睛を打つこととなるであろう。

国家統制への忌避感情とともに、戦時生産体制のもとで進行した官僚政府の非専門的経済運営への不信増加と生産者身分としての自信強化は、ひるがえって労働者にたいする使用者の姿勢を軟化させるきっかけともなった。(122) 戦時経済において体制内化され、利益団体政治へと統合された労働組合は、祖国補助勤務法をつうじて生産の現場における正式のパートナーとしての認知と地位を手に入れるとともに、空想的革命主義から現実的改良主義への傾斜を強めていた。経営者にとってみれば、このような組織労働は、目的の不明瞭な戦争を遂行するために、東西に際限なく戦線を拡大し、そのために途方もない要求を絶えず突きつけてくる政府および軍部に比べると、はるかに合理的で話をつけやすく、それが階級闘争というイデオロギーよりも生産者身分としての連帯と協働を重視するかぎり、他のどのアクターよりもよほど信頼に足る者のように思われた。ましてやロシアにおける社会主義革命の成功は、企業家をして従来のような高圧的姿勢を維持することを躊躇わせたのであり、あまつさえ労組との関係刷新のための圧力として作用した。山田が指摘するとおり、大衆の政治的過激化を回避し、戦後経済への移行を円滑に進めるためには労組との協力関係の構築は不可欠であるとの認識が雇傭主のあいだでも強まる一方、労組の幹部もまたその主導権を急進主義者から守りぬくために、大企業との提携を進める必要に迫られていた。[123]かくしてドイツ鉄鋼業者協会事務局長ライヒェルトは、政府権力の瓦解を目撃し、市民層への不信を強めた一九一八年一〇月以後の社会変動を顧みて、次のような結論を導きだささずにはいられなかった。「由々しい一般的不確実状況のさなかにあって、国家と政府の権力の動揺を鑑みれば、産業界にとって強力な盟友は、労働階級の側にしか存在しない。すなわち労働組合である」[124]。かくして、敗戦の衝撃と革命への危惧は労使協調への動きをいっそう加速化させたのである。

この言葉が端的に示すとおり、戦時コーポラティズムの経験は、ヴァイマル共和国の社会コーポラティズムに不可欠な基盤的諸条件を提供した。すなわち労使双方での組織化と集権化の進展、いまだ完全ではないものの両者の対等性の原理の承認と相互信頼の成熟、国家の監督と庇護をかならずしも拒否しないものの、しかしその過度の干渉にたいしては抵抗を示す自律性への指向、これである。「生産者身分」としての協力関係があってはじめて「産業自治」に実質を与え、その主人としてではなく、選択的な提携相手として国家に向きあうことが可能になる——との共通認識こそが、一般的に言えば戦後のリベラル・コーポラティズムの、より限定的には敗戦の混乱を国家官僚機構に代わって収拾しようとしたシュティネス・レギーン協定の締結と中央労働共同体の創設のための土台となったのである。(125)

戦時下における議会主義の萌芽

最後にコーポラティズムと議会制の両立可能性について考察するという本章の課題に即して、戦時中の政党政治の動向について一瞥しておこう。大戦は労働組合同様、開戦前はしばしば議会政治の蚊帳の外に置かれてきた社会民主党の地位とドイツ国制における議会制そのものの位置づけに、どのような作用を及ぼしたのだろうか。先にも述べたとおり、祖国補助勤務法は、社民党含め戦争遂行を支持するすべての党派の同意によって可決された。これは、国論一致を内外に誇示することで継戦努力に精神的権威を与えようとした統帥部の意向を反映していたが、(126)同時にそれは同意の提供と引き換えに、部分利益の実現を迫る機会を社民党にも開放することになった。この好機を活用することで、社民党は単に政党政治上の交渉力を強化しただけでなく、議会政治の正統なメンバー資格を手に入れ、諸党派、少なくとも中間政党にたいしてみずからを協議と提携の通常の当事者として認知させることに成功した。軍部が帝国議会との協働を望んだのは、諸利益間の自発的協力と挙国一致体制の確立を明確に印象づけるには、その施策にたいする議会による裏書きが不可欠であると判断したからである。それは〈上から〉の強制や利害関係当事者間の一時的妥協では到底調達できない、道義的な重みを加えるために、決定事項の実効性と安定性を飛躍的に高めることができる。たとえ統帥部の関心が合意の内実以上に体裁に向けられていたとしても、その働きかけは戦前には十全に発揮されることのなかった、議会の最重要の機能を発動させるきっかけを与えたのである。

その意味で総力戦は、戦前の議会がついに克ちとることのできなかった威信を「機会があれば（フェルドマン）」という条件付きながら、帝国議会および社会民主党を含む諸政党に、史上はじめて与えることになった[127]。とはいえこのような事例が、ただちにヴァイマル憲法体制へと通じる議会主義化を戦時下の帝国国制にもたらしたわけではない。フェルドマンによれば「それ〔＝議会〕は、当然ながらその機能と理解されるもの、すなわちドイツ人民多数派の不満や願望に応え、また代表することをなしうるがゆえに怖れられた」。祖国補助勤務法の成立過程において如実に示されたような、議会および社民党の勢力と権威の伸長は、政府機構と産業界を震撼させるに十分であり、それゆえに折に触れ政府と軍部が故意に議会の意志を黙殺するよう促す一方、「左派」にたいする保守系政党の警戒感を強めることにもなった。とりわけ戦時テクノクラートと産業家の目には、議会の潜在能力はしばしば余りにも強力に過ぎ、必要以上の譲歩を迫られかねない危険性を秘めているようにも映った。他方、社民党多数派議員団の戦争協力姿勢に批判的な最左派は院外に活動の場を求め、街頭における大衆煽動に活路を見出そうとした。十月革命以降いっそう顕著になるように、「すべての権力をレーテに！」と叫ぶ者は、ソヴィエト体制実現のために反議会主義の隊列に左から加わるであろう[128]。

しかし左右極派が反議会的な姿勢を示すなか、それにもかかわらず院内諸党派が中道へと歩みよることで議会権力の広範な基盤を保持し、まったく意図も予想もせぬことながら、敗戦後のヴァイマル連合の下準備を積んでいたことに注意が払われなければならない。コルプの論じるところによれば、ヴァイマル共和国は、敗戦の激痛を少しでも和らげようとする「応急措置」として成立した「即興の民主主義」体制ではなかったし、ましてや「匕首」の一突きによる旧体制の不慮の死を奇貨として統治権力を掠めとった簒奪者の支配体制というわけでもなかった。たしかに革命的無秩序に伴う権力闘争の過程には、急進派を出しぬくためにのみなされたシャイデマンによる共和国宣言のように、体制の正統性に瑕をつける「茶番劇（ゲイ）」の要素もなくはなかった。しかしコルプの見るところ「軍部が敗北を認める以前から、議会多数派（多数派社会民主党・中央党・進歩党）はドイツ政府の議会主義化への努力——そして同時に民主主義的体制原理の創出——を意図していた」のであり、議会制への移行は「強力な政治勢力によって準備され、意図されたもの」であった[129]。諸政党に先駆けて帝政末期に社民党との決選投票における選挙協力の実績を積んでいた自由主義左派は、前者を特段に利する可能性があったにもかかわらずプロイセン邦選挙法改正を唱えていた。この要求は、議会にたいして宥和的な宰相ベートマン＝ホルヴェークの働きかけとも相俟って、一九一七年の復活祭勅語において皇帝から改革のための言質を引きだすことに成功していた。あるいは同年七月一九日の講和決議は社会民主党多数派から自由諸派、さらに中央党をも賛成の陣営に引きこむことで、（たとえみずから政権の担い手となるべき人物を指名するには到らなかったにせよ）将来のヴァイマル体制のための基盤的政党連合の原型を成立させていたのである[130]。

総力戦体制は、過大な需要を充たすために、手許にありながら利用されずにいた潜在力を顕在化させた。それは一方において国家コーポラティズムの埒外に置かれてきた労働者の集団的同権承認問題を解決し、他方において帝国国制において二義的な地位をあてがわれてきた議会の政治的価値を発見させる契機となったのである。

おわりに

山田の見るところ「労働者大衆の統合化政策」は、ビスマルク以来ヴィルヘルム時代をつうじて紆余曲折を伴いながらなされてきた一連の試みの延長線上に位置づけられるべきものであり、「第一次大戦における内政的矛盾の激化は、軍部をしてこの方向での統合化政策をさらに促進せしめた」[131]。かくして祖国補助勤務法によって制度化された労働者代表制について、シュトルパーは「労働者委員会は、後にワイマール憲法によって新労働体制の一つの核心となった経営協議会制度の、その直接の先駆であった」と評価する。[132] さらに前章で触れたとおり、「労使紛争の包括的な法的調整というドイツ的伝統（シュトレーク）」の典型的現れを「職場における労働者の法定代表システムの存在」に求めるとすれば、帝政期の試行錯誤から第二次大戦後における経営評議会制度に到るまで連綿と受け継がれた、労働政策上の一条の制度的連続性を見出すことは可能であろう。

他方において、その歴史を一瞥しただけでも、その発展は順調になし遂げられたとはおよそ言いがたく、間歇的にのみ進行したこともまた明らかである。労働者代表制の確立に先だって、その労働力が大規模な工業生産に必要不可欠なものとして社会的に認知されるとともに、使用者と対等の権利が組織労働に公的に承認されなければならなかった。別言すれば、労働者「身分」に他の利益集団と同等の資格において、経済政策形成へのアクセスと発言権が与えられてはじめて、この集団は全体的な利益統合システムに、公認の利益集団として〈包摂〉されることが可能になったのである。

だが、これまでの検討から明らかなとおり、帝政ドイツの利益政治システム、就中「会議所」制度を筆頭とする、国家コーポラティズム的な利益代表・媒介・調整システムへの組織労働の包摂の道のりはきわめて険しいものであった。このことは、一九世紀ドイツの官憲統治体制が、急速な産業化に伴う経済的・社会的利益の分裂にさいしてむしろ敏速に対応し、諸利益の包摂のために先発資本主義国よりも積極的な施策を打ちだしてきただけに、なおさら不可解な印象を与える。この矛盾とも見える現象は、帝政ドイツにおける利益政治とその手法の意味変容によってもたらされたものである。

産業化の進展、および内外の市場システムの拡大が不可避的に伴った景気循環は、一八七〇年代以降政府による介入政策をもたらした。これは折しも普通選挙制に基づく議会制が導入されたことと相俟って、利益（集団）政治を活性化させ、これらの圧力のもと様々なコーポラティズム的利益・代表・媒介調整システムを拡充させるきっかけとなった。ビスマルク時代には労働者の不満除去について、懐柔的社会政策による国家救済が試みられる一方、その政治的脅威も弾圧的措置によって抑えこむことが可能であると信じられた。それ以上にこの段階において、調停が急務と感じられた利益対立は、農・工業間、工・工業間、工・手工業間のそれであり、この課題は関税政策や会議所・評議会制度の漸次的拡張によって対処された。この点では依然として利益政治は、かならずしも議会制を排斥ないし代替するものではなく、少なくとも社民党が少数派に留まるかぎり補完さえしていたのである。

ところが得票数において社民党が第一党になるなど、組織労働の規模と重要性が議会制をつうじて表面化・可視化するようになった九〇年代以降、この利益をいかに統合するかということが政治問題の前面に迫りだすようになり、ひるがえって帝国国制とその利益包摂システムの構造的限界が露呈することになった。とりわけユンカー－重工業同盟のように利益団体間の提携関係と、議会におけるそれとのあいだに大差のなかった七〇年代に比べて、九〇年代になると国家コーポラティズム的諸制度への諸利益の包摂状況は、議会諸党派の勢力バランスと照応するものではなくなり、両者の関係は非対称的なものとなった。かくして議会制と国家コーポラティズム的制度との補完的関係が喪われるのみならず、両者の対立、ないしは後者による前者の代替の危機さえ招きよせた。すなわち「構造的分化（レームブルッフ）」に基づく分業と共生ではなく、そこではコーポラティズムをもって議会制を掣肘する方途が模索された[133]。その典型こそ帝国政府による結集政策であり、これは国家護持勢力を会議所制度をつうじて再編・統合し、議会の社民勢力に対抗させようとする構想であった。

だが、労働者利益をいたずらに敵視し、然るべき場を与えることを拒否する一方、その余の諸利益に不相応な発言権を提供し、あるいは擬似議会主義のもと多元主義的圧力行使を容認することで、特定利益に過重代表権を認めることは、帝国政府がその体制を基礎づけた、公共善のための超然（＝超党派的《オーバーパルタイリッヒ》）統治の信頼性に瑕をつけ、窮極的には君主－官僚支配の正統性に致命的な打撃を与えかねないものであった。帝政末期に時には現状改良の立場から労働会議所への包摂が、また時にはナショナリズムをつうじた労働者の国家への統合を促す立場から完全議会主義化が提唱されたが、実りを結ぶことなく、帝国統治は行き詰まりと動揺に苦しむこととなった。

このように、帝政末期における労働者包摂問題の焦点は、組織労働に利益集団としての同権を認めるかどうかという問題にあったが、しかしその射程はより深遠な問題を捉えるものであった。すなわち議会制と、そこに代表される政党に国制上のいかなる地位を認めるか、これと執行権とはいかなる関係に立つべきかという点こそ真に問われるべき課題だったのであり、畢竟、労働者包摂問題とはドイツ帝国の〈国制問題〉にほかならなかったのである。この問題への見通しが立たないまま、多元主義的諸勢力による間接的圧力行使が帝国政府の支配の正統性を徐々に侵蝕していたにもかかわらず、右派諸勢力もまた独力では議会を制することができないために、かえって帝国政府の権威への依存を強めざるをえなかった。ひるがえって議会主義的統治体制への移行を唱える国民自由主義者や、あるいはより反体制的な革命指向の社会主義者は、帝国ドイツの立憲君主政にたいする不信を募らせ、激しい批判をこれに浴びせかけたのである。

城内平和と総力戦体制が、かかる緊張状態と窮境から帝国国制を短時日のうちに救いだすとともに、社会民主党と組織労働に長年待望してきたものを与え、敗戦に伴う政治的・社会的変動がそのさらなる持続を保証したことは前述のとおりである。しかし、アーベルスハウザーによれば、終戦時の混乱や、それを収拾すべき政治的・民主的制度の脆弱さそれのみをもってヴァイマル・コーポラティズム成立の原因とみなすのは依然として不十分である。彼の見るところ、それは「一八七九年以降のヴィルヘルム時代にドイツですでに十分に発展しており、後には他の高度産業化諸国でその機会をもつことになる発展を加速するよう助けた」のであり、まずもって戦前において試みられた利益調整政治の重厚な伝統が終戦後の動向を基礎づけていた。この伝統の延長線上にあってはじめて「戦時の挑戦はじっさいのところ、今日の現代コーポラティズムにもなお典型的であるような類の、三利益集団間の結合関係の第一条件を作りだした」[134]。その意味で戦時コーポラティズムとは、ドイツにおいて長期に亘って模索・構築されてきた利益統合システムの集大成であるとともに、ヴァイマル以降現代ドイツにまで到る社会（ネオ）コーポラティズムのために原型を提供するものともなったのである。

もっとも、繰りかえしになるがこの道程はけっして平坦なものではなく、アイデアを具体的に、また全面的に制度化する方向へと推しすすめるためには、いくつかの契機が必要であった。第一に工業化に伴う産業構造の転換であり、第二に参政権拡大をつうじて進められた民主化がもたらした政治の大衆化と利益政治の活性化、そして第三に総力戦体制によって――たぶんに意図せざる結果とはいえ促進された――社会の相対的平準化である。これらの諸契機は、政治・経済・社会各領域において現れる〈近代化〉の表象にほかならず、それがもたらすダイナミズムがドイツ的伝統の前進と展開にとって欠くべからざる推力を与えたのである。

しかしながら、これらの諸変化は、無論ドイツのみならず普遍史的に見出されるものであり、本書におけるその比較対象たるイギリスにも時を同じくして発現した。だとすれば、それにもかかわらず英独において言うなれば〈収斂〉が見られなかったのはなぜか、言いかえればイギリスにおいて国家主導的ないしコーポラティズム的手法に拠ることなく、議会－政党主導の社会的利益統合がなし遂げられたのはなぜか、が次に問われなければならない。

註

（1）シュミッター、前掲、三四―七五頁。シュミッターの現代利益代表システムにかんする四類型では、コーポラティズムは、多元主義、一元主義、サンディカリズムと並置される一方、国家および社会コーポラティズムは「コーポラティズム」の下位類型を構成するものであり、多元主義その他と対等の審級に属しているわけではない。

たしかに形態的側面を重視するかぎり、両コーポラティズムの差異は相対的なものにすぎないし、あるいはパニッチが主張するとおり、「社会」ないしレームブルッフの「リベラル」コーポラティズムといえども、その体制が階級闘争の抑圧と階級間の経済的・社会的不均等状況の維持を、国家の強制力をつうじて実現しようとするものであることを強調するかぎり、両者の質的差異もまた無意味なものでしかないのかもしれない。レオ・パニッチ（坪郷實訳）「自由主義的民主主義諸国におけるコーポラティズムの発展」『現代コーポラティズム・I』一六一―一六五頁。

しかし議会主義は有産者階級による覇権維持のための単なる道具にすぎないという正統マルクス主義流の立場を除けば、コーポラティズムの置かれた政治体制という文脈の相違は、重視されて然るべき問題である。シュミッターによる国家／社会コーポラティズムの区別同様、レームブルッフもまた「権威主義的コーポラティズム」とは区別される「リベラル・コーポラティズム」という概念を打ちだすことで、政党政治と「共生」関係に立ちうるコーポラティズム類型を提出しようとした。彼によれば、利益団体による協議制と議会主義的な統治様式は、補完的な関係に立ちうるものである。すなわち採用されるべき経済政策の特質や時間的性格（長期的決定か短期的なそれか）によって、政党および利益団体の合意形成能力には相違が見られるのであり、それぞれの政策領域に即して適切な行為主体と制度様式が決定される。いわば資本主義社会の要求に応じて、両者はたがいに棲み分けしているものと理解されているのである。言いかえれば政党政治とコーポラティズムは、産業化された国家・社会における制度的機能分化の表れなのである。コーポラティズムの非体系性・実用性が強調されるのもそれゆえであり、したがってそれはかならずしも議会主義にとって代わる代替モデルとして考えられていない。「リベラル・コーポラティズムと政党政治」一〇四―一一五頁。

以上の議論を踏まえたうえで、筆者は近代ドイツにおいて実行された、あるいは実行可能であった制度様式を検討対象にするという本章の史的関心に沿って、カテゴリカルな類型論にとらわれず、またシュミッターにおける類型審級上の相違にかかわらず、一元主義（ソヴィエト型共産主義）とサンディカリズムを除いたうえで、多元主義、国家コーポラティズム、社会コーポラティズムの三者を、たがいに競合的で選択的な、政治と経済の媒介様式として扱うこととする。

議会制ないし政党政治と、これらの利益政治様式との関係については、ヴァイマル期や戦後のドイツのみならず、後述のとおり帝政ドイツにおいても稀に補完的・適合的なケースがある一方、排斥的・非適合的なケース（帝政末期のように多元主義をも含むいっさいの利益政治様式が、議会主義の成立を困難にするケースだけでなく、英国のように二大政党による競争的議会主義が、コーポラティズムを排除し、あるいは実現したとしてもあくまで一時的な採用しか認めない事例）も存在する。このように議会制と利益政治様式との関係は、一般的同定をめざすよりも、個々の文脈に即して個別的に検討することが適切であるように思われる。

（2） Heinrich August Winkler, *Pluralismus oder Protektionismus? : Verfassungspolitische Probleme des Verbandswesens im Deutschen Kaiserreich*, Wiesbaden : Franz Steiner, 1972, S.5f.

（3） Maier , *op. cit.*, p.49f.

（4） 「国家伝統」については、前章で随時引用したDyson, *The State Tradition in Western Europe* のほか、とくに英独それぞれの国家発展史に見出される継続的特質についてはHellmut Wollmann, "Comparing Institutional Development in Britain and Germany : (Persistent) Divergence or (Progressing) Convergence?", in H. Wollmann and Eckhard Schröter(eds.), *Comparing Public Sector Reform in Britain and Germany : Key Traditions and Trends of Modernisation*, Aldershot : Ashgate, 2000, pp.1-11を参照せよ。

（5） 一九世紀末以来の集産主義を、先行する自由主義時代との単なる断絶としてではなく、さらにこの自由主義時代以前の時代との連続性において捉える見解は、Maier や Crouch のほか、Reinhold August Dorwart, *The Prussian Welfare State before 1740*, Harvard University Press, 1971, p.1f. にも見出される。

（6） 以下、Wolfram Fischer, *Unternehmerschaft, Selbstverwaltung und Staat : Die Handelskammern in der deutschen Wirtschafts-und Staatsverfassung des 19. Jahrhunderts*, Berlin : Duncker & Humblot, 1964, S.7-35 ; Winkler, a.a.O., S.6f. に従って論述する。

（7） Fischer, a.a.O., S.21.

（8） Ulrich Nocken, "Corporatism and Pluralism in Modern German History", in Dirk Stegmann, Bernd-Jürgen Wendt und Peter-Christian Witt(hrsg.), *Industrielle Gesellschaft und politisches System : Beiträge zur politischen Sozialgeschichte : Festschrift für Fritz Fischer zum siebzigsten Geburtstag*, Bonn : Neue Gesellschaft, 1978, S.42.

（9） フィッシャーもまた国家との繋がりのうちに、アングロサクソンのそれとは異なる大陸諸国固有の伝統を見出す。「このフランス的・ドイツ的伝統に固有なのは、たとえどのように作られようとも国家にたいする諸身分および諸集団の代表制は国法に則って構成されなければならないという意識である。というのもそのときはじめて官僚機構による承認を期待してよく、すなわちそのときはじめて大陸の自由主義者の意識においても、純粋に私的で偶然的な諸利益にたいしてそのような団体の公的責任が優位を保つという保証が与えられるからである」。Fischer, a.a.O., S.34.

(10) ハーバーマス、前掲、一九八頁；ヴィンクラー『ドイツ中間層の政治社会史』四七頁。

(11) Winkler, a.a.O., S.8–12.

(12) 元来商業会議所は大小の別なく商工業利益を代表するものであったが、存在感を増す大企業に比べて小事業主（とくに小売業）の利益がかならずしも反映されていないという不満が募るにつれて、後者の側でみずからの利益を代表する機関を求める声が強まった。Fischer, a.a.O., S.40f.

(13) なお飯田芳弘によれば、農業会議所（全農業従事者の代表としての会議所）の設置は、積極的な大衆動員を行い、（元来ビスマルク帝国の柱石的地位を占めていたにもかかわらず今や）時には政府にたいして厳しい批判を浴びせかけた保守的地主・農場主の利益団体・農業者同盟に対抗することが目的であった。前掲、四五頁。ここには特殊利益の体制内化という会議所制度のもう一つの側面が顕著に現れている。

(14) プロイセンは経済政策を政府単独で、かつその主導のもとに定式化したというよりはむしろ、各種利益団体との協議をつうじて立案を行っていたのであり、その意味で「国家干渉は社会内の主要集団によってますます仲介された」。というのも「公的経済にかんする政策は、私企業にとって決定的重要性をもっているので、諸利益間の交渉と調停にかんする常設の過程に委ねられた」からである。会議所以外の例として、鉄道や運河にかんする各種地方的・国家的協議機関が挙げられる。Werner Abelshauser, “The First Post-Liberal Nation : Stages in the Development of Modern Corporatism in Germany”, *European History Quarterly*, vol.14 no.3, July 1984, p.290f.

(15) Winkler, a.a.O., S.7.

(16) Ebd., S.29f.

(17) 九〇年代後半における「結集」については、飯田芳弘、前掲、七三―七五頁。

(18) ヴィンクラー『ドイツ中間層の政治社会史』三一―三四および四六頁。

(19) Nocken. *op. cit.*, S.42f.

(20) たとえば元来在地の自営業者を代表してきた商議所に、どのようなかたちで株式会社の利益を代表させるべきかという問題は、一九世紀をつうじて度々論争の的になった。Fischer, a.a.O., S.38-40.

(21) Nocken, *op. cit.*, S.43.

(22) Maier, *op. cit.*, p.40f. 他方において、民主化は強烈なナショナリズムに鼓吹された院外組織による政治活動の活性化も導いた。艦隊協会その他の活動とそれがビューロー「ブロック」等帝国議会政治に与えた影響については、飯田芳弘、前掲を参照せよ。

(23) *State Formation, Nation-Building, and Mass Politics in Europe : The Theory of Stein Rokkan, based on his collected works*, edited by Peter Flora with Stein Kuhnle and Derek Urwin, Oxford University Press, 1999, p.288f.

(24) Maier, *op. cit.*, p.37.

(25) 領主階層は、財政国家の成立とともに金融・商業利益と融合し、後にパブリック・スクールでの教育をつうじて「ジェントルマン」の裾野を押しひろげ、さらには産業利益の従属的吸収に成功した――このように近代英国社会の展開過程についてジェントルマン中心的に把握する視角を、経済にたいして向けたのが「ジェントルマン資本主義」論である。「資本主義の非産業的な諸形態」に着目し、近代英国の資本主義的企業活動が一貫してジェントルマンという伝統的社会階層を中心として担われてきたことを明らかにすることで、ケインとホプキンズは、「産業資本主義が一八五〇年以降は支配的勢力であり、貨幣利害はその副次的なものにすぎない」とのマルクスの主張、およびそれに基づく英国資本主義論を相対化する。近代資本主義の発展が伝統的な社会秩序と両立可能であり、かつ伝統的な社会階層が政治的・経済的支配力をけっして手ばなすことがなかった英国でも、無論、社会的危機と再編成の必要をいっさい免れていたわけではなかったが、しかしジェントルマンのイニシアティヴのもとでさえ、新旧利害の融合に成功するかぎりにおいて、資本主義を順調に発展させることができた。ケイン／ホプキンズ、前掲、とくに一七―三二および四一―六〇頁。このことは、政治的次元においても適合する。すなわち英国においても政治の大衆化とそれに伴う利益政治の浸透が見出されたが、社会の多元主義的分裂と政治的安定の破壊に帰結するどころか、むしろジェントルマンの政治指導のもと、諸利益の統合と体制の漸進的改革、それをつうじた政治的基盤の強化が図られた。かくして保守・自由両党の社会的・経済的基盤が、それぞれ完全に同一ではないにしろ共通のフレームワークに収まっていた一九世紀英国の政治社会像は、ケインらの引用するコリンズの小説中の侯爵の言葉に端的に描かれている。「トーリー党員とはイギリスがジェントルマンによって治められるべきだと信じている人物であり、自由党員とはどんなイギリス人も望めばジェントルマンになれると信じている人物なのです」。同上、二四頁。

(26) *State Formation, Nation-Building, and Mass Politics in Europe*, p.290f.

(27) *Ibid.*, pp.233-236 ; Rokkan, “Mass Suffrage, Secret Voting and Political Participation”, *European Journal of Sociology*, vol.2 no.1, June 1961, p.138f. ヒンツェもまたビスマルクによる北ドイツ連邦における普通選挙権の導入について、次のように述べる。「今日知られているように、彼はこの制度そのものへの愛着からこれを実行したわけではなく、彼の権力政治の外交的構築物と結びついた配慮からそうしたのである。彼はナポレオン三世の脅迫的な干渉を防ごうとし、ドイツ国民の全体的昂揚とゲルマン的暴力性の解放でもって彼を恫喝する位置に立とうとした」。Hintze, “Machtpolitik und Regierungsverfassung”, S.451f.

(28) PÖ, S.118. 議会主義化とは、単に市民社会の代表者を議会に送りだすというに留まらず、院内多数派が政権を掌握するということを意味する。ランゲヴィーシェもまた議会主義化なき民主化が、近代ドイツ政治に西欧諸国とは異なる特殊性を刻みつける原因になったと指摘する。これはとくに市民層を基盤とする自由主義者にあてはまった。というのも「彼らは、政権を担う政党という手段を用いて、競合する諸勢力を弱めたり、統合したりすることができないまま、高度に組織された『政治的大衆市場』に適応しなければならなかった」からである。ディーター・ランゲヴィーシェ（今関嗣生訳）「自由主義と市民層」『国際比較・近代ドイツの市民』三五一―三五四頁。

(29) さらに小ドイツ主義に基づき建国されたドイツ帝国では、カソリックが固有のミリューを形成したため、自由主義者の社会基盤はいっそう狭隘化した。同上、三五八頁。

(30) PÖ, S.119-121 ; *State Formation, Nation-Building, and Mass Politics in Europe*, p.291.

(31) Maier, *op. cit.*, p.43f.

(32) Nocken, *op. cit.*, S.43.

(33) Winkler, a.a.O., S.15-25.

(34) C. S. Maier, *Recasting Bourgeois Europe : Stabilization in France, Germany, and Italy in the Decade after World War I*, with a new preface, Princeton University Press, 1988, p.67. 飯田によれば、一九一二年の選挙にさいして中央連盟は

「選挙基金委員会」をつうじて支持すべき候補者の選任を厳格に行った。飯田芳弘、前掲、一八一頁。また団体役員みずからが議員となる事例もあった。飯田収治他『ドイツ現代政治史』一七三頁。

(35) Nocken, *op. cit.*, S.46f.

(36) Winkler, a.a.O., S.30 ; Abelshauser, *op. cit.*, p.291f. かくしてアーベルスハウザーの見るところ、いかにヴィルヘルム期の利益団体が「自由」結社の体裁をとっていようとも、それが国家との制度的紐帯を何らかのかたちで維持しようとした点において、その団体政治は「多元主義的利益調整という観念とはほとんど繋がりをもたなかった」。このような行政との制度的協調の事例として、中央連盟が帝国内務省の関税にかんする審議機関である「経済委員会」に代表を送りこんでいたことが挙げられるだろう。Winkler, a.a.O., S.23 ; 山田高生『ドイツ社会政策史研究——ビスマルク失脚後の労働者参加政策』千倉書房、一九九七年、一九七―二〇〇頁。

(37) Winkler, a.a.O., S.9-12 und 30-32に従って論述する。

(38) このようにヴィルヘルム時代における利益団体政治のパターンは重複的かつ選択的であったが、政党政治と連動した多元主義的アプローチをとりうる見込みが皆無なほど、局限的な特殊利益を奉じる集団にとっては、国家コーポラティズム的アプローチの分け前に与ることでしか利益政治に参画する方途はない。かくして一九一七年一一月にプロイセン家屋・不動産所有者団体全国連盟は、公法団体たる「大家会議所」の設立を要求した。その理由はといえば「政治的権利の完全な民主化を目標とする現在の過激な思潮にさいして予想されるのは、将来の邦議会および自治体代表機関の選挙権は、以前よりも広範な基盤に拠ってたつということである。当然の結果として都市の家屋所有者は、以前よりも議会や自治団体に代表されることがさらに少なくなるであろう。これにたいして民間住宅業とともに全体的な住宅制度が深刻な動揺をけっして被るべきでないとすれば、その経済政策上の多大な意義と都市の地所に注ぎこまれた資本の大きさに鑑みて、対重となるものが無条件に創造されなければならない」からであった。これにたいしてプロイセン内相ドレフスは大家会議所はかならずや店子会議所をもたらすだろうと応じ、会議所がただ「生産者諸身分のためにのみ」設置されるべきことを告げた。Ebd., S.26f.

(39) Mann, *op. cit.*, pp.113-116.

(40) Claus-Dieter Krohn, "Autoritärer Kapitalismus : Wirtschaftskonzeptionen im Übergang von der Weimarer Republik

zum Nationalsozialismus", *Industrielle Gesellschaft und politisches System*, S.113.

(41) Winkler, a.a.O., S.15f. und 23 ; Nocken, *op. cit.*, S.43f.

(42) Abelshauser, *op. cit.*, p.290f.

(43) 農業についてはボルン、前掲、九二頁。中間層は多様な業種を包みこむだけでなく、事業規模や地域もまちまちであり、求心的かつ包括的な利益団体の構築は困難であった。このなかで手工業において組織化が相対的に迅速に進んだのは、「比較的閉鎖的かつ伝統を自覚していた集団」であったことに加えて、「イヌングや会議所といった公法組織」をもっていたからである。したがってヴィンクラーによれば、会議所制度が「自営業者に対する制度的優遇」としての性格をもっていたのは、それが「いくつかの社会集団に対して彼らの利益を明瞭に表明することを助けた」からである。「このようなことは、彼らが自力ではなしえなかったことである」。ヴィンクラー『ドイツ中間層の政治社会史』二五―四四および一五二頁。一九世紀後半のドイツの経済構造において農業や手工業が占めた位置は、シュミッターによる「ネオ・コーポラティズムの誘因が最大化する」経済部門にかんする分析と一致する。すなわちその「潜在的構成員が数的に大きくかつ地理的に拡散しているので、自発的な結社創設能力が著しく損なわれていたり」「構成員間の相互作用がとくに競争的で潜在的に破滅的であったり」「当該範疇に属する財が強制的権威による後援があってはじめて生産可能であったりする利益組織」であるが、いずれの条件も農業や手工業に適合する。Schmitter, "Neo-corporatism and the State", p.45.

(44) Winkler, a.a.O., S.25.

(45) かくしてノッケンはこう述べる。「相対的脆弱性と国家コーポラティズム的解決策を求める声との関係は、近代ドイツ史をつうじて強力であった」。Nocken, *op. cit.*, S.44.

(46) グライネルト、前掲、二二三―二二六頁。

(47) Winkler, a.a.O., S.17f.

(48) 第二章第二節第三項を参照せよ。

(49) ただしじっさいには活動終了までの四度の会期で、評議会が審議したのは各種保険や営業条令、煙草独占などすべて帝国立法に関わるものであった。その意味では評議会は、プロイセン邦内の政策過程というよりもむしろ、連邦参議院におけるプロイセン代表の態度決定にとって重要性をもった。E. R. Huber, *Deutsche Verfassungsgeschichte seit 1789*, Bd.

IV, *Struktur und Krisen des Kaiserreichs*, Stuttgart : W. Kohlhammer, 1969, S.1027-1030.

(50) *Die Reden des Ministerpräsidenten und Reichskanzlers Fürsten von Bismarck : im Preußischen Landtage, im Deutschen Reichstage und im Preußischen Volkswirthschaftsrathe 1879-1881*, S. 211f.

(51) かくしてビスマルクはこう述べる。「プロイセン国民経済評議会はけっして邦国分立主義的な制度にはならず、その設置はむしろ、対応する帝国の制度の確立に到るための最短経路であるように思われる」。Ebd., S. 212f.

(52) ただし労働者代表のうち組合員であったのは一名にすぎない。Abelshauser, *op. cit.*, p.293f.

(53) シュモラーの国家観については、第一章第三節第一項を参照せよ。

(54) 大河内、前掲、三一二―三一三頁。

(55) ベーメ、前掲、九六頁。

(56) Winkler, a.a.O., S.19.

(57) 以下、Ebd., S.20-22に従って論述する。

(58) もっとも職能身分制議会構想は、帝国議会にたいする不満が強まるたびに、繰りかえし息を吹きかえした。とりわけ社会民主党の勢力が拡張するとともに、各種団体にとって議会をつうじた利益代表は大きな困難に直面するようになる。かくして利益団体政治はその拠点を院内から院外に移すよう促される一方、農業者同盟・中央連盟・ライヒドイツ中間層連盟など保守的諸団体が結集した「生産者諸身分のカルテル」は、その結成大会（一九一三年）において、議会第二院として職能身分制議会を設置する必要性を唱えた。飯田芳弘、前掲、二七二―二七八頁。

(59) ジェフ・イリー「ドイツ特有の道とイギリス・モデル」『現代歴史叙述の神話』一八―一九、三二―四一および六五―七一頁。

(60) ヴィンクラー『ドイツ中間層の政治社会史』一〇―一一および一五一頁。ヴィンクラーは、反〈特有の途〉論者らが「前工業的な諸勢力および伝統の比重」について過小評価しており、（とくにヴュルテンベルク研究に基づくブラックボーンの見解について）「東エルベ抜きのドイツ像を描い」た結果、ヴィルヘルム時代のドイツが「本来の姿よりも『西欧化』されて現れる」点を批判する。とはいえ、イリーの所論を閲すれば、第二帝国における「権威主義的」構造そのものを否定しているわけではないし、「国家構造の内部における顕著な貴族的飛地」の存在を軽視しているわけではない。彼にとって重要なのは、このような前工業エリートが国家において依然として重みのある地位を占める一方、それが「社会内部における強力な社会主義的労働運動と同時存在していた」ために、「ブルジョワジーの政治的野望」を貫徹させるうえで領主層と同盟ないし順応するほうが合理的であったという点にある。イリー、前掲、七七―八三頁。権威主義体制にたいする市民層の態度について規範的観点から批判を行うかどうかという点を別にすれば、ヴィンクラーも英国社会史派もまた、所与の条件下における諸利益の行動と意図を的確に把握することに分析の焦点を置いているのであり、その点で両者の逕庭は見かけほど離れているようには思われない。

(61) Gerald D. Feldman, "German Interest Group Alliances in War and Inflation, 1914-1923", *Organizing Interests in Western Europe*, pp.159-162.

(62) ヴィンクラー『ドイツ中間層の政治社会史』一五三頁。

(63) Hintze, "Das Verfassungsleben der heutigen Kulturstaaten", S.420-422.

(64) Hintze, "Machtpolitik und Regierungsverfassung", S.439f. und 452f. かくしてヒンツェは、帝国国制の特徴を次のように表現する。「新帝国はけっして統一国家ではなかったが、また単なる国家同盟でもなく、より強力な中央権力をもった連邦国家であった。この国家を皇帝の権威がちょうど丈夫な丸天井のようにアーチ状に包みこんでいた。それは国民の主権的意志によって創設されたのではなく、諸邦政府、君侯、自由都市の合意によるものであったが、もっぱら諸政府間の条約に基づくものでもなく、個々の邦民代表機関や帝国議会の同意にも立脚するものであった」。Hintze, *Die Hohenzollern und ihr Werk*, S.649.

(65) Hintze, "Machtpolitik und Regierungsverfassung", S.453-456.

(66) Hintze, "Das Verfassungsleben der heutigen Kulturstaaten", S.394-396.

(67) なお、同じく官僚制について鋭い洞察を示す一方、ナショナル・リベラルとしての観点から議会主義化にかんして、ヒンツェとは相異なる展望を提示したヴェーバーとの見解の相違については、次を参照せよ。Jürgen Kocka, "Otto Hintze, Max Weber und das Problem der Bürokratie", in Otto Büsch und Michael Erbe(hrsg.), *Otto Hintze und die moderne Geschichtswissenschaft : ein Tagungsbericht*, Berlin : Colloquium, 1983.

(68) HV, S.20f.

(69) Ebd., S.29f.

(70) ピーター・ゲイ（亀嶋庸一訳）『ワイマール文化』みすず書房、一九九九年、四頁。またこうも記す。「共和国自身はほとんど何も創造しなかった。共和国は、すでにそこにあったものを解放しただけにすぎない」。七頁。

(71) Abelshauser, *op. cit.*, p.295f.

(72) Berghahn, *op. cit.*, pp.107f. and 111-113. ベルクハーンは、アーベルスハウザーによるドイツ利益政治史研究の時代区分にかんして異議を唱える理由として、後者が社会コーポラティズムの萌芽、すなわち「コーポラティズム的利益調整の近代的制度の誕生の時」（Abelshauser, *op. cit.*, p.287.）を早くも一八七九年に見出している点を挙げている。アーベルスハウザーの見立てによれば、なるほどビスマルク流の権威主義的国家コーポラティズムの試みは破綻したものの、しかし利益調整システムのすべてが頓挫したわけではなく、社会的で開放的なタイプのコーポラティズムは「ドイツの経済的・社会的生活の支配的特徴となった」。かくして彼は「このヴィルヘルム期ドイツは、〈旧制度〉というよりはむしろ二〇世紀の先進資本主義の前衛としての相貌を呈する」と結論づけたのである（*Ibid.*, p.296.）。しかしベルクハーンの指摘によると、労働組合の同権化こそ社会コーポラティズムのメルクマールでなければならないが、官憲政府がその政治過程への労働組合の〈包摂〉を行わなかった一方、もっぱら懲罰をもってその「封じ込め」に追求した帝政期に「社会コーポラティズムへ向かう途上にあったと示す証拠はほとんどない」ということになる。

ベルクハーンが、コーポラティズムについて、労使同権を必須の条件とする最狭義の定義に固執するのは、ヴァイマル共和国や西ドイツで実現した三者協議制を社会コーポラティズムの範例と考えているからである。だがこのようなリゴリズムには二つの点で問題があるかもしれない。

第一にアーベルスハウザーが「近代的制度」として念頭に置いているのは、任意の自由結社として成立した様々な利益団体による政治過程への参入である。この過程で団体は、けっして国家官僚機構の単なる客体に甘んじているわけではなく、また強制的組織化の所産であるわけでもなく、協議や意見具申をつうじて積極的な影響力行使の主体ともなりうる点で、たしかに「自由主義以後」の現象である。

第二に労働者階級が包摂の対象として、あるいは政治的に対等なパートナーとして、すなわち経済政策の共同決定のための相応しい協力相手として認知されるには、それとの協力なくして生産が立ちゆかなくなるような客観的状況が必要である。また認知が主観的な評価に基づくものであるかぎり、「包摂」の検討が客観情勢の成立に遅れることはままある。このことからヴィルヘルム期においては、労組に譲歩しなければならないような逼迫した労働市場に直面することがなかったか、あるいは労使同権についての理解と認識の浸透が産業化の速度に追いつかなかったために、結果として労組が社会内有力集団として認知される条件が整わず、したがってあくまで慰撫ないし「隣人愛（ボルン）」の対象に留まった一方、有力との社会的評価がすでに確立した集団については、最大限の〈包摂〉が試みられ、また実現していた時代としてヴィルヘルム時代を解釈することは可能である。つまりコーポラティズム的制度は存在していたが、単にそれに組織労働が組みこまれていなかった時期として、ヴィルヘルム期を位置づけることはかならずしも不合理な評価ではない。さらに言えば、後世の尺度で先行する時代の〈近代性〉を測定するやに見えるベルクハーンの後知恵的な評価においては、ヴィルヘルム時代の〈後進性〉が不当に強調される虞がある。

裏を返せば、ベルクハーン流の厳格主義を採用せず、社会コーポラティズムを社会内の有力集団として認知されている諸利益のあいだで、あるいはそれらと国家とのあいだでなされる自発的協議と協調のシステムとして再定義するかぎり、アーベルスハウザーの見解は妥当性をもちうる。すなわち彼によれば、国家・社会コーポラティズム「両者を隔てる構造および行動上の相違点は、第一に利益の調停過程が、国家による強制以上に、一般的な社会経済的発展と自発的取り決めの所産であるのかどうか、そして第二に国家による統制が互酬に基づく合意か、それとも国家による非対称的強制であるのかどうか、に基づくように見える」。(*Ibid.*, p.287.)

ヴィルヘルム時代のコーポラティズムの性格をめぐる問題は、ベルクハーンのようにもっぱら「〈労使〉二大陣営が、どのように、またいかほどコーポラティズムの枠組のなかへと包含されているか」という観点からのみ検討され、「明示的にせよ暗示的にせよ、議会制的・民主的代表機関の権力の侵蝕と自由な労働者階級の運動の追放ないし完全な抹殺を目的とする政‐財の繋がりが存在していれば、これがもしコーポラティズムであるとしても、国家コーポラティズムである」と結論づけることによっては、十分に把握されえない。というのも彼の所論は、労働ブロックの同権を認めない利益団体政治様式に「国家コーポラティズム」とのレッテルを貼ることで事足れりとしているために、ヴィルヘルム時代の各種利益団体のダイナミズムや国家への能動的な働きかけのモメントを見落とすきらいがあるからである。むしろ実業界や旧中間層にたいして断固たる措置をとりえずその意向にしばしば屈したという意味で、「右」派にたいしてはポスト・リベラルな利益政治を容認しながら、「左」派にたいしては、上述の各利益集団との提携のもと排除方針を貫徹した点に明らかなように、ヴィルヘルム帝国における利益政治の特徴は、その非対称的構造にこそ見出されるべきであろう。

(73) レームブルッフは、コーポラティズムの起源は二〇世紀以降の産業化の歴史のみに帰せられるべきものではなく「近代国家の制度形成の時期に」まで遡ると指摘し、コーポラティズムが定着した国々の多く――ドイツ、スイス、オーストリアのドイツ語圏諸国とベネルクス諸国――がかつての「神聖ローマ帝国」の後継諸国である点に止目する。すなわちこれらの国々に見出される「制度的親近性」は連邦国家としての来歴と無関係ではなく、諸団体間での協調を不可欠とする制度構造のために「団体主義的交渉デモクラシーkorporative Verhandlungsdemokratie」の発展が導かれたと論じるのである。とりわけ三十年戦争の収拾策として、宗派間紛争の調停のために同権 Parität に基づく宗派代表の派遣と協議が制度化されたことは決定的に重要な意味をもった。宗派間の同権とは個人の平等ではなく、国家から承認された宗派団体間の帝国レベルにおける対等を意味しており、多数決方式による少数派の圧殺を排除する一方で、団体内部での事前の意志統一および団体間協定の団体成員にたいする拘束力を前提とするものであった。ここから団体による独占的利益代表権が導出されるとともに、その成員に公的取り決めを媒介する働きを団体は担うようになった。かくして教会はもはや単なる私的利益の代表者ではなく、同時に公的な秩序の担い手として特別な国法上の地位を獲得するに到ったわけであるが、このように団体間の対等と公的機能の委任に基づく問題解決方法は、フランスのような国家による一元的解決とも、アメリカのような多元的自由競争への放任とも異なる点で旧神聖ローマ帝国＝ドイツに固有のものであった。のみならず、それは宗教以外の問題についても援用されうるものでもあり、統治エリートによって同権方式の有用性が十分認識されるかぎり、やがて社会・経済的紛争の解決のために応用されることは自然のなりゆきだった。G・レームブルッフ（平島健司訳）「西中欧における団体主義的交渉デモクラシー――その歴史的起源と多様な発現形態」同（平島編訳）『ヨーロッパ比較政治発展論』東京大学出版会、二〇〇四年。

(74) ボルン、前掲、三―四頁。

(75) 同上、一二四―一二五および一二八―一二九頁。労組承認は英国では一八七五年、フランスでは一八八四年に実現したのにたいして、この会議の時点におけるドイツでは、完全な団結と争議の権利は未承認であった。もっとも世紀転換期においてもなお英国における労組の自己決定権の承認がボルンが言うほど円滑ではなく、依然として流動的であったことはタフ・ヴェイル判決などに明らかである。Pelling, *op.cit.*, pp121-124.〔一四二―一四五頁〕

(76) N. Johnson, "State and Society in Britain : Some Contrasts with German Experience", *Comparing Public Sector Reform in Britain and Germany*, p.30f. バジョットも次のように観察する。「イギリス人民の最も奇妙な特異性の一つは、執行政府への嫌悪である」。というのも「我々の自由は、（略）数世紀にも亘る執行政府にたいする抵抗の所産だ」からである。かくして「我々は国家の行動を、我々じしんの行動としてではなく余所者による行動として、すなわち我々じしんの練りあげられた願望の最終的な帰結としてではなく、外部から押しつけられた暴政とみなす」。Bagehot, *The English Constitution*, p.286f.〔二九五―二九六頁〕

(77) ボルン、前掲、五―六頁。

(78) Johnson, "State and Society in Britain", p.33f.

(79) Abelshauser, *op. cit.*, p.294.

(80) 村上、前掲、一六五―一七一頁。

(81) 同上、一八八―一九二頁。

(82) 同上、二四六頁。

(83) たとえばライン州総督ベルレープシュは、一八九〇年一月二三日のプロイセン内相・商相宛上申書において、鉱山ストへの対応策として労使代表の協議機関たる労働者委員会等の設置を提案した。Peter Rassow und Karl Erich Born (hrsg.), *Akten zur Staatlichen Sozialpolitik in Deutschland 1890-1914*, Wiesbaden : Franz Steiner, 1959, S.34-38. そこでは既存の労働者組織が「ほとんどもっぱら社会民主主義者の影響下に」あることが強調されるとともに、その煽動を遮断し、秩序だった対話を可能にするとの観点から公的な代表制の創設が唱えられている。じっさい労働者委員会の政治的作用を、社民党は敏感に嗅ぎつけていた。山田高生によれば、この提案が皇帝ヴィルヘルム二世の好意的な反応（二月勅語）を得て、就業規則の制定改正のさいに労働者に意見陳述の機会を求め、あまつさえ任意制ながら労働者委員会の導入を定めた帝国営業条令改正法案として翌年具体化されたさいに、ベーベルは労働者委員会を「工場封建主義を隠すための見せかけの立憲制のいちじくの葉」と呼んで、これに反対した。前章の註53で触れたとおり、およそ六十年後、二〇世紀中盤における「経営評議会」設置にさいしても、同様の懸念と批判が社民党から提起されたことを想起されたい。すなわち国家による代表権の承認は労働者利益の増進に繋がる一方、政党による指導力を減殺するために、とりわけ社民政党をディレンマに追いこむことになる。もっともボルンによれば、労働者への発言機会の提供には、社会秩序の担い手としての意識の向上が期待されていた。山田もまた労働者の自発性と平等を尊重している点に、弾圧思想の後退によって特徴づけられる、ポスト・ビスマルク時代における社会政策家の新思考を認めるとともに、労働者階級を「現存国家秩序のなかに統合しようとする意図」を見出す。以上については、ボルン、前掲、一三八―一三九頁：村上、前掲、二四七―二五三頁：山田、前掲、五七―九六頁を参照せよ。

(84) ボルン、前掲、三〇八―三〇九および三二七―三三七頁。

(85) 一九〇五年の改正プロイセン鉱業法により、一〇〇人以上の労働者がいる鉱山では、労働者委員会の常設が義務化された。同上、二七〇―二七三頁：山田、前掲、二八八―二九三頁。

(86) Winkler, a.a.O., S.27.

(87) 該当箇所の引用にさいしては、『カント全集11・人倫の形而上学』（樽井正義・池尾恭一訳）岩波書店、二〇〇二年、一五七頁に拠った。

(88) リーデル、前掲、四一―四二、六七―六八、一六五―一六六および一八五―一八九頁。

(89) ボルン、前掲、二一三―二二四頁。

(90) 同上、三―四頁。

(91) P. Bairoch et al., *La Population active et sa Structure*, Institut de Sociologie, Université Libre de Bruxelle, 1968, p.83f. [ブライアン・R・ミッチェル編（中村宏・中村牧子訳）『マクミラン・新編世界歴史統計〔1〕・ヨーロッパ歴史統計――1750~1993』東洋書林、二〇〇一年、一五〇頁］に基づき算出。なお鉱業には採石業を含む。

(92) 飯田芳弘、前掲、八五―九一頁。

(93) ボルン、前掲、二五二頁。

(94) H・A・ヴィンクラー（後藤俊明他訳）『自由と統一への長い道・I・ドイツ近現代史1789-1933年』昭和堂、二〇〇八年、二九五―三〇三頁。フランスにおける社会主義者の入閣にたいして、ドイツ社民党は批判的な姿勢を崩さなかった。かくしてヴィンクラーはこう述べる。「社会民主党は、政権参加に対して階級闘争的な響きをもつ拒否の姿勢によって、党の最高の利益を促進したに違いない憲政上の転換に門戸を閉じたのである」。

(95) 同上、二七九—二八二頁。

(96) 村瀬興雄『ドイツ現代史〔増補版〕』東京大学出版会、一九六二年、一〇一頁。

(97) ヴィンクラー『自由と統一への長い道・I』三〇八頁。プロイセンではあまりにも不利な選挙制度のために、社民党は政党間の選挙協力はもとより、選挙参加すら見送らざるをえなかった。一九〇二年にようやく参加を決めたものの、翌年の選挙で議席を得ることはできなかった。他邦について言えば、南独諸邦のように帝国議会に倣って邦議会選挙に普通選挙制を導入したものがあった一方、ザクセンでは三級選挙制への切り替え（一八九六年）の結果、社民の議席は消滅した。さらにメクレンブルクに到っては身分代表制をなお擁するなど、邦議会の選挙制度はまったく雑多であった。村瀬、前掲、一一一—一一二および一三七—一四六頁。

(98) 山田、前掲、二三—二五頁；飯田芳弘、前掲、五五—五八頁。

(99) Hans Rosenberg, "Die Pseudodemokratisierung der Rittergutsbesitzerklasse", in Ders., *Machteliten und Wirtschaftskonjunkturen : Studien zur neueren deutschen Sozial- und Wirtschaftsgeschichte*, Göttingen : Vandenhoeck & Ruprecht, 1978, S.93-98.［ハンス・ローゼンベルク「騎士領所有階級のえせ民主化」同（大野英二・川本和良・大月誠訳）『ドイツ社会史の諸問題』未來社、一九七八年、四六—五八頁］

(100) ヴィンクラー『ドイツ中間層の政治社会史』九—一〇および三七—三八頁。

(101) Rosenberg, a.a.O., S.96.［五二頁］

(102) Winkler, a.a.O., S25 und 31.

(103) W. H. Greenleaf, *The British Political Tradition* vol.I, *The Rise of Collectivism*, London : Methuen, 1983, p.65. 続いてグリーンリーフが言及するとおり、第一次世界大戦さなかにもはや不可逆的な「静かなる革命」が生じたことを看取したジンマーンは、来るべき戦後復興にかんして次のように記した。「共通の犠牲というより大きな空気を吸った人々は、利己という息詰まる空気に戻ることを躊躇う」。Alfred. E. Zimmern, "Reconstruction", *Nationality and Government with other War-Time Essays*, London : Chatto & Windus, 1918, p.245.

(104) とりわけ制海権を確保できず陸封されたドイツにとって、国内の物質的・人的資源を集約的・効率的に統制・利用し、言うなれば「戦時社会主義」体制を確立することは、長期戦を展開するうえで満たさなければならぬ必要条件であった。シュトルパー、前掲、六六―六七頁。

(105) ゴットフリート・シュラム（高橋秀寿訳）「岐路に立つ社会民主党」（カロラ・シュテルン／H・A・ヴィンクラー編（末川清他訳）『ドイツ史の転換点　1848-1990』晃洋書房、一九九二年、九四頁。

(106) ヘルムート・シュピッツレー（高橋俊夫監訳）『科学的管理と労働のヒューマニズム化』雄松堂出版、一九八七年、七九頁：大橋昭一「ドイツにおけるテイラーシステムの導入過程（Ⅰ）」『商学論集』（関西大学）、第二九巻第四号、一九八四年、二―六頁：山崎敏夫『ドイツ企業管理史研究』森山書店、一九九七年、九―一二および四一―五七頁。戦争遂行努力はテイラー・システムの導入のみならず、軍需品の安定供給と構成部品の互換性向上のために、ドイツ工業規格委員会（一九一七年設立）のもとで製品の定型化と部品の規格化、すなわち標準化運動のきっかけともなった。山崎敏夫『ヴァイマル期ドイツ合理化運動の展開』森山書店、二〇〇一年、八〇―八三頁。これらは大量生産の予備条件を準備した点で、戦後の課業設定のための労働時間研究（レファ・システム）とともに、ドイツにおけるフォーディズムの発展の源流をなす。

(107) 大橋昭一「ドイツにおけるテイラーシステムの導入過程（Ⅱ）」『商学論集』、第二九巻第五号、一九八四年、三三および四一―四二頁。カムロフスキによれば、生産過程において熟練労働者が決定的影響力をもつ手工業では、従来のような職能組織が合目的的であるのにたいして、現代的大工業では機械化と分業のために熟練不熟練の別なく労働者は生産過程において一体的に組織されている。テイラー・システムの導入は分業と労働者の相互依存をいっそう強めているが、「そこから共通の経済利益が生じ、ひるがえってそれは共通の組合組織を要請する」。Xaver Kamrowski, “Die gewerkschaftliche Organisationsform”, *Die Neue Zeit : Wochenschrift der Deutschen Sozialdemokratie*, 32.Jg. 2.Bd. Nr.11, 12. Juni 1914, S.461f. レーデラーもまた一九一四年発表の論文において、テイラー・システムが経済的のみならず、社会的な意味でも影響を及ぼすことを強調する。すなわち従来の職能に代わって「労働者であるという意識が支配する」とともに、熟練度にかかわりなく労働者を包摂する組合組織への転換は不可避であると論じる。Emil Lederer, “Die ökonomische und soziale Bedeutung des Taylorsystems”; in Ders., *Kapitalismus, Klassenstruktur und Probleme der Demokratie in Deutschland 1910-1940*, hrsg. von J. Kocka, Göttingen : Vandenhoeck & Ruprecht, 1979, S.87-92. 他方、テイラーおよび経営サイドの観点からすれば、「科学的管理」が課業の個人レベルへの解体と割当をつうじて労働者相互の協働ないし接触を極小化し、もって労働者の分断と企業家による「工場支配の確保」に寄与することが期待された。シュピッツレー、前掲、一一七―一二〇頁。

(108) Feldman, *op. cit.*, p.168.

(109) 大橋、前掲（Ⅱ）、三一―三二頁。大戦後、労働組合は経営協議会に基づく経済民主主義の実現をつうじて、テイラー・システムの負の側面を除去することを試みた。山崎『ヴァイマル期ドイツ合理化運動の展開』四一八―四一九頁。

(110) Feldman, *op. cit.*, p.169.

(111) 山田、前掲、四一九―四二八頁。

(112) 同上、四五七―四八〇頁。ただし、すでに一九一五年二月にベルリンの金属工業において、軍経労三者から成る機関が設けられていた。熟練の稀少化は賃金高騰を招いたが、これを抑止したい企業と高給を求めて転職を企てる労働者のあいだに利害対立が生じたからである。同上、四〇七―四〇九頁。

(113) A・ローゼンベルク、前掲、二〇六頁；ヴィンクラー『自由と統一への長い道・Ⅰ』三五〇頁。

(114) ベーメ、前掲、一三〇―一三一頁。

(115) S. H. Beer, *British Politics in the Collectivist Age*, New York : Alfred A. Knopf, 1965, p.212.

(116) *Ibid.*, p.215.

(117) シュラム、前掲、八二―九一頁。

(118) Nocken, *op. cit.*, S.45 ; Abelshauser, *op. cit.*, p.297.

(119) Feldman, *op. cit.*, p.167f. ; Nocken, *op. cit.*, S.46.

(120) Hartmut Pogge von Strandmann, „Widersprüche im Modernisierungsprozeß Deutschlands : Der Kampf der verarbeitenden Industrie gegen die Schwerindustrie", *Industrielle Gesellschaft und politisches System* S.230-236.

(121) Feldman, *op. cit.*, p.168. ; ジェラルド・D・フェルドマン（河野裕康訳）「戦時およびインフレーション期のドイツ組織資本主義――一九一四年―一九二三年」『組織された資本主義』一二六―一二七頁。

(122) Feldman, *op. cit.*, p.169f.

(123) 山田、前掲、五三〇―五四一頁。

(124) Jakob Reichert, *Entstehung, Bedeutung und Ziel der "Arbeitsgemeinschaft"*, hrsg. von der Arbeitsgemeinschaft der industriellen und gewerblichen Arbeitgeber und Arbeitnehmer Deutschlands, Berlin : W. Büxenstein, 1919, S.6 ; Abelshauser, *op. cit.*, p.297.

(125) Abelshauser, *op. cit.*, p.298 ; Feldman, *op.cit.*, pp.170-172. この点にかんするかぎり、戦時体験が英国の労働党にもたらした影響は、まったく対照的であった。すなわち元来労働組合の連合組織としての性格が強かった労働党にはイデオロギー的要素の重要性はかならずしも中心的なものではなかったが、戦時における国家統制経済の経験と成果のために、むしろ産業「国有化」という社会主義的目標への確信が強まり、戦後に到って積年の課題であった社会主義的綱領の採択に踏みきらせることになった。もっとも次章で見るとおり、労働党の場合、自由党にたいする差異を強調し、従来の提携関係を解消することで、独立した政治勢力として政権を克ちとるという政党政治上の戦略的考慮が背景にあったことは見逃せない。Beer, *op. cit.*, pp.126-152.

(126) 山田、前掲、四五九―四六〇頁。

(127) Feldman, *op. cit.*, p.164f.

(128) コルプ、前掲、一七―二〇頁。

(129) 同上、四―五頁；ゲイ、前掲、一三頁。

(130) シュラム、前掲、一〇一―一〇五頁；Feldman, *op. cit.*, p.165. A・ローゼンベルクは、議会多数派が講和決議から一歩進んで、その信任に基づく政府の成立に踏みこまなかった点を厳しく批判する。というのもそれは統帥部の意向に沿ってベートマン更迭を促す効果をもった一方、その選任にさいして議会が何らの影響力をも及ぼすことのできなかった後継宰相ミヒャエーリスが、みずからと軍部の思うままに（すなわち議会多数派の意に反して）決議を解釈することを許したからである。それにもかかわらずローゼンベルクもまたこの決議の決定的重要性として帝国議会多数派が「そもそも存在するということ」を明らかにし、ユンカーと大工業に反対するブロックが安定的に持続するための「旗」となったことを評価する。前掲、一六五―一七五頁。もっとも、この段階では議会主義化には国制改革が不可欠であったことに加えて、議会多数派の指導者らが「宰相交代にたいして、好適な後継者を提案する術を知らなかった」ために、議会政府を確立させることは困難であった。社民党もまたブルジョワ政党と連立を組み、あまつさえ左派の批判に耐えながら戦争指導の責を負うことには尻込みせざるをえなかった。E. R. Huber, *Deutsche Verfassungsgeschichte seit 1789*, Bd.V, *Weltkrieg, Revolution und Reichserneuerung 1914-1919*, Stuttgart : W.Kohlhammer, S.295 und 303. したがって、この時点で議会主義の萌芽が見出されるとしても、それはみずからの意に沿わないことをさせないという意味での〈消極政治〉の範疇に依然として留まっていたことは否みがたい。

(131) 山田、前掲、四三〇頁。

(132) シュトルパー、前掲、七五頁。

(133) レームブルッフ「リベラル・コーポラティズムと政党政治」一〇四頁；Feldman, *op. cit.*, p.161f.

(134) Abelshauser, *op. cit.*, p.296.

第四章　敵対と合意の政治

――イギリス政党政治と集産主義――

第一節　自由主義から集産主義へ

第一項　近代英国における集産主義発展の諸要因

イギリスにおける政府の役割の変化

近代イギリス政治社会を特徴づける根本原理として個人主義と消極的自由観念を強調する言説は、ホイッグ史家を筆頭として枚挙にいとまがない。そこでは各人の幸福は各人の利害関心と判断に従って、いかなる制約をも被ることなく、自発的に追求されるべきものである一方、いかに善意に基づくものであれ、またじっさいに生活を快適にするものであれ、諸個人の生の営みへの干渉を企てる国家その他の公権力は激しい抵抗を覚悟しなければならない。このようなイギリス観はくりかえし披瀝されてきたし、本書でも度々引証してきたところであるが、次の証言は、それとはまったく対照的な社会を描くものである。

個人主義者の市会議員は、市ガスによって照らされ、市水道を使って市清掃局によって洗浄されている市道を歩むだろう。そして市営公設市場にある市が管理する時計によって彼があまりにも早く来すぎて、州立精神病院と市立病院に近接する市立学校帰りの子供らに会えないことが分かると、国営電信制度を使って彼らに市立公園は歩かず、市営路面電車に乗って来て、彼とは市立美術館、博物館、図書館傍の市立読書室で落ちあうようにと告げるであろう。そこで彼は運河国有化と鉄道制度への政府統制の強化を支持する内容の、市立公民館で行われる彼の次の演説を準備するために、幾冊かの国営公刊物を参照するつもりなのである。(1)

一八九〇年に上梓されたシドニー・ウェッブ『英国の社会主義』の一節である。都市社会主義の恩恵もあらたかな集産主義時代のイギリス像が垣間見える。一九世紀において、いちはやく都市において実践された市民の福祉向上のための政策領域の拡大と行政当局の権限と責任の増加は、近い将来に国家レベルにおいて集産主義的諸政策が国民にたいして包括的に展開されることを予兆するものであった。

ここで「集産主義」という言葉を、ビーアに倣って、一九世紀英国を特徴づけた個人主義的・自由放任的政治観とは異なり、経済・社会秩序にたいする政府の責任を強調し、介入さえ肯定する「政治発展の一段階」として定義するならば、(2)このような政治様式への移行を印象づける数多くの指標を挙げることができる。たとえばグリーンリーフによれば、英国の(中央・地方両者を含む)政府総支出は、インフレを斟酌しても一八七〇年から一九七九年のあいだに五十倍以上も膨らんだ。政府雇傭者数も同様の傾向を示しており、一八五一年以来一九七六年までに労働者総人口をはるかに上回る速度で増加した。すなわち、この間後者が二・四三倍にしか増えなかったのにたいして、軍隊および中央・地方官庁での雇傭者数は二十倍強、公共事業体も含めるとじつに三十倍以上も増加した。これに伴って政府機関・立法量も飛躍的に増大した。(3)

国民文化のうちに自由への信仰が深く根づいているにもかかわらず、二〇世紀への転換期前後において現れたこのような変化の背後には、前章末において示唆したとおり、国家横断的に同時に進行した〈近代化〉の影響があった。右のウェッブの記述を引いて、福祉国家の淵源を「都市社会主義」に見出すギャンブルは、英国においてさえ集産主義が発展した経緯について、次のように述べる。「リスクにたいする集合的な備えを求める選挙上の圧力は、高度に都市的な社会と工業的な経済の諸要求とも相俟って、二〇世紀における政府の規模や範囲の増大、新たな歳出計画の増殖、そして政府によって担われる権限と責任の幅の拡大のために弾みを与えた」(4)。すなわち、グリーンリーフやブリッグズが指摘するとおり、集産主義の進展は特定の利益やイデオロギーの浸透にのみ基づくものではなく、一般的に近代化と呼ばれる諸々の変化の複合的な、時として意図せざる結果を伴う作用の所産にほかならなかった。

集産主義発展の背景的文脈

グリーンリーフの大著『英国の政治的伝統』のうち第一巻『集産主義の擡頭』は、一九世紀中盤以来公的権威の権限強化と活動領域の拡大、それに伴う英国政治の変容を導いた諸要因について詳細な検討を加えた包括的研究書である。そこで取り扱われる論点はまことに多岐に亘るものであり、そのすべてについて要を得た概略を描くことは困難であるが、本書の考察に関連する範囲内で、また同様に英国における福祉国家成立の歴史的経緯について吟味したブリッグズの論考を随時参照しながら、英国における集産主義発展の背景的文脈をまとめれば次のようになるであろう。

グリーンリーフが注目する第一の要因は、軍備増強と作戦範囲の飛躍的拡大を要請する戦争であった(5)。近代における戦争の大規模化のために、持続的な工業的・技術的発展とマンパワーを含む全般的資源動員の方途を切りひらくことがますます必要となり、政府は民間企業への間接的委託だけでなく、みずから軍需・食糧・天然資源等々の直接的管理・統制に乗りだしさえした。かくして一連の戦時立法（一九一四年の国土防衛法や第二次世界大戦時の非常指揮権（防衛）法）が例証するとおり、戦争は政府機関とその権限の一方的増殖・拡大のために決定的な弾みを与えた。そしてまた戦争は、社会全体にたいする国家と公衆の関心を否応なく強化するその特性のために、社会的害悪を可視化させる契機ともなった。徴兵検査や学童疎開は、都市労働者や幼少年者の健康状態の劣悪さを当局と公衆に周知させ、ひるがえって意図せざる結果とはいえ、世論をして居住と栄養にかんして配慮がなされるよう求めさせ、あるいは当局の責任意識を強めた（「点検効果」）。また戦場における兵士の連帯の経験は社会的平等の観念を市民のあいだに容易に普及させたし、戦費調達のための努力や統制・管理経済の実践は、平時の集産主義的諸政策を展開するうえで直面しなければならない財政上・行政上の課題を解決させるという副作用を伴った。けだしブリッグズが述べるとおり「戦争という経験は、包括的な福祉諸提案の導入の実効可能性と人気を決定づけるうえで、社会主義の主張と同じくらい、重要であったように思われる」[6]。

しかし、戦時管理・統制体制は集産主義の原因というよりはむしろ、それより長期に亘る産業化の成果と、それがもたらした害悪と救済の試みの蓄積に基づき、これを集大成したものと見るのが正確であろう。ブリッグズによれば、国家が責任をもって給付すべき「合意に基づく社会サーヴィスの範囲」はたえず揺れうごくものであり、その方法も含めて議論を喚起しながら歴史的に形成されるものにほかならない。最小国家と自由放任の教説が十分受けいれられていたかのように見える一九世紀英国においてさえ、工場法制定に示されるとおり、産業化の進展が必然的に伴った負の側面を緩和するために政府が一定の干渉を行うことは妨げられなかった[7]。というのも一般的な社会変革をめざす国家干渉とは明確に区別されるかぎり、市場経済が国民の健康や所得、労働条件にかんしてもたらす特定の弊害を除去するためのアドホックな諸措置は経済的自由主義と両立可能なものとして容認されえたからである。さらに都市化と人口集中に伴うスラムの増殖と住環境の荒廃は、貧困を目につきやすいものとすることで、最初は地方の、後には中央の政府に住宅供給と公衆衛生の責任を背負いこませる原因となった。

しかし資本主義の高度化は、単なる社会的救済の範疇を超えた、経済領域への国家の関与を要求しつつあった。[8] 根強い抵抗や懐疑、無関心のために、その速度と規模はしばしば微温的なものに留まったとはいえ、産業の衰退が自覚されるにつれてその保護育成や効率化のための提案が一九世紀末期以来度々なされ、部分的には実施された。さらに交通や光熱、水道に関連する社会的インフラ整備は通常の市場競争にはなじまないために、国家や地方公共団体の管理や所有のもとに置かれるのが望ましい産業、つまり公益事業を生みだした。のみならず国家は、一連の企業合同によって生まれた独占的企業体にたいして、公共善に背馳せぬようこれを監督し、あるいはいっそうの合理化へと導く役割を演じるよう期待されもした。もっとも後述するとおり、このような集産主義の最初期の試みが産業政策や経済管理へと発展するためには、幾多の経済危機と政治的紛争を経験する必要があった。

技術と知性における革新が与えた影響も看過できない。情報伝達手段（郵便や電信）やマス・メディア（新聞や定期刊行物）の発展、さらに（それじたいが集産主義の所産だが）教育の普及は国民に共有される知識や意見の均質化を促し、さらに鉄道や運河、道路等運輸手段の発展は時間と空間にかんする国内障壁の多くを取り除いた。これらがもたらした社会的流動性の増加、さらに関心と意識の広範な共有の結果、地方的あるいは階級的な差異がまさしく差異として公衆に広く認知されるようになり、ひるがえって機会と平等の拡充への欲求をますます掻きたてたのである。[9]

このような過程を経て大衆のうちに醸成された社会改革、少なくとも社会悪の除去にたいする要求を政治の場に引きいれるうえで、一連の選挙法改正とそれに伴う参政権の拡大は決定的に重要な役割を果たした。[10] 選挙法改正それじたいには党利党略への考慮がつねに色濃い陰を落としていたとはいえ、第三次改正により伝統的・地方的地盤を、選挙人数がおおかた均一な人為的選挙区にとって代えたことは、議員選出における数の法則の勝利を意味していた。とりわけ、それは英国政治における労働者階級の影響力を増大させた。今や選挙権という道具を用いて「彼らもまた国家を統制しようと試みても差しつかえない（ブリッグズ）」ものと考えられたのであり、彼らにとって国家はかつてのように敵ではなく、選挙結果次第では「潜在的救済者」ともなりえた。さらにこれまでも縷々記してきたとおり、議会統治体制において大衆の支持調達が政権掌握の必須条件である以上、ひとり労働者政党のみならず、トーリーや自由党でさえ社会政策の進展に、多少の差はあれ与《くみ》せざるをえなくなった。英国政治の競争的性格のために、ひとたび政治的民主化が進展するやいなや政策革新は不可逆的に進行し、そのテンポを速めた。そして規制・監督のための機関はいったん創設されると、固有の自己維持ないし拡大機能を作動させるようになり、その活動領域を漸次増大させたのである。

第二項　集産化をめぐる問題の所在——ヴィルヘルム期ドイツとの比較において

集産主義の普遍性と多様性

自由放任から集産主義への移行それじたいは、資本主義の高度化と世界化の進展に伴って、英国だけでなく同時期の欧州全体で、それどころか英国以上に大陸の後発資本主義国においていっそう「先進的」に見出された普遍的現象である。産業化と資本主義の展開が早期に開始されたために長期的かつ緩慢に進行した結果、そのつど生起する諸問題を経済社会の自動調整機能と若干の改良主義的立法によって漸進的に解決し、社会的インパクトを時の流れのうちに緩和させる僥倖を享受したイングランドに比べると、後発資本主義国の直面した課題はより全般的かつ切迫したものであった。というのも前章で見たとおり、急速な産業化に伴う個別の社会悪の除去だけでなく、産業構造の歪みの是正と利害対立の調整、先進国に追いつくための開発主義的手法と保護主義等々、経済および社会にたいする集約的な統制・干渉の必要性は大陸欧州、なかでもドイツにおいていっそう高かったからである。

ギャンブルが指摘するとおり、英国も含めて近代国家は多少なりとも、固有の意志と集合的拘束を行いうる能力をもって、特定の諸目的を追求するために組織された「企業体的結合体（オークショット）」である。とりわけ経済的富裕、国民の安全、社会福祉は国家に託された明確で、最重要の目的であるが、それぞれの目的を追求するにさいして諸国が直面しなければならない与件は多様であり、その違いが国家の組織方法に特徴的な「構造的バイアス」を与えている。ギャンブルによれば、近代イギリス国家の目的と受益者は、資本主義、帝国、社民主義の成長の三者によって規定されていた。(11) これを敷衍するならば、産業化がもたらした利益構造、世界市場における地位、そして労働者階級の政治的影響力こそは、近代国家の多様な発展を導く最重要の変数群となる。

この指摘は、資本主義諸国の政治経済構造の多様性について比較史的研究を行ううえで分析の的となるべき〈場〉を明らかにしている。支配的利益は奈辺にあり、諸利益間の提携関係はどうか、世界市場にたいする開放度や主要産業の競争力はいかばかりか、労働者階級の成長にたいして既存秩序はどのように対応したか、といった問題は、集産主義時代における政治と国家の発展の方向性を根本的に規定する諸要件に関わるものである。というのもこれらによって規定される利益構造とその変動が、制度と政策の変化を促す契機を提供したからである。集産主義の典型的な発展が見出されるヴィルヘルム時代のドイツの事例と英国のそれを比較するとき、そこには集産主義という共通の帰結を導いた、複数の共通する因子を見出すことができる。すなわち一九世紀以後の同時代のヨーロッパ諸国に普遍的に影響を及ぼした産業化、都市化、社会的流動化、各種インフラの整備、政治の大衆化、そして軍事的緊張である。しかし、このような一致法に依拠した因果分析のためのアプローチによってなお明らかにされないのは、次の二つの問題である。第一に先行各章をつうじて考察してきたとおり、政治変動にとって多大な重要性をもつと思われる国家構造の違いやそれに関連する議会－政党政治の性格の多様性、あるいは社会的・文化的

〈思想史的・観念的〉伝統といった諸要件の相違にもかかわらず、なぜ英国でも類似の傾向が見出されるのか、これである。言いかえるなら、自由主義が思想的にも制度的にも深く根を下ろす英国において集産主義への政策革新が可能であったのはなぜかという問題である。もっとも集産主義に焦点を定めることで英国に同時期のドイツと類似した傾向が見られるとしても、その程度や持続性、主体や方法には大きな相違が存在する。とりわけ自由主義的信条および議会統治体制との両立可能性への強力な要請は、英国に固有の政治的・歴史的条件であり、集産主義の進展に大きな制約を課すのみならず、そこに到る道筋もまたドイツのそれとはおのずから異なるものとしたであろう。この点に留意するとき、第二に問われるべきは次の問題である。国制にかんする伝統の多様性は、両国で見出される集産主義の試みにあたってその担い手や動機、実施される政策の性格や制約の相違にかんしていかなる影響を及ぼしたか、という差異法によって答えられるべき別の問いである(12)。

国制・政党・理念

以上の問題を検討するにあたってまず分析の焦点を設定されるべきは、両国が擁する政治制度である。ここで政治制度は、経済的・社会的・文化的諸条件の相違のもとで生じた多様な利益群を、国家という闘争アリーナへと導く制度的経路とこの闘争を裁定するための諸規則・諸機関から成る構造体として位置づけられる。それは諸利益の国家への媒介・代表過程とともに、国家がこれを調整する方法に関連しており、新規参入利益にたいしてはその要求の成否を左右する〈機会構造〉として立ちあらわれ、その包摂の様態と程度を決定する。今少し踏みこんでいえば、意見表明や利益表出にかんする規則や手続は、有権者にたいして政治過程への〈入力〉のための機会を提供するものの、それと同時に入力の方法について指示を与え、またその質と規模について制約を設定することで、政治過程の所産、すなわち〈出力〉に一定の統制作用を及ぼすことになる。この政治制度が新しい利益のうねりにたいして硬直的に過ぎれば、政治体の正統性は厳しい批判に曝され、悪くすると解体の危機に瀕するかもしれない。他方、柔軟かつ敏感に過ぎるならば、体制の安定性は損なわれ、政治的闘争の激化をつうじて社会的統合はかえって困難の度合を強めるかもしれない。逆に言えば、時宜を得た政策革新がもたらされるには、政治制度の適度な弾力性とともに、制度が要求する行為規則に則って社会的諸利益の穏健な調整を図る、適切な政治指導が不可欠である。そしてその過程が首尾よくなされつづけるかぎり、政治過程の入出力にかんする諸制度は正統性とともに、その自己維持能力をつうじて安定性を確保し、ひいてはその持続性をつうじて当該政治体の〈国家伝統〉の一翼を構成することになる。この意味で、前章で帝政ドイツについて試みたとおり、諸利益が生みだす圧力と政策変容の過程を検討する作業は、国制の構造的特質とともに、そのもとで行為する政治主体、とりわけ政党の役割と多様性を浮き彫りにする作業を伴う(13)。

たとえば普通選挙制は英独両国でほぼ同時期に実施されたが、その国制の相違のために政治指導の重心は異なる機関が担うことになった。すでに見たとおり帝政ドイツでは、建国後いまだ間もない国家体制に盤石の国民的・民主的正統性を提供する手段として普通選挙制は導入された。それにもかかわらず行政権が帝国議会に責任を負うことなく、ひるがえって議会もまた政権の人的構成に憲政上の、あるいは実質的な影響力を行使することができないかぎり、政党はみずからの務めを政権掌握そのものよりも、むしろ自党が依拠する社会的・経済的特殊利益の表出やその観点からの政府批判に限定するよう余儀なくされた。畢竟ここでは労働者階級への参政権の附与は、この階級に政治権力への道を開くことにはただちに繋がらなかった。四つの「閾 thresholds」という言葉で民主化の過程における諸課題ないし諸段階を定式化したロッカンの所論に倣えば、それは異議申立にかんする基本的諸権利の保証の段階（「正統化」）を越えて、選挙権と議席確保の可能性を拡大させることで、既存の「包摂」および「代表」にかんする障壁を除去し、新たな利益に政治的〈入力〉の機会を提供した。しかしながら、議会そのものに「執行権」への参入の門戸が閉ざされていた以上、労働者階級の〈出力〉への影響力もあらかじめ制約を被っていた[14]。したがって選挙制度の大規模な改革にもかかわらず諸利益を集約し、公共善にまとめあげ、実行する仕事は、以前と変わることなく、君主－官僚政府の手許に留め置かれることとなった。すなわち集産主義化に先行して形成された国制の様態が、集産主義の担い手とその行動様式にかんして決定的な影響を及ぼした。ブリッグズが指摘するとおり、宰相ビスマルクの社会政策は、英国では匹敵するものを見出しがたい官僚制や国家概念、「官房学」や「歴史学派」といったドイツ固有の制度的・知的伝統を所与の前提とするなかで構想・実施されたのであり、それゆえに労働者の包摂にかんして社会主義・自由主義両思潮とは異なる、保守主義的手法が独自に発展したのである[15]。

ところがこれとは対照的に、名誉革命以後すでに代議統治の原則が確立し、一九世紀中には議院責任内閣制が成立した英国では、議会と政党の役割はドイツよりはるかに重大なものであり、それゆえに参政権の拡大もまたドイツのそれとは異なる意味あいを帯びるようになった。そこで政党は特殊利益の代弁に留まらず、国民全体に向けて政権が実現すべき全般的構想を提示するよう求められたのであり、議員選挙の意味はこの構想とそれを具体化する政権を担うべき政党を指名することへと変質した。このような国制において普通選挙制が実施されるとき、政治家と政党は政権獲得のために、最大多数の有権者の最も一般的な欲求を敏感に汲みとって政権構想に反映させ、時には行政権力の発動をつうじた利益供与の約束によって票を「落札」するよう駆りたてられた。民主化がいっそうの平等化のための努力を行政府に促し、これによって政府そのものの集権化の呼び水となるメカニズムについては、すでにトクヴィルがその古典的著作において指摘したところである[16]。

この点で議会、とりわけ庶民院にたいする内閣の共同責任原則の確立は、議会と執行権との関係を根底から変化させたという意味で、将来の英国政治の発展にとって決定的に重要な意味をもつことになった。第一章でも触れたとおり、一八世紀において宮廷は特権・恩恵附与に基づくパトロネジ・システムをつうじて、議会をその影響力のもとに置かんと試みた。逆に言えば議会、とくに庶民院がその自律性を十分確保するためには、宮廷による誘惑を振りはらい、政府と対峙する姿勢を強める必要があった。かくして議会は、官職保有者の下院議員兼任を禁止ないし抑制する制度を設けて、議員が政府に籠絡されぬよう細心の注意を払った。[17]このように行政府の権力拡大にたいする警戒心と独立維持という目標のために一八世紀の庶民院はそれとの懸隔を図ったのにたいして、責任内閣制の成立とともにその態度は一変することになる。すなわちメイトランドによれば、かつて大臣の出席を極力排除した庶民院であったが、今や「大臣は国王の代表であるのみならず政党の代表でもあるともみなし」たために、政党と政府の一体化へと向かう道が切りひらかれた。[18]これは権力分立論に背馳するとまでは言わないまでも、これを稀釈する方向での発展を導く変化であり、政府の機能増大にたいする議会および政党の本能的抵抗感は大幅に減殺された。かくしてグリーンリーフの言葉では「すなわち議会は諸大臣を憲政上責任を負うものとして受けいれるようになり、こうなるとさもなくばそうであったより彼らに権力を与える心づもりができた」[19]。政府と議会、政党を緊密に結びつける英国に特徴的な国家構造に、さらに大衆の支持ないし動員という要素が附加され、選挙政治の競争性が高まったとき、行政権力の肥大化を促す傾向はいっそう勢いを増したのである。

勿論、右のような傾向にたいしては、それが英国人が長きに亘って信奉してきた自由主義の理念にとって脅威と思われたがために、辛辣かつ執拗な批判がたえず浴びせかけられた。しかし、他方においてこの執行権力が議会多数派の支持に基礎づけられ、後者もまた以前よりはるかに広範な有権者を代表しているのであれば、少なくとも民主主義者の立場からは政府をもっぱら恐怖の対象として捉える理由はもはやないかのように思われた。グリーンリーフが引くとおり、一八八五年に「国家社会主義と穏健自由主義者」との標題のもと、いまだ自由党に所属していたジョーゼフ・チェンバレンによって行われた演説には積極国家にたいする政治家の態度変化が早くも現れている。すなわち彼の見るところ選挙制改革の結果、所属する党派のいかんを問わず、政治家は新たに参政権を獲得した人々の願望と必要に配慮せざるをえなくなった。しかるに国民生活に目を向ければ、国富は増すばかりなのにその恵沢を被るものはごく僅かにすぎず、多数の者がこの富裕から疎外され、陋屋のなかで困窮に喘いでいる。だとすれば、かつてのように「政府は王冠の権威あるいは特定階級の見解だけを代表」するのではなく「今や、政府は人民の願望や必要の組織的な表現である」という事実を直視し、「それを猜疑の念をもって見ることは止めにしなければならない。そして社会悪除去と国民全体の福祉向上のために「今やその機能を拡張しその作用が有益に拡大できる方法を見出すことは我々の責務である」とチェンバレンは論じたのである[20]。

繰りかえせば、この国制において政権獲得への意志を梃子として大衆的支持調達の試みと集産主義的な政策プログラムの策定を結合させる担い手となったのは政党である。このような政党の浮沈を握る鍵は、諸利益を結集させうる革新的政策ヴィジョンを打ちだし、討論をつうじてその構想が敵手のそれより高い説得力をもつことを有権者に示す能力にあった。裏を返せば集産主義の成否は、理念を適切に操作することをつうじて、その訴求力を最大限引きだす政党政治家の能力にもかかっていた。というのも集産主義への転轍を説く者は、自由主義の開祖を輩出し、依然として根強い信奉者を抱えているだけでなく、その政治的代弁者たる自由党がなお有力であった第一次世界大戦以前の英国の政治状況のなかで、既存秩序とそれを支える価値構造への挑戦者たることを強いられていたからである。それゆえ政党と政治家の行動を考察するにあたっては、それらが現状打破と政策転換の担い手として広く承認され、支持されるうえで不可欠な理念の作用とその操作能力に注視する必要がある。

さらに数ある主体のなかでも労働者階級の動向は、集産主義政策の発展にかんするかぎり、唯一ではないもののとりわけ大きな重要性をもった。この階級こそは、産業化と民主化の進展にしたがって、一大勢力として浮上した新参の利益であり、この勢力にいかに対応するかは既存秩序と既成政治エリートの生存能力を占う試金石であった。さらに労働者階級は、エリートによる政治指導の単なる客体に留まることなく、英国国制のゲームの規則に従いつつ、その政治的代表者たる労働党をつうじてみずから政治の担い手となるべく日々その勢力の増進に腐心していた。この階級による挑戦に直面したとき、帝政ドイツでは官憲国家主導で積極的かつ先進的な社会政策が陸続と実現されたが、それにもかかわらず労働者階級の不満を完全に緩和させることはできなかった。そればかりか前章で検討したとおり、議会における社会民主党の勢力伸長という現実を目の当たりにしながら、その政権参加に国家崩壊の直前段階に到っても依然として逡巡しつづけたために、最終的に敗戦に伴う旧体制の瓦解と革命を招かざるをえなかった。しかし英国では、労働者階級固有の政党が擡頭するまえにその機先を制するかたちで、保守・自由両党はみずからのイニシアティヴのもとで社会政策を含む集産主義的諸政策を展開し、その政治的要求が尖鋭化することを防ぐ一方、党組織への組み込みや選挙政治における提携をも厭わなかった。このような柔軟性は、労働者を体制に漸進的に順応させるうえで必要な時間稼ぎを可能にした。さらに第一次世界大戦後は労働党じしんが伝統的な政治的規則に従いながら政権参加を果たし、二大政党制におけるメンバー交代を、革命という不連続的な体制転換を伴うことなく、平和裡に実現することができた。労働者階級の政治的擡頭にたいする諸政党の対応を吟味することで、英国政治の特徴的側面に光が当てられることになるだろう。

右のような観点から自由主義から集産主義への移行期における政党と理念の役割について、ビーアとグリーンリーフの業績に主として依拠しながら考察するとともに、近代英国の国制の特質をその動態的側面に着目して理解することが、本章の主題である。

第二節　第一次世界大戦以前の集産主義的傾向

第一項　エリートによる自律的政治指導

第一次世界大戦以前の英国の政党

モランの見るところ、第一次世界大戦以前の英国政治において「階級」はいまだ疎遠な概念であった。貴族層の政治権力と権威は依然として強力であり、「身分」が社会を理解するうえでより身近な語彙であったが、これは経済的概念というよりはむしろ政治的概念であった[21]。逆に言えば、この段階において経済はなお政党の布置状況を決定するうえで最重要の亀裂線を提供してはいなかった。後述するとおり「世界の工場」から「世界の銀行」へと国際経済構造におけるその地位と役割を変化させながらも、英国経済の繁栄と世界的覇権は盤石であるやに思われたし、その権力中枢たるシティは、その司令塔たるイングランド銀行ともども、政府の公的監督から独立して経済問題について自律的な決定を行うことができた。経済エリートにとって不安の種があるとすれば、労働者階級の擡頭というよりはむしろ、国家による軍事的冒険やそれに伴う歳出の拡大、資金調達のための賦課金や租税の収奪、その他の恣意的な介入であった。とはいえ、名誉革命以後確立した制限政体と議会統治体制が存続するかぎり、そして後者にたいする政治的覇権をこれらエリートが握りつづけるかぎり、国家がその死活的利益に手を出す虞について心配する必要をさしあたり免れていた。この意味で自由貿易と制限政体は、集産主義時代以前の英国を特徴づける自由主義思想という楯の両面にほかならず、ホイッグは自由そのもののために、トーリーは既存秩序への信頼のために、院内有力政治集団は政治経済体制の存続にたいして異議を唱える動機をもたなかった。逆に言えば、それはヴィクトリア時代の競争的二大政党制のための言わば基盤的コンセンサスを提供していたのである。合意と敵対のあいだに働く相互補完的な関係について、ビーアが一八世紀中葉の英国政治について述べた言葉は、合意内容の更新をたえず伴いながらも、政党の役割やそれをとりまく制度的環境が根本から変化しないかぎり、第一次大戦以前の政治状況にも依然として適合した。けだし「集団や派閥の自己利益は、経済的・社会的秩序にかんする、この広い合意を条件としていた。そのように条件づけられていたからこそ、その秩序に危険をもたらすことなく、自由に追求することができた」(22)。

経済的利益が政治から遮断され、政治の関心もまた経済以上に宗教や領域にかんする問題に集中しうるかぎり、諸政党は階級や産業の特殊利益によって致命的脅威を突きつけられることなく統治にとり組むことができた。かくして参政権が拡大された後もなおしばらくのあいだ、自由党も保守党もともに名望家中心の政党でありつづけた。政党組織もまた、彼らを平議員として送りだす地域機関の全国的寄せ集め以上のものではなく、雑多な階層から成る支持層を抱えていた。かくしてエンソーによれば、二〇世紀初頭においてもなお政党指導者の一部は「一九世紀の議会主義が良好に機能したのは、議会と内閣の人材が（略）依然として上流階級であり、下級身分の役割が二つの貴族政党のうちいずれが官職を担うべきかの選択を助けることで、その制度に民衆的〈お墨付き〉を与えることに限定されたからだ」と信じていた(23)。

このような状況のもとで、政策革新のイニシアティヴが依然としてエリート主導で発揮されていたとしても驚くにあたらない。一九世紀も後半になると参政権拡大に対応するかたちで、保守党も自由党も全国的な院外大衆組織（「保守立憲協会全国同盟」と「全国自由党連盟」）を形成するようになり、とりわけ自由党の場合、急進主義者による働きかけも活潑であったが、決定権はなお党幹部が掌握しており、院外組織の要求から時折貴重な示唆を与えられることはあっても、かならずしもこれに拘束されることなく自律的に政策を打ちだすことができたのである(24)。

政治家の自律性

政治エリート、とくに政党指導者の経済利益や大衆運動からの自律性が顕著に認められるとして、その自律性は何によって担保されるのだろうか。モランによれば、それは所与の政治的争点や既存の利益対立を単に受動的に反映するのではなく、政治的選択をつうじて問題とされるべき利害関心を指示し、あるいはそれに表現を与える政治家じしんの能力に求められる。さらに議会統治体制に基づく英国では、政党政治家は選挙戦勝利をつうじて獲得した行政権力を用いて、社会的・経済的基盤に影響を及ぼし、それによって社会的・経済的利益そのものを再形成することができる。つまり政治家はそれ固有の資源——言説と権力——を使って、争点と政治的分断線それじたいを創造することができるのである。そればかりか、かりに政権の座になくとも、政治家はその口舌の才を駆使して、有権者が欲する利益を構成し、政党が掲げる主張に説得力と訴求力を附与することができる。かくしてモランは次のように述べる。

レトリックは民主政治家の技芸の中心である。レトリックは一面では——カウリングを引用すれば——「範例的言辞 exemplary utterance の一形態」なのであり、社会的行為者にたいして彼らの利益について説得する試みなのだ。しかしそれはまた再帰的でもある。というのも発語行為は、公私を問わず、社会的経済的基盤にかんする政治家じしんの感覚を形成するからである。政治家は他者を説得するためにのみ発語するのではない。みずからを説得するためにも発語するのである。(25)

このとき政治家のレトリックは、単に社会的現実を記述しあるいは装飾するために用いられているわけではない。むしろキャナダインが強調するとおり、その真価は有権者の自己理解と社会認識の方法そのものに直接作用することで、社会の（再）形成を促進する機能にこそある。[26] すなわちウィルクスからサッチャーに到るまで「たいていの政治家にとって、もっとも重要な仕事の一つは、人々に自分たちの社会、自分自身を異なった観点から見るように説得することであった。要するに人々の自己認識を変えることであり、これは、実際にはイギリス社会のあるモデルを受け入れていた人々を他のモデルを持つように変えることを意味した」。このとき社会について知り、あるいは語るために用いられる語彙のなかでも〈階級〉は最重要のものであった。とはいえ、この言葉は――最も馴染み深く、また印象的な方法で駆使したのがこの一派であったことは事実であるにせよ――マルクス主義な意味においてのみ、用いられたわけではない。さらにこの言葉は、異なる階級に帰属する者を対決させるためだけではなく、和解させるためにも持ちだすことができた。つまり経済・社会構造におけるその人の位置は、特定党派にたいする政治的忠誠心ないし敵愾心にただちに翻訳されたわけではなかった。それどころかキャナダインの見るところ、階級的に構成される社会がげんに存在するのかどうか、その人が客観的にどの階級に帰属するのかという問題さえ、階級の政治的作用を理解するうえで本質的な論点ではない。重要なのは、（どのみち）不平等な社会において自己のアイデンティティに意味を与えるのはどのような社会像なのか、どのような集団の一員でありたいと願うのか（あるいは願わないのか）、ここにあった。とりわけ民主化以後の政治家にとって、その自尊心を満たすがゆえに有権者が喜んで受けいれるような社会と社会区分、集団にかんする解釈を打ちだし、みずからをその庇護者として印象づけられるかどうかは、政治的成功にとって（唯一ではないが）鍵となる資質となった。社会変容が速度を増すにしたがって、いっそう政党と政治家は、有権者の想像力をいきいきと刺激するようなかたちで、みずからの掲げる社会像を練りあげなければならなかったのである。ひるがえって有権者は――彼の現実的・客観的な社会的位置がいかなるものかにかかわらず――あらゆる党派から声をかけられ、彼のアイデンティティについてたがいに相異なる解釈を示され、そのうちいずれが妥当か選択するよう迫られた。科学的厳密性ではなく、感情を喚起する意味附与行為の効果が重要であった。あきらかにその作用によって、労働者の一部は保守党に惹きつけられた。このときアイデンティティとその政治的帰結は、社会的現実の単なる反映なのではなく、政党および政治家による説得力ある社会像の提示と操作の過程に媒介され――あるいは、創造された。この意味において言説は、政治家が自律的・効果的に用いうるリソースの一つを構成していた。とくに政府の権力と資源を利用できない野党にとって、魅力的な社会と集団にかんするイメージを構築できるかどうかは、政権復帰の可能性を左右するほどの重要性をもった。

しかしながらまたキャナダインが注意を促すとおり、社会的アイデンティティの操作のために用いることができる語彙の数は限定されており、一八世紀以降三百年に亘って一定の可変性を備えながらも、相対的に安定していた。(27) だとすれば、政治家の修辞術は、まったく目新しい概念を打ちだすことよりも、むしろすでに十分な正当性を承認されてきた観念や語彙にその社会ヴィジョンを効果的に接合するとき、いっそう説得力を増し、その受容可能性を高めることが期待できるであろう。その意味で政治家の言説や修辞術は、観念の歴史や知的伝統に規定されつつ、なおかつこれを発展的に展開するようなかたちで用いられている。すなわちただ単に所与の観念を解釈・操作するだけでなく、新たな時代状況に即して観念を再構成することをつうじてその意義を再生させ、訴求力を高めることにこそ政治家の創造性の真価が問われるのである。それゆえに言葉や理念は、政治現象の分析と説明にさいして注意が払われる必要がある。

このような観点から、問われるべき主題を再定式化すれば、次のようなものになる。保守・自由両党をして集産主義への適応を可能にさせた知的・思想的背景は何か、そして国制のいかなる要素がかかる政党の適応を促したのか。

第二項　保守党の政治観念

保守主義の「思想的」特徴

炭坑夫組合の指導者であり、「自由－労働」提携運動によって議員に選出されたアレグザンダー・マクドナルドは、集産主義の発展において保守党が行ったためざましい貢献をふり返って、彼の選挙民に次のように述べている。「保守党は、自由党が五十年かかって行ったことより多くのことを、労働者階級のために五年で行った」[28]。たとえば第二次ディズレイリ政権による社会・労働諸立法、所謂「トーリー・デモクラシー」がもたらした諸成果は、公衆衛生・住宅供給・土地制度・職場の安全確保・労使関係の規定等多岐に亘っており、その後の干渉政策の長期的発展の端緒を与えたものも少なくない。かくしてシドニー・ウェッブは保守党について「単なる反動政党とは言えない」と述べた。「これらあらゆる措置が人民の圧力への不承不承の譲歩であったという事実は、ただそれらの民主的性格を強調するだけなのである」[29]。

政治経済両面において自由主義体制への信頼が依然として盤石であったように思われるこの時期に、なぜ保守党が集産主義への道へと踏みだすのに、その敵方が認めるほど積極的でありえ――あるいは後述するとおり、二〇世紀後半に到ってもなお、そうありつづけたのか。ビーアは、集産主義的諸政策の必要性を保守党に受けいれさせた「道徳的基盤」が「テューダー時代――それどころかさらに遠い過去にさえ遡る、トーリーの思想の特定の価値や信条によって提供された「道徳的基盤」」という事実に注意を促す[30]。トーリーと呼ばれる政治集団を結合させた価値群のなかでも、以下の二つは集産主義の展開にとってとりわけ重要であった。第一に国家は、市民あるいは市場社会がみずから解決しえない問題について介入し、これを解決するに足るほどの権限と権威をもって然るべきであるということへの信念、第二に政治権力を用いて社会的弱者の窮状に救いの手を差しのべ、伝統的・倫理的社会秩序の保全に努めることは為政者の責任であるという義務感、これである。すなわち国家権力にたいする肯定的・積極的姿勢と政治権力についての規範的概念が、〈自由放任《レッセ・フェール》〉と最小国家観からトーリーを隔てたのである。

ただしここですぐさま附けくわえなければならないのは、トーリーが権威を重視し、社会的調和を理想視し、為政者の責務について特定の倫理観を抱懐していたとしても、それらは首尾一貫した抽象的社会理論として、端的に言えばイデオロギー体系として構成されていたわけではないという点である。それどころか、しばしば指摘され、また保守政治家じしんによって主張されるとおり(31)、保守主義者はそのような抽象理論にたいして――自由主義者や社会主義者とは対照的に――きわめて懐疑的な、それどころかしばしば軽蔑的な態度さえとりつづけた。現代イギリス政治における伝統的トーリー主義の主唱者であったピムの言葉を借りれば、「保守主義の強さが適応性にあるとすれば、その主要な敵はイデオロギーだ」ということになる。というのも「真の保守主義の最重要な要素」は寛容と合意形成をつうじて多様な諸階級から成る国民の統合を維持することにあるが、そのために欠くことのできない柔軟性と包容力は元来イデオロギーとは相容れないものと考えられるからである。かくして「保守主義はイデオロギー的というよりは、実用的な信念である」(32)。たとえ彼らが集産主義に積極的にとり組んだときでさえ、（社会主義者のように）全体社会の然るべきヴィジョンを実現するためにそうしたわけではない。その意味で保守主義なるものは、自由主義や社会主義とは異なり、国家ないし社会にかんする全体論的で教条主義的な諸理論や諸概念への忠誠を拒否してはじめて成立する思考様式にほかならない。すなわち政治や社会、人間の不完全さと多様性を前提としたうえで、理想社会ではなく、現実の認識とそれに基づく現状の漸進的改良をつうじて「よりよい社会（ピム）」を求めることでよしとする(33)――あるいはそれこそ統治者の責務と理解するところに、保守主義の（あえて言えば）「思想的」特徴は存する。最善ではなく次善をめざすのは、実際性を尊重し、社会的多様性に配慮し、もって既存秩序の安寧と存続を図らんとするからである。かくして保守主義者の言説の特徴は権威や利益、統治者の人格的資質のように、統治の道具や対象、主体のあり方について見解を打ちだすことはあっても、統治の内容そのものについては控えめな、しばしば曖昧な態度しかとらないという点にある。

トーリーの政治観

政治にたいする実践的・非理論的アプローチを重視することは、集産主義への傾斜を妨げるものではない。それどころかそうした政策を行うための機会を生みだすものでもある。トーリーにとって政府の権威は自律的なものであり、個人と全体の均衡ある調和を図り、秩序維持と社会改良に寄与することを目的とするかぎり、行動の余地は政府のためになお確保されて然るべきである。エイメリの英国国制論を敷衍してビーアが述べるとおり(34)、トーリーにおける執行権の強調は、「王冠」に固有の権能と統治における中心的地位を帰せしめた中世的国家観に由来するものであるが、たとえ議会との協働や選挙をつうじた人民による統制の契機が政治体に挿入されたとしても、政府および政権党党首の指導と自律性を損ねることには繋がらない。このことは政治の民主化がさらに進行したとしてもけっして色褪せることはなく、それどころか配慮すべき必要や利益が多様化すればそのぶん、政府の役割はいっそうその重要性を高めさえする。執行権力にたいする積極的姿勢は、イングランドにおいてトーリーが自由放任主義者と一線を画すための拠り所を与えた。ひるがえってそのパターナリズムは大陸諸国における保守主義とも共通する特徴をトーリーに刻印したが、しかしその国制の相違のためにその責務は超然的な官僚機構ではなく、政党中心に担われることとなった。

さらにトーリー主義を特徴づけるのは、この政治権力への参与の機会がかならずしも万人にたいして開かれたものではなく、その意味でなお貴族制の痕跡を色濃く留めているという点にある(35)。たとえば機会平等の原理を標榜する急進派の主張に反駁するにさいして、バトラーは才能が不均等に配分されている現実から出発する。人はその才能や資質に応じてそれぞれ「専門化した予備教育」に基づいて「専門化した天職」を担うべきであるという観念は統治という職務についても該当すべきものであり、このときその教育は「寛大なる自信」を育むものでなければならない。しかもそのような人格的資質、言うなれば「精神的習慣」として血肉化された統治の才を涵養する予備訓練は、パブリック・スクールを主たる手段として早期に開始されねばならず、だからこそバトラーの見るところ、階級制度は選別と教育の機構として必要不可欠なのである。かくして急進民主主義者による主張とは異なり、トーリーにとっては最大の階級による支配ではなく、最適の階級による支配こそ「道義的に正しい」ということになる。(36)すなわちディズレイリが、産業化と階級分化によって特徴づけられる社会における上流階級の役割を、その小説『シビル』の登場人物・エグルモントの口を借りて定式化したように、貴族《アリストクラシー》は「人民の当然の指導者 the natural leaders of the People」にほかならず、(37)トーリーとはこの指導者階級の政党なのである。

もっとも社会主義者にしてみれば、右のような統治階級理論はまやかしであり、所詮有産者による階級支配という実態を覆いかくす無花果の葉にすぎないと一蹴されるであろう。しかしながら保守主義者に言わせてみれば、その財産についての考え方もまた、同じ所有階級の政党である自由党とは（少なくともその立場からすれば）まったく異なる前提に基づいている。トーリーにとっても富はけっして軽視されてはいないが、それは為政者にふさわしい資質を身につけ、国政に専心するゆとりを提供するための補助的条件にすぎない。ブレイクの言葉を借りれば、「政治家になるために必要な暇を得るためには、その収入を積極的な資本の運用によるのではなく、消極的な財産の享受（略）によるしかない(38)」。ここで致富は手段であって目的ではなく、自由党にとっては私有財産の保護こそが統治の目的であり、ロックが『統治二論』において訴えたように政府創設の正当化事由でさえあるのとは対照的である。そればかりかトーリーにとって富は、指導者階級への加入資格を裏書きする単なる経済条件に留まるものではなく、下位の階層に所属する人々にたいして保護と助力を与える義務を附帯する。「人民を統治せよ、そして彼らを厳格に統治せよ、しかし彼らが食えるようにせよ」というモットーはトーリーの権利‐義務観を端的に表現するものであるが、[39] かかる〈高貴なる者の務め《ノブレス・オブリージュ》〉は、指導され、保護される者による自発的服従と不可分一体の関係に置かれている。すなわち当然の指導者階級に託された家父長的責任概念と人民の〈敬譲〉によって、「二つの国民（ディズレイリ）」が堅く結合されるような社会こそ、トーリーが保守せんとする社会なのである。

このような社会は、たしかにある種の階級観に基づいて構想されている。だがこの階級社会では、不平等は経済利益の分配にかんするものというよりはむしろ、政治権力のそれと結びついている。そればかりかこの不平等は、トーリーの敵対者が目論むように分断と闘争、既存秩序の転覆へと導くものではなく、逆に社会の有機的な統合と秩序の保全という責務を統治者に求めるものなのである。一八世紀における支配的な階級社会観について、キャナダインはトムスンの定式を転倒するかたちで「階級闘争なき階級」と特徴づけたが、このことはトーリーの伝統的社会観の核心を衝いた言葉でもある。かかる社会観はヴィクトリア時代中期に到ってもなお維持されており、彼らが〈階級〉という用語を使ったとしても、それは階統制的・垂直的な社会像（「ヒエラルキー・モデル」）における順位《ランク》と同じような意味でそうしたのであり、各階級はたがいに対立したり、ましてや闘争したりするものではなく、全体秩序のなかでたがいに調和し、相互依存するはずのものであった。[40] すなわちビーアの言葉では「社会主義者にとって社会的成層化が社会を分断し、諸政党を乖離させる力である一方、トーリーにとってそれは社会の一の次元を別の諸次元と、党の指導部をその追従者と結合させる力なのである。一方が目にし、肯うのは水平的分断である。他方が目にし、肯うのは垂直的統合なのである」。

第三項　集産主義への保守党の適応――自由主義者との比較において

自由主義者の政治社会論

右のようなトーリーの政治観や階級社会観は、自由主義者のそれとは真っ向から対立する。ビーアが論じるとおり、[41]トーリー主義は富と政治力の不均等な配分を所与とし、その統治目標をそのような多元的社会秩序の維持に置いていた。それは判断力において他の者より優れており、それゆえに政治指導を独占するに値するとともに人民を庇護する責任を負うエリート層が存在することを当然視した。これにたいして自由主義は、まずもって「主たる関心が、創造と革新の力によって各人が何をするかにある」個人を中心としてその社会像を思いえがく。それは自分じしんを除いて服従すべきいかなる権威をも認めず、また人を指導する者と指導される者に分けるようなア・プリオリな秩序を前提としないという意味で、各人の境遇改善と社会進化にかんして、トーリーとはまったく対照的なヴィジョンを打ちだしていた。

第一章で見たとおり、人間の「真理は、大部分は半真理にすぎない」ために言論の自由と活潑な討論を重視したJ・S・ミルにとって、同じ命題は意見表明についてのみならず、人間の行動についても適用されるべきものである。すなわち「じしんのための生活計画を世間、あるいは彼の属する世間の一部に選んでもらう人は、猿のごとき模倣能力以外の能力は必要としない」が、彼の見るところ伝統や慣習、つまり過去も含めた他人の経験に基づく生活上の指針を無批判に受けいれ従うことによっては、幸福実現の前提を充たすことはできない。というのも「個性の自由な発展が、幸福の何より不可欠なものの一つなのである」が、「人間特有の天稟の才たる資質」は「選択を行うことではじめて鍛えあげられる」からである。[42]このように人間の自己開発能力の暢達な発現・向上を最重要視する幸福論において第一に尊重されるべきは、諸個人の選択と行動の自由にほかならない。あるいはスマイルズが述べたとおり「外部からの助けはその作用においてしばしばひ弱にするが、内部からの助けは常に勢いづける」ものであり、個々人の能力の成長にとって外的指導の果たすべき役割はほとんど存在しない[43]。それればかりか、それは他力への依存とそれゆえの怠惰を蔓延させさえするのであり、自由主義者にとって政治権力による干渉は、たとえそれが善意に基づくものであれ、容認することはできない。わけてもグリーンリーフの見るところ「国家の権限と役割の増大にたいする同時代の攻撃者のなかでも最強の闘士」であったスペンサーによれば、「過剰立法」こそは事物の円滑な発展を妨げ、資源浪費や活力沮喪をもたらす諸悪の根源にほかならない。かくしてスペンサーはこう結論づける。「統治者をその原初的な義務――人身と財産の保護――の遂行に限定させる厳格な規制以外に、社会的悪弊にたいする抜本的救済策を見出すことはできない[44]」。

自由主義者にとって社会を満たしているのはあくまで個人であって、身分や地位ではない[45]。そしてこの原理は経済市場のみならず、政治空間においても貫徹されなければならない。彼らがいっさいのヒエラルヒーの存在を拒否し、身分や団体に基づく特権の排除に力を尽くし、平等な個人から成る均質空間としての社会像を追求することができたのは、みずからを「普遍階級」さながらあらゆる障壁と特権を打ちこわし、旧来の社会構造そのものを最終的に解消させる者と信じていたからである。もっとも左方の批判者にしてみれば、彼らの努力はただ古い不平等を新しい不平等によってとって代えることに役だったにすぎないと感じられたことであろう。すなわち自由主義者は階級対立を単純化したもののけっしてそれを消滅させたわけではなく、その赫々たる成功も「かれら自身の墓掘人を生産する（共産党宣言）」ことに寄与するだけなのかもしれない[46]。しかし、自由主義者が資本主義の維持と発展に決定的関心を抱いていたにせよ、個人主義への確信によってその闘争が導かれるかぎり、その普遍主義的な主張は保守派の社会観とそれに立脚する政治論を根底から揺さぶる洞察を含んでいたことは疑いない。富や知性は、氏素性とは異なり、自己開発を妨げる外的障壁が除去されさえすれば、万人にたいして平等に開かれているからである。だからこそグリーンリーフとビーアがともに強調するように、穀物法にたいするコブデンの戦いは、食糧や関税をめぐる論争以上のものを意味していた。すなわちそれは、領主貴族の特権を打破し、活力と意欲に溢れた個人を基盤とする新しい社会秩序の到来のために福音を告げる「道徳的聖戦（グリーンリーフ）」としての意味あいを帯びたのである。(47)

社会構造再編期におけるトーリー主義の適応力

このように自由主義者は英国におけるアンシャン・レジームの解体に精力的にとり組み、一九世紀英国における社会的近代化の先陣に立った。だがこのことが、産業化に伴う社会構造の再編に直面したとき、新しい社会的・経済的諸政策の試みに踏みきるうえで、自由主義者が保守党の後塵を拝する理由ともなった。というのも社会をもっぱら個人という視点から観察したことは、産業化に伴う階級分化の進展と、それが政治社会に及ぼすインパクトを把握するうえで妨げとなったからである。このとき政経両面における自由主義の前進が招いた皮肉は、二つの集産主義時代を媒介する役回りを担わされたという点にあった。なるほど個人主義的自由主義の浸透は社会構造の基軸を身分から個人へと転換させるうえで不可欠の要素であったが、同時にそれは個人から階級へと導く、さらなる転回を促す契機ともなったからである。

これにたいして社会を有機体的・社団的結合体として理解する保守党の伝統的感覚は、新たに出現しつつある階級社会に適応するうえで、少なくとも個人主義的自由主義者に比べれば、多くのアドヴァンティジを有していた。というのも、たしかにトーリーの想定する「身分」は「階級」と同じものではなかったが、しかし全体社会と個人のあいだに中間的カテゴリーを設定する一方、諸集団の均衡と調和のために自律的な政治的権威を用いることを躊躇しないトーリーに固有の思考法は、産業化時代における組織的・多元的社会への順応を容易にしたからである。

けだし、ビーアが別の著作において述べたとおり「まったく異なる経路によってトーリーの政治理論は、労働党のそれと同じように、集産主義的政治体の、政治権力の大規模集中化を正当化した」[48]。無論トーリーは、社会主義者とは異なり、資本主義体制を根底から覆すような社会秩序像を構想していたわけではない。しかし、既存秩序の枠内で国家の行政権力と資源を用いて漸進的改良を推しすすめ、各身分、いや各階級間の分断と闘争を防止し、社会的調和と結合を回復させることにかんして、自由党よりはるかに能動的な立場をとりえた。それどころかキャナダインの指摘によれば、一九世紀中葉に到ってもヒエラルヒーに基づく社会像はなお有力であったが、ただしそれは今や「放っておいても何とかなる」ものではなく、その維持のために積極的な行動が待望されていた[49]。本質においてトーリー主義は「田舎家が不幸なときには、王宮は安泰ではない」というディズレイリの言葉に端的に示されるとおり、「家父長的社会主義（マクミラン）」とでも呼ぶべきものであり[50]、依然としてその政治社会観は前自由主義的な観念との繋がりを断ちきってはいなかった。しかしそれはもはや自然の秩序とは言いがたく、政府による作為によってはじめて守られるものとなった。そこにはプロイセンにおける「社会的王制」と同じように、産業化とそれが惹起した諸問題に危機感を強めた既成エリートの不安と焦慮が反映されており、反動と適応が渾然一体となって初期集産主義の試みに弾みを与えたのである。

それにもかかわらず英国の保守党が、ドイツの同輩からなお一線を画したのは、後者とは異なる国制のもとでその見解と利益を貫徹しようとするならば、おのずから異なる政治行動をとらなければならなかったからであり、それが政治的民主化の要請に敵対するものというよりはむしろ、すこぶる適合的だったからである。両国ともに参政権の着実な拡大は免れなかったが、すでに議会統治体制が確立していた英国では、ドイツのように超然的な国家官僚機構を、大衆の政治的圧力にたいする防波堤として用いることはできなかった。むしろ英国の保守主義者は議会政治の裾野が押しひろげられるなか、大衆的基盤に積極的に訴えかけることでその政治的正統性を確保する一方、エリート主義的かつ自律的な政治指導の伝統を民主化の趨勢に適応させる必要に迫られていた。裏を返せば「同意による民主主義」は政党の政権掌握への意志を大衆的支持調達の努力に結合させるよう促した。すなわちそれは保守党をして多様な諸階級の支持を求めさせ、「ワン・ネーション保守主義」への展開に乗りだすよう導いたのである。保守党が党首、次いで議員団の指導性と自律性を重視する一方、有権者との間断なき接触と支持掘りおこしに精力的にとり組んだのもそれゆえである。

たとえば非国教主義流の「道徳改良」の呼び声が自由党に浸透し、グラッドストン政府のもとで禁酒運動が影響力を獲得したとき、トーリーはみずから都市労働者のなかに分けいり、パブを拠点とする大衆文化の擁護者として意識的にふるまいはじめた[51]。飲酒につきものの乱痴気騒ぎや賭博はともすれば品行方正な紳士連の顰蹙を買い、のみならずパブが労働運動の牙城と危険視されるに及んで、それは生活改良・秩序維持・生産性向上といった様々な観点から規制の格好の標的となった[52]。しかしトーリー流のポピュリズムは「生まれつき自由なイングランド人」の飲酒や娯楽にかんする慣習の抑圧に抗い、「美菓《ケーキ》と美酒《エール》」の文化を讃える——もっとも快楽や放埒は、謹直な実業家より貴族にとって馴染み深い習癖であったろうが——ことで、都市労働者の共感を獲得することに成功した。さらに桜草団《プリムローズ・リーグ》の旺盛な活動に示されるとおり、保守党は院外組織の構築をけっして怠ることなく、「公的な叙勲制度を模範に作成され」た階層秩序への組織化をつうじて大衆にヒエラルヒー的社会観を鼓吹しようと試みた[53]。労働者大衆への働きかけにおいて、保守党はその競争相手に比べて遜色ない——あるいはそれを上回りさえする——成果を収めていたのである。

しかもエイメリの見るところ、民主主義の浸透はかならずしも政府の権威の衰退をもたらさなかった。むしろ「政府の強さと安定」は「世論と民衆の同意」と結合されることで、いっそう高められさえした[54]。第一章で論じたとおり、英国民主政治における有権者による統御の実質は、あくまで〈信託〉に値する政治指導者の選任にあり、政策の方向性や細目にかんして政府に拘束的な指示を与えることにあるのではない。その意味で政府の権力は大陸流の民主主義理論とは異なり、人民の委任権力とはみなされず、（伝統的なトーリーの観念と調和するように）自律性を保持している。ひるがえって政府はその政治指導にかんして大衆による同意を必要としており、ひとたびそれを失えば政権担当の任を解約されるものの、この聖なる信託を克ちとり、そして維持するならば、みずからが最善と信じる政策を正統かつ強力に追求することができる。(55) その政治観になお伝統的・因襲的な要素が認められるとしても、保守党がそれらを集産主義への政策革新に首尾よく接合し、くわえてその政治指導の手法を大衆民主主義の要請に順応させうるかぎり、政治的・経済的・社会的近代化の荒波に押しながされることなく、なお英国政治の主要な担い手でありつづけることができた。かくして国制の相違のために、保守主義者による集産主義の試みは超然的な官僚政府ではなく、政党とその支持に基づく内閣によって主導されることとなったのであり、この政策転換は民主主義との対決ではなく、それへの順応によって実現された。けだしビスマルクが官憲国家をつうじて企てたことを、ディズレイリは政党政府をつうじて行ったのである。

第四項　政党の理念的曖昧性の意義

理念と政策における多様性——保守と自由

ただし、保守党にとって社会政策の推進が最優先の政策課題であったというわけではない。それどころか一八八六年の選挙勝利がアイルランド自治への反対キャンペーンによって克ちとられたという事実に明らかなように、「帝国」維持は善悪二元論に基づく効果的な煽動ないし言説操作とも相俟って、保守党の大衆的政治基盤を強化するうえで、社会政策に勝るとも劣らない訴求力をもちえた。(56) 言いかえれば「権力が保守党を鼓舞しているのだ」とピムが端的に述べたように、(57) 政権奪取・維持という目標こそ保守党を導いた根本的動因にほかならず、社会改革への訴えかけもそのかぎりで、またほかに手段がないときにはじめて採用されたのであり、たぶんに機会主義的な色彩を帯びていた。だがこのような首尾一貫性の欠落は、見方を変えれば保守党が、有権者の浮動する利益と関心に柔軟に反応する用意があることを示すものであった。それは、多数派獲得のために特定の利益やイデオロギーに執着しないよう戒め、できるかぎり幅広い利益と見解を代表するよう政党に促す政治制度のゲームのルールのもとで勝利を得るために、必要なことでさえあった。この点にかんして自由党における自由貿易や労働党における社会主義に匹敵する理念や信条の体系をもたなかったことは、保守党に好都合に作用した。というのも理念への耽溺に軽蔑的な態度をとりうるかぎり、たとえ傍目には無節操に映ったとしても、方針転換や折衷主義について道義的疚しさや気後れを感じることを最初から免れていたからである。

保守党の自由主義にたいする態度もまた実際主義的な曖昧さを含んでいた。それが社会的現実にすでに深く根を下ろした有力な価値観の一つであり、とりわけ社会的諸利益の重要部分がそれに依存していることを承知するかぎり、その教義を自由党ほど声高ではないにせよ受容し尊重することに保守党はやぶさかではなかった。じっさい保守すべき既成秩序のなかに自由経済が組みこまれている以上、実業界からの要求に応え、その支持を確固たるものとすることを望むなら、自由主義の原理的敵対者となることは許されなかった。(58) さらに自由主義にたいする宥和的態度は、アイルランドへの自治附与に反対した自由党分派（自由統一党）との連携をつうじていっそう強められることになった。後述するとおり、自由党の党勢衰退とともに、保守党が資本家利益を独占的に代表する政党となるにしたがって、この党の思想傾向における自由主義的要素はますます存在感を高めることになるだろう。かくして資本主義と産業社会への順応をつうじて、保守党の政治的語彙のうちに自由主義に連なる概念——個人主義、合理性、自発性等々——が吸収されたことは、その政治的融通性を（社会政策とは逆に、右側に向けて）拡大した。このことは、時には論理的不整合と党内対立を必然的に惹起したものの、時宜に応じてその強調点を自由の確保と社会の維持とのバランスのあいだで機敏に変えるうえでおおいに役だった。

もっとも、グリーンリーフが指摘するとおり、複数の「指針的体系」を手に入れたのはひとり保守党だけではなかった[59]。理念と政策における多様性と振幅は、英国議会において一定の勢力を維持した政党であればどの党にも見出されるものである。自由党のなかにも自由放任論者にたいして、政府の責任をより強調する一派がいた一方で、労働党内にも社会主義イデオロギーに原理主義的忠節を表明するものがいる反面、その国家主義的傾向に異を唱え、労働者や組合の自発性を重視するギルド社会主義者やサンディカリストがいた。英国の政党が、その選挙制度上の要件のために、単なる特殊利益代表政党や純粋イデオロギー政党になることを許されないとするなら、保守党以外の政党でさえ、なんらかのイデオロギー的曖昧性と思想的・政策的雑種性を甘受しなければならないのは、まことに自然な帰結であった。

たとえば自由主義は、合衆国流の「街頭警官付き無政府状態（カーライル）」も同然な最小国家を好むリバタリアニズムから、政府の機能を選択的に認める態度を経由して、個人の自由な行動の初期条件の整備のために工場や学校において、あるいは社会全般において公的関与を積極的に唱道する改良主義者まで、多様な分派を抱えこんでいた。逆に、集産主義者もまた政府による干渉を等しく思いえがいたとしても、その量や質、方法にかんして無数の差異が生じえた。かくして集産主義はいかなる党派とも結びつきえたのであり、正当化の論法は異なるとはいえ、自由党ですらこの展開の局外に留まったわけではない。

後述するとおり、二〇世紀初頭の保守党政府に集産主義の展開を促したジョーゼフ・チェンバレンは、アイルランド自治問題をめぐって離脱に踏みきるまでは自由党の有力議員であった[60]。またスペンサーのような反国家主義的自由主義が甚大な影響力を揮ったのは事実であるにせよ、そもそも自由主義それじたい、あるいは「自由」という観念そのもののなかに、解釈次第では集産主義的介入を許容する余地が存在していた。この曖昧さは、ミルの『自由論』のなかにも見出される。

もしも官吏または他の者が、安全でないとわかっている橋を人が渡ろうとするのを目にし、しかも彼に危険を警告する時間がないのなら、その人を捕まえ引きもどしたとしても、彼の自由にたいする真の侵害はないであろう。というのも自由は人が欲することを行うことに存するが、彼は川に落ちることを欲さぬからである。[61]

ここで論じられているのは、犯罪や災厄にたいする事後的処理ではなく、事前の予防のために警察ないし官憲一般はいかほどの干渉をなしうるかという問題である。前述したとおり『自由論』では外在的制約なく、思うまま自己の欲することを追求する自由が最重要視されていた。しかしその原理を現実社会に完全に適用した結果、選択と行為の主体じしんが不利益を被りかねない事態が出来しうるとすれば、それを回避するための干渉は、自由の原理と両立する範囲内において（愚行の権利さえ認めていたことを想起すれば、意外の感に打たれるが）ミルによっても肯定されることになる。グリーンリーフによれば、このような予防的干渉のための必要条件を見極めるうえでミルが着目したのは、見せかけの欲求（橋を渡ること）と真の欲求あるいは真に彼の利益に適うこととの峻別であった。[62] 後者の意志はたしかに明示されてはいないが、自己保存の能力が普遍的に各人に備わっているという自明の想定から出発すればそのような意志の存在を推論することはかならずしも不合理ではなく、干渉を行ったとしてもただちに自由の侵害にはあたらない。ここでは実際の行為から垣間見える意志は、言うなれば紛い物の意志であり、自由選択の結果として尊重に値するものとは考えられていない。このように条件付きとはいえ自由が制約されうる可能性を肯定し、恩恵的とはいえ外部からの関与の余地を承認するとき、消極的自由観念を越えて政府干渉と自由の両立を模索する潮流が、自由主義そのものの内部から生じたとしても驚くにあたらない。[63]

ミルの論理にはドイツ自由主義が直面したものと共通する問題設定が見出されるが、このような発想は二〇世紀初頭における自由主義の新たな展開を導くことになった。真の自由、すなわち行為する値打ちのあることを行為する能力が、もし平均的個人の平均的努力によっては身につけがたいものであり、さらに何が行為に値するのか判別することそれじたいが平均的理性のよくするところではないとすれば、それらを可能ならしめるべく条件整備を行うことは、万人の自由の、平等な実現にとってむしろ歓迎すべきこととみなされうる。かくして自由主義の思想的系譜においても、教育や保健、さらには社会と経済にかんする一般的諸条件の改良のために、集産主義的権力の発動を積極的に肯定する余地が生じたのであり、そこからケインズやベヴァリッジへと通ずる道が切りひらかれたのである。

政治的伝統における多様性と統一性

保守党における自由主義翼の包摂、さらに自由党における集産主義への萌芽的傾向が示すのは、イギリス政治の知的伝統を構成する理念的諸要素の多様性である。グリーンリーフによれば、政治的伝統が映しだすのはその性格の画一性 uniformity というよりはむしろ、多様性を容れる余地を認めたうえでなお存在する統一性 coherence である。[64]〈伝統〉なるものがこのようなかたちで解釈されるとき、それはそこに内在する理念の多様性によって政治行動の融通性を保証し、機敏な政策変化を可能にする一方、行動の方向性を一定の振幅の範囲内で模索するよう促すという意味で制約的にも機能する。すなわち、この理念における振幅は集産主義への適応を可能にするとともに、自由主義からの決定的離反を意味するものではなく、むしろ両者のあいだで適切な均衡点を見出すよう政治家に求めるのである。この意味では英国における集産主義の展開は、自由主義的諸理念による制約をあらかじめ埋めこまれているとも言える。裏返せばここで言う政治的伝統とは、静態的現象というよりはむしろ、時代状況に適応できるほどの可変性を備えた動態的傾向性として理解されるべきものである。グリーンリーフの見るところ、近代イギリスにおいては自由至上主義と集産主義が、「両性具有」的な政治的伝統を構成する中心的対立軸であった。個人と公共、国家の役割と権力についてまったく対照的な姿勢を示すこの二つの理念は、そのあいだで政治的選択を可能にさせるという意味で、政治行動の自由度を保証する知的基盤にほかならない。じっさいチャーチルは、両思潮が鬩ぎあうなかで、現実的にありうべき選択肢は両者の中間のいずれかに位置する、無数の変異体のいずれかにちがいないと確信していた。社会改良は自由党の使命であると述べた後に、彼はこう続けた。「いかなる人ももっぱら集産主義者に、あるいはもっぱら個人主義者にはなりえない。（略）人間の本性は二元性である。人間社会の組織の性格も二元的である」[65]。それゆえに政策変化は不連続というよりはむしろ連続的に、政党内外での対立もまた窮極の選択というよりはむしろ、強調点をめぐる対立として立ちあらわれることになった。

対極的な政治的潮流のあいだでの緊張と相互作用、そこから帰結する言説と行動の多様性は、近代英国の政党政治の主役であった三つの政党の政党内部においても見出される。個々の政党もまた自由主義と集産主義のあいだで揺れうごきながら、時機や他党との関係に応じて、その政策や理念を修正し、更新するようたえず迫られた。その意味では、グリーンリーフが述べるとおり「政治生活におけるこれら二つの系統あるいは傾向は、絶対に特定の政党あるいは政治的イデオロギーと単純に同一視されてはならない」。

とはいえこの点を強調しすぎると、個々の政党に凝集力と連続性を提供すべき中核的理念や価値観の作用を過小評価する誤りは避けがたいであろう[66]。個々の政党における自由主義あるいは集産主義の意味あいと優先順位、正統化の方法や力点は、政党のアイデンティティを保証する理念や価値観によって規定されており、それらが両極のあいだでの過度の振幅を制御するとともに、政党の行動や政策方針、言説に一定の凝集力と連続性を保証した。保守党の改良主義的政策が秩序維持や国家の権威、家父長主義的指導という観点から定立されたのにたいして、自由党におけるそれは、集産主義への傾斜を強めるなかでもなお、自発性や個人主義の尊重という基幹的価値観に関連づけられ、なによりも「自由」といった語彙によって正統化されていた。たしかにケインズは諸個人による勝手気ままな自己利益の追求が予定調和的に公益の実現に到るというような俗流古典派の議論にたいしては軽蔑の念をあらわにし、「今日の経済学者にとっての主要な課題は、おそらく、政府のなすべきこととなすべからざることを改めて区別しなおすことである」と躊躇なく述べることができた。[67] しかし、彼にとって政府に期待される活動のなかでも最重要のものは「私的な個人がすでに遂行しつつあるような活動に関係しているのではなく、個人の活動範囲外に属する諸機能や、〈国家〉以外には誰ひとりとして実行することのないような諸決定」なのであって、もとより個人の活動領域に足を踏みいれたり、あるいはその自発的・能動的行動に水を差したりする意図など毛頭なかった。だからこそ、総需要管理政策もまた諸個人の自発性と責任を犠牲にすることなく、むしろそれらを維持し、そこから活力を引きだすことを前提とするかぎり、政策の革新性にもかかわらず広く受けいれられ、[68] ひるがえって伝統的な自由主義の言説に首尾よく接合することができたのである。[69] ギャンブルが述べるとおり、これら「社会自由主義」者は、まさに「英国の諸制度の自由主義的性格を保全・促進するために」より積極的な国家による規制を求めた。介入を容認しながら、なお彼らの見解が自由主義の範疇に留まったのは、それが「国家の役割は主として能力附与者 enabler であるべきであり、国家が直接的な給付者あるいは支配者になることは必要でも望ましくもないという信条だった」からである。[70] 自由主義と集産主義は、多少の差はあれ諸政党の信条体系に組みこまれたが、その力点と正統化のための修辞術は政党に固有の歴史的背景と基幹的価値観を反映したものであり、このことが各政党が提示する政策に見かけ上の類似性にもかかわらずニュアンスの相違を、有益者に選択可能性をもたらしたのである。

第三節　大戦間期の集産主義的傾向

第一項　労働党の成立——差別化戦術としてのイデオロギー

労働党前史——その特徴と課題

前章で見たとおり、労働者包摂問題は帝政ドイツ国制にとって躓きの石であり、総動員体制および敗戦後の危機が惹起した制度上および国制上の根本的変化を伴うことなくして最終的に解決されえなかった。ひるがえって英国では、労働者階級の政治的統合はドイツのように国制の変革を帰結することなく、またコーポラティズム的手法のように国家機構の介在を必要とすることなくなし遂げられたのであり、あまつさえ第一次世界大戦後の政党政治の再編にさいして、労働者政党は凋落した自由党に代わって、紆余曲折を伴いはしたものの、比較的円滑に二大政党制の一角を占めることができた。労働者階級の政治的・社会的統合をめぐる両国の相違は次のような疑問を投げかける。近代英国の国制はなぜ労働党を排斥することなく、自由党の後釜に据えることを妨げなかったのか、さらに労働党という政治主体の、行動および理念におけるいかなる特色がそのような制度的条件への順応を助けたのか、あわせて既往の二大政党制からの脱落を免れたのが自由党ではなく、一見したところより古風な政治理念と行動様式によって特徴づけられる保守党であったのはなぜか、これである。

よく知られるとおり、労働者陣営の政治運動の出自はきわめて多様かつ独特なものであり、けっして最初から、またもっぱらマルクス主義の影響下に出現したものではない。労働者利益を代表した最初期の議員が、「自由《リブ》−労《ラ》働《ブ》」提携運動のジュニア・パートナーであったことに端的に示されるとおり、彼らはしばしば自由党政治の一翼を担う存在だったのであり、見方を変えれば彼らは自由主義陣営の最も急進的な一派を代表していた。[71] この運動に参加した勢力のなかでもとりわけ有力で、広範な社会的基盤に依拠していたのは、労働組合であった。それこそは多元主義の新時代の最も活潑で精力的なメンバーであった。熟練労働者による組合の創設が早々に発展した英国では、その政治運動に労働条件の着実な改善をめざす経験主義的な性格を刻みこんだ。[72] 他方で、実現されるべき目標にかんするその見解はすこぶる多様であり、ある者は既存秩序のなかでの労働者および組合利益の実現と社会改良のいっそうの前進を求めて自由党に働きかけ、またある者は労働者の人格を疎外し、生産活動から美や歓びを奪いとった機械化と組織化に憤慨し、労働によって結ばれる中世的ギルドの復権を夢見つつ国家なき産業自治を主張した。[73]

黎明期の英国「社会主義」に人材を送りこみ、霊感を吹きこんだのは、労働者階級だけではない。民主化と平準化の進展が凡庸の蔓延と世論の圧政を招くことを懸念したミルは、しばしば知的エリートによる指導的統治の余地を模索していたが、さらに生来的不平等の除去と能率性の向上という観点から「限定的社会主義」にたいして共感さえ示していた。このような姿勢は、彼が信奉した古典的自由主義の教説とは整合性を欠くようにも見える。しかし、すでに見たとおりその真の関心が自由放任そのものではなく、個人の資質総量の最大化、すなわち独立心や自発性、責任感の涵養にあり、就中労働者階級におけるそれが社会の全面的進歩の鍵を握るとすれば、かならずしも異質な発想ではなかった。[74] 折しも自由主義急進派に属する中産階級の一部は、集権的国家による社会改造の展望を明らかにしはじめていたが、この流れに棹さすかたちで出現した「社会主義的」運動体こそフェビアン協会である。[75] その理論的指導者であるシドニー・ウェッブが――ノースコート・トレヴェリアン報告書に端を発する官僚制改革の恩恵のもとで、その才覚を発揮し立身した――上級官吏であったことから示唆されるとおり、フェビアン主義者は、資本主義がもたらした諸問題の解決にさいして行政国家が積極的な役割を果たすことについて肯定的な態度をとり、さらに知的専門家による公共善実現のための指導は社会改良にとって不可欠であるとみなしていた。すなわちグリーンリーフによれば、マルクス主義者とは異なり、彼らにとって資本主義国家は支配階級による「抑圧の道具」なのではなく、「急進改革の鍵となる道具」だったのであり、「良き社会の確立と維持」のために積極的に活用されなければならなかった。ここでは革命ではなく体制内的改革が目標とされたのであり、ショウの言葉を借りれば「英雄的敗北」ではなく「散文的成功」が、あるいはウェッブ女史の日記（一八九四年一二月一日付）によればともかく「ことがなされる」ことが重要だったのであり、「いかなる人々が、あるいはいかなる政党がその栄誉を担うかにあまり頓着していな」かった。[76] 目的があくまで改良の実践に置かれるかぎり、社会主義運動は自前の独立した政党組織をもつ必要はなく、むしろ既成の政治家や中産階級、知識人への理性的・啓蒙的説得を介した「浸透 permeation」こそ効果的な作戦であると思われた。[77] かくしてフェビアン主義は社会改革にさいしてはまずもって漸進的な態度をとったのであり、自由主義および資本主義に基づく体制を、階級横断的な共感と支持を礎として内側から変革することに運動の主眼を置いたのである。

しかしまた労働者の政治運動が、自由党の従属的提携者の座に甘んじて留まるかぎり、後者のイニシアティヴにたいして屈従と忍耐を強いられる場面もしばしば見られた。党内急進派はともかく、自由党指導部もまた、保守党同様、往々にして機会主義的な観点から労働者階級との戦術的ないし選択的同盟に臨んだのであり、後者の要求実現の見通しはひとえに自由党の態度いかんにかかっていた。[78] ローマの武将に因んだその名が示すとおり、フェビアンの戦術は持久と待機を特徴としたが、それはまた改革の主導権をパートナーまかせにする潜在的限界を抱えてもいたのである。[79] したがって労働者政治運動が、自由主義最左翼としての立場を脱して凝集力ある政治勢力として自立し、改革を持続的に前進させる主体となるためには、ただ単に組織的に自前の政党を手にすることだけでなく、自由主義とは別個のイデオロギーを打ちたてる必要があった。

「社会主義」綱領の採択の意義

イギリスの社会主義は、大陸欧州のそれとは異なる経緯に基づいて発展してきた。「英国の社会主義者は、けっしてカール・マルクスの盲目的崇拝者ではない」というシドニー・ウェッブの言葉に端的に示されるとおり、[80]それは精緻な理論体系を備えたマルクス主義ではなく、政治運動に先だちまずもって共通利益の具体的実現をめざして展開された労働組合運動や後期のミルに見られるような修正された功利主義、社会進化に応用されたダーウィニズムや大地主所有制がもたらす不労利得への批判などじつに多様な源泉から、指針と動機を随時汲みとってきた。[81]かくしてようやく一八八〇年代に社会民主同盟がマルクス主義の福音を弘めようと努めたが、その影響はついに控えめなものに留まったのである。[82]英国社会主義の非教条的性格は、その運動をすぐれてプラグマティックなものとした。かくしてシドニーは「社会主義者の名を求めて現在進んで前に出る者のすべてがそのようなものと認められるわけではない一方で、数多くの者がそれと知らずに社会主義者になったのである」と述べ、英国社会主義の実践的性格を強調した。彼にとって重要に思われたのは、理念としての完全性や社会主義という名ではなく、規制や管理、課税や補助の拡大をつうじて理念が漸進的に実現される過程にこそあったのであり、みずからを社会主義者と自認せぬ者ですら、集産主義の拡充に参画するかぎりにおいて、その実現に寄与することができると考えられた。[83]このような実質重視の姿勢は、彼らをして既存の国制への適応を促すとともに、同時代のドイツ社民党とは対照的に他党派からの警戒心を刺激することなく、階級横断的な「浸透」作戦に専心するよう導いた。しかし、他方においてそれは、政治運動としての独自性を曖昧にさせ、階級政党としての自己意識の確立を妨げ、それゆえにその組織的凝集力を損ねる原因でもあった。とくに労働代表委員会の政策的方向性が自由党急進派のそれとさして変わらぬかぎり、その存在は自由党の影に埋没することを免れなかった。[84]

この意味で「生産の手段の共有、および各産業・サーヴィスの人民による管理と統制にかんする獲得できるかぎり最善の制度を基盤として可能になるであろう、産業の全成果および最も衡平なその分配を、肉体あるいは精神による生産者のために確保すること」を党の目標として定めた第四条を含む労働党党規（一九一八年）の採択は[85]、綱領文書「労働党と新社会秩序」とともに、労働側の政治運動に転機をもたらし、従来そこに欠落していた理論と方向性の拠り所を与えた。これらの文書をつうじて、それまで政治的主導権が自由党にあるかぎり、たえず改革の遅延や妨害に気を揉まざるをえなかった労働党とそのイデオローグが、それから独立して、またこれに代わってみずから抜本的な社会改革の担い手となるための決定的弾みを得た[86]。それは資本主義の漸進的改良をめざす諸集団の連合以上のものになった[87]。このとき労働党は、諸悪の根源を資本主義そのものに見出す一方、この体制の代替的選択肢となるべき別の社会像として「社会主義コモンウェルス」を掲げた。ここに労働側の政治運動を結集させる核心的理念が打ちだされたのである。

労働党の社会主義は、個人と共同体のあり方にかんして、自由党に体現された自由主義とはまったく異なる原理を提示していた。急進派も含めて、自由党が自由な個人の自発的な意志と合意に基づく政党であったのにたいして、組合とその「連帯」から立ちあらわれる階級こそが労働党の主要構成単位であった。ビーアの言葉では、労働者の労働党にたいする忠誠はその「同意」によってではなく、彼がそこに「帰属」しているという事実に基礎づけられていたのであり、それがこの党組織の統合・強化を導いた。さらに自由党の社会改良が万人の自由のための条件整備をめざすうえで「互助」を重視したとおり、依然として個人の発意と行動にその基盤を置いたのにたいして、社会主義においては個人の契機は決定的に後景に退いた。というのも、社会主義はけっして個人に断念と自己犠牲を強いるわけではないが、しかし「友愛 fellowship」をつうじて個々の自我が共同精神のうちに止揚され、超越されるよう求めるからである。そこでは各人の幸福は、もはや各人による利潤獲得・増加のためのゼロサム的競争によっては成就されえない。何となれば、友愛が労働者を倫理的に結合せしめる共同社会では、協調と奉仕が経済原理の基軸となるからである。[88] とはいえ、このようなかたちで表現される社会像はあくまで窮極の目標として措定される一方、そこへと到る最短確実の途が思いえがかれているわけでもない。そしてこれらの目標を実現する手段として労働党が暴力革命ではなく、立憲的・議会主義的戦術を選択しつづけるかぎり、結局のところ、その成果は改良立法の漸進的蓄積と公有化のアドホックな促進というかたちでしか得られないであろう。それにもかかわらず、労働党が理想として掲げる社会像が文字どおり、この世のどこにもない無何有郷《ユートピア》であるかのように見えたとしても、いかなる現実的作用をも伴わなかったわけではない。なぜならビーアが指摘するとおり、現行システムにとって代わるべき別のシステムにかんする構想を打ちだすことで、今や労働党はみずからとあくまで資本主義体制内での改良可能性を信じる自由党の急進主義者とのあいだに一線を画すことができたからである。言いかえれば、社会主義イデオロギーの採用をつうじて、労働党は自由党との決定的差別化に成功したのである。

労働党の自立化路線とその背景

勿論、イデオロギー以外にも、労働党の政治勢力としての自立を加速化させた様々な社会的・政治的要因が存在した。[89] ロシア革命の影響やそれを端緒とするロイド＝ジョージ首相との軋轢にも増して、第一次大戦における生産環境の変化が、社会主義と労働党の政治目標にたいする労働者と組合の態度を一変させる契機となった。この点で戦時体制の政治的インパクトは、ドイツと同様、イギリスにも見出されるものの、しかしそれは前者において社民党と組織労働の政治的・社会的統合を促進したのとは異なる作用を、後者において発揮した。というのも戦時経験と革命状況が社民党に統治体制への順応を促したのにたいして、労働党の場合、独自の政治勢力としての自己意識の覚醒と既存政党への挑戦が戦後の課題となったからである。鉄道や炭坑、軍需工場における国有化の進展は、労働者をしてその実行可能性を諒解させるとともに、平時における政府による経済統制・干渉の持続を期待させた。[90]

さらに雇傭増加による生活条件の向上は、準コーポラティズム的制度を含む政府の対労組宥和政策とも相俟って、[91]労働者の組合への加入をおおいに促進し、これに応じて労働党の党員と一九一八年議員選挙における候補者および得票数を劇的に増加させた。全般的な組織化の進展をつうじて労働党の支持基盤が着実に厚みを増し、全国政党としての地歩を築きつつあるなか、自由党と労働党の協調関係は曲がり角を迎えることになった。

ここで従来両者の提携路線を可能にしていた選挙制度上の条件を、ロッカンの所論に従って整理すれば、次のようになる。自前の議員の当選をめざす新参の政治勢力、とくに労働者政党の眼前に立ちはだかる壁の高さは、（この政治勢力の社会的支持層の相対的大きさが同一規模であるとき）選挙規則によって国ごとで様々である。[92]参入障壁が最も低く、したがって「新しい階層からの圧力にたいするシステムの開放性」が最大なのは比例代表制である。[93]他方、多数決制については、英国に特徴的な相対的多数決制か、あるいはフランス第三共和制や帝政ドイツが採用した絶対的なそれかによって障壁の高さは異なる。二回投票制をとる後者の場合、決選投票にさいして反社会主義陣営の一時的結集が容易に促されるという点で、障壁は一段と高い。ところが相対的多数決制の場合、特定の条件のもとでは、労働者の代表権獲得への扉はそれほど固く閉ざされているわけではなく、その擡頭の可能性は「既成政党によって採用される戦略」次第で変化する。すなわち、既存主流派政党間での競争がきわめて熾烈であるのに加えて、そのうちの一方がより改革志向で、新参勢力と手を結ぶ準備があるときには、システム参入への労働者の展望は明るさを増す。じっさい戦間期までの英国のように伝統的二大政党間の敵対関係が解消不可能なほど激烈で、常態化している場合には、小選挙区制のもとでも労働者政党が両政党のうちの一方との同盟関係を梃子に議会への漸進的進出をなし遂げることは可能である。

しかしながら同時に留意されるべきは、リブ・ラブ間での提携はあくまで「労働党の弱さに（略）依存（ビーア）」しており、自由党を主、労働党を従とするかぎりにおいて持続可能であったという点にある。ところが今や労働組合加入者と労働党党員の圧倒的増加はこの主従関係を転覆させかねないものであり、労働党の政治的基盤は格段に強化されていた。個別組合を越える「階級」としての自己意識を強めた労働者は、もはや控えめな提携者の地位に甘んじることを拒むようになり、自由党にチャレンジすべく労働党に積極的かつ自律的な行動を促した。ひるがえって自由党の伝統的エリート層は、労働者代表の増加がやがてはその指導的地位を危機に曝すことを危惧するようになり、選挙区候補擁立にさいして労働党や組合の意向に譲歩することを躊躇いはじめていた。提携関係を支える諸条件が揺らぐとともに、労働党の自立化傾向はいっそう拍車を掛けられたのであり、その意味でビーアが指摘するとおり「新しいイデオロギーの採用は、自由党とのほとんど避けがたい訣別の原因というよりは、結果だった」のである。[94] たしかに一九一八年の所謂クーポン選挙において労働党は、得票率こそ急増させたものの、ただちに自由党にとって代わることはできなかった。しかし、この選挙におけるアスキス派とロイド＝ジョージ派の確執と分裂は自由党の将来的衰退を決定づけたのであり、労働党は時折後退と挫折に苦しみはしたものの、戦間期にはその後を襲うかたちで二大政党制の一方の座席を占めることに成功したのである。

党内危機にさいして指導者個人の信条を党の団結に優先させた結果、議会政治の主要政党の地位から転落した自由党にたいして、階級の連帯意識に加え、社会主義的未来像を核心とするイデオロギーと綱領への広範な合意によって堅く結びつけられた労働党は、選挙制度の規則とそれが求める勝利の鉄則に忠実かつ合理的に従うことで、二大政党制の一翼を担う栄光を自由党から平和裡に継承した。このときイデオロギーの採用は、知性と情動の両者に訴えることで労働者の自己意識を強め、党の凝集力を高めるとともに、その自立化を後押しする作用を果たした。しかし、イデオロギーそれじたいが自己目的化していたわけではなく、その採用は議会政治上の戦術的要請と指導部の時宜を得た判断によって規定されていたのであり、実践的・漸進的志向はなお損なわれることなく、この党の性格を後々まで特徴づけた。この意味で労働党においてもまた「権力への衝動」こそはその転換を促した決定的な

動因だったのである。(95)

第二項　保守党と関税改革問題

第一次世界大戦後の保守党の政治課題

一九一八年の選挙戦に大勝した保守党は、連立政府首班の座こそなおロイド＝ジョージに譲りはしたものの、自由党の党内対立を煽ることでライヴァル党の没落を促し、禁欲に価する利益を得ることができた。(96)この傾向は続く一連の選挙によって決定的なものとなったが、それはまた英国政党政治における保守党じしんの性格と位置にとって重大な影響を及ぼした。というのも、労働党の擡頭と自由党の衰退のために、保守党が従来とは異なり独占的に実業界の利益を代表する政党になるよう強いられたからである。

だからと言って保守党が資本家階級の利益それのみを尊重する政党と化したわけではないし、あるいは旧来の「治者の党」としての自己意識を放棄する必要があったわけでもない。ロシア革命以来、欧州を席捲した革命あるいは社会主義政党伸張の荒波は、資本主義秩序の危機についての認識を左右問わず尖鋭化させたが、保守党に求められたのは、ただ単にこの秩序と所有階級の利益を守ることだけでなく、この秩序のもたらす恩恵に労働者階級も与《あずか》ることができるよう社会的宥和政策を実施し、産業の相対的衰退を食い止め、そうすることで党への階級横断的な支持を確保することであった。(97)ブレイクの言葉では、必要なのは「ピール式解決策、即ち革新勢力に対して適度の譲歩をしながら財産と秩序を守るための慎重な反動同盟を組むこと」にも増して「ディズレーリ式解決策」、すなわち「中産階級をとび越えて直接労働者階級に訴える、新しい形の保守的急進主義を選ぶ」ことであった。(98)かくして戦間期保守党は、統治者の政党として時代状況の変化と調和したかたちで現存秩序が維持されるよう力を尽くし、人民の安寧と向上のために指導するという旧来の責務を、産業社会の新たな現実と要請のなかで引きつづき果たすよう迫られた。ギャンブルが述べるとおり、資本主義社会における国家は、（正統マルクス主義的な国家理論に依拠しないかぎり）階級諸利益からある程度自律性を確保しているが、国家の存在がその徴税能力に依存する以上、富の生産機関を支配する人々の信任と協調を維持し、これに致命的打撃を与えぬよう配慮しながら、経済の自己再生産・成長能力を維持しなければならない。[99] 労働者階級との関係で言えば、徴税能力の上昇をつうじて社会的宥和のための財源を確保し、さらに経済成長による賃金水準の向上をつうじてこの被傭者階級を資本主義秩序の敵とすることなく、体制の内側に留めおくことが、ここで国家が解決すべき課題となるであろう。

ビーアがその英国集産主義論において関税改革問題に着目するのも、それが産業の衰退とこれに伴う資本主義秩序の危機にさいして、戦間期保守党の政策刷新能力の試金石となったからである。[100] 換言すればこの危機は、社会問題にたいしてトーリー・デモクラシーというかたちで対応したように、保守党の伝統的価値体系が切迫した現代の経済問題にたいしてもなお応答能力をもちうることを立証するために乗りこえなければならない課題であった。実質的に保守党が牛耳るマクドナルド挙国一致政府は、矢継ぎ早に集産主義あるいは国家管理を指向する諸政策を打ちだしたが、そのなかで（経済危機打開策としての実効性は別として）関税改革が象徴的な意味を担いえたのは、それが大英帝国の世界的覇権の根本にあった自由貿易と英国に巨富をもたらす鍵となっていた金本位制からの（一時的ではなく恒久的な）離脱と関連していたからである。同時にそれは、対外的には自由貿易論、対内的には資源・商品・労働力に関わるいっさいの市場への国家干渉にたいする敵意と個人・企業の経済活動の自由の尊重によって特徴づけられる自由放任思想が支配した時代の終焉を象徴していた。[101] 両者は場こそ違え、個人と企業の選択と行為に最大限の自由が保証されなければならないと考える一方、国家の権限と行動を最小限度にしか認めないという点で、自由主義思想という同じコインの表裏をなす現象であった。[102] しかも自由主義はただ単に英国の政治的・経済的覇権の源泉であっただけでない。ホイッグ史観に端的に示されるように、自由主義思想を政治・経済両面において体現しつづけるかぎり、この国は世界史の最前衛をゆく近代化のパイロット・モデルと位置づけられた。[103] それだけに保護主義への転轍は英国近代史の決定的転機を意味するものと受けとめられたが、歴史をふり返るなら、この変化が一九世紀後半以降の長い論争史を踏まえたものであるばかりか、その転換を促した客観状況と危機それじたいが、そもそも経済的自由主義の所産であったということが判然とする。

帝国と自由

ここで近代英国史の出発点に立ちかえるのは、イギリス経済の置かれた歴史的文脈とそれにあてがわれた世界経済における地位を確認するうえで有意義である。[104] 名誉革命は議会の国制上の地位を確立し、地主と新興ブルジョワジーの発言力の向上のために道を開いた。くわえてそれは、その後の国際的緊張に対処するうえで不可避であった軍費増大に充当すべき公債を金融家あるいは大小の投資家に引きうけさせ、効率的な資金調達を可能にするための礎を定めたという点でも画期をなした。公債の信用性を確保するうえで決定的重要性をもったのは、次の二つの変化であった。第一に血と金によって緊密な関係を塗りかためていた地主‐金融家同盟が政治制度の変革、とりわけ議会の統制権の強化をつうじて政治的影響力を増大させ、君主の恣意的な権力行使を抑止したこと、これに関連して第二に厳格な財政均衡原則によって放漫な公的支出に歯止めを掛けたこと、これである。政府財政への監督は、議会召集の定例化に加えて、報道の自由化と世論の形成、それに伴う威嚇効果によって実効性を増す一方、収入・支出官庁の廉潔さと能率性の強化、税制改革、中央銀行創設は、公債の定期的償還可能性を増大させることで、公的信用の魅力と安心性を高めた。ひるがえって議会の権限強化は、政府の説明能力と歳出の正当性を強化することにも繋がったのであり、このことが戦時における政府の資源調達を大規模化かつ容易化した。けだしブリュアが述べるとおり、「権力に制約が加えられていることは、その権力が行使されたとき、十全に行使されることを意味」

した。[105] かくして名誉革命と金融革命の帰結はイギリスの国内構造に深甚な影響を及ぼしたが、それだけでなく国際的な、わけてもフランスにたいする比較優位を保証することをつうじてその外交・軍事戦略にも深く埋めこまれることともなった。

富と力の創造メカニズムの変化は、帝国をめぐる観念、あるいはイデオロギーの変容と軌を一にして起こった。アーミテージの所論によれば思想史上の展開の結果、かつて相矛盾するものと論じられてきた「帝国」と「自由」が、「商業」を介して結合された。[106] 過去の帝国が常備陸軍による陸上支配に基礎づけられ、それゆえに専制政治とすこぶる親和的である一方、自由とは両立しがたいと考えられていたのとは対照的に、英国はまったく斬新な帝国概念を創出した。海軍によって洋上に覇権をうち立て、[107]（たとえその恩恵が帝国の中核となる三王国――イングランド、スコットランド、そしてアイルランド――のあいだで均等に配分されたわけではないにせよ）商業によって富みさかえるかぎり、この新たなタイプの帝国は「自由を危険にさらすことなく、偉業をもたらす（アーミテージ）」ことができるように思われた。このように自由と帝国、商業的繁栄の結合に英国が誇るべき美質を見出す傾向は、北米植民地の喪失という挫折を経験したものの、途絶えることなく強化され、さらにコリーの見るところ、一八三〇年代における議会改革と奴隷解放ののちはイギリスの国民意識を構成する最重要の要素として認識されるに到った。[108]

以上を要するに一八世紀における財政－軍事国家の成立は、イギリスが世界に冠絶する帝国として比類なき存在に成長するために不可欠な前提を用意した。対内的には国家干渉の抑制と歳出拡大にたいする厳格な監督が強調される一方、工業化の進展とともに都市労働者のための食糧問題の解決と輸出市場の確保を目的として、対外的にも次第に自由貿易論が唱えられるようになり、これは一八四六年の穀物法撤廃によってその頂点を迎えた。

このとき自由貿易・金本位制・均衡財政は三位一体となって帝国経営の基本原理を提供していた。しかもこの体制が経済的に割に合うものとなるためには、イギリス本国のみならず、帝国の隅々まで自由貿易が強制される必要があった。というのもギャンブルの言葉を借りれば「世界経済におけるイギリスの富と力を拡大・強化する最良の手段は自由貿易である」と信じられたからである。[109]ただしその受益者は工業利益以上に、金融・商業利益であった。このことはシティが国際的金融センターとして、またポンド・スターリング通貨が国際貿易の決済手段としての地位を確立したことで、ロンドンが多角的国際貿易＝決済システムの要となったという事実に由来していた。それゆえにヴィクトリア時代の英国の繁栄と安定もまたこの国際経済システムと金融・貿易業、ならびにそれに附随する保険・海運業の旺盛な企業活動に決定的に依存することになった。ひるがえって、公式・非公式を問わず英国の植民地全体——すなわち世界のほとんどすべての原料輸出地域、とくにインド——と完成品輸出・一次産品輸入国たる欧米諸国が、ロンドン宛振出手形と多角的貿易＝決済機構をつうじて、シティにしっかりと結びつけられた。[110]この結果、ギャラハ／ロビンソンの所謂「自由貿易帝国主義」体制のもと、「世界の銀行」「世界の保険屋」「世界の貿易商」あるいは「世界の運び屋」としての国際的サーヴィス部門の事業収益と海外からの資本収入のために、膨大な貿易外収支がロンドンに流れこんだ。英国が世界帝国であったということ、そしてこの帝国が露骨な強権的収奪以上に、自由貿易によって利益を引きだしていたということが、ドイツにおける保護主義強化の歩み、あるいはフリードリヒ・リスト流の国民経済共同体への指向とはまったく別の政治的・経済的文脈を、英国のために準備することになる。

しかしながら、この文脈はまた英国製造業にとって長期的衰退へと導くものでもあった。自由貿易帝国主義の赫々たる成功が、かつて「世界の工場」と謳われたその工業の不振を——英国経済全体として見れば、たしかにその欠損を埋めあわせるほどの富は存在したが——促したのは、歴史の皮肉である。穀物法撤廃と世界経済の発展のイギリス産業への影響がようやく明らかになったのは、一九世紀も第三・四半世紀に到ってのことであった。[111]アメリカやドイツによるキャッチアップによってその競争力は相対的低下を余儀なくされた。他方、自給体制の放棄は食糧・資源にかんして世界経済に依存することを意味した。[112] 折からの人口増加は、輸送手段の低廉化と技術的発展とも相俟って農業生産物の輸入を急増させた。住民の需要を賄うべく食糧輸入を持続するには、輸出産業の再強化が喫緊事であったが、貿易収支における入超が貿易外収支における〈見えざる〉収入によって隠蔽されたため、十分な関心を引きつけるのは困難であった。しかもソウルが指摘するとおり、多角的決済制度が可能にした世界的資金循環メカニズムのおかげで欧米の工業諸国が輸出市場の拡大に精勤する動機をもたずにすむかぎり、ヨーロッパ外市場における英国製造業への競争圧力が緩和され、（一時的ではあるが）強力な保護の装置として機能したのは〈自由貿易の逆説〉にほかならなかった。[113] そのために英国産業の衰退と欠陥――国内投資の過小、資本財の老朽化と技術革新の貧困さ、労働力の不適正配分と生産性の低さ――は、国際的サーヴィスの提供と国益にとって不可欠と思われる業種――たとえば長距離航路を擁するキュナード社――を除いては、長らく深刻な注意を引くこともなく等閑視された。しかも第二章で触れたとおり、「ジェントルマン資本主義（ケイン／ホプキンズ）」体制のもと、製造業者の利益が想定されているほど大きな政治的影響力をもたぬ一方で、金融利益こそ富の源泉であり、なおかつこれが政治エリートと緊密な同盟関係を維持するかぎり、国際経済における自由主義への信念が揺らぐ可能性は乏しかった。すでに一八一五年にある議員は「この国ほど自由貿易の原則の樹立によって益される国はほかにない」と述べていたが、[114] このような自由貿易への確信は、一方で世界経済における富の創造メカニズムと結合することで、他方で国内政治エリートのコンセンサスの基盤となることで、いよいよ牢固として抜きがたい「イギリス政府の正統派的慣行（ギャンブル）」の地位を占めるとともに、一九世紀英国における――それどころか「元来自由貿易を奨励した諸条件が消滅したずっと後も[115]（同）」――その政治経済構造を著しく拘束したのである。

関税改革の論理

続く世紀はヴィクトリア女王崩御によって幕を開けたが、この頃には産業の衰退がようやく認知されるようになり、局面打開のために政府の介入を求める声も次第に高まりつつあった。そのさい危機克服のために中心的な理念となったのは、グリーンリーフによれば「国民的効率、関税改革、産業合理化」の三つである。[116] いずれの理念に基づく改革も、政府による直接間接の関与を必要とするものであり、自由主義と自由貿易への愛着が朝野を分かたず強固であればそのぶん、激しくまた時間のかかる抵抗は避けられなかった。それにもかかわらず政策転換を推しすすめなければならないとすれば、ドイツとは異なり、高度な自律性をもつ国家をもたぬイギリスの場合、その推力はもっぱら政党による積極的イニシアティヴから調達される必要があった。この点で中心的な役割を果たしたのが保守党である。グリーンリーフの見るところ、「上述の戦間期の保護主義、住宅供給や都市計画にかんする立法、産業の配分についての調査を主唱したのは彼ら〔保守党〕であった。そして彼らの多くが、大々的で計画的な政府による産業統制を支持し、競争性を増す世界のなかでその再編と経済的生き残りを確実にしようとした」[117]。

たしかに保守党内でも、英国の繁栄の源泉とみなされてきた自由貿易への執着と保護主義への抵抗は根強かった。自由主義と個人主義はこの党においてすら尊重に値すべきものであり、それゆえに世紀転換期に首相を務めたソールズベリー侯は政府の一定の責任を認めながらも「その効果が各人の責任と責務の感覚にとって有害であるとして、集産主義立法には強硬に反対した」[118]。かくして一九〇〇年代以来関税問題をめぐる不協和音はたえず党内の結束を揺るがし、時にはチャーチルのように前途ある政治家を一時的とはいえ離党に追いやった。[119] ひるがえって声高な関税改正論は既存の原理に固執する自由党はもとより、食糧価格に敏感な労働党をも勢いづけ、それらの提携を固めるのに役だつだけだと考えられたため、バルフォアら中間派の態度をますます曖昧にさせた。[120]

他方において保守党には、今や自由統一党との接近・融合とともにジョーゼフ・チェンバレンの急進主義が流れこんでいた。ピムの指摘によれば、[121]その理念への教条的態度や独断的な政治スタイルは「保守主義とは容易になじまない性格」を秘めていた。裏を返せば、正統保守主義者に不快感を与えたのは、政策内容そのものというよりはむしろ、その実現のための過程や方法であった。ましてや保守党が伝統的に国家の責任と権威に肯定的姿勢をとるかぎり、自由貿易論の放棄と関税改正を訴えるその主張が党内に浸透する素地は十分存在していた。一九〇六年の演説で「いかなる個人も独力でなしえぬことを行うべく、人民全体のために、全共同体のために創りだされた機構が活用されるべきである」と論じたとおり、[122]ジョーゼフの主張はバーミンガム市長として精力的に実践した都市社会主義の延長線上にあり、今や前世紀以来の集産主義への傾向を国民的規模において拡張せんと試みるものであった。他方、彼によって「政治的仇敵」とみなされた自由貿易派は、通商のみならず、あらゆる政策領域において関税改正論者と対蹠的な論理に従っていたのであり、「いかなる種類であれ、あらゆる国家干渉に敵対」するという姿勢を示していた。[123]かくして自由貿易派は保護関税はもとより、労働・社会政策についても消極的にふるまう一方、（公式）帝国の維持についても無関心、あるいは否定的な態度をとった。その意味で自由貿易論がより広い自由放任主義の一角を占めていたのと同じように、ジョーゼフの関税改革論は全体的な集産主義的構想を、積極的な社会政策や産業振興政策、帝国政策とともに構成していた。すなわち関税改革は、互酬的特恵待遇をつうじて帝国の絆を強めることで資源と市場の確保に資するのみならず、関税収入をつうじて社会改革のために財源を提供し、さらには保護障壁や補助金、劣悪な労働条件による「ダンピング」の恩恵に浴してきた新興資本主義国の企業にたいして、貿易の「公正」の観点から英国産業を防衛することにも寄与するであろう。[124]彼にとって関税改革は、帝国・産業・社会の各方面において幅広くかつ重大な政策領域に関連するとともに、諸政策を有機的に結びつける結節点であった。

くわえてグリーンの所説によれば、「保守主義の危機」にたいする積極的対応の必要性が、（とくに）急進保守主義者Radical Conservativesによる関税改革の争点化を後押しした。[125] この危機は、そもそも農業不況に喘ぐ地方部の労働者にまで選挙権を拡張した第三次選挙法改正（一八八四年）と選挙区見直しをつうじて農村部における地主の支配力に打撃を与えた議席再配分法（一八八五年）によって用意されたものであり、一九〇六年総選挙における保守党惨敗によってついにその深刻さが明らかになった。ところが急進保守主義者の見るところ、労働者大衆にたいする保守党のアピールは、提携関係に立つ自由党・労働党に比べて、はるかに見劣りするものであった。かくして雪崩を打って離反しつつあった労働者をふたたびみずからのもとに呼びもどすためにも選挙戦略と政策プログラムの練り直しは避けては通れぬ課題であり、そのさい関税改革は「目下の情況において保守党が用いうる最良の、そしておそらくは唯一の武器」であるかのように思われた。関税改革が労働者票の奪還に不可欠とみなされたのは、第一に帝国護持、第二に産業振興および雇傭安定、第三に輸入食料品の価格調整、第四に社会改革の財源確保といった様々な点で、労働者の感情と関心に応えるものと理解されたからである。急進保守主義者にとって関税改革は、保守党による政権復帰の鍵を握る階級横断的支持動員戦略において最重要の一角を占めるものと位置づけられた。けだしグリーンが指摘するとおり「一八八四年以降はあらゆる政党がある程度は、そして何らかのかたちで労働者階級の政党にならなければならなかった」のである。

政策転換への道のりは数十年に及ぶ紆余曲折と党内論争を伴ったが、その契機はようやく一九二九年の保守党下野とともにもたらされた。[126] 党内融和に腐心するあまり党首ボールドウィンは長きに亘って優柔不断な態度をとらざるをえなかったが、関税改革のための包括的な政策プログラムの策定を進めることをついに決意した。折からの景気後退とともに党内外でこの改革を支持する声が次第に高まりを見せていたために、経済界との意志疎通は以前ほど困難ではなかった。さらに従来自由貿易論の頑強な担い手であったシティの大立者らが、翌年七月のハンブローズ銀行における会合において路線変更を打ちだしたことは、決定的かつ象徴的な意味をもった。大戦による海外資産の損失、ブロック化による世界市場の分断、ニューヨークの擡頭に伴うシティの地位の相対的低下、さらに不況による国際収支の悪化、これらに附随する海運・保険業の不振は、[127]すでに自由貿易論の存立条件に深刻な打撃をもたらしており、伝統的信条にたいする金融業者の信頼は揺らぎはじめていた。多角的決済機構を支えてきた金本位制さえ再考の的となった。党内自由貿易派の急先鋒たるチャーチルが蔵相時代に断行した金本位制復帰（一九二五年）は、割高な戦前レートを基準にしていたために産業再生の見通しに暗い影を投げかけるものとして批判を免れず、[128]げんに輸出産業の不況と失業を招いていた。最終的に金融恐慌に伴う金の大量流出が金本位制の命運を決定づけた（三一年九月）。ひるがえって緊迫する事態の進行と挙国一致内閣の成立が、関税改革案を実行に移す機会をボールドウィン（枢相として入閣）に与えた。かくして三二年二月にジョーゼフの息子、ネヴィル・チェンバレン蔵相のもとで一部輸入品を除き一律従価一〇パーセントの関税が導入され（輸入関税法）、ここに保護主義への転轍がなし遂げられたのである。

第三項　保守党の目標再定義能力

政策転換における伝統的理念の役割

はたして一九三〇年代における関税改革は、英国政治経済の将来にとって決定的かつ不可逆的な転換を意味したのであろうか。この問いにたいする回答は、戦後イギリス経済のどの側面に注目するかによって、相異なるものとなりうる。第二章で見たとおり英国が国際貿易にかんして結局のところ「自由主義の正統派的慣行（ギャンブル）」に復したことを重視すれば、消極的に回答せざるをえない。大戦を勝ちぬくためにもてるものを使いはたしたイギリスは、基軸通貨とともにその世界経済上の役割をアメリカに譲ることを余儀なくされる一方、この擡頭する超大国とともに——あるいはそれに従いつつ——開放的な通商体制を維持することをふたたび選択したからである。[129]他方、ビーアの所論によれば、挙国一致政権による金本位制あるいは自由貿易からの離反は戦後政府による管理経済の前提となったのであり、その意味では政策転換の効果はけっしてかりそめのものではなかった。(130)だが、この問題にかんする評価がいかなるものであれ、困難な政策転換を保守党がなし遂げたという事実は、統治構造が政策形成の担い手をどのように規定し、また自律的行動のための機会をどれほど与えるのかという本章の主題にとって、依然として見過ごしがたい意義をもつものである。ここであらためて確認されるべきは、自由主義が深く根を下ろすぶんすこぶる困難にも見える保護主義への転轍をなしえたのはなぜか、この過程において他でもなく保守党が中心的主体たりえたのはなぜか、そのさい政党が奉じる「理念」はどのような役割を果したのかという問題である。

トーリーにおける伝統的政治観念、すなわち国家の権威や保護の責任にたいする積極的・肯定的姿勢が、経済管理に乗りだすにあたって必要かつ適切な語彙を調達し、伝統的な経済不干渉主義からの離脱を容易にしたのは明らかである。(131)この政策転換は、危機に直面した経済界の要求にたいする、もっぱら受動的な反応にすぎなかったとみなすことはできない。というのも戦間期保守党は、経済界の主力メンバーと通商政策をめぐってつねに意見が一致していたわけではなかったし、しばしば財政的考慮に基づく給付の厳格化を伴いはしたものの社会政策を持続的に展開したとおり、階級政党というよりは「ワン・ネーション」政党としてふるまおうと試みたからである。そのさい労働党の擡頭という現実に直面して、保守党が有産者だけでなく、労働者の支持をいかにみずからのために確保できるかという選挙戦略上の配慮が重要な役割を果したことも前述したとおりである。その意味でボールドウィンらによる政策革新は、政治的リーダーシップの自律性に基づくものであった。

この自律性の源泉は、政治家による理念と言説の創造的操作能力にあった。すなわち、ここで重要だったのは手許の観念が偶々時宜に適っていたということではなく、「政党の伝統に由来するような諸原理を、時代状況の変化に応じて綱領や政策に翻訳する（ビーア）」能力であった。具体的に言えば、保守党とその指導者が突きつけられた試練とは、政府の権威の尊重、国民生活保護のための干渉の正当性、労働者も含めた諸階級の調和や統合といった、トーリーが伝統的に強調してきた諸理念の真価を経済的難局にあたってふたたび証明することであった。かつて政府の自律性と被治者への責任概念に密接に結びついていた保護の観念は、産業社会と国際貿易の実情に即して新たな意味を与えられ、あるいはその潜在力をより広範に発現した。とりわけそれは世界市場の分割と不利な競争条件という現実に直面する英国産業を防衛するという責務に加えて、失地回復のための合理化の促進と産業再編の断行という将来展望を正当化するうえで鍵となる概念であった。そのさい政府の自律性や権威、帝国の統合といった伝統的諸理念もまた、政策転換のための主張のうちに効果的に編みこまれた。これらの古き観念は新政策のために基盤を提供するのみならず、政治的言説のなかに繋ぎとめられることでそれじたいが新たな活力と意義を得た。その主張はまた、今や有権者の無視しえぬ部分を構成していた労働者の目に魅力的に映じるよう構成されなければならなかった。すでに本章第二節第一項で触れたように、政治家の修辞術がその政治的自律性の源泉と目されるのは、有権者と政治家じしんの利益にかんする観念の形成にあたって決定的な役割を果たすからである。だが、的確な「目標再定義」をつうじてその主張の持続的かつ広範な受容可能性を高める努力なくして、その効果を十全に発揮することはできない。その意味でただ単に経済的諸利益の圧力と要求に従うのではなく、また単に党の伝統の惰性にもたれるのでもなく、時としてたがいに矛盾する諸理念さえ調整し、融合させながら「共通善にかんするなんらかの概念をかくも具体的なかたちで表現する務め（ビーア）」を保守党が果たしえたからこそ、危機における政策革新をこの党の主導のもとでなし遂げることができたのである。

ビーアによる政党文化中心的な政治分析は「政治制度の主要変数の一つで、個人・集団・政党の政治行動を説明する主因としての政治文化をおおいに強調する」という意図においてなされたものであった。[132]その所論を敷衍すれば、知的伝統のなかに深く埋めこまれ、政党文化として成熟した理念は、政治行動の主体と客体、政治目標の内容と手法について、単に正当化のための語彙を与えるだけでなく、時代状況の変化とともに新たに提起された原理や政策の妥当性を吟味し、受容可能かどうかを判断するための基準をも提供する。そのかぎりにおいて既存の政治文化は、特定の政策変化の円滑な実践をしばしば助け、また同程度に（自由党内の原理主義者が集産主義の要請によく対応しえなかったように）妨げもするであろう。

ところで政党党首が既存の理念の創造的再解釈とそれによる政策目標の再定式化を、その自律的な指導力のもとで行うよう強く期待されるとき、このような要請はこの国の統治構造とそのもとで成立した固有の政党文化に由来するものでもあった。というのもこれらの党首は、利益や信条体系の単なる表出ではなく、野党にたいして政権の奪取を、与党にはその維持をめざして力を尽くすよう強い、さもなくば議会からの退場を命じるような英国固有の国制のもとで行動しなければならないからである。できるだけ多数の有権者の支持を持続的に獲得しようとすれば、政党はその政策的・思想的体系を首尾一貫したかたちで練りあげることを断念し、むしろ時としてたがいに相矛盾するほど多様な政治的諸潮流をそのうちに抱えこむ度量の広さを示さなければならない。このことが、一面において政党の団結と統合をある程度危機に曝す可能性を秘めているのは事実である。しかしながら中核的価値観はともかく、政策や争点、手法にかんして一定の多様さ、あるいは曖昧さを容認することは、政党の支持基盤の拡大に繋がるだけでなく、その長期的存続と発展のために不可欠な融通性と創造性を維持するうえで必要なことでもある。というのもアイデアにおける多様性は、諸政党が国家をとりまく環境や国内世論の変化に即応し、創造的な解決策を打ちだすうえで前提となるものにほかならないからである。

ただしピムの見るところ、いかなる斬新な政策提案も、その円滑な具体化のためには非党派的なスタイルで示されなければならない。ディズレイリやマクミランなど保守党指導者がしばしば急進的政策の実施に成功したのは、それを「受け入れやすい形にして見せる」技量に長けていたからである。ピムはこう述べる。「両者は、中道もしくは右寄りの表現を用いつつ、急進的な自由主義政策を遂行した。人は、このような姿勢を、懐疑的で欺瞞的と言うかもしれないが、私はそうは思わない。既に述べたように、具象的でない響き《トーン》、姿勢、アプローチのような要素は、政策に劣らず政治の実体を構成する。国民に受容されやすいように政策に変更を加えることは、あらゆる政治家に直接関連している。それゆえ、保守党政府が急進的たらんとする時には、右寄りの主張であれ左寄りの主張であれ、中道の立場からの主張のように見せかけるべきであると私は信ずる。こうした努力は、国民の分裂を未然に防ぎ、改革の遂行を成功に導くことになる[133]」。

以上を要するに、英国政治において存続能力ある政党には、見解の多様性と融通性を許容する懐の深さとともに、それらによって可能になる政策転換が、できるかぎり広範な有権者に利益をもたらすものであるかのように提示する能力が欠かせない。そのような能力があってはじめて、環境変化や世論の動向を横目で睨みながら、そのつど内在する政策的諸傾向のバランスを調整し、公共善にかんして多数派の同意を得る見込みが高いがゆえに最適と思われる選択肢を構築することができるからである。英国の選挙制度は政党にたいして単に部分利益や特定イデオロギーの代弁人に留まることなく、つねに政権党、あるいはこれに匹敵し、とって代わりうる「公式反対党」に成長・発展することを要請する点で大陸欧州のそれよりはるかに厳しい要件を政党に課しており[134]、候補者当選のためには高度の包容力を維持することが求められる。だからこそ、そもそもイデオロギーの実現よりも権力獲得を至上命令とする保守党のみならず、すでに見たとおり、よりハードな思想的基盤に立脚する自由党や労働党でさえ、政策と方向性における一定の振幅と多様性を許容せざるをえなかったのである。その意味で、近代英国における自由放任から集産主義への変容過程と、それが惹起した諸理念の闘争を観察することによって我々が目のあたりにするのは、英国の政党を育んできた無慈悲なほど競争的な統治構造の特質にほかならない。

国制のなかの政党政治

イギリスにおける政党政治の歴史的展開をふり返るとき、バークが一八世紀における政治的実践をつうじて定式化したような政党理論が、主体や環境の変容にもかかわらず、英国の議会と政党に特徴的な諸機能を説明するうえでなお妥当性をもつことが明らかになる。『現代の不満の原因を論ず』において、恩寵の分配を用いて形成された宮廷派（「王の味方《キングズ・メン》」）による影響力の拡大と国政の壟断に抵抗すべく、バークが結成を呼びかける「政党とは、全員が同意する何らかの特定の原理に基づいて、共同の努力により、国益増進のために結束する人間集団である」(135)。近代政党の「名誉ある結合」の原理について高らかに宣言したこの言葉には、政党人の然るべき行動様式にかんする様々な要件が凝縮されている。たとえばそれはヴェーバーさながら意図における正しさだけではなく、結果における正しさをも要求するものであり、それゆえに独善的孤立ではなく、目標実現のための効果的手法として連帯を促すものである。けだし「正しいことは知らされるだけでなく、広く行われるべき」だからである。他方、そのような強固な団結だけが、反対者の分断と寝返りを狙ってなされる権力からの誘惑にたいして、個々の議員の自律性を守る防壁を提供する。というのも「人々がともに連携しているあいだは、いかなる悪しき目論見についても容易にかつ即刻警鐘を鳴らす。彼らは知恵を出しあってその意図を見抜き、力を合わせてそれに反対することができる」からである。この政治的結合に凝集力を与えるのは「統治における指導的一般原則」であるが、これは所属政党の見解への盲従や自由な判断力の放棄をその成員に求めるものではなく、実現すべき公益についての協調・協力の用意を問うものである。かかる政党が宮廷党の影響力を払拭するとき、あらためて議会はその政治的自律性を回復し、さらに国王は、反民衆的な阿諛追従の徒党ではなく、民衆の信託によって重みを増し、それゆえに行政権力を効果的に行使しうる政府をもつことができるようになる(136)。

このような政党観、より正確に言えば「野党」観の出現は、議会政治の近代化の過程において一画期をなすものであったが、しかしいかなる国の政党政治の実践においても均しく妥当するものとは言いがたい。けだしジョンソンが指摘するとおり、「『野党』はどこにでもある現象であるが、多くの相異なる装いのもとで、そしてその政治的意義において多くの差異を伴って現れる」[137]からである。バークの理想的政党は「高潔なる権力闘争 a generous contention for power」[138]に弾みを得て、多数派の形成による政策の実現と執政部の掌握をめざす点で、近代イギリス政治における政党の役割を予示するものである。これとは対照的に、特定の利益や理念に基づく多数の政党の並存を許容する議会および選挙制度のもとでは、政党は個別利益の擁護や見解の表出、あるいはそれらに基づく政府批判を期待される一方で、それじしんによる政権の獲得や目に見える政治的成果をかならずしも求められているわけではない。なるほどそれらもまた選挙後の勢力分布状況を睨みながら連立交渉を行い、〈事後的に〉政権参加を果たすことは可能であろう。しかしながら、それは政府をみずから構成すべく力を尽くし、いったん敗北を喫したとしても首班奪回を期して次の選挙まで待機する「代替的政府（ジョンソン）」たるよう求めるバークの政党像とは意味あいを異とするものである。じっさいに英国の野党第一党は、「陛下の反対党」と公称されるように、現在の政府にたいする、制度化された代替的選択肢としての地位を獲得した。ジョンソンによれば、議会政治の歴史的展開の結果、在任中の政府にたいする異論は「広教会」風の——つまり、非教条主義的で寛容な連帯を重視する——見地に立つ政党のもと「一つの声」にまとめあげられるよう促されてきたのであり、ひるがえってこのことは有権者が選挙を政権選択の「真の機会」として認識することを可能にしてきた。このように英国の野党は、反政府勢力がほとんど一党に集中している点、さらに「公式反対党」の党首の地位に示されるとおり、憲法上・形式上の地位を獲得してきた点で、他の議会制民主主義諸国の野党とは異なる特質を備えている。別の角度から見れば、このような野党の地位は、二大政党間での政権交代と単独政党による政府の掌握という国制の全体的特徴と不可分の関係にある。すなわちかかる野党観念は、民衆の信託を得た政府の正統性と選挙の意義にかんする別の諸観念と一体のものとして、発展してきたのである。

ジョンソンが「英国の憲法 constitution」すなわち国制は、法的というよりはむしろ「本質的に政治的現象なのだ」と喝破したのも、国民・政党・議会・政府のあいだで作用する動力学的関係を重視したからにほかならない。イギリスの政党に特徴的な行動様式もまたこの力学に導かれるかたちで動態的に発展してきたのであり、その機能もまた形式的・理論的にというよりはむしろ、歴史的実践をつうじて具体的に生成されてきたのである。[139]

結びにかえて――戦後における「敵対」と「合意」の政治

福祉国家をめぐる戦後合意の成立

近代ヨーロッパに普遍的に見出される集産主義政策が、英国においては政党主導で実現されてきたこと、それは産業化に伴う社会的・経済的利益構造の変容の単なる受動的反映というよりは、英国に特徴的な政治制度によって行為主体に強いられる圧力にたいして能動的かつ創造的に応答した結果とみなされることを、一九世紀から戦間期に到るまでの政党、とくに保守党の政策転換における理念の役割に焦点を定めることで明らかにしてきた。[140]

集産主義の正当性が、第二次世界大戦後の管理経済の実践と福祉国家の構築にかんする超党派的な政治的合意の成立によってあらためて確証され、これに基づく一連の社会・経済政策によって具体化されてきたことは周知のとおりである。戦時連立内閣において「敵をやっつけるための戦いと同様に、何かを得るための戦いをもつことが必要であった（ブルース）」という認識が広く共有されることが戦争遂行だけでなく、戦後復興の見取図を描くうえでも重要性をもった。[141] しかしながら、福祉国家の建設と戦後集産主義の進展という課題を実現する担い手として、一九四五年七月の総選挙において国民の信託をまず克ちとったのは、アトリー率いる労働党であった。戦時内閣において実務経験を重ねたことに加えて、まさに党の公式イデオロギーが国家による経済統制（とそれによる社会・経済構造の変革）を積極的に肯定するするものであったがために、労働党こそこの使命を遂行するうえでより適任であると期待されたからである。他方、圧政と統制からの解放という理念によってみずからを鼓舞していたために、保守党では党内自由主義翼が勢いを盛りかえしていた。(142) かくして保守党は、労働党とも、また戦前の保守党じしんとも異なり、戦後の社会経済秩序を支える礎石をしばしば自由に求める一方、選挙にさいしては労働党とその社会主義への敵対的姿勢を強調し、福祉国家確立の展望については曖昧な態度をとった。このことは三〇年代以後の保守党においてもなお理念の多様性は損なわれることなく、外的状況いかんによっては、集産主義と自由主義との力関係が変化し、目標の再定義が生じうる可能性があったことを示すものである。しかしながら、選挙戦で敗北を喫するやいなや、保守党は徐々にその進路を時流に沿って変更しはじめた。実業界の一部からは「桃色の社会主義」と批判された「産業憲章」（一九四七年）に見られるとおり労働党の成果を追認し、集産主義の隊列に復帰することを選んだのである。選挙勝利のためになされるべき考慮、党指導部のイニシアティヴ、さらに途絶えることなく受け継がれた党内の集産主義的な知的伝統はこのときにも力を発揮し、保守党をして国民的コンセンサスの確立に参画するよう促した。(143)

他方、労働党はいまや名実ともに保守党の代替的選択肢として認知され、政権党ないし政権党候補としての地位を確立したが、このことは労働党の選挙戦略においてイデオロギーの果たすべき役割に大きな変化をもたらした。前述のとおり、労働党による社会主義イデオロギーの採択は、それまで従属的に提携してきた自由党からみずからを差別化し、政治勢力として自立し、これにとって代わるかたちで政権の選択肢として名乗りを上げるためには欠かせない決断であった。ところが、戦後じっさいに労働党が選挙に勝利し単独政権の獲得に成功したその瞬間から、党はイデオロギーの現実政策への翻訳可能性という難題に直面せざるをえなくなった。政権獲得が労働党とその理念につきつけた困難と帰結について、ビーアの所論にしたがってまとめれば次のようになる。[144] 計画経済への道には、英国の行政構造の多元性と諸部局の自律性、政府・党・組合関係の間接性のために、数多くの障碍が待ちうけていた。とりわけ自発性尊重主義への労組の伝統的執着は依然として頑強であり（本書第二章参照）、労働力の配分にせよ賃金水準にせよ、個別労組の同意と協調なくして党と政府はその意志を貫徹することはできなかった。労働党による政権掌握は、計画経済にかんするそのヴィジョンを実現させるに足るほどの統制力をこれに与えたわけではなかったのである。

しかし、現実の体制がイデオロギーの命じるとおりに再編成されないとしても、そのことはただちに労働者にとって不利益を意味したわけではない。その利益は、政権の担い手がどの党であるかにかかわらず、保護されあいは増進されることになった。労働者の富は着実に増し、さらに戦時コーポラティズムおよび労働党政権下で獲得された利益と発言権も、保守党によって帳消しにされることなく戦後コンセンサスのうちに組みこまれ、制度的かつ持続的な安定性の基盤を克ちとっていた。総力戦の経験をつうじて労働力の死活的重要性にかんする認識が階級横断的に浸透するとともに、労働者による政治権力の「共有」にたいする既成エリートの懸念も弱まった。ひるがえってこのことが元来「革命」という窮極目標への心情的加担を促す主因ともなってきた、労働者階級の疎外感や階級社会における劣等意識を緩和させることにも寄与した。かくして、戦時総動員体制と戦後福祉国家における労働者の体制内化と地位向上は、労働者階級の動員・統合・急進化においてイデオロギーが果たす役割を相対的に低下させる効果を伴っていたのである。

もっとも、理念の一貫性にたいする潔癖性よりも、権力の把握と維持が優先されたために政策転換に比較的柔軟に対処しえた保守党に比べると、理念の解釈と現実への適用をめぐる党内論争は労働党においてより分裂的で、感情的な対立さえ惹起する傾向があった。政策革新や党内構造改革をめぐる提案は、容易に原理主義者と修正主義者の対立のきっかけとなったからである。かつては党と階級の団結はイデオロギーによって担保されたが、その凝集力が弛緩するとき、それにもかかわらず結束を維持しようとすればなおさら、年金の受給額や教育機会の均等化のような具体的な労働者階級の利益の増進に訴えることが重要になる。逆に言えば、かまびすしい論争がなされているその最中でさえ、利益に基づく紐帯がイデオロギーの訴求力低下を埋めあわせ、戦後労働党における政策の方向性と党の団結を確保するうえで実質的な意義を担った(145)。他方において、このようなかたちで利益表出と政策提言がなされるかぎり、政党間の見解の相違は質的というよりはむしろ量的な差異とみなしうるものとなり、その意味で保守党との敵対政治は見かけほど深刻なものではなく、程度問題へと容易に転換された。選挙はレトリックこそ攻撃的であったが、福祉国家と管理経済にかんする合意が存在するかぎり、その実質は社会・経済政策をめぐる入札制度という性格を帯びたのである。

階級の衰退と政党政治へのインパクト

イデオロギーの役割低下は、同時に階級の衰退とも関連している。戦後政治の選挙行動にかんする分析は有権者が頻繁に階級横断的な投票行動を行うこと、逆に言えば選挙結果の説明因子としての階級投票の意義が低下していること、時には選挙における動員戦術上、階級以上に地域的特性への配慮が重要性を増していることを明らかにし、あるいは根本的には経済的変化と職業構造の変容の結果、旧来のような階級編成は社会的・政治的分断にとって少なくとも第一級の意味を失い、断片化と流動化の度合を強めていることが指摘されてきた(146)。くわえて労働者階級の所得増加のために、労働党によるイデオロギー的動員のみならず、保守党による〈敬譲〉文化への働きかけもまた、労働者階級の票を獲得するうえで十分な効果を発揮しえなくなったとき、断片化し流動化した有権者の支持をめぐる闘争の焦点は階級的自己意識を刺激するような形態からますます離れるようになった。すなわち、経済政策上の論点も産業国有化の是非から公的支出の規模をめぐるそれへと、質的というよりはむしろ量的な争点へと移った。[147]メーアが指摘するとおり、[148]かつて政党政治は「民主的階級闘争」と観念されていたが、もはや階級は物質的利益であれ信条体系であれ、有権者と政党を結びつけるアイデンティティと忠誠心の拠り所として顧みられることがますます少なくなっている。他方で政党もまた国際的政治・経済環境の激変のために政策面で確固たる独自性を打ちだす余地はいっそう縮小しており、そのぶん諸政党の主張に明確な相違点を見出すことも困難になっている。かくして選挙民中の有力部分集団の利益と見解を国政の場に媒介するという政党の伝統的な「代表機能（メーア）」が相対的に衰退し、ひるがえって階級もまた政党の支持構造を規定しえないとすれば、[149]現代の政治的主体はみずからを部分利益ではなく、あたかも全体利益の代表者であるかのように提示するよう努めなければならない。[150]今や党の安定的な支持層の忠誠心をあてにするよりも、他党のそれを含めて流動化する有権者からどれだけ票を奪えるかということが、選挙の勝敗を左右する試金石となるからである。

この政党政治を突きうごかすメカニズムの変容のために、諸政党は選挙民の選好にいっそう敏感に対応するよう求められた。サルトーリが指摘するとおり、勝利をめざす政党は左右両極の中間に位置する穏健な、浮動票層の選好にとりわけ注意深く反応しなければならないが、このメカニズムを介して政党間の政策距離はますます縮減し、そのぶん合意の持続もいっそう容易になった。[151]逆に言えば、一見階級間の抜き差しならない敵対関係として立ちあらわれる二大政党による選挙政治も、一皮めくれば移り気で、流動的な、相対的に均質な有権者の票をめぐって展開されていた。それは、実質的に体制の抜本的変革ではなく、分配基準の微調整に関わるものであったという意味で、「合意」の政治に本質的に依拠していたのである。かくして敵対政治の見かけの背後で、コンセンサス政治のための土台が築きあげられた。穀物法撤廃後のヴィクトリア時代の「自由放任」、英国産業の衰退と第一次世界大戦に伴う「集産主義」、第二次大戦後の「管理経済」と「福祉国家」は——あるいは悪性インフレと高失業を経たのちの「新自由主義」でさえ——異論を免れることはなかったとはいえ、主要政党にとって共通の拠り所となった。別の角度から見れば、時代のコンセンサスに参加することこそ、競争的二大政党制においてゲームのプレイヤーたりうる必要条件を構成していたのである。

保守・労働両党による二大政党制は、その出発点において階級政治であった。すなわち、階級間の不平等という社会的現実がもたらす政治的危機をどう克服するかという問題をめぐって、たがいに相異なる処方箋を掲げる諸政党による立憲的闘争として発展してきた。しかしながら、それは結局のところその出口において、政治経済構造にかんする合意を共有したうえで「政権を握るのは誰か」という問いをめぐって国民の好意的反応を克ちとるべく、たがいに相争うような競合関係に帰着したのである。

ポスト階級社会におけるイギリス政党政治

しかし二〇世紀後半に到るまで集産主義の進展を導いてきたイデオロギーと社会構造が、まさにその政策の成功によって空洞化し、解体されつつあるなか、ポスト階級社会の政治のための理念と語彙が知的伝統のうちに探しもとめられていた。サッチャーによる政策革新はその決定的転機であり、久しく潜行していた党内自由主義翼の伝統を党首の強力なリーダーシップのもとで蘇らせた。それは個人の自立と自由選択、ひいては市場への信頼を軸として改革推進のための知的基盤を構築した。他方、ニュー・レイバーはみずからをその伝統的な支持集団たる労働組合から解きはなつと、従来からすれば異質な要素による支持さえ求めはじめた。「政党にとって、特定の基盤がないことは真空状態で孤立することに等しい（クラウチ）」以上、ニュー・レイバーはこの空間に金融志向の新型企業を迎えいれることを決意し、かくして保守党との違いはますます曖昧なものとなった。[152] キャナダインが指摘するとおり、今やブレアは、然るべき社会像を描くにあたって〈階級〉という言葉を意識的に回避し、共同体や合意、

「ミドル・ブリテン」という言葉を用いるようになった。それは「ミドル・イングランド」に新自由主義以後の英国の理想像を求めたメージャー同様、「二つとも呪われた言葉である『階級』を集団的社会的区分としては実際に使わないで、中流と信じるものについて語ろうとするポスト・サッチャー期の試み」にほかならなかった。[153]その結果若干の特色をそこに加えはしたものの、ニュー・レイバーが経済政策の基本原則にかんするかぎり保守党政権が敷いた軌道に従って前進することを選択したとき、二大政党間の政治的合意は更新され、[154]さらなる敵対政治のための新たな基盤が構築されることになった。

この政治的・イデオロギー的再編成の過程は、一面において二大政党のあいだで繰りかえされてきた合意の刷新パターンを再現し、これに新たな事例を追加したものとみなすことができる。他方においてそれは一九世紀中盤以来、対立する諸政党が統治の手法と内容にかんする固有の見解に正統性を附与するために依拠してきた従来の理念や語彙、然るべき政治的・社会的秩序像の有効性の低下を示唆するものである。

しかしながら「階級」という言葉で描かれてきた分極的社会像、そこから引きだされる社会統合の担い手としての政党の自己像が動揺に曝されたことは、労働党以上に保守党、わけても伝統的トーリー主義にたいしてより多くの知的課題を突きつけたように思われる。ピムが指摘するとおり、トーリー特有のパターナリズムは、社会とそこにおける政治の役割にかんして、抽象的人間像に基づく理想的社会像を掲げてきたマルクス主義者や、社会を構成する階級や中間団体の競争的個人への解消を構想してきた自由主義者とは異なる前提に依拠していた。そこで社会は地域的・階層的特色によって多彩で、非画一的な相貌を呈するものとして思いえがかれてきたのであり、ひるがえって不公平の是正と全体的調和の実現によって「国民的統一」を図ることにトーリーはその統治の正統性の拠り所を求めてきたのである。[155]すなわち所有をめぐる社会的分断、分断された社会集団内部での連帯、そして集団間での対立抗争という現実があったからこそ、超越的な権威のもとでの政治的統合というトーリーのメッセージは訴求力をもちえたのであるが、[156]右のような諸前提は戦後社会の変容とグローバル市場への順応圧力のもとでそのリアリティを著しく喪失してきた。かくしてサッチャーは社会の階級的編成を前提とすることなく、所有する個人にたいして直接支持を求める一方、社会的宥和にかんする配慮を後回しにしてでも、市場における経済的競争条件の整備にその政権の歴史的使命を見出した。それは統治の対象となる社会そのもののイメージのみならず、政府が担うべき責任にかんする観念の転換をも伴っている点で、伝統的トーリー主義との訣別を意味した。

それにもかかわらず、たとえ市場の尊重が経済政策にかんする時代のコンセンサスであるとしても――どのようなかたちであれ――新たな周縁の（再）出現と社会的分断の（再）形成を免れず、それゆえに宥和と統合にたいして政府が責任を担うことへの期待がそこから活力を獲得しつづけるかぎり、市場と社会のあいだにいかなる均衡を打ちたてるか、そのさい政治の役割をいかに位置づけるかといった問いが、完全に意味を喪ってしまうことはないであろう。二〇一〇年の総選挙ののち一三年ぶりに政権復帰を果たしたキャメロンの保守党が、新たなコンセンサスをどのように継承し、あるいは転回させるのか現時点では判然としない。くわえて欧州統合の進捗や分権化の進展、さらに自由民主党との連立が、英国の伝統的国制に――選挙制改革の提案は国民投票によって一蹴されたものの――いかなる変化と危機をもたらし、その将来にいかなるインパクトを及ぼすかといった問題は本書の主題にとって重大な関連性をもつが、これらについて展望を記すことは現在の筆者の手に余る。しかしながら、来るべき変化を観察するにあたって、英国の場合、なにより政党のイニシアティヴと議会の機能への注目が依然として不可欠であることは疑いを容れないであろう。政党が政治と市民の結節環であり、社会的統合の担い手たらんとし、そして民主的正統化を経た政治権力の掌握をめざすかぎり、それは分断の現実と癒合の方法についてなお語りつづけなければならないからである。

註

（1）Sidney Webb, *Socialism in England*, London : Swan Sonnenschein, 1890, p.116f.

（2）Beer, *Britain Against Itself*, p.10f.

（3）Greenleaf, *The Rise of Collectivism*, pp.31-42.

（4）Andrew Gamble, "State, Economy and Society", p.40.

（5）Greenleaf, *The Rise of Collectivism*, pp.47-77.

（6）Asa Briggs, "The Welfare State in Historical Perspective", *European Journal of Sociology*, vol.2 no.2, December 1961, p.223.

（7）*Ibid.*, pp.230f. and 233-238 ; Greenleaf, *The Rise of Collectivism*, pp.83-100.

（8）Greenleaf, *The Rise of Collectivism*, pp.102-111.

（9）*Ibid.*, pp.168-177. グリーンリーフが引用するとおり、「文明論」においてミルは伝達・運輸技術の発展がもたらした社会的変化とその影響力にかんして鋭い洞察を記している。文明と未開の違いを協同の有無に見出すとともに、その基盤を財産と知性の偏在（未開）ではなく、全般的普及（文明）に求めるミルにとって、一九世紀第三・四半世紀におけるめざましいばかりの文明化の進行は、資本主義の進展と新聞・交通機関の発展に立脚していた。とりわけ、そこでは新聞が大衆の団結に与えた影響が重視される。「新聞は、多くの人々の声をすべての人々に届け、すべての人々は、新聞によって他のすべての人々が感じていることを自分が感じていることと同様に知り、自分の心構えができていれば、他の人々も彼らが感じていることに基づいて行動する心構えができていることを見出すことができる。（略）同時に異口同音に語る数百の新聞と交通機関の改善によってもたらされた伝達の急速性こそ、選挙法改正法を実現した決然たる意志のあの同時的で精力的な示威に全国を団結させることを可能にしたのである」。ただし、ミルはマス・メディアの影響についてまったく楽観的であったわけではない。なぜならそれは大衆が優れた少数者の意見より、頻繁に大量に書き流されたものを十分吟味することなく読み流し、鵜呑みにする傾向をも助長するからである。J・S・ミル（山下重一訳）「文明論」同（杉原四郎他訳）『J・S・ミル初期著作集・第三巻』御茶の水書房、一九八〇年、一八三―一九〇および二〇〇―二〇四頁。

（10）Greenleaf, *The Rise of Collectivism*, pp.201-228 ; Briggs, *op. cit.*, p.239f.

（11）Gamble, *op. cit.*, p.31f　したがってギャンブルによれば「国家は中立的な方法で組織されているのではない」。というのも「構造的バイアス」のために「特定の目標や利益がその他にたいして優先されることになる」からである。なお「市民的結合体 civil association」が事業目的・内容ではなく、選択と行為にさいして服すべき諸条件を規定する「市民の法の権威への共通の承認」に立脚しているのにたいして、「企業体的結合体 enterprise association」において人々を結びつけるのは「共通の目的」とその遂行のための行動である。Michael Oakshott, *On Human Conduct*, Oxford : Clarendon Press, 1975, pp.313-326. 邦語による要約として、マイケル・オークショット（野田裕久訳）『市民状態とは何か』木鐸社、一九九三年、二二七―二三四頁。

（12）比較史的因果分析における一致法と差異法については、スコチポル、前掲、三五一―三五二頁を参照せよ。

（13）以上については、*State Formation, Nation-Building, and Mass Politics in Europe*, p.227 ; 拙論、前掲、二八―二九頁を参照せよ。

（14）*State Formation, Nation-Building, and Mass Politics in Europe*, p.246f. ; 拙論、前掲、二一―二二頁。

（15）Briggs, *op. cit.*, pp.246-251.

（16）拙論、前掲、一七―一九頁。

（17）ジョン・ブリュア（大久保桂子訳）『財政＝軍事国家の衝撃――戦争・カネ・イギリス国家１６８８-１７８３』名古屋大学出版会、二〇〇三年、八九―九〇頁 ; 青木康「選挙区・議会・政府」近藤和彦編『長い18世紀のイギリス――その政治社会』山川出版社、二〇〇二年、八二―一一四頁。具体的には摂政法（一七〇六年）によって明示的に下院議員との兼任を禁じられた官職以外の官職を保有するにあたって議員辞職が求められた。ただしその後行われる補欠選挙に出馬して、議員に返り咲くことは妨げられていなかった。

（18）メイトランド『イングランド憲法史』五二五―五二六頁。

（19）さらにグリーンリーフは、政府の執行権力にたいする国民の信頼は能力主義に基づく官僚制改革とそれによる貴族制的ネポティズムの排除が進むにつれて、いっそう強化されたとも指摘する。Greenleaf, *The Rise of Collectivism*, p.231f.

(20) Joseph Chamberlain, "State Socialism and the Moderate Liberals", in *Mr. Chamberlain's Speeches*, ed. by Charles W. Boyd, vol.I, London : Constable, 1914, pp.161-166 ; Greenleaf, *The Rise of Collectivism*, p.216.

(21) Michael Moran, "Estates, Classes and Interests", *Fundamentals in British Politics*, p.185.

(22) Beer, *British Politics in the Collectivist Age*, p.32.

(23) R. C. K. Ensor, *England 1870-1914*, Oxford : Clarendon Press, 1936, p.387. ここでエンソーが念頭に置いているのは、一九〇六年総選挙における自由党大勝とそれにたいする保守党の反動的応答である。この選挙は五三名の労働系議員を誕生させたように、英国における大衆民主主義の到来を予感させた。これにたいして両院の統一党（保守党）指導者ランズダウン侯（貴族院）とバルフォア（庶民院）は、貴族院の拒否権発動による自由党提出法案の成立妨害を画策するのであるが、このような策動の心理的淵源をエンソーは彼らの貴族的出自と、エリート主義的議会観念への固執に見出しているのである。

(24) Beer, *British Politics in the Collectivist Age*, pp.52-61 and 255-261. ビーアによれば、全国自由党連盟の自由党にたいする影響は、全国同盟の保守党にたいするそれに比べると、より強力であった。後者が選挙法改正による参政権拡大という事態を受けて、一貫して党指導部の指導のもとに、大衆的支持の〈上から〉の動員を目的として組織されたのとは異なり、前者は急進民主主義の理念に基づくものであり、綱領策定への参加権だけでなく、候補者選定にたいする民衆の決定権を打ちたてることさえ視野に入れていた。この点で保守党に比較して、自由党はその下部大衆組織との関係でより大きな緊張に曝されたのは事実だが、それにもかかわらずビーアは、連盟総会が最終的拘束力を有していたとは考えておらず、少なくともそれに匹敵するほどの党指導者の主導性と自律性を認めている。

(25) Moran, *op. cit.*, p.182f. なおカウリングは第一次世界大戦後の英国政治に生じた精神的「真空状態」にたいする政治家の対応を分析するための焦点の一つとしてレトリックを挙げている。彼によれば「政治的レトリックは、選挙民のために新しい目印を提供しようとする試みだった」。このとき政治家は選挙民の願望の単なる代弁者なのではない。首尾よく修辞術を駆使しうる政治家は、彼の発語がまさに選挙民の願望そのものだったと感じさせることのできる政治家なのであり、その意味で政治家の発語行為とは「言葉による黙従を確保する試み」なのである。Maurice Cowling, *The Impact of Labour 1920-1924*, Cambridge University Press, 1971, p.5.

(26)　以下、デヴィッド・キャナダイン（平田雅博・吉田正広訳）『イギリスの階級社会』日本経済評論社、二〇〇八年、一二、二五―二六、二七九―二八一および三〇四頁に従って論述する。

(27)　同上、二八一頁。

(28)　William Flavelle Monypenny and George Earle Buckle, *The Life of Benjamin Disraeli, Earl of Beaconsfield*, rev. ed., vol.3., rpt., New York : Russell & Russell, 1968, p.709 ; Beer, *British Politics in the Collectivist Age*, p.264.

(29)　Webb, *op. cit.*, p.3.

(30)　Beer, *British Politics in the Collectivist Age*, p.92.

(31)　Greenleaf, *The Ideological Heritage*, pp.189–192.

(32)　フランシス・ピム（戸沢健次訳）『保守主義の本質』中公叢書、一九八六年、三〇三―三〇七頁。ピムは保守党の有力政治家としてサッチャー政府の重要閣僚ポストを歴任したが、同時に「ウェット」派の代表者としてサッチャーの急進主義的な政治哲学と政治スタイルに批判的な態度をとりつづけ、ついに閣外に追われた。ダンレヴィが指摘するとおり、保守党においては「伝統的に露骨なイデオロギーそのものが軽蔑されてきた」が、「露骨な新右派イデオロギーの強力な擡頭を伴うサッチャー時代」は党内に違和感と不満を掻きたてた。ダンレヴィによる現代保守党の主要諸潮流にかんする四分類にしたがえば、ピムはディズレイリ流の「一国」保守主義を継承し、社会政策の必要性を受けいれる「トーリー・パターナリスト」を代表するのにたいして、サッチャーは経済合理主義に基づき国家介入の最小化とそれによる市場と個人の活力再生をめざす「市場自由主義者」である。Patrick Dunleavy, "The Political Parties", in Dunleavy et al (eds.), *Developments in British Politics 4*, New York : St Martin's Press, 1993, pp.125–129. さらに保守党におけるサッチャーの異端性については、拙論「サッチャー政治における〈ポピュリズム〉――ホールの「権威主義的ポピュリズム」論をめぐって」島田幸典・木村幹編『ポピュリズム・民主主義・政治指導――制度的変動期の比較政治学』ミネルヴァ書房、二〇〇九年、一八〇―一八二頁。

(33)　ピム、前掲、二〇九―二一〇頁。

(34)　Beer, *British Politics in the Collectivist Age*, pp.94–98 and 245f.

(35)　以下、*Ibid.*, pp.91–94, 98–102 and 266–268に従って論述する。

（36） Geoffrey G. Butler, *The Tory Tradition : Bolingbroke, Burke, Disraeli, Salisbury*, London : John Murray, 1914, pp.94–99.

（37） 「イングランドの新世代の貴族は、シビルよ、君が思いつづけているように暴君でも、抑圧者でもない。彼らの知性は君が思う以上に聡明で、その心は地位に由来する責任を受けいれている」。Benjamin Disraeli, *Sybil, or, The Two Nations*, ed. by Sheila M. Smith, Oxford University Press, 1981, p.276f. ; Beer, *British Politics in the Collectivist Age*, p.267.

（38） ロバート・ブレイク（早川崇訳）『英国保守党史――ピールからチャーチルまで』労働法令協会、一九七九年、三一頁。

（39） Greenleaf, *The Ideological Heritage*, p.204.

（40） キャナダイン、前掲、七八―七九、一五三および二七七頁。

（41） Beer, *British Politics in the Collectivist Age*, p.268f.

（42） Mill, *op. cit.*, pp.260-263.［一一三―一二〇頁］慣習尊重を当然視する保守主義者とは対照的に、ミルは「慣習の知的な遵守、あまつさえ時には慣習からの知的な逸脱すら、盲目的で、単なる機械的な慣習墨守より優れている」と論じる。

（43） Samuel Smiles, *Self-help, with Illustrations of Conduct and Perseverance*, new ed., London : John Murray, 1887, p.1. 「自助の精神こそが、（略）国民的活力と強さの真の源泉を構成する」と信じるがゆえに、国家干渉にたいする彼の態度もまた明快である。「最良の制度でさえ、人にいかなる有効な援助も与えることはできない」。ただし、ブリッグズによれば、スマイルズを自由放任の徒とみなすことはできない。彼が強調するのは、各人の向上を妨げる「不可抗力」は、国家干渉ではなく、ただ各人の内面においてこそ克服されうるという点であり、それゆえに「自助」の伝道をつうじてヴィクトリア人の道徳的改善を導こうと試みたのである。ブリッグズ、前掲、一六三―一六六頁。

（44） Greenleaf, *The Ideological Heritage*, pp.49 and 52.

（45） 以下、Beer, *British Politics in the Collectivist Age*, pp.34-37に従って論述する。

（46） マルクス／エンゲルス（大内兵衛・向坂逸郎訳）『共産党宣言』岩波文庫、一九五一年、第一章。

（47） Greenleaf, *The Ideological Heritage*, p.38.

（48） Beer, *Britain Against Itself*, p.12.

(49) キャナダイン、前掲、一五四―一五五頁。
(50) Monypenny and Buckle, *op. cit.*, p.709 ; Beer, *British Politics in the Collectivist Age*, pp.267 and 271.
(51) Jon Lawrence, "Class and Gender in the Making of Urban Toryism, 1880-1914", *English Historical Review*, no.428, July 1993, pp.634-642.
(52) 飯田操『パブとビールのイギリス』平凡社、二〇〇八年、一六五―一九五頁。
(53) 小関隆『プリムローズ・リーグの時代――世紀転換期イギリスの保守主義』岩波書店、二〇〇六年、とくに第二および三章：キャナダイン、前掲、二〇二頁。
(54) Amery, *op. cit.*, pp.14-21 ; Beer, *British Politics in the Collectivist Age*, p.95f.
(55) 〈信託〉とトーリー民主主義との親和性は、保守党の院外組織の形成に尽力したゴーストの言葉にも垣間見える。「トーリー民主主義の原理は、政府全体がただ被治者の福利のためにのみ存在するということである。（略）公的機能を委託されている者はすべて、じしんの階級ではなく、国民全体のための受託者なのである。（略）それが民主的なのは、人民の福祉がその至高の目的だからである。それがトーリーなのは、この国の諸制度がこの目的を達成するための手段だからである。」Monypenny and Buckle, *op. cit.*, p.709. ただしゴーストは「将来の労働者階級保守主義の信奉者（ブレイク）」であり、この解釈はトーリー民主主義の「民主主義」的要素を強調しすぎるきらいがあることは附言しておかなければならない。保守党組織改革におけるゴーストの役割と政治的見解については、ブレイク、前掲、一七四―一八二頁。
(56) 小関、前掲、四―六、九五―九八頁および第四章 ; Beer, *British Politics in the Collectivist Age*, p.272.
(57) ピム、前掲、三〇九頁。
(58) Beer, *British Politics in the Collectivist Age*, pp.273-276.
(59) 以下、Greenleaf, *The Rise of Collectivism*, pp.23-28に従って論述する。なおカーライルの引用はThomas Carlyle, "The Present Time", in id.(ed.), *Latter-Day Pamphlets*, London : Chapman and Hall, 1850, p.24に拠った。
(60) すでに触れたとおり、二〇世紀初頭に到るまで宗教的ないし領域的亀裂は、社会経済的亀裂以上に強烈な分断作用をもつとともに、後者にたいして横断的に働きかけた。かくして保守・自由両党は、地主・資本家・労働者をその支持基盤として均等に分けあったが、国教会や帝国をめぐる問題についてたがいに鋭く対立した。わけてもアイルランド自治問題は党派間の対立と再編を煽りたてる結果をもたらした。その賛否をめぐる論争は、二大政党間の対立軸を鮮明にしただけでなく、とくに自由党にたいして内部分裂を惹起し、その一部を保守党に追いやることになった。ブレイク、前掲、四七一―五四および一九一―一九二頁。ウィンストン・チャーチルも強力な自由主義的信条の持ち主であったが、同問題のために保守党から出馬することを決断し、かくてみずからを「名前を除いて完全な」リベラルと称した。Greenleaf, *The Ideological Heritage*, p.151.

(61) Mill, *op.cit.*, p.294.〔一九三―一九四頁〕

(62) Greenleaf, *The Ideological Heritage*, p.109f.

(63) かくして干渉の妥当性にかんする周到な吟味と厳格な制約を伴ってはいるが、ミルにおいても売春・賭博・酒類販売にかんする広義の警察行政のみならず、教育・社会政策（婚姻・産児にかんする制約）も正当化される。Mill, *op. cit.*, pp.293-299 and 301-305.〔一九二―二〇四および二〇九―二一七頁〕

(64) 以下、Greenleaf, *The Rise of Collectivism*, pp.8-14に従って論述する。

(65) Winston Spencer Churchill, "Liberalism and Socialism : Speech at St. Andrews Hall, Glasgow, October 11, 1906", in *Liberalism and Social Problem*, 2nd ed., London : Hodder and Stoughton, 1909, p.79.

(66) さらにグリーンリーフは「家族、結社、あるいは全体としての政治社会は中核的属性に言及することでは記述されえない」と述べるが、これでは人々を政治的党派形成というかたちで結集させ、分断するとともに、そのようにして生じた集団を持続させる要素として理念や言説の果たすべき役割について論じることは困難になる。この意味で筆者は、多様な理念的要素の導入・包摂を許容すると同時に、一定の整合性をその言説と行動にもたらす基幹的価値観が所与の政治集団には存在することを前提とする。逆に言えば多様で、時には対立する知的諸要素を機敏な言説操作をつうじて政党の奉じる基幹的価値観に適切に関連づける能力こそ、能動的な政治指導と革新的な政策転換を可能にするうえで欠くことのできない政治家や政党の資質であり、リソースである。

(67) ケインズ（宮崎義一訳）「自由放任の終焉」『ケインズ全集9・説得論集』東洋経済新報社、一九八一年、三四四―三五三頁。原文のイタリック体は傍点、大文字は〈 〉により示す。一九二四年および二六年の講義に基づくこの著名な論文でケインズは市場経済がもたらす弊害の原因を「危険と不確実性と無知」に見出したうえで「政府のなすべきこと

Agenda」の具体例として通貨・信用の慎重管理や企業情報の全面開示、さらに（いささか踏みこんで）「社会全体として望ましい」貯蓄や投資の規模にかんする「何らかの調整された理性的判断行為」、最後に適切な人口政策を挙げる。これらは資本主義に「管理」の要素を持ちこむものであるが、同時に「資本主義の本質的特徴」であり、経済の推進力である「個人の金儲け本能」に立脚している。すなわち、あくまで個人の自発性を前提とし、管理をこれに結合させている点で、ケインズの所論はその標題の与える印象にもかかわらず、自由主義の系譜に位置づけられるべきものである。

（68）　Greenleaf, *The Rise of Collectivism*, p.134f.

（69）　なおサルトーリは自由放任や最小国家を含意する自由主義は経済的な意味におけるそれなのであって、本来政治的教義として成立した古典的自由主義とは厳格に区別されなければならないと強調する。後者の生みの親はロックやモンテスキューであり、その力点は法の支配や立憲主義をつうじた国家権力の抑制と個人の政治的自由の確保に置かれている。言いかえれば、政治的自由主義が関心を寄せるのは、国家の「規模」なのではなくその「構造」なのである。だとすれば、たとえ経済的・社会的領域における政府の役割と機能が拡大したとしても、それは自由主義の後退、ましてや喪失を意味するわけではない。じっさいのところ「いかなる現代国家ももはや最小国家ではない」が、集産主義の進展が避けがたい現象であるとしても、「国家権力の制限の技術」としての（本来の）自由主義の重要性はいささかも損なわれず、あるいはむしろ高まりさえしている。Sartori, *op. cit.* chap.XV. したがってこのような立場からしてみても、権力発動の目的と手法が明確に定義され限定されているかぎり、自由主義のもとにおいて積極的な経済・社会政策を展開したとしてもけっして自己矛盾にはあたらず、両立は可能なものとみなされうる。

（70）　Gamble, *op. cit.* p.27.

（71）　Beer, *British Politics in the Collectivist Age*, p.124f.；関、前掲、一八―一九頁。

（72）　実現されるべきは組合利益か、あるいは社会主義の理念かという問題は、発足当初から労働党（労働代表委員会）につきまとい、党指導部はその調和と均衡に腐心した。関、前掲、六一―六四および七四―七五頁。

（73）　ギルド社会主義については、同上、九〇―九九頁；Greenleaf, *The Ideological Heritage*, pp.417-439を参照せよ。また集産主義的統制に反対し、あくまで産業自治を主張する社会主義運動という意味で、サンディカリズムと職場代表運動は反国家的多元主義の系譜に立つものである。*Ibid.*, pp.495-513.

（74） *Ibid.*, pp.114-121；関、前掲、一四頁。だからこそシドニー・ウェッブは、「社会主義的諸提案にたいして肯定的な世論を漸次準備させた」点においてミルが果たした思想的影響力に注意を促した。Webb, *op. cit.*, p.19.

（75） 以下、Greenleaf, *The Ideological Heritage*, pp.359f., 364-382 and 386f. に従って論述する。

（76） George Bernard Shaw, "Preface to the 1908 Reprint", in *Fabian Essays*, 6th ed. with a New Introduction by A. Briggs, London：George Allen & Unwin, 1962, p.286；*The Diary of Beatrice Webb, All the Good Things of Life*, vol.2 eds. by Norman and Jeanne Mackenzie, London：Virago, 1983, p.60. 日記はロンドンの教区委員会と学務委員会選挙にかんするものだが、引用文に続けて、ベアトリスはこう記す。「もし戦いということになっても、敵方と同じくらい戦闘技術に長けていることについては、私たちには大きな自信がある。しかし戦闘の合間に外交によって、つまりもし彼らが私たちの方向でほんのちょっとでも前進する心積もりがあるのなら、昔の敵方と憚りなく同盟することによってさえ、私たちの大義は促進されるかもしれない。フェビアン主義者は、浸透策の依然として断固たる信奉者なのだ」。

（77） 関、前掲、二八―二九頁。

（78） 同上、二七頁。

（79） 先の日記から十年後、元首相ローズベリー伯（自由党右派）への批判というかたちでベアトリスは自由党への不満を漏らしている（一九〇三年一二月六日）。曰く「自由党の指導者たちは社会改革を真剣に望んでいないが、〔選挙〕競争によってそうするよう強いられるときだけ、実践的なやり方でそれを採りあげるだろう。彼らは表向き嘲り、戦っている愚かな保守主義にじっさいには縋っているのだ」。*The Diary of Beatrice Webb*, p.305.

（80） Webb, *op. cit.*, p.84f.

（81） 関、前掲、一三―一八頁。また関によれば、階級敵と宗教勢力が結託してきた大陸ヨーロッパとは異なり、非国教会の牧師が社会改革を導き、さらに社会主義以前に民主主義が確立していたイギリスでは、唯物論に基づく「激しいイデオロギー闘争を必要としな」かった。三五頁。

（82） 同上、二三―二四頁；Pelling, *op. cit.*, p.116f.［一三六―一三七頁］

（83） Webb, *op. cit.*, pp.12 and 15f.

（84） 関、前掲、六八―七〇および七六―七七頁。

（85）"The Constitution of the Labour Party (As adopted by the Party Conference held in London on February 26th, 1918)", in *Report of the Seventeenth Annual Conference of the Labour Party*, London : Labour Party, 1918, p.140. なお冒頭「生産」に続いて、「分配と交換」の語が附加されたのは、一九二九年の大会においてである。
（86）シドニー・ウェッブが「浸透」作戦から訣別し、労働党の政治勢力としての自立をめざして党の理念刷新に果たした役割については、Greenleaf, *The Ideological Heritage*, p.389f. を参照せよ。
（87）以下、Beer, *British Politics in the Collectivist Age*, pp.82-86, 126-137 and 140-143に従って論述する。
（88）さらにビーアは、党規が掲げる生産手段等の「共有 common ownership」は、伝統的な労働組合運動の中核的価値観である「連帯」と両立可能であったと指摘する。この意味で社会主義イデオロギーの採用は、かならずしも党の来歴とその主要基盤の指向性に背馳するものではなく、「英国の政治文化によって提示された選択肢」としての側面を有してもいた。*Ibid.*, p.249f.
（89）以下、*Ibid.*, pp.137-140 and 144-149 に従って論述する。
（90）関、前掲、八九頁。
（91）美馬、前掲、一六六頁。
（92）*State Formation, Nation-Building, and Mass Politics in Europe*, pp.298-300.
（93）ただし比例代表制には、新興勢力の擡頭によって脅威を受けた既成政党がその地位の保全を図って、言わば防御的な観点から導入を踏みきるという側面もある。*Ibid.*, pp.300-302.
（94）関もまた労働党の社会主義政党への転換を促した背景として戦争の効果に着目するとともに、その理由の一つに戦時中における労組加入者の増加と党の組織強化を挙げる。前掲、一〇〇頁。
（95）Beer, *British Politics in the Collectivist Age*, p.151f.
（96）*Ibid.*, p.161. 保守党は、一九三一年の挙国一致政府成立にさいしてやはり首班をマクドナルドに譲ったが、このときは労働党の分裂というよりはむしろ、連立支持少数派の追放除名という結果に終わった。ビーアによれば、労働党内には目標と手段にかんしてコンセンサスが強固に存在し、保守・自由党に比較して労働党幹部のリーダーシップをより厳しく制約していたが、戦術レベルの党首の裁量は従来平党員や労組からも承認されていた。しかしマクドナルドによる労働者利益に反する政策（財政事情悪化に伴う失業手当一割削減）は、「労働者の利益」という基盤的コンセンサスに抵触する点で背信行為とみなされたために、彼に従って党を割る者は予想されたほど多くはなかったのである。*Ibid.*, pp.153-162.

（97） Moran, *op. cit.*, p.189f.

（98） ブレイク、前掲、二四三頁。戸澤もまたイギリス保守主義における二つの主要潮流としてディズレイリ以来のトーリー・デモクラシーとピール流の市場主義的保守主義を挙げる。前者では「上に立つ貴族階級が労働者大衆を保護する階層的国家体制を守ろうとする」のにたいして、後者は「ブルジョア中産階級の自助と競争の精神を柱とする」。後者は無視できない事実や抗いがたい趨勢にたいする譲歩と妥協が核心にある点で消極的な保守主義だが、前者は新時代に相応しい政治理念の積極的・能動的創造をつうじて自己像と政策目標の再定義を図ることを厭わない。戸澤健次「イギリス保守主義の二大潮流――ベンジャミン・ディズレーリとロバート・ピール」野田裕久編『保守主義とは何か』ナカニシヤ出版、二〇一〇年、五〇および六八頁。両者は一見すると対照的だが、むしろ補完的な関係にあるものと見るべきである。すなわち平時は漸進主義が支配的である一方、危機にさいしては急進的政策転換によって政治的主導権を掌握しえたからこそ、保守党は高度の適応能力と存続能力を維持できたように思われる。

（99） Gamble, *op. cit.*, p.32.

（100） Beer, *British Politics in the Collectivist Age*, pp.277-279.

（101） じっさい三度に亘るその内閣において、たえず蔵相としてマクドナルドに寄りそったスノウドンは伝統的な自由貿易論と市場の自動調整機能を信頼しており、金本位制度と緊縮財政路線を固持する一方、歳出拡大と関税については反対の立場をとった。労働党においてすら正統派の経済学説が幅を利かせたのは、反穀物法運動以来の自由主義がこの党の思想的淵源の一つであったことに加えて、自由通商による貿易拡大こそが大戦からの経済復興と、ひいては欧州における戦争の防止にとって鍵になるものと信じられたからである。関、前掲、一二九―一三一、一五四―一五六および一六九―一七一頁。

（102） この点に関して、バルフォアの言葉は明断そのものである。「旧来の自由貿易論者は、政策の両部門で自由放任原則の首尾一貫した擁護論者だった。彼らの自由貿易擁護論と工場立法への異論は、同根の原則――つまり自由放任原理と個人主義に由来していた。」Greenleaf, *The Ideological Heritage*, p.241.

(103) スコチポルによれば、西欧の産業・民主革命と足並みを揃えて成立した近代社会科学は、その発端からして〈国家〉にたいして冷淡である一方、その主たる関心を市民社会の側に、とりわけ階級や市場によって特徴づけられる経済社会に注いだ。この点では政治的には対極的見解をもつマルクスとスペンサーの逕庭はさほど大きなものではなく、「これら両理論家にとって、一九世紀イギリスの社会経済上の発展は万国の、全体としての世界の未来の前触れであった。」Skocpol, *op. cit.*, p.5f.：拙論「国家概念の危機と再生――戦後国家理論再考」『法学論叢』第一六〇巻第五・六号、二〇〇七年、三〇五頁。

(104) 以下、ケイン／ホプキンズ、前掲、四六―六二頁：Ertman, *op. cit.*, pp.208-223に従って論述する。

(105) ブリュア、前掲、九頁。

(106) デイヴィッド・アーミテージ（平田雅博他訳）『帝国の誕生――ブリテン帝国のイデオロギー的起源』日本経済評論社、二〇〇五年、第五および六章。

(107) 海軍力と自由な国制との相関関係は、ヒンツェによって強調された論点である。ヒンツェは「海軍は大衆に受けのよい機関であり、英国の通商・海防政策の栄誉と実績ある道具であり、絶対主義や軍国主義を想起させるものから自由であり、また絶対主義的な君主がいつの日かそれを議会体制の転覆のために用いることができるのではないかという疑惑からも自由な、この国の真の戦力である」と述べる。畢竟、その国制との関係は、陸軍力との対比において次のように把握されることになる。「国制、あるいは少なくとも公的生活の精神は、大陸の軍制よりも、その重心が海軍力にある軍制をつうじて、より独特で、逸脱的なしかたで影響を被るということははっきりと感じとれるし、事物の本性に適っている。陸軍力は国家の身体じたいを貫きとおし、軍事的に仕立てあげる組織である。海軍力は外の世界に摑みかかる、武装した拳にすぎない。それは、何であれ〈国内の敵〉にたいして用いるには不向きである。陸軍力は多少の差こそあれ、昔から領主階級と密接に繋がっている。それはなお何らかの封建制の伝統を内に秘めているのである。海軍力には封建制を想起させるもののいっさいが欠けている。それはすぐれて産業と通商に奉仕するのである。それは技術や財力がその発展にたいしてもつ高い重要性によってすでに、近代的な生活の諸力と同盟を結んでいる。陸軍力が保守的傾向によって支えられるように、それは進歩的傾向によって支えられる」。Hintze, "Staatsverfassung und Heeresverfassung", S.78 und 82.

(108) リンダ・コリー（川北稔監訳）『イギリス国民の誕生』名古屋大学出版会、二〇〇〇年、第八章。

(109) ギャンブル、前掲、九五頁。
(110) 毛利健三『自由貿易帝国主義――イギリス産業資本の世界展開』東京大学出版会、一九七八年、六―二七、三二五―三四九および三五九―三六〇頁。
(111) 以下、Greenleaf, *The Rise of Collectivism*, pp.102-104に従って論述する。
(112) ギャンブル、前掲、九五―九六頁。
(113) S・B・ソウル(久保田英夫訳)『イギリス海外貿易の研究』文真堂、一九八〇年、八八―八九頁。
(114) 毛利健三、前掲、七二頁。勿論、利益ばかりが自由と帝国との結合の背景にあった唯一のものではない。自由貿易は政治的自由主義を経済において具現するものとみなされ、さらにまた帝国的拡張も自由の世界大的普及という大義に奉仕するものと捉えられた。「良き統治を与え、文明を広め、国際的自由主義秩序を維持する英国の世界的使命」という観念は、軍人や文官、商売人や宣教師を植民地に駆りたてた主要な推力の一つであった。Gamble, *op. cit.* p.38. クリミア戦争を指導した首相、パーマストンの帝国政策もまた、ホイッグ史家トレヴェリアンの手にかかれば、自由への信念と切りはなすことができないものである。たとえ後のジンゴイズムを先取りする気配を漂わせていたにせよ、それは「専制政治に対する自由主義者の敵意を示す」ものであり、「イギリスを代表してパーマストンが取った態度は、不名誉なものでもなかったし、また全く無用なものでもなかった、というのは、それは憲法上の自由がなお列強の間に一人の心からの支持者をもっていることを示したからである」。G・M・トレヴェリアン(大野真弓監訳)『イギリス史 3』みすず書房、一九七五年、一四二頁。
(115) ギャンブル、前掲、一〇三および一八五頁。
(116) Greenleaf, *The Rise of Collectivism*, p.105.
(117) *Ibid.*, p.147.
(118) Greenleaf, *The Ideological Heritage*, p.280.
(119) ブレイク、前掲、二一六―二一七頁。
(120) 同上、二〇九―二一四頁。
(121) ピム、前掲、三一六―三二四頁。

(122) Chamberlain, "The Last Speech : Bingley Hall, July 9, 1906", *Mr. Chamberlain's Speeches*, vol.II, p.364f.
(123) *Ibid.*, pp.365-368.
(124) Greenleaf, *The Ideological Heritage*, p.239f. ; id., *The Rise of Collectivism*, pp.107-109. いったん国内産業保護のための国家干渉が認められれば、それは容易に次なる段階の呼び水となるであろう。たとえばモンドの合理化運動は経営効率の「科学的」改善という観点から、産業再編をつうじた価格と生産の管理を図ったが、さらに産業競争力向上のために国家による援助や介入も正当化された。それは必然的に通商上の保護以上のものを意味したが、関税はこの点とも無関係ではなかった。というのもビーアによれば、重商主義的な保護の提供あるいは拒絶の判断をつうじて、政府は国内産業の再編に影響力を行使することができたからである。一九三二年の輸入関税法が政府に附与する裁量権について、ネヴィル・チェンバレンは「以前ではいかなる政府によっても手にされえなかったような、産業整理の誘導、あるいはお好みなら強制のための梃子」と表現した。Beer, *British Politics in the Collectivist Age*, pp.293-298.
(125) E. H. H. Green, "Radical Conservatisim : The Electoral Genesis of Tariff Reform", *Historical Journal*, vol.28 no.3, 1985.
(126) 以下、Beer, *British Politics in the Collectivist Age*, pp.287-292に従って論述する。
(127) 飯田隆「シティの盛衰」湯沢、前掲、一三四―一三八頁。
(128) たとえばケインズ「チャーチル氏の経済的帰結」前掲、二四四―二七一頁。
(129) ギャンブル、前掲、一〇〇―一〇八および一五六―一六一頁。
(130) Beer, *British Politics in the Collectivist Age*, p.278f.
(131) 以下、*Ibid.*, pp.279-281 and 298-301に従って論述する。
(132) *Ibid.*, p.x.
(133) ピム、前掲、三一五頁。なおピムの議論がサッチャー流の急進主義にたいする批判意識に基づいていることは勿論である。しかしながら、サッチャーの修辞術が非伝統的な方法に拠っていたのは事実であるにせよ、その効果はこれらの政治家に比較してけっして引けをとったわけではない。この問題については拙論「サッチャー政治における〈ポピュリズム〉」で検討を試みた。
(134) ロッカンによれば、英国では異論表明の権利の承認、参政権は比較的容易に認められたものの、選挙制度の特性のために新参利益が議席を克ちとったり、ましてや政権に参画するために乗りこえなければならない〈閾〉は、比例代表制を擁する諸国よりも明らかに高い。*State Formation, Nation-Building, and Mass Politics in Europe*, p.296 の「民主化の閾と政党制」と題された表を参照せよ。

(135) E. Burke, *Thoughts on the Cause of the Present Discontents*, London : printed for J. Dodsley, 1770, pp.53-61.［バーク（中野好之訳）「現代の不満の原因を論ず」『エドマンド・バーク著作集・1』みすず書房、一九七三年、二六九—二八二頁］

(136) なおジョンソンは「政府に反対し、それを批判し、それにとって代わろうと試みる議会の、とくに庶民院の政治家の権利の承認」が起こったのは、ウォルポールが国政を掌握した一七二一年から小ピットが首相に就任した（後、選挙にも勝利した）「一七八四年」のあいだの時期と想定する。もっとも「首班となる大臣とその閣僚を現実に選任する王の大権について公然と疑義を呈することはこの時点ではなかったものの」「しかしながら、じっさいには王の裁量権は、議会における支持をとりまとめる能力をもつ政治家を頼りにする必要性によって、すでに一七八四年までには厳しく制約されていた。」N. Johnson, "Opposition in the British Political System", *Government and Opposition*, vol.32 no.4, October. 1997, p.488f.

(137) 以下、*Ibid.*, pp.487-491 and 508-510に従って論述する。

(138) Burke, *Thoughts on the Cause of the Present Discontents*, p.57.［二七六頁］

(139) Johnson, "The Constitution", p.49.

(140) モランの見るところ、統治エリートは〈国政術 statecraft〉、すなわち戦略的選択をつうじて社会的現実を創造することができる。その意味で政治は、社会経済的現実の単なる受動的反映なのではなく、自律性をもって後者の形成に参画する。近代英国では産業競争力の維持・向上、社会平和の確保が戦略的選択にあたって課題となったが、とくに保守党にとって重要だったのは「実業家政党」でありながら、労働者階級の相当数の票を獲得するにはどうすればよいかという選挙上の問題であった。けだし「資本主義民主国家においてはいかなる実業家政党も明白な選択に、すなわち創造的たるか死ぬかという選択に直面する」からである。Moran, *op .cit.*, p.183f.

(141) ブルース、前掲、四六七—四六八頁。よく知られているとおり「揺り籠から墓場まで from the cradle to the grave」

というキャッチフレーズは、ベヴァリッジ報告にたいしてチャーチルが一九四三年三月のラジオ演説によって行った返答である。同上、四九〇―四九一頁。もっとも、それは国民を失望させない程度に一般原則にたいする好意的ジェスチュアを示しながらも、個別具体の点について確約するには到らなかった。同報告公表後の各界各層の反応については、毛利健三『イギリス福祉国家の研究――社会保障発達の諸画期』東京大学出版会、一九九〇年、二二〇―二四五頁。

(142) Greenleaf, *The Ideological Heritage*, p.309f. たとえば一九四五年三月の保守党大会においてチャーチルは社会主義者による産業国有化構想について「社会、生活、労働にかんする我らの現行制度体系全体の破壊のみならず、外国と外来精神から借用された別の、あるいは他の制度体系の創造と強制」と呼んで論難する一方、演説の締めくくりに終戦後の統制解除にかんして次のように述べた。「帆柱の頂に、我々は合衆国同様、自由企業の旗を靡かせている。」"Mr. Churchill's Outline of Conservative Policy : Reconstruction under a Four-year Plan", *Times*, 16 March 1945 ; Beer, *British Politics in the Collectivist Age*, p.308.

(143) Beer, *British Politics in the Collectivist Age*, pp.308-317. 戦後保守党の管理経済・福祉国家体制と戦間期以来の政策的傾向の連続性を具現するのが、ハロルド・マクミランである。一九五七年に首相に就任し、英国流のコーポラティズムの試みを展開したマクミランは、すでに一九三〇年代から計画経済への指向を公にしており、保守党のもう一つの政治的伝統を顕著に象徴する人物であった。Greenleaf, *The Rise of Collectivism*, p.147f. ; id., *The Ideological Heritage*, pp.245-254.

(144) Beer, *British Politics in the Collectivist Age*, pp.200-216 and 240-242. 戦後労働党における、産業国有化をめぐる原理主義者と修正主義者の路線対立とそれぞれの立場については、Greenleaf, *The Ideological Heritage*, pp.466-487 も参照せよ。

(145) ただし、労働党政府による実際の施策が、イデオロギーの訴求力低下を利益の増進によって補完するかたちで展開されていたとしても、そのことじたいは個々の議員や労働者にとって、イデオロギーが全般的にその意義を失ったということを意味しない。じっさい、グリーンリーフが指摘するとおり、国家統制指向の社会主義イデオロギーの魅力が薄れ、また国際的にもスターリン体制にたいする批判が左派内部でも湧きおこったまさにそのときに、党内のもう一つの知的伝統、すなわちギルド社会主義以来の自由主義的社会主義の伝統が再生したことに注意されてよい。逆に言えば、公定イデオロギーへのコミットメントの低下は、他面において自由至上主義的な傾向を帯びる社会主義および組合運動の再活性化という現象を附随していた。サンディカリズムへの関心の高まりや社会民主党の結成劇は後者の流れから現れた新しい理念運動である。Greenleaf, *The Ideological Heritage*, pp.487-539.

(146) モラン、前掲、第一章第五節および第三章。とりわけ一九五五年以後、二大政党の支持基盤が地理的亀裂によって特徴づけられるようになり、北部イングランドおよび都市地域が労働党の、そして南部および農村地域が保守党の堅固な地盤となったことについては、John Curtice and Michael Steed, "Electoral Choice and the Production of Government : The Changing Operation of the Electoral System in the United Kingdom since 1955", *British Journal of Political Science*, vol.12 no.3, July 1982.

(147) たとえば、所得が増えた労働者は増税を怖れるようになり、歳出増大の問題に敏感になる。またサッチャー政府による公共住宅を「持ち家」化させる政策は、労働者階級の均質的コミュニティを解体するとともに、住宅ローン市場の健全性にたいする居住者としての関心を高めた。このような政策は、労働党の伝統的支持基盤を破壊し、一九八〇年代における保守党による長期支配を支えた。モラン、前掲、九四頁 : Moran, *op. cit.*, p.198. さらにサッチャー政権期の住宅政策にかんする詳細な分析として豊永郁子『サッチャリズムの世紀――作用の政治学へ』創文社、一九九八年。一九八七年保守党綱領の検討をつうじて豊永が論じるとおり、サッチャー保守党がその実現を図った「資本所有人民民主主義 a capital-owning democracy of people」ないし大衆資本主義《ポピュラー・キャピタリズム》は、有産者・無産者から成るかつての「二つの国民」が、住宅か株式かを問わず、「所有」の拡大をつうじて最終的に揚棄されるような社会像を前提としている。持ち家政策にせよ国有企業民営化政策にせよ、一連の政策の根底にあったのは、人々の資本主義システムへの「積極的な自己同一化」によってはじめて統合がなされるような社会の形成というヴィジョンであった。一六二―一七三頁。

(148) Peter Mair, "Populist Democracy vs Party Democracy", *Democracies and the Populist Challenge*, pp.84-92.

(149) 的場が指摘するとおり、労働者階級の富裕化や生活様式の階級間での差異の縮小という観点から説明されることの多い階級投票の衰退は、単に労働者階級にのみあてはまるものではない。単純事務労働に従事するホワイトカラー層の増加とそれに伴う中産階級の所得水準の低下もまた「階級混合」の傾向を促すであろう。的場敏博『現代政党システムの変容――90年代における危機の深化』有斐閣、二〇〇三年、二五二―二五五頁。

(150) もっともカーティスとスティードは、政党政治の地理的支持構造が固定化した結果、二大政党が「特定の社会地理的分断を越えて利害関心を集める」努力を怠っていると指摘する。Curtice and Steed, *op.cit.*, pp.286 and 289. とりわけサッチャー時代の保守党がその訴えかけを経済的繁栄を謳歌するイングランド南部に集中させてきたことは、英国社会の分断と分極化を促すものとしてジェソップらによる批判の的となった。このことは階級政治の衰退という命題に背馳する現象であるように見える。しかしながらサッチャー主義は、少なくともその意図において、競争的・開放的世界市場経済に適合的な、南部イングランド流の企業家精神が英国全体を包みこみ、「二つの国民」がやがて「一つ」に統合されること（より正確に言えば、南部的価値観が北部をも覆いつくすこと）をめざしたのであり、この「ヘゲモニック・プロジェクト（ギャンブル）」は単なるお題目に留まることなく、労組の発言力や動員・交渉能力の削減、産業構造の転換、大衆資本主義の浸透をもたらす一連の政策をつうじて実現が図られてきた。さらにこの試みは党派的戦略に終わることなく、ニュー・レイバーによっても実質的に継承された。この意味では、一九八〇年代以降のイギリス政治は、階級政治を可能とする社会的・経済的構造の解体と再編をめざす方向で展開されてきたのであり、ポスト階級社会に順応する「国民」の利益を代表し、あるいはその支持を動員することに政治戦略の主眼を置いていた。以上については、拙論「サッチャー政治における〈ポピュリズム〉」一八五—一八九頁；A・ギャンブル（小笠原欣幸訳）『自由経済と強い国家——サッチャリズムの政治学』みすず書房、一九九〇年、二八五—二八八および三一四—三一七頁。

(151) サルトーリの次の指摘は二大政党制における合意形成の一般法則を明らかにする。けだし「二党制の求心的力学が合意を創りだす」。無論「創りだすcreates」という表現は、合意がア・プリオリに存在するのではなく、政党の求心的競合を介して事後的に成立することを示唆している。G. Sartori, *Parties and Party Sytems : A Framework for Analysis*, Vol.I, Cambridge University Press, 1976, p.191［G・サルトーリ（岡沢憲芙・川野秀之訳）『現代政党学Ⅱ——政党システム論の分析枠組み』早稲田大学出版部、一九八〇年、三三一頁］; Beer, *Britain Against Itself*, p.9f.

(152) コリン・クラウチ（山口二郎監修・近藤隆文訳）『ポスト・デモクラシー——格差拡大の政策を生む政治構造』青灯社、二〇〇七年、九八—一〇〇頁。

(153) キャナダイン、前掲、一五—一六および二九八—二九九頁。

(154) 小堀によれば、ブレアはコミュニティの重要性の強調や教育水準向上への関心、規制国家への傾向といった点でサッチャリズムにプラスアルファを加え、他方権限委譲や同性愛問題など非経済的争点にかんして保守党とは明確に異なるアピールを打ちだしてはいるものの、サッチャー以後の市場重視路線を基本的に継承しており、その意味で「市場主義的福祉国家」という新しいコンセンサスの成立が認められるとする。小堀、前掲、第四および五章。

(155) ピム、前掲、第七章。

(156) この点で「戦後の保守党が『一つの国民』戦略を有意に展開し得た背景には、労働党が『二つの国民』状況を自ら体現しつつ二大政党制に参画することを通じて、『二つの国民』状況が政治的に止揚されていることが不可欠の前提としてあった」という豊永の指摘は示唆的である。すなわち階級政党たる労働党が二大政党の一角を占めていたからこそ、保守党はみずからを「国民統合の党」として位置づけることができた。前掲、三七―三八頁。逆に言えば、ポスト階級社会は、このような「二層政党制（豊永）」の存立基盤の解消を意味しているのである。

あとがき

政治を学ぶ者にとって歴史ほど気前よく、かつ冷徹な教師はいない。政治の栄光も悲惨も、あるいは空虚でさえ、それを求める者に出し惜しみすることはない。

歴史をつうじた政治の考察へと筆者を導いたそもそもの出発点は、もう二十年近くまえ京都大学法学部の学生として接した諸先生の講義にある。故高坂正堯教授の国際政治学や野田宣雄教授の政治史、そして後に大学院生としてご指導を仰ぐことになった木村雅昭教授の比較政治学、そのいずれもが分厚い歴史知識とスケール宏壮な文明論、そして奥行きある人間観に裏打ちされたものであり、二十歳そこそこの青年に政治学という学問の魅力と深さを存分に伝えるものであった。学問の厳しさを知ったのはその後のことである。

今となってはその順逆が私にとって幸福だったのかどうか、頭を垂れてその宿命に従うよりほかないが、とにかく私は政治学研究者として歩を進め、ここに最初の学術書を刊行することになった。各章は、修士論文に基づく第一公表論文はじめ四本の論考に基づき、その構想を拡充発展させた研究である。初出時の不備を修正し、あるいは補筆したが、論旨そのものに変更はない。各章に対応する既発表論文は、次のとおりである。

第一章　「民意・代表・公益——議会制を巡る諸観念の比較史的考察」（一・二）（『法学論叢』第一四三巻第五号、一九九八年、第一四五巻第二号、一九九九年）

第二章「国家形成史における『団体』の位相――利益代表・媒介制度の比較史的考察」(一～三)(『法学論叢』第一四七巻第一～三号、二〇〇〇年)
第三章「超然統治と利益政治――近代ドイツ国制の構造的問題をめぐる考察」(『法学論叢』第一五二巻第五・六号、二〇〇三年)
第四章「敵対と合意の政治――近代英国における集産主義的傾向をめぐって」(『法学論叢』第一五八巻第五・六号、二〇〇六年)

博士後期課程在籍時に発表した最初の論文から、すでに十年余の歳月が過ぎたのを確認すると暗澹たる気分に陥らざるをえない。研究成果のとりまとめが遅々として進まなかったのは、ひとえに筆者の怠惰によるものであり、忸怩たる思いを禁じえないが、それほどまでに英独比較という主題を探求する道のりは峻険で、困難に満ちたものであった。個別研究・比較研究ともに先行業績は汗牛充棟さながら、何を学んでも学び尽くすということはけっしてなく、一本を書き終えた次の日からただちに先人との対話を再開しなければならなかった。勿論、本書の刊行はこの行程の終わりを告げるものではない。十年余に亘って反復された考察を一応書物のかたちにまとめ、先人のみならず、現代の読者とも新たな対話を開始させんがためである。

近代英独両国制の比較研究というあまりにも大きすぎる――そして論じ尽くされた観のある――主題にとり組むにあたっては、当然ながら逡巡もあった。はたして私に何が書けるのかという不安に幾度も――そして現在もなお――取り憑かれながら、それでもなおこれしかないという確信をかろうじて維持することができたのは、学問的初心を大切にしたいという素朴ではあるが確実な拠り所を信頼したからである。私の最初の関心は、じつは日本の近代化とそれが随伴した近代日本政治の特性を見極めたいという点にあった。それにもかかわらず狭義の日本政治研究に向かわなかったのは、近代化がそもそもヨーロッパの所産であり、ひるがえって近代日本がその範を、半ば進んであるいは半ば強いられて、西ヨーロッパに求めたという点を重く見たからである。あるいはこう言ってもよい。近代日本もその国家構想においてヨーロッパの政治的遺産の、縁遠くはあるが継承者の一人であった、と。このように考えたとき、欧州諸国家の多様性を代表するとともに、それゆえに近代日本の政治的・知的エリートにとって比較と選択、摂取の（すべてではないが）主たる対象となったイギリスとドイツの国制について学びたいという願望が自然に湧きあがってきた。迂遠な経路を辿ってではあるが、右のような国制の系譜学的関心に導かれるかたちで、英独比較研究に着手したのである。この関心はグローバル化の進展とともに、国家とその社会との関係があらためて問われるにつれて、ますます強まった。

これに関連して附言しておくなら、冒頭に述べたとおり、私の研究は「歴史をつうじた政治の考察」であって、政治史研究ではない（じっさいのところ、一次史料はまったくと言ってよいほど用いられていない）。英独両国制の特質をその歴史的経験と発展の文脈を踏まえつつ把握するとともに、政治社会の形成と変容、権力の構造化を導くダイナミズムを明らかにすることに、本書の考察の重心は置かれている。もとよりそれは実証研究を軽んじるものではないし、先行研究の吟味をつうじて英独両国制の特質をできるだけ具体的かつ的確に描くよう力を尽くしたつもりである。本書が所期の目的を達成しえたか否かは、読者諸賢のご判断に委ねるよりほかないが、ご批正を仰ぐことができれば、これほど今後の研究の深化と緻密化にとって糧となるものはないであろう。

本書の刊行にあたって、恩師・木村雅昭先生（京都大学名誉教授）には衷心より感謝申し上げたい。脱稿を目前に控えた今胸中を去来するのは、第一に政治学の妙味を教えて下さったこと、第二に助言と叱咤によって私の研究を導いて下さったこと、第三に怠惰な私を辛抱強く見守り、心温かくまたユーモア溢れる激励によって絶えず研究の持続と進捗を助けて下さったこと、そして第四に何より学問にたいして誠実・真摯な大学人のあり方をその全人格によって現在なおお示し下さっていることへの感謝であるが、これによって先生から賜った学恩を書き尽くせるわけではない。それに価するほどの研究をいまだ私はなしえていないが、本書がそのささやかな一歩となれば幸いである。

また私の研究は、京都大学法学部の自由で寛容な学術的伝統と知的刺激に満ちた環境なくしてはなしえなかった。学部入学以来准教授を務める今日に到るまで、退任された方々含め、ご指導とご助言、そして変わらぬご厚情を頂いた諸先生・諸先輩・同僚諸氏にお礼申し上げたい。法経第六教室での講義は、言うなれば自問自答の貴重な機会である。鋭い質問を投げかける学生のみならず、拙い講義に屈せず足を運んでくれる諸君にも謝意を表したい。また木村先生の指導を仰いだ門下生から成る京大比較政治研究会での共同研究や意見交換、その後の宴席は、学生時代にたち返って学問に向きあう楽しい時間である。二〇〇三年から二年間に及んだ在外研究においてアンドリュー・ギャンブル教授（当時シェフィールド大学）、ヴィルヘルム・ブラウネーダー教授（ウィーン大学）、エリサベト・ライドル教授（京都産業大学）には、ヨーロッパ研究者というのに海外経験がいっさいない私を温かく迎え、懇切なご指導とともに細やかなご支援を賜った。渡航と滞在にさいしては財団法人村田海外留学奨学会のご助力を得た。また本書の刊行にあたっては、京都大学法学部百周年記念基金による助成を頂いた。編集を担当された堀川健太郎氏は、心温かくまた忍耐強く筆者を支えて下さった。その他ここに書き尽くせない数多くの方々のご厚意とお力添えがなければ、本書が世に出ることはなかった。心より感謝申し上げる。

最後に私事に亘って恐縮ながら、かけがえのない家族に向けて一言記したい。研究者というある種特殊な稼業のために生じる不定型な人生に我慢強く、また寛大に同道してくれる伴侶・厚子への感謝を記すには、この場を措いてほかにないであろう。

そして幼い頃から私の学問への意欲のいっさいを汲み、あまつさえ研究者を志した私の決断を受けいれ、今は故郷・山口から私の人生を見守る父・紀彦と母・和恵に本書を捧ぐ。

平成二三年五月

京都大学法経本館東南隅の研究室にて　島田　幸典

人名索引

ア　行

アーベルスハウザー（Abelshauser, Werner）　268,277,280,293,301
アーミテージ（Armitage, David）　369
アームストロング（Armstrong, John A.）　149
青木康　35
アトリー（Attlee, Clement Richard）　382
ウィルソン（Wilson, Harold）　75,129
ヴィルヘルム二世（Wilhelm II）　162,277,292
ヴィンクラー（Winkler, Heinrich August）　251,253,256-258,264,265,267,270-272,282
ヴェーバー,A.（Weber, Alfred）　58
ヴェーバー,M.（Weber, Max）　13,58,59,61-64,380
ウェッブ,B.（Webb, Beatrice）　360
ウェッブ,S.（Webb, Sidney）　324,325,341,359,361
ヴェルカー（Welcker, Carl Theodor）　146,155
エイメリ（Amery, Leopold Stennett）　173,343,350
エーベルト（Ebert, Friedrich）　67
エストライヒ（Oestreich, Gerhard）　11,13,14
エンソー（Ensor, Sir Robert Charles Kirkwood）　337
大河内一男　269
大橋昭一　290

カ　行

ガーシェンクロン（Gerschenkron, Alexander）　160
カウリング（Cowling, Maurice）　338
カーステン（Carsten, Francis Ludwig）　11,14,201
川北稔　178
カント（Kant, Immanuel）　146,282
カントーロヴィチ（Kantorowicz, Ernst H.）　172
ギールケ（Gierke, Otto von）　180,187
吉瀬征輔　133
キャナダイン（Cannadine, Sir David）　338-340,345,349,387
キャメロン（Cameron, David）　389
キャラハン（Callaghan, James）　131
ギャンブル（Gamble, Andrew）　325,329,357,367,370,371,375
グライネルト（Greinert, Wolf-Dietrich）　163
クラウチ（Crouch, Colin）　179,198,199,387
グラッドストン（Gladstone, William Ewart）　350
グリーン（Green, E. H. H.）　373,374
グリーンリーフ（Greenleaf, W. H.）　288,324,325,333,335,347,348,353-356,360,372
グレーナー（Groener, Wilhelm）　289
クロムウェル（Cromwell, Oliver）　18,171
ゲイ（Gay, Peter）　277,297
ケイン（Cain, P. J.）　130,371
ケインズ（Keynes, John Maynard）　355,357
ケーニヒスベルガー（Koenigsberger, Helmut G.）　14
コール（Kohl, Helmut）　137
コッカ（Kocka, Jürgen）　161,162,175
コックス（Cox, Andrew）　134

コブデン（Cobden, Richard）　348
コリー（Colley, Linda）　369
コルブ（Kolb, Eberhard）　297

サ　行

ザヴィニー（Savigny, Friedrich Carl von）　147,180
サッチャー（Thatcher, Margaret）　75,137,339,387,389
サルトーリ（Sartori, Giovanni）　386
ジェソップ（Jessop, Bob）　113,133
シュトランドマン（Strandmann, Hartmut Pogge von）　294
シュトルパー（Stolper, Gustav）　298
シュトレーク（Streeck, Wolfgang）　123,124,299
シュミッター（Schmitter, Philippe C.）　112,188,248,250
シュミット（Schmitt, Carl）　30,37,39,67
シュモラー（Schmoller, Gustav von）　55,56,58,269
ショウ（Shaw, George Bernard）　360
ジョンソン（Johnson, Nevil）　iii,279,381,382
スコチポル（Skocpol, Theda）　iv
スペンサー（Spencer, Herbert）　347,353
スマイルズ（Smiles, Samuel）　346
スミス,T.（Smith, Sir Thomas）　14
セーレン（Thelen, Kathleen）　122,124,125
ソウル（Saul, S. B.）　371
ソールズベリー（Salisbury, 3rd Marquess of）　372
ゾントハイマー（Sontheimer, Kurt）　74

タ　行

ダーレンドルフ（Dahrendorf, Ralf）　73
ダイソン（Dyson, Kenneth H. F.）　v,126,138,166,172,173,186,192,197,252,277
玉井克哉　142,146,147
タルモン（Talmon, J. L.）　23,187
チェンバレン,J.（Chamberlain, Joseph）　333,334,353,372,373,375
チェンバレン,N.（Chamberlain, Neville）　375
チャーチル（Churchill, Sir Winston Leonard Spencer）　356,372,375
ディズレイリ（Disraeli, Benjamin）　341,344,345,349,351,366,378
デュヴェルジェ（Duverger, Maurice）　20,28,30
デルブリュック（Delbrück, Martin Friedrich Rudolf von）　159
トクヴィル（Tocqueville, Alexis de）　72,332

ナ　行

ナポレオン（Napoléon I）　17,23,51,145,152,154,157,253,254,256
ネイミア（Namier, Sir Lewis Bernstein）　32
ネトル（Nettl, J. P.）　ii, v
ネフ（Näf, Werner）　11
ノッケン（Nocken, Ulrich）　255,259,260,264

ハ　行

バーカー（Barker, Sir Ernest）　47
バーク（Burke, Edmund）　31-33,35,36,38,57,380,381
ハーバーマス（Habermas, Jürgen）　255
バーリン（Berlin, Sir Isaiah）　135,147
バジョット（Bagehot, Walter）　19,177
バディ（Badie, Bertrand）　152,172,194
バトラー（Butler, Sir Geoffrey G.）　343,344
ハルデンベルク（Hardenberg, Karl August Fürst von）　152
ハルトゥング（Hartung, Fritz）　12,13
バルフォア（Balfour, Arthur James）　372
ビーア（Beer, Samuel H.）　136,292,324,335,337,341,343,345,346,348,349,362-365,367,376,377,384

ビーサム（Beetham, David） 58
ヒース（Heath, Sir Edward） 129
ピール（Peel, Sir Robert） 366
ビスマルク（Bismarck, Otto Fürst von） 56,162,164-167,195,196,262,267-270,274,278,298,300,332,351
ピム（Pym, Francis） 342,351,373,378,388
ビルンボーム（Birnbaum, Pierre） 152,172,194
ヒンツェ（Hintze, Otto） 8,15,145,151,153,154,177,199,273,275,276
フィッシャー（Fischer, Wolfram） 253
フーバー（Huber, Ernst Rudolf） 268
プーフェンドルフ（Pufendorf, Samuel von） 142
フェルドマン（Feldman, Gerald D.） 290,293,294,297
フェルプス＝ブラウン（Phelps Brown, Sir Henry） 131
フォーテスキュー（Fortescue, Sir John） 14,18
フリードリヒ二世（大王）（Friedrich II〔der Große〕） 141,145,151,152
ブリッグズ（Briggs, Asa） 178,325,326,323,332
ブリュア（Brewer, John） 368
ブリューニング（Brüning, Heinrich） 67
ブルース（Bruce, Maurice） 382
ブルンナー（Brunner, Otto） 13,15-17,19,194
ブレア（Blair, Tony〔Anthony Charles Lynton〕） 75,387
ブレイク（Blake, Robert） 344,366
フレーフェルト（Frevert, Ute） 176
フレンケル（Fraenkel, Ernst） 3,19-21,23,24,27,29-31,33,35,38,40-43,45,49,50,57,65,66,68,69,140,262,275
プロイス（Preuß, Hugo） 64,65
ヘイフード（Hayward, Jack） 134-136
ベヴァリッジ（Beveridge, William Henry） 355
ヘーゲル（Hegel, Georg Wilhelm Friedrich） 50-55,57,61,63,66,150,151,155-157,165,169,184,187,188,202
ベートマン＝ホルヴェーク（Bethmann-Hollweg, Theobald von） 281,298
ベーメ（Böhme, Helmut） 159,161,269,291
ペリング（Pelling, Henry） 132
ベルクハーン（Berghahn, Volker R.） 164,278
ヘンリー八世（Henry VIII） 14,171
ボールドウィン（Baldwin, Stanley） 60,374-376
ポザドフスキ＝ヴェーナー（Pozadowsky-Wehner, Arthur Graf von） 281
ボダン（Bodin, Jean） 16
ポッギ（Poggi, Gianfranco） 6,108
ホッチェヴァール（Hočevar, Rolf K.） 51
ホッブズ（Hobbes, Thomas） 181
ホプキンズ（Hopkins, A. G.） 130,371
ボルン（Born, Karl Erich） 279,284,285

マ 行

マイアー（Maier, Hans） 140,141,143,144
マイネッケ（Meinecke, Friedrich） 2
マクドナルド，A.（Macdonald, Alexander） 341
マクドナルド，J.R.（MacDonald, James Ramsay） 367
マクミラン（Macmillan, Harold） 128,129,349,378
丸山眞男 1,2
マロンジュ（Marongiu, Antonio） 7,13
マン（Mann, Michael） i ,265
水島治郎 120
ミッタイス（Mitteis, Heinrich） 142
ミューラー（Mueller, Hans-Eberhard） 149
ミル（Mill, John Stuart） 37,167-170,176,190,346,353-355,359,361

村上淳一　185,281
村瀬興雄　285
メイトランド（Maitland, Frederic William）　4,46,172,180-182,184,186,187,189-192,333
メイヤー（Maier, Charles S.）　114,121,122,132,198,252,260
メーア（Mair, Peter）　386
メージャー（Major, Sir John）　388
モール（Mohl, Robert von）　148,155,281
モラン（Moran, Michael）　336,338

ヤ　行

山田高生　290,295,298
ユスティ（Justi, Johann Heinrich Gottlob von）　144

ラ　行

ライヒェルト（Reichert, Jakob）　295
ラスキ（Laski, Harold J.）　190-192
リースマン（Riesman, David）　136
リーデル（Riedel, Manfred）　282
リッター（Ritter, Gerhard A.）　26,40,50,59-61,65-67,179,194,201
リンデンラウプ（Lindenlaub, Dieter）　55
ルソー（Rousseau, Jean-Jacques）　26,30,36,38,141,186
レヴィ（Levy, Hermann）　161
レーヴェンタール（Löwenthal, Richard）　27
レーニン（Lenin, Vladimir Il'ich）　292
レームブルッフ（Lehmbruch, Gerhard）　278,300
ロイド＝ジョージ（Lloyd George, David）　60,289,363,365,366
ローズ（Rose, Richard）　133
ローゼンベルク（Rosenberg, Hans）　287
ロッカン（Rokkan, Stein）　261,331,364
ロック（Locke, John）　45-48,141,173,194,344
ロベスピエール（Robespierre, Maximilien François Marie Isidore de）　23,28,29

事項索引

ア　行

カ　行

サ　行

タ　行

ナ　行

ハ　行

マ　行

ヤ　行

ラ　行

《著者紹介》

島田幸典（しまだ・ゆきのり）

1972年　生まれ。
1991年　京都大学法学部卒業。
1998年　京都大学大学院法学研究科博士後期課程中途退学。
現　在　京都大学大学院法学研究科准教授。
主　著　『民主化とナショナリズムの現地点』（共著）ミネルヴァ書房，2006年。
『ポピュリズム・民主主義・政治指導』（共編著）ミネルヴァ書房，2009年。
『移民と政治』（共編著）昭和堂，2011年。

MINERVA 人文・社会科学叢書⑯⑨

議会制の歴史社会学
——英独両国制の比較史的考察——

2011年９月30日　初版第１刷発行　検印廃止

定価はカバーに
表示しています

著　者　島　田　幸　典
発行者　杉　田　啓　三
印刷者　藤　森　英　夫

発行所　株式会社　ミネルヴァ書房
607-8494　京都市山科区日ノ岡堤谷町１
電話代表　(075)581-5191番
振替口座　01020-0-8076番

亜細亜印刷・兼文堂

ISBN978-4-623-06048-1
Printed in Japan